基底漢字
기 저 한 자

字源解釋
자 원 해 석

필자는 어릴 적부터 한자를 무척 좋아했다. 조그마한 사전을 가지고 다니면서 외울 정도로 심취했던 적도 있다. 30여 년을 공직에 몸을 담은 뒤 퇴직을 하고 나서 평소에 하고 싶었던 분야로 한자 공부를 현재까지 줄곧 해오고 있는 상태이다.

처음 공부 때는 한자급수 자격시험 공부를 해서 사범 자격을 취득하게 되었고, 그 뒤에 한문지도사 과정을 밟아 훈장 1급까지 자격을 취득하였다. 그 과정에 이르기까지 지도와 가르침을 주신 '문곡 박차은' 교수님께 감사드린다.

그전까지만 해도 한자의 자자(字字)에 대해 그저 입바람으로 훈음을 익혀 왔던 터라 자자의 상형이나 자원에 대해서는 별 관심을 두지 않고 피상적으로 여겨 왔던 것을 자자에 대한 학습 과정을 거치면서 그때까지 몰랐던 부문으로 각 자자 하나하나에 깃들어 있는 깊고도 오묘한 뜻에 심취하여 자원을 푸는 것에 흥미가 솔솔 일기 시작했다. 이때부터 느끼기로 '나는 이런 한자의 자원에 대한 풀이가 있다는 걸 왜 일찍 몰랐을까? 이런 내용을 조금이라도 더 일찍 알았으면 더 쉽게 한자를 깨칠 수 있었을 텐데' 하는 아쉬움을 마음 저변에 가지게 되었다.

그래서 이때부터 내가 이 세상에 온 이상 한자 자원에 대한 전반적인 풀이를 꼭 한번 해봐야겠다고 마음을 먹었고, 그로부터 13년에 이르는 기간 동안 다듬고 궁구하면서 자원의 기본적인 기초가 되는 자자와 급수 한자를 대상으로 해서 정리를 해 오고 있는 중이다.

이렇게 하다 보니 또 다른 욕구가 생기게 되었는데, 그것은 필자가 이제껏 노력해서 발굴하고 정리한 자료를 그냥 내 것으로만 하고 있기엔 너무나 소극적 견지라는 생각이 들어 한자 학습을 좋아하고 즐기는 분들에게 자형만을 보고 무작정 글자를 익히던 종래의 학습방식에서 벗어나서 다소나마 손쉽게 자원을 이해할 수 있는 수단으로 이 자료를 공유해서 앞으로 개인의 학문을 확충해 가는 데 참고가 되게 하면 좋지 않을까 하는 생각을 하게 되었다.

특히 우리말에 쓰이는 어휘 중 7할 이상이 한자어이고, 대부분이 동음이의어(同音異議語)로 되어 있어 문장 어휘마다 정확한 뜻을 알기 위해서는 한자를 알아야만 그 뜻을 온전히 이해할 수 있고 또 각급 교육과정에 있어서도 한자말이 학문의 기초가 됨은 부정할 수 없는 것이 또한 현실이기도 하기 때문에 한자를 익히는 입문 단계에서는 이러한 자료 공유가 중요하다는 생각을 하고 있다.

어쨌거나 우리말 어휘는 각 한자의 자자를 알아야만 그 뜻을 보다 정확히 이해할 수 있듯이, 한자의 육서 중에 회의자와 형성자의 기본이 되고 근간이 되는 한자를 대상으로 풀이한 자원의 내용을 정리해서 누구라도 이 내용을 읽어보기만 하면 한자 자자가 갖고 있는 본래의 의미를 쉽게 파악하여 익힐 수 있게 해보겠다는 생각이 이 책을 내게 된 동기이다.

그래서 각 자자에 깃들어 있는 의미를 최대한 정확하게 분석해서 글자를 만들었던 그 시대의 본래의 뜻 내용에 가깝게 풀이하기 위해 필자의 사고가 미치는 영역까지 나름대로 애를 쓰면서 한자 원형의 해석에 대한 많은 분들이 밝혀 놓은 자료를 바탕으로 하여 각 자원에 대해 올바른 의미를 담아보려고 힘껏 노력하였음을 말씀드린다.

사실 한자 자원의 해석과 관련해서는 한자의 자형 자체가 수천 년에 걸쳐 거듭 변천하여 온 관계로 어떤 자자에 대해서건 각인(各人)이 보는 각도에 따라서는 같거나 다른 견해를 낼 수도 있고 또 여러 방향으로 해석될 수 있는 여지가 많은 부문이기에 제현들께서는 그 점을 혜량해 주시리라 믿으며, 아울러 필자의 주관이 가미되어 다소 억지스럽게 풀이된 부분에 대해서는 너그러이 봐주셨으면 하는 바람으로 그저 송구스러울 따름이다.

아무쪼록 이 책의 내용을 취사(取捨) 선용해서 한자에 관심을 가지신 모든 분께서 일신우일신(日新又日新)의 발전이 있기를 고대하며, 다른 한편 이처럼 자원해설을 할 수 있게 그동안 가르침을 주신 『한자짱』 강의 오강규 선생님'과 중국의 '『상형자전(象形字典)』 대표님' 등 모든 분께 깊은 감사를 드린다.

2024. 3. 서래수

　한자 자자의 한 글자마다 담겨있는 의미를 규명해 보면 자원의 근원이 되고 있는 것으로는 사람들의 신체 모양과 그 움직임, 지리와 자연의 현상을 바탕으로 했는가 하면 고대 사람들의 그 시대를 배경으로 살았던 주거지와 생활 문화, 행동은 물론 사람들이 개발해서 사용했던 도구와 무기, 그리고 동식물의 모양을 포함해서 인간이 살아가는데 필요한 개념 등등의 모든 것을 기본으로 하여 여러 시대를 거치면서 시대별로 인식되어진 현상과 행동 방식을 하나하나 담아내어 만든 그림 문자이고 뜻글자임을 알 수 있다.

　이처럼 한자는 실물의 모양을 본떠 만든 그림 문자인 상형을 바탕으로 하고 있다. 그렇지만 이 그림 문자의 자형이 여러 시대를 거치면서 당초보다 많이도 변형된 상태로 바뀌어 표기되고 있는데 왜 그렇게 변하게 되었는지와 또 변하게 된 이유가 무엇인지를 알 필요가 있다.

　시대적으로 변천해 온 내막을 보면

　최초의 문자인 갑골문(甲骨文)은 은나라 때 딱딱한 소재인 거북의 배 껍질이나 짐승의 어깨 뼈 등에 칼날로 글자를 새김으로 인해서 서체가 가늘고 길며 원시적 문자로 그림에 가까운 형상을 띠는 상형문자의 특징을 드러내고 있다.

　그다음 변화된 글자로 종정문(鐘鼎文)인 금문(金文)은 은·주시대 청동기인 쇠북이나 솥을 제조할 때 거푸집인 주물 틀에 새겨넣어 주조를 해서 기록을 한 글자이므로 모양은 넓고 굵은 서체로 광범위한 지역에서 제자했기 때문에 동일한 글자가 여러 모양의 형상으로 조금씩 다르게 나타나 이체자가 많고, 갑골문에 비해서는 문자로서 기호적인 요소가 가미되어 있다.

　그 후에 쓰여진 전문인 소전(小篆)은 진(秦)나라 때 이사(李斯)가 주문(籀文)을 생략하여 간편하게 만들었다는 글자로 진시황의 문자통일이 바로 소전의 서체로 획일화시킨 것이기에 자형 자체를 보더라도 갑골문이나 금문보다 상형의 회화적 성격을 벗어나서 문자의 기호적 성격으로 전환하고 있는 것이 큰 특징이며, 최초로 통일된 한자의 틀이 완성되었다.

　그다음으로 변화한 서체인 예서(隷書)는 진(秦)나라 때부터 행정의 실용성이 중시되어 상형의 회화적 요소를 버리고 문자의 기호적 요소가 완성된 글자로 최대한 쉽고 빨리 쓸 수 있는 글자로 간략화되면서 회화적 요소가 남아있던 소전의 자형에서 완전히 벗어나 곡선은 직선이 되고 둥근 원형은 사각형 모양으로 변화를 이루어 현대 한자의 출발점이 되었다는 점이며, 또 하나의 뚜렷한 변화는 한자마다 복잡한 모양의 서체가 유사한 모양이면 공통의 모양으로 간략화시켜 실용성을 기한 점인데, 이 부분은 후대의 한자 자형만으로 자원의 의미를 이해하는 데 왜곡되게 하거나 해석을 어렵게 하는 요인이 되기도 한다.

결론적으로 말하면 소전 이전의 글자인 고문자(古文字)의 자형이 한자의 자원을 밝혀주는 데는 주요한 수단이 되고 있는 것이다. 이와 같은 점을 헤아려서 이 책의 자원 풀이 역시 小篆 이전의 古文字를 기준으로 상호비교를 해 충실히 그 의미를 담고자 했으며 이와 함께 다음과 같은 기준을 지켜 편집하였다.

1) 字字의 편제 방식은 유사한 의미를 가진 자자들끼리 모아 편제를 하지 않고 필자의 경험칙에 의해 느낀 바가 있어 손쉽게 찾아보고 접근하는 방식을 택하여 우리 글의 편제 방식인 가나다순을 택하였다.

2) 각 字字의 의미를 풀이하면서 문장의 마디마디에 그 의미를 이루는 해당 자소를 세분하여 표기해서 읽기만 해도 그 자형이 어떻게 이루어졌는지 알 수 있게끔 하는 방법을 취했다.

3) 각 자자의 개념 풀이를 우회적으로 에둘러 표현을 하지 않고, 핵심 위주로 간명하고 알기 쉽게 표현하여 자자가 가진 뜻을 명쾌히 하였다.

4) '풀이'란 중 '(甲)'은 甲骨文 자자의 풀이를 뜻하고, '(金)'은 金文 자자의 풀이를, '(篆)'은 篆文 자자의 풀이를 뜻하며, '(인)'은 현행 자형에서 내재하고 있는 뜻을 파자(破字) 형식으로 인문학적 측면에서 풀이한 내용이다.

5) '풀이'란의 하단에는 당해 자자를 포함하고 있는 각 함자(含字)를 예로 열거하여 참고케 하였다.

6) 책에 들어간 고문자는 서체가 없어 필자가 손수 쓰고 그렸음을 밝힌다.

본 책은 한자의 기초가 되는 그 자자를 대상으로 하였으므로 한글의 자음과 모음을 합치면 한 글자를 만들어내듯이, 한자 역시 기본이 되는 자자를 합치고 더하면 회의자가 되고 형성자가 되어 모든 한자를 제조해 갈 수 있는 구조이기에 아무리 획수가 복잡한 자자라 할지라도 이 해석을 기초로 해서 분석해 간다면 각 자자가 갖고 있는 의미를 어렵지 않게 풀어갈 수 있을 것이다.

그러니 이 책에 수록된 기본 자자를 먼저 익혀야 하겠다는 욕심을 내기보다는, 여유를 가지고 한 열 번 정도 반복해서 꾸준히 읽기만 하면 각 자자에 대한 자원의 원뜻이 드러나서 자기 알음으로 다가올 것임을 감히 확신해 본다.

차 례

책을 내면서 --------------------------------2

일러두기 ----------------------------------4

'ㄱ' ------------------------------------11

'ㄴ' ------------------------------------73

'ㄷ' ------------------------------------81

'ㄹ' ------------------------------------99

'ㅁ' -----------------------------------125

'ㅂ' -----------------------------------151

'ㅅ' -----------------------------------183

'ㅇ' -----------------------------------237

'ㅈ' -----------------------------------315

'ㅊ' -----------------------------------365

'ㅋ' -----------------------------------399

'ㅌ' -----------------------------------403

'ㅍ' -----------------------------------413

'ㅎ' -----------------------------------427

추가 ------------------------------------469

'㇐'

해가 뜨면 일하고 해가 지면 쉬는 형태로 생활한 고대인들은
해와 달의 운행과 명암의 변화에 민감했는데,
그 변화의 차이에 관점을 두어 풍부한 시간 개념을 창출해냈다.

- 曙(새벽 서) : 해가 뜨며 엷은 빛이 마을에 비칠 무렵인 새벽을 '曙'라 하고
- 朝(아침 조) : 달이 지고 해가 뜨는 때인 아침을 '朝'라 하며
- 早(이를 조) : 해가 지평선으로 막 뜨는 이른 아침을 '早'라 하고
- 晨(새벽 신) : 해가 떠 농기구를 메고 일하러 가는 새벽을 '晨'이라 하며
- 曉(새벽 효) : 해가 높이 떠오르며 완전히 밝아진 새벽을 '曉'라 한다.
- 晌(정오 상) : 해가 높이 떠 천창으로 햇빛이 들어오는 때를 '晌'이라 하며
- 昏(어두울 혼) : 해가 서쪽으로 지며 어두워지는 무렵을 '昏'이라 하고
- 暮(저물 모) : 해가 초원의 지평선으로 떨어져 저무는 때를 '暮'라 하며
- 晩(늦을 만) : 해가 지고 볕에 의한 더위를 면하는 시간대로 늦은 저녁 무렵을 '晩'이라 하고
- 夕(저녁 석) : 해가 지고 어둑해지니 달빛이 드러나는 저녁때를 '夕'이라 하며
- 夜(밤 야) : 달은 높이 떠 있고 사람들이 고요한 때인 밤을 '夜'라 한다.

1. 『 ㄱ 』부

家 집 가	『집, 가족, 집안, 전문가 등』의 뜻을 가진다.				
		갑 골 문		금 문	소 전

농경으로 정착 생활을 함에 따라 돼지를 안정적으로 건물 안에 가두어서 기르는 곳이 집임을 표현
옛날에 돼지는 집안의 결혼이나 초상 등의 대사를 치를 경우 하객 접대 또는 신께 제물로 바쳐졌던 소중한
재산이었으므로 도난 방지를 위해 안전한 집 안에서 기르는 관습이 자리잡아 풍속으로 나타난 것이라 한다.

함자례(含字例) : 稼, 嫁, 傢

可 옳을 가	『옳다, 허락하다, 들어주다 등』의 뜻을 가진다.				
		갑 골 문		금 문	소 전

(甲) 옛적에 남녀 간에 생황으로 노래를 불러 짝을 구하는 것은 누구나 알고 있는 옳은 방법임을 표현
(인) 똑바른 기둥처럼 바른 소리를 내는 것이 옳은 것임을 표현
다른 자와 결합시 '길게 소리내어 부른다'는 뜻을 가지고 있다.

함자례 : 哥, 柯, 呵, 訶, 阿, 軻, 苛, 河. 何

哥 노래 가	『노래, 소리, 형 등』의 뜻을 가진다.				
		갑 골 문		금 문	소 전

可가 둘이 겹쳐 이룬 자(字)로, 남녀가 서로 사랑하는 노래를 주고 받음을 나타낸 것으로 그렇게 노래
하는 사람이 형임을 표현
　갑골문과 금문은 '可'와 그 자형(字形)이 같다.

함자례 : 歌

加 더할 가	『더하다, 가하다, 들다, 가입하다 등』의 뜻을 가진다.		
		금 문	소 전

힘든 일을 할 때는 반복적인 구호(먹임 소리)나 노동요를 질러대며 힘을 더해가는 것을 표현

함자례 : 架, 嘉, 駕, 迦, 伽, 袈, 枷, 茄, 哿, 痂, 跏, 珈, 賀

叚 빌릴 가 층계 단	『빌리다, 빌려주다, 층계』의 뜻을 가진다.

	금 문	소 전
	叚	叚

사람이 손을 뻗어 층계로 된 절벽(벼랑)을 올라가며 땅에 묻혀 있는 광물을 캐는 것을 표현
    절벽의 벽면을 쪼아서 올라가며 묻혀 있는 광물을 캐는 모습을 자형(字形)으로 나타낸 것이다. 원래는 광물을 '캐낸다'는 뜻이었지만, 광물이란 것도 노자(老子) 등의 무위사상에 따르면 자연에서 잠시 빌려와 쓰는 것에 불과한 것이기 때문에 그래서 '빌려 쓴다'는 뜻을 가진 것이라 한다.

함자례(含字例) : 假, 暇, 葭, 霞, 碬, 瑕, 遐, 蝦, 鰕, 騢

賈 값 가 장사 고	『값, 값어치, 장사 등』의 뜻을 가진다.

	소 전
	賈

(篆) 물건이 흔해 헐값일 때 사들여서 기다렸다 뒤에 비싼 값을 받고 되팔아 이득을 보는 장사를 표현
(인) 싼값으로 물건을 구매한 후 덮어서 보관해 두었다가 비싼 값을 받고 되파는 상행위로 장사를 표현

함자례 : 價, 檟

各 각각 각	『각각, 여러, 전부, 다르다 등』의 뜻을 가진다.

	갑골문	금 문	소 전
	各	各	各	各

발걸음이 성읍(城邑)을 향해 있는 모양으로 다른 종족의 군대가 성읍을 침범해 오거나 아니면 자국의 병사들이 전쟁을 끝내고 성읍으로 돌아오는 것을 표현
    병사들이 진군 또는 행군을 하여 성읍으로 '제각각, 전부'가 온다는 뜻을 나타낸 것이다.

함자례 : 閣, 恪, 客, 格, 絡, 洛, 烙, 駱, 酪, 珞, 雒, 略, 路, 輅, 賂, 貉, 額

角 뿔 각	『뿔, 모, 구석 등』의 뜻을 가진다.

	갑골문	금 문	소 전
	角	角	角	角	角	角

겉모양은 굽어 있고 뾰족이 모가 난데다 무늬가 있는 짐승(소나 양)의 뿔을 표현

함자례 : 捔, 觚, 航, 觫, 斛, 觴, 觫, 舳, 觸, 觲, 解

殼 껍질 각	『껍질, 허물, 씨 등』의 뜻을 가진다.

	금 문	소 전

잘 여문 곡식(보리, 콩, 기장, 조 등)의 낟알을 털기 위해 곡식단을 ✕ 묶어 놓은 모양을 표현
  대부분의 곡식은 껍질이 알갱이를 싸고 있기 때문에 식량으로 쓰기 위해선 껍질을 벗겨야 하므로 '껍질'
이란 뜻을 가진다.

함자례(含字例) : 殼

殸 껍질 각	『껍질, 허물, 씨, 내려치다 등』의 뜻을 가진다.

	금 문	소 전

곡식(보리, 콩, 기장, 조 등)의 낟알을 털기 위해 손에 도구를 들고 ⺕ 곡식단을 ✳ 내리치니 알곡이 껍질에서 벗겨
져 나옴을 표현(= 殼)

함자례 : 殼

隺 고상할 각 두루미 학	『고상하다, 새가 높이 날다, 두루미 등』의 뜻을 가진다.

갑골문	금 문	소 전
	−	

옛날 선비들이 집에서 ∩ 먹여 길렀던 목이 길고 큰 날개를 가진 애완 조류로 ✍ 자태가 우아하고 고상한
기품을 지닌 두루미를 표현

함자례 : 鶴, 確

却 물리칠 각	『물리치다, 피하다, 돌아가다, 그치다 등』의 뜻을 가진다.

갑골문	금 문	전 문	

눈앞에 있는 상대의 사람을 ⼍ 강제로 떠나게 해서 ⾜ 뒤로 물리침을 표현(= 卻)
  갑골문·금문에서의 자형은 '갈 去'자와 동일하다.

함자례 : 脚, 踋

	覺 깨달을 각			
			금 문	소 전

『깨닫다, 깨우치다, 터득하다, 깨달음 등』의 뜻을 가진다.

집에서 ⌐ 손으로 ✍ 도구를 ✕ 움직여 사는 법을 배우는 것과 같이 사람이 뭔가를 직접 눈으로 보고 👁 이해를 하여 깨닫게 됨을 표현

함자례(含字例) : 攪

『해가 돋다』의 뜻을 가진다.

	갑 골 문		금 문	소 전
卓 해돋을 간				

초원의 🌿 지평선 위에 해가 ⬜ 막 떠오름을 표현

함자례 : 倝, 戟, 朝, 韓

『그치다, 시선이 이르다, 미치다, 어긋나다, 한정하다 등』의 뜻을 가진다.

	갑골문	금 문	소 전
艮 그칠 간			

몸은 앞을 향하면서 ⸌ 뒤돌아보는 👁 형상으로 부릅뜬 눈으로 어떤 대상물에 시선이 집중되 그쳐 있음을 표현
다른 자와 결합시 '집중해서 본다'의 뜻을 가지며, 자음에는 대개 'ㄴ' 받침이 붙는다(根, 眼, 銀, 限, 恨, 狠, 痕등)

함자례 : 艱, 根, 眼, 銀, 垠, 退, 限, 恨, 痕

『방패, 막다, 구하다, 줄기, 근본, 마르다 등』의 뜻을 가진다.

	갑골문		금 문	소 전
干 방패 간 마를 건				

긴 자루에 ┼ 양 끝이 갈라진 작살 모형으로 丫 찌르기도 하고 막기도 하는 수렵·전투용 무기(방패)를 표현
무기 자루로 나무뿌리에서 수관(樹冠)까지의 몸통 줄기를 사용한 데서 '줄기'라는 뜻과 함께, 들고 다닐 때는 가벼워야 했기 때문에 생목이 아닌 말린 나무를 활용한 데서 '말리다'의 뜻이 파생되어 나왔다고 한다.
다른 자와 결합시 '막다, 줄기, 말리다 등'의 뜻을 가진다.

함자례 : 刊, 肝, 奸, 杆, 竿, 玕, 迂, 狅, 訐, 骬, 旱, 汗, 罕, 軒

柬 가릴 간	『가리다, 고르다 등』의 뜻을 가진다.

	금 문	소 전

통행을 제한하는 차단목을 ⅄ 세워 놓고 보초를 서며 눈으로 면밀히 지켜보는 ⌒ 모습을 표현
통행자 중에 벌을 받을 만한 잘못이 있는 '사람을 가려낸다'는 뜻을 나타낸 것이다.

함자례(含字例) : 揀, 諫, 闌, 練, 鍊, 煉

貇 간절할 간	『간절하다, 정성스럽다 등』의 뜻을 가진다.

	전 문

날카로운 발톱과 이빨을 가진 고양잇과 동물이 ⅋ 먹잇감을 잡기 위해 눈을 크게 뜨고 ⅋ 온 정성을 다해
간절하게 노려보며 기다렸다 사냥하는 것을 표현

함자례 : 懇, 墾

間 사이 간	『사이, 틈, 몰래 등』의 뜻을 가진다.

	금 문	소 전

문틈으로 門 햇빛(본래는 : 달빛)이 ☽ 들어오는 틈새의 공간을 사이로 표현

함자례 : 簡 澗 癎 磵 倜

倝 햇빛 빛나는 모양 간	『햇빛이 빛나는 모양』의 뜻을 가진다.

	금 문	소 전

나무 장대에 ⅄ 매달아 바람에 펄럭이며 길게 드리워진 깃발 ⌐ 아래로 아침 해가 ⊖ 떠오르며 햇빛이
빛나는 모양을 표현
※ 금문에서 '깃발이 아래로 드리워져 펄럭이는 모양(⌐)'이 소전으로 오면서 '人'으로 자형이 변하였다.

함자례 : 幹, 榦, 乾, 斡, 翰

'ㄱ'   15

韧 교묘히 새길 갈 맺을 계	『새기다, 맺다 등』의 뜻을 가진다.

	금 문	소 전
	丰刂	丰彡

약정한 내용을 서각칼로 ⼑ 죽간 등의 나무조각에 글(부호)로써 ⼿ 교묘히 새기는 것을 표현

  이렇게 새긴 문서는 서로가 지켜야 할 사항을 약속하여 맺은 신표이기 때문에 '맺다'의 뜻을 가진다.

함자례(含字例) : 契, 恝, 齧, 挈, 絜

曷 어찌 갈	『어찌, 언제, 누가 등』의 뜻을 가진다.

	소 전

전쟁에서 패한 병사가 도망자 신세로 달아나다 ㄴ 맞닥트린 상대에게 ㄱ 자신의 사정을 말하며 ㅂ 목숨만은 살려 달라 하는 것을 표현

  사람이 엎드려 '살려 달라'고 애걸하는 것이 '누가, 언제, 어디서, 무슨 연유로, 어찌하여' 그렇게 되었는지 그 모습을 본 사람들이 궁금증을 가지는 데서 '어찌' 등의 뜻으로 전의된 것으로 보고 있다.

다른 자와 결합시 '엎드려 자신의 사정을 말하는 사람' 또는 '어찌해서' 등의 뜻을 가진다.

함자례 : 渴, 葛, 喝, 竭, 褐, 碣, 鞨, 蝎, 揭, 揭, 偈, 愒, 謁, 遏, 餲, 歇

凵 입벌릴 감	『입을 벌리다, 위가 터진 그릇』의 뜻을 가진다.

	소 전
	凵

뚜껑이 열린 그릇(상자) 또는 땅에 구덩이를 파놓은 凵 모양을 표현.

다른 자와 결합시 '함정, 구덩이'의 뜻을 가진다.

함자례 : 凷, 函, 圅, 凶

甘 달 감	『달다, 달게 여기다, 맛 좋다 등』의 뜻을 가진다.

	갑골문	금 문	소 전
	甘	甘	甘	甘

입 안에 ㅂ 음식을 - 머금고 맛을 보는 모양으로 달콤함을 표현

함자례 : 柑, 紺, 疳, 酣, 鉗, 甚, 甜, 邯

敢 감히 감	『감히, 구태여, 함부로, 굳세다, 용감하다 등』의 뜻을 가진다.

	갑골문		금 문		소 전

멧돼지와 같은 사나운 짐승을  사냥할 때 올가미를 씌워  감히 맨손으로  때려잡는 용감함을 표현

함자례(含字例) : 瞰, 橄, 厥, 闞

減 덜 감	『덜다, 줄다, 상하다 등』의 뜻을 가진다.

금 문	소 전

대군(大軍)이 함성을 지르며 적진을 향해 일제히 공격해 들어가듯 농경지 전체가 갑자기 밀려든(불어난) 홍수에 피해를 입어 작물이 상하여 죽게 됨으로써 수확물이 줄고 덜게 됨을 표현

함자례 : 喊

監 볼 감	『보다, 살피다, 거울삼다, 관청, 거울 등』의 뜻을 가진다.

갑골문	금 문	소 전

그릇에 담긴 맑은 물의 수면에 비친 자신의 얼굴을 눈으로 살펴봄을 표현

함자례 : 鑑, 濫, 襤, 藍, 艦, 檻

甲 갑옷 갑	『갑옷, 껍질, 첫째, 첫째 천간 등』의 뜻을 가진다.

갑골문		금 문		소 전

전쟁터에서 싸우는 병사가 손에 들고 막아서 몸을 보호할 수 있는 단단한 방패로 갑옷을 표현
  갑골문에서는 손에 들고 창 등을 막는 단단한 방패 모양에서 소전에 와서는 가죽이나 금속으로 만든 몸에 딱 붙는 아치 모양의 단단한 방패로 입어서 몸을 보호하는 갑옷으로 그 의미가 바뀌었다.
  갑옷은 동물(거북 등)의 단단한 껍질과도 같으므로 그 뜻이 전의되어 '껍질'도 되고, 또한 '甲'은 十干에서 첫째 천간이므로 '첫째'의 뜻도 가진다.

함자례 : 岬, 匣, 閘, 鉀, 胛, 押, 鴨, 狎, 柙

彊 강할 강	『강하다, 굳세다』의 뜻을 가진다.

	갑골문	금문	소전

화살을 쏘아 보내는 힘이 매우 센 활을 중첩적으로 나타내어 강함을 표현

※ 오래된 낡은 활로 활시위가 해어져서 약해진 것을 표현한 자가 '약할 弱(약)'이다.

함자례(含字例) : 粥, 鬻

羌 오랑캐 강	『오랑캐, 굳세다 등』의 뜻을 가진다.

	갑골문		금문	소전

양과 같은 가축을 길러 목축을 주업으로 하는 중국 서부지역의 민족인 오랑캐를 표현

함자례 : 羌

岡 산등성이 강	『산등성이, 고개, 언덕』의 뜻을 가진다.

	갑 골 문			금 문		소 전

(甲) 손에 칼이나 화살(활) 또는 포획 도구를 들고 사냥을 하거나 전쟁을 칠 때 굳세고 용맹하여 두려움이 없음을 표현

(篆) 그물을 치고 매복을 하여 사냥을 하거나 전투를 벌이는 곳이 산의 고개 또는 산등성이임을 표현 다른 자와 결합시 '굳세다', '단단하다'의 뜻을 가진다.

함자례 : 剛, 綱, 鋼, 崗, 堽, 㟒

畺 지경 강	『지경, 끝, 나라, 강역, 구획하다 등』의 뜻을 가진다.

	갑골문	금문	소전

제후국과 제후국 사이에 경계가 서로 맞물리는 외곽 변방 지대의 땅으로 지경(地境)을 표현

함자례 : 疆, 薑, 橿

疆 굳셀 강	『굳세다, 힘쓰다, 억지로 등』의 뜻을 가진다. |	갑골문	금문	소전 | |---|---|---|---| |	畕 畕			| 제후국 간의 경계인 지경(地境)에서 畕 군사력으로 무장을 하고 ⚒ 힘써 변방을 지키는 모습이 굳셈을 표현 함자례(含字例) : 彊

夅 내릴 강 항복할 항	『내리다, 항복하다 등』의 뜻을 가진다. |	갑골문	금문	소전 | |---|---|---| |			| 전쟁에서 항복을 한 병사가 적진을 향해 두 발로 걸어서 🦶 아래로 내려옴을 표현 함자례 : 降, 絳, 逄, 洚

江 강 강	『강, 양자강』의 뜻을 가진다. |	금문	소전 | |---|---| |		| 물이 〰 흘러가면서 만들어 工 놓은 물길이 강임을 표현 함자례 : 鴻

康 편안할 강	『편안하다, 즐겁다 등』의 뜻을 가진다. |	갑골문	금문	소전 | |---|---|---|---|---| |					| 공이질로 방아를 찧으면서 ⯄ 바람을 등지고 키질을 하여 ⯊ 겨와 잡티를 날려 보내고 ⁚ 쌀만 고르는 작업을 하는 것을 표현 　수확한 곡식을 방아 찧어 양식을 확보하였으니 마음이 놓이고 '편안한 상태'임을 나타내었다. 함자례 : 慷, 糠, 鱇

強 강할 강	『강하다, 굳세다, 힘쓰다, 세차다 등』의 뜻을 가진다.

	소 전

물건 중에서 강력한 활과 ⚡ 동물 중에서 맹독을 지니고 입을 짝 벌린 벌레(파충류)의 ⚡ 모습을 그려 강한 것임을 표현

함자례(含字例) : 襁

豈 개가 개 어찌 기	『개가, 승전악, 어찌 등』의 뜻을 가진다.

갑 골 문			금 문		전 문	
豈	豈	豈	豈	豈	豈	豈

군대의 병사들이 전쟁에서 승리하고 행진을 하며 돌아올 때 북을 쳐 음악을 연주하며 🥁 부르는 경축의 노래로 개가(凱歌)를 표현

전쟁에 승리해서 살아서 돌아오니 '어찌 기쁘지 않겠는가'로 그 의미가 전의되어 '어찌'로의 의문이나 반문을 나타내는 부사어로 쓰이기도 한다. - 어찌 기

함자례 : 凱, 塏, 愷, 鎧

个 낱 개	『낱, 하나, 개, 사람 등』의 뜻을 가진다.

	전 문

사람의 가랑이 사이에 ⚡ 막대를 ㅣ 끼고 있는 모습을 표현

그 끼고 있는 막대가 물건을 세는 단위인 '낱'으로 뜻이 가차되어 쓰여지고 있다.

함자례 : 㑑

介 낄 개	『끼다, 소개하다, 작다, 강직하다 등』의 뜻을 가진다.

갑 골 문	금 문	소 전

(甲) 병사가 ⚡ 몸을 보호하기 위해 갑옷을 입고 있는 ¦¦ 모습을 끼어 있는 것으로 표현

자형이 당초 갑골문에서는 사람의 바깥에 있던 두 점이 ⚡ 사람의 ⚡ 안으로 옮겨가 두 개로 끼여 있는 막대 모양으로 변화되어 그 뜻을 나타내고 있다.

(인) 사람의 양 다리 사이에 ⚡ 주리(긴 나무막대)나 나무작지 ⚡ 같은 것을 끼워놓은 모양을 표현

함자례 : 价, 芥, 疥, 玠, 界

皆 다 개	『다, 모두, 함께 등』의 뜻을 가진다.

금 문	소 전

여러 사람이 ⑴ 어떤 일에 대해서 다 함께 목소리를 내어 말함을 ⑴ 표현

함자례(含字例) : 喈, 湝, 階, 諧, 偕, 楷

匃 빌 개	『빌다, 구걸하다, 주다 등』의 뜻을 가진다.

갑골문	금 문	전 문	

패전한 병사가 도망자 신세로 달아나듯 ⑴ 난민 또는 유민들이 난리를 피하여 살던 땅을 버리고 먼 타향
으로 떠나가 그곳 사람에게 ⑴ 구걸하며 살아감을 표현(= 丏)

※ '匃'와 '丏(빌 개)'는 자형만 다를 뿐 고문(古文)은 같은 자로 동자(同字)이다.

함자례 : 曷

丰 산란할 개	『산란하다, 예쁘다, 우거지다 등』의 뜻을 가진다.

금 문	소 전

풀이 제멋대로 자라 어지럽게 흐트러져 있는 ⑴ 산란한 모습을 표현

함자례 : 韧

炊 불꽃 개	『불꽃』의 뜻을 가진다.

소 전

불꽃이 세차게 활활 타는 ⑴ 모양을 표현

함자례 : 焱, 炎

蓋 덮을 개	『덮다, 덮어씌우다, 덮개, 뚜껑, 대개 등』의 뜻을 가진다.

	금 문	소 전
	(이미지)	(이미지) (이미지)

음식을 담은 그릇에 ⊠ 뚜껑을 ⋏ 덮듯이 짚이나 띠풀을 엮어서 ⼊ 초가집의 지붕을 덮은 것을 표현

함자례(含字例) : 盇, 嗑

客 손 객	『손님, 나그네, 객지 등』의 뜻을 가진다.

갑골문	금 문	소 전
(이미지)	(이미지)	(이미지)

사는 집을 ⌂ 떠나와 ⅋ 잠시 타향(객지)에 머물면서 주인의 대접을 받고 있는 나그네로 ⼅ 손님을 표현.
대체로 빈손으로 찾아가는 길손의 처지이다 보니 주인의 눈치를 보게 되는 손님을 뜻한다고 한다.

함자례 : 喀, 額

去 갈 거	『가다, 버리다, 물리치다, 덜다, 피하다 등』의 뜻을 가진다.

갑골문	금 문	소 전
(이미지)	(이미지)	(이미지)

사람이 ⼤ 사는 곳인 촌읍을 ⼂ 떠나 다른 지방을 향하여 가는 것을 표현
모여 살고 있는 읍락을 떠나서 다른 고장으로 가는 것을 '去'라 하고, 근거지인 본읍의 본영을 떠나서
다른 곳을 정복하러 가는 것을 '出'이라 한다.

함자례 : 却, 袪, 揭, 祛, 劫, 怯, 迲, 法

居 살 거	『살다, 거주하다, 있다, 자리잡다, 앉다, 곳 등』의 뜻을 가진다.

갑 골 문				금 문		소 전
(이미지)	(이미지)	(이미지)	(이미지)	(이미지)	(이미지)	(이미지)

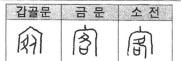

여인이 ⿓ 아이를 낳고 ⍉ 집 안에서 앉아 안정되게 나날을 보내며 살고 있음을 표현

함자례 : 倨, 据, 踞, 鋸, 椐, 琚

巨 클 거	『크다, 많다, 저항하다 등』의 뜻을 가진다.

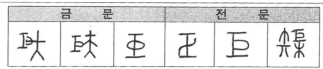

금 문			전 문		

장인이 손에 <small>화</small> 들고 있는 도구로 工 직각과 직선을 그리는 데 사용되는 큰 자(尺)를 표현
자로 측정하는 대상물인 목재의 덩치가 크거나 수량이 많은 데서 '크다, 많다'의 파생된 뜻을 가진다고 한다.

함자례(含字例) : 距, 拒, 矩, 鉅, 炬, 秬

豦 큰 돼지 거	『큰 돼지, 맞붙어 떨어지지 않다』의 뜻을 가진다.

금문	소전

호랑이와 <small>호</small> 서로 엉겨 붙어 싸우는 돼지로 <small>저</small> 덩치가 큰 멧돼지를 표현

함자례 : 醵, 據, 遽, 劇

車 수레 거 수레 차	『수레, 수레바퀴, 차 등』의 뜻을 가진다.

갑골문		금 문		소전

수레를 위에서 본 모양으로, 수레의 바탕과 日 굴대와 ㅣ 바퀴를 二 표현
   수레는 B.C. 1300년경 중국 은(殷)나라에서 군사적 목적인 전차(戰車)로 처음 사용하였다.
   ※ 사람이 아닌 동력으로 움직이는 것을 '차'라 하고, 인력으로 움직이는 것을 '거'라 한다.

함자례 : 軻, 輕, 庫, 轟, 較, 轎, 軍, 軌, 輔, 轢, 輅, 輓, 軿, 輦, 輪, 輩, 輔, 輻, 輸, 軾, 軋, 擧, 連, 軟,
　　　　轅, 輴, 軔, 轉, 輾, 轃, 陣, 軫, 輯, 斬, 軛, 輟, 軸, 輻, 轄, 軒

巾 수건 건	『수건, 헝겊, 두건, 덮다 등』의 뜻을 가진다.

갑골문	금문	소전

거꾸로 늘어진 풀(屮=草)의 모양으로 <small>巾</small> 옛사람들이 신체의 치부를 가리기 위해 사용했던, 풀로 엮은 앞치마를 표현
뒤에 원뜻이 파생되어 '수건'의 뜻을 가졌으며, 다른 자와 결합시 '수건, 천, 옷감 등'의 뜻을 가진다.

함자례 : 幢, 幟, 帽, 幪, 幇, 帛, 幡, 帆, 市, 常, 帨, 帥, 吊, 帙, 幝, 帑, 布

辛 허물 건	『허물, 악질, 어기다 등』의 뜻을 가진다.

	갑 골 문				금 문	소 전
	罙	罙	罙	罙	罙	-	辛

죄(혼외 임신)를 지어 덕을 잃은 부녀자에게 㧧 형구로 ▽ 형벌을 집행하는 모습으로 허물을 표현

함자례(含字例) : 辛

建 세울 건	『세우다, 일으키다 등』의 뜻을 가진다.

갑골문	금		문		소 전

(甲·金) 많은 사람이 참여하여 흙을 담아와 땅에 펴고는 달구로 기초를 다진 뒤 그 위에 기둥을 세우고 들보를 올려 집을 지음을 표현

(인) 손에 붓을 들고 국가의 제도와 법령을 천천히 써나가 마침내 나라의 기준을 세웠음을 표현

함자례 : 健, 鍵, 腱, 楗

乞 빌 걸	『빌다, 가난하다, 구하다 등』의 뜻을 가진다.

갑골문	금 문	소 전
三	三	三	乞

(甲) 하늘과 땅 사이에 떠 있는 구름을 바라보며 몸을 엎드려 비를 내려달라 빌고 있는 모습을 표현

(인) 위쪽에 있는 사람에게 형편이 곤궁한 사람이 부복(俯伏)하여 도와 달라 비는 모습을 표현

함자례 : 吃, 訖, 迄, 汔, 屹, 紇, 仡, 齕

杰 뛰어날 걸	『뛰어나다, 우뚝하다 등』의 뜻을 가진다.

소 전
杰

맹렬한 산불이 타고 지나간 자리에 죽지 않고 다시 우뚝하게 살아나 있는 출중한(뛰어난) 나무를 木 표현 '傑'의 속자(俗字)로 난세에 태어나 전쟁과 시련을 경험하고 극복한 영웅을 비유하는 데 활용되고 있다.

함자례 : 烋

24

桀	『해, 준걸, 하왕이름, 특출하다 등』의 뜻을 가진다.
해 걸	<table><tr><td>금 문</td><td>소 전</td></tr><tr><td>桀</td><td>桀</td></tr></table>

새장이나 닭장 속에 새나 닭이 재주를 부리듯이 두 발로 올라가 舛 앉을 수 있도록 가로로 걸쳐놓은
나무막대로 木 해를 표현

함자례(含字例) : 傑

轚	『부딪히다』의 뜻을 가진다.
부딪칠 격	<table><tr><td>소 전</td></tr><tr><td>轚</td></tr></table>

격렬한 싸움의 전장터에서 아군과 적군의 전차가 車 서로 교차하며 굴대 끝이 ㅁ 세차게 부딪침을 攴 표현
　(= 轚)

함자례 : 擊, 繫

臼	『깍지끼다』의 뜻을 가진다.
깍지낄 국	<table><tr><td>소 전</td></tr><tr><td>臼</td></tr></table>

두 손으로 臼 깍지를 낀 모양을 표현

함자례 : 臾

見	『보다, 보이다, 견해, 당하다, 뵙다, 나타나다, 드러나다 등』의 뜻을 가진다.
볼 견 뵈올 현	<table><tr><td>갑골문</td><td>금 문</td><td>소 전</td></tr><tr><td>見</td><td>見</td><td>見</td></tr></table>

사람이 儿 눈을 罒 크게 뜨고서 눈에 띄는 사물을 보는 것을 표현
　보는 사람의 견해나 관점에 따라 사물이 보이게 되는 점에서 피동(被動)의 뜻을 가지기도 한다.

함자례 : 覺, 覡, 觀, 靚, 規, 覿, 覗, 覽, 覓, 視, 硯, 靚, 覟, 覘, 靚, 親, 現, 峴, 晛, 倪, 睍, 莧

犬 개 견	『개』의 뜻을 가진다.			
		갑 골 문	금 문	소 전

개를 세워 옆에서 본 모양을 표현(= 犭)

다른 자와 결합시 '개'나 '개와 형태가 비슷한 짐승'을 나타낼 때 쓰인다.

함자례(含字例) : 畎, 哭, 突, 戾, 默, 犮, 伏, 狀, 獸, 猒, 猷, 臭, 吠, 獻, 猖, 猥, 狗, 狂, 狡, 獾, 獰, 猱, 狙, 獺, 獨, 狼, 獵, 狸, 猛, 猫, 犯, 獅, 猩, 狩, 猜, 豺, 犴, 狎, 猊, 獄, 猥, 猿, 猶, 獐, 狙, 猪, 狄....

堅 굳을 견	『굳다, 굳게 하다, 강하다 등』의 뜻을 가진다.		
		금 문	소 전

성주(城主)인 장수가 臣 군중의 동원으로 성채(城砦)를 土 철통같이 방비하고 방어하여 又 적이 공격해도 함락
   시키지 못하도록 굳게 지켜냄을 표현

함자례 : 慳, 鏗

幵 평평할 견	『평평하다』의 뜻을 가진다.		
		금 문	소 전

흙을 삼태기에 담아서 들고 와 땅에 뿌린 뒤 달구질로 단단히 다져 干 지면을 평평하게 한 것을 표현

함자례 : 豣, 研, 姸

遣 보낼 견	『보내다, 파견하다, 놓아주다, 시집을 보내다 등』의 뜻을 가진다.		
		갑 골 문	금 문	전 문

(甲) 조정에서 파견하는 특사에게 국서나 병부를 自 교부하여 위임받은 廾 권한의 범위 안에서 분부받은
   명을 卩 수행토록 함을 표현

(篆) 언덕 阜 너머 먼 곳에 있는 나라로 국서나 밀서 등의 중요한 증표(병부)를 入 지참하여 辶 특사로 사신
   을 보냄을 辵 표현

함자례 : 譴, 縫

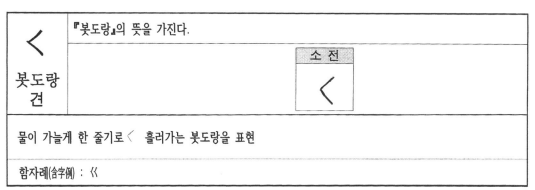

〈 봇도랑 견	『봇도랑』의 뜻을 가진다.

(소 전: 〈)

물이 가늘게 한 줄기로 〈 흘러가는 봇도랑을 표현

함자례(含字例) : 〈〈

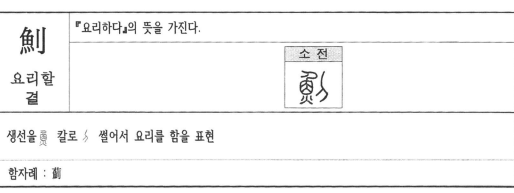

劂 요리할 결	『요리하다』의 뜻을 가진다.

(소 전: 劂)

생선을 劂 칼로 ⟋ 썰어서 요리를 함을 표현

함자례 : 蒯

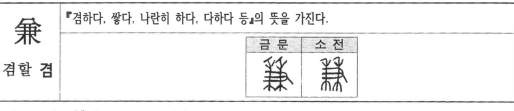

兼 겸할 겸	『겸하다, 쌓다, 나란히 하다, 다하다 등』의 뜻을 가진다.

(금 문 / 소 전)

벼 두 포기를 秝 한 손으로 ⟋ 움켜쥐는 모습을 표현
  한 손으로 벼 두 포기를 움켜쥔다는 원래의 뜻이 파생되어 동시에 두 가지 이상의 일을 하거나 여러 물건을 동시에 점유하여 '겸하고 있다'는 걸 나타낸다.

함자례 : 謙, 慊, 歉, 鎌, 蒹, 廉, 嫌

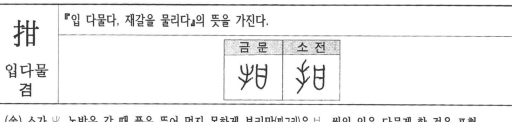

拑 입다물 겸	『입 다물다, 재갈을 물리다』의 뜻을 가진다.

(금 문 / 소 전)

(金) 소가 ♉ 논밭을 갈 때 풀을 뜯어 먹지 못하게 부리망(찌그리)을 ㅂ 씌워 입을 다물게 한 것을 표현
(篆) 입을 움직이지 못하게 부리망(입마개)을 ㅂ 주둥이에 끼워놓은 ♉ 것을 표현

함자례 : 箝

庚 별 경 천간 경	『별, 일곱째 천간, 나이, 갚다 등』의 뜻을 가진다.

	갑 골 문			금 문		전 문
	萬	萬	萬	萬	萬	庚

곡식을 도정(搗精)하는 과정으로 절구공이로 Ψ 곡식을 찧으면서 키질을 하여 ⋔ 껍질을 날려보냄을 표현
뜻이 가차되어 '별'과 '일곱째 천간'의 뜻을 가진다.

함자례(含字例) : 庼, 鷉

京 서울 경	『서울, 경관, 크고 높다 등』의 뜻을 가진다.

	갑 골 문	금 문	소 전
	㑋	㑋	㑋	京

높고 큰 건물들이 㑋 즐비하게 늘어선 궁궐이 있는 곳이 서울임을 표현

함자례 : 景, 鯨, 倞, 勍, 黥, 掠, 諒, 凉, 影, 就

景 별 경	『볕, 경치, 환하다, 우러러보다, 크다 등』의 뜻을 가진다.

	금 문	소 전

높은 건물 위로 ⋔ 해가 ▭ 떠 햇볕을 환하게 비춤을 표현
　해가 비치는 맑은 날에는 높은 건물에 올라가 주변 경관인 '경치'를 바라본다는 뜻도 갖고 있다.

함자례 : 暻, 憬, 璟, 影, 顥

敬 공경할 경	『공경, 공경하다, 삼가다, 정중하다 등』의 뜻을 가진다.

	금 문			소 전

무력으로 위협하여 ⅄ 상대를 ⅄ 엄히 훈계함으로써 ▯ 언행을 삼가고 조심하게 하여 공경하고 존중토록 함을
표현

함자례 : 驚, 警, 儆, 擎, 璥, 檠

更 고칠 경 다시 갱	『고치다, 바뀌다, 변경하다, 다시 등』의 뜻을 가진다. |	갑골문	금 문	소 전
---	---	---	---

고정대의 틀에 매달아 놓은 석경(石磬: 돌로 만든 경쇠)을 ⬠ 두드려 ⚘ 차례대로 요구되는 음이 될 때까지 석경을 고치거나 바꾸어 끼워서 맞추는 것을 표현(= 㪅)

요구되는 음이 맞을 때까지 반복해서 다시 바꾸어 변화시키는 행위를 하게 된다는 것에서 '다시'의 뜻을 갖는다고 한다. – 다시 갱

함자례(含字例) : 硬, 粳, 梗, 甦, 便

竟 마침내 경	『마침내, 도리어, 끝, 지경, 다하다, 끝내다 등』의 뜻을 가진다. |	갑 골 문		금 문		소 전
---	---	---	---	---	---

자자(刺字)를 당하고 ▽ 목에 칼을 쓴 ㅂ 중죄인이 ⚘ 형장으로 끌려가 마침내 목숨을 다하여 생을 마침을 표현

※ 갑골문에서 소전으로의 자형 변화를 보면 ▽ →䇂로, ㅂ →日로, ⚘ →儿로 바뀌었다.

함자례 : 境, 鏡

耿 빛 경	『빛, 빛나다, 환하다 등』의 뜻을 가진다. |	금 문		소 전
---	---	---	---

불타는 소리가 귀에까지 들릴 정도로 ㅌ 세차게 불꽃이 일면서 火 환하게 빛남을 표현

함자례 : 褧

頃 잠깐 경	『잠깐, 이랑, 기울다, 반걸음 등』의 뜻을 가진다. |	금 문	소 전
---	---	---

자신의 얼굴로 ⚘ 목표 대상의 ⚘ 관심을 끌기 위해 바싹 접근하여 머리를 갸웃하며 기울임을 표현

머리의 기울임이 잠깐 사이에 이루어짐에서 '잠깐'이란 뜻과 함께, 머리를 갸웃하는 반복 동작이 마치 밭이랑의 높낮이 형상과 같이 고저를 이루는 데서 '이랑'의 뜻을 가지는 것으로 추정하고 있다.

(원뜻) 기울 경 → (바뀐 뜻) 잠깐 경 → (대체자로) 傾 기울 경

함자례 : 傾, 頴, 穎, 潁

 멀 경	『멀다 등』의 뜻을 가진다.

	금　문	소　전
	冋	冂	冂

어떤 나라 또는 지역의 경계선에 있는 관문의 冂 모양을 표현
　그곳은 도읍지인 서울에서 멀리 떨어져 있는 지역인 관계로 '멀다'의 뜻을 가진다.

함자례(含字例) : 冋

 들 경	『들, 멀다』의 뜻을 가진다.

	금　문	소　전
	冋	冋

서울에서 먼 곳으로 冂 경계 지역에 설치된 관문을 囗 통과하면 나타나는 평평한 들을 표현

함자례 : 絅, 炯, 坰, 涧

 밝을 경	『밝다, 빛나다』의 뜻을 가진다.

	갑골문	금　문	소　전
	冏	－	冏

고대 거주하는 집인 산의 동굴 안으로 冈 환하게 빛이 들어오는 밝은 채광 창문(천창: 天窓)을 囗　표현

함자례 : 焖, 裔, 矞

 물줄기 경	『물줄기 등』의 뜻을 가진다.

베를 짜기 위해 베틀에 丅 날실을 ⫶ 걸어놓은 모습을 표현.
　베틀에 걸어놓은 '날실(⫶)'의 모습이 흐르는 물줄기와 같다고 해서 '물줄기 경'이라 한다.
다른 자와 결합시 '한 줄, 한 줄기'의 뜻을 가지며, 최단거리로 감을 나타낸다.

함자례 : 硜, 經, 輕, 徑, 頸 勁, 莖 痙, 脛, 俓, 逕, 陘, 牼

30

睘 놀러서 볼 경	『놀라서 보다, 근심하다』의 뜻을 가진다.

	금 문	소 전
	(금문 자형)	(소전 자형)

둥근 문양(玉)으로 ⌒ 장식한 화려한 옷을 입은 ⌒ 사람을 본 이가 놀란 눈을 ⌒ 크게 뜨고 두루 쳐다보는 것을 표현

함자례(含字例) : 獧, 圜, 嬛, 儇, 還, 環, 鐶

誩 말다툼 할 경	『말다툼하다』의 뜻을 가진다.

	소 전
	(소전 자형)

어떤 일에 대해 견해를 달리하는 두 사람이 서로 말을 주고 받으면서 말다툼함을 표현

함자례 : 譱

彑 돼지머 리 계	『돼지머리』의 뜻을 가진다.

	소 전
	(소전 자형)

돼지의 뾰족한 머리 모양을 표현
  자형이 돼지의 머리 모양과 같다 하여 붙여진 명칭이다.
다른 자와 결합시 1)새김질(=彐집: 彔·祿·錄) 2)돼지머리(彖·彘·彙)의 뜻을 가진다.

함자례 : 彖, 彔

契 맺을 계	『맺다, 새기다, 맞다 등』의 뜻을 가진다.

	갑골문	금 문	소 전
	(갑골문 자형)	(금문 자형)	(소전 자형)

나무 기둥이나 목판 ＼ 같은 곳에 당사자 간에 ⌒ 맺은 거래상의 약정 내용을 칼로 ⌒ 새겨두어 ⌒ 그것을 증거로 삼음을 표현

함자례 : 喫, 楔, 偰

戒 경계할 계	『경계하다, 삼가다, 타이르다 등』의 뜻을 가진다.		
	갑골문	금 문	소 전

병사가 두 손으로 병장기를 들고 경계근무를 서고 있음을 표현

함자례(含字例) : 械, 誡

癸 북방 계	『북방, 열째 천간, 헤아리다』의 뜻을 가진다.						
	갑 골 문			금 문		전 문	

서로 대칭이 되게 생긴 물레처럼 돌아가는 돌꼇(실을 감고 푸는데 쓰는 기구)의 모양을 표현
  뜻이 가차되어 '북방'과 '열째 천간'의 뜻을 가진다.
다른 자와 결합시 '돌려 헤아리다, 돌림, 무기'의 뜻을 나타낸다.

함자례 : 閨, 揆, 葵, 戣, 睽, 暌

系 맬 계	『매다, 잇다, 묶다, 매달다 등』의 뜻을 가진다.		
	갑골문	금 문	전 문

손으로 실과 실을 매어서 쭉 이어 놓은 것을 표현

함자례 : 係, 繇, 孫, 縣

繼 이을 계	『잇다, 계속하다, 이어 나가다 등』의 뜻을 가진다.	
	금 문	소 전

거치대에 비치된 누에고치 실 중에서 다 풀려 끊어진 실을 이어붙여 연결함을 표현

함자례 : 纞, 斷

启 열 계	『열다, 열리다, 여쭤다 등』의 뜻을 가진다.		
	갑골문	금 문	소 전
	㕔	-	启

(甲) 병사들이 성벽 아래에 이르러 무력을 행사해서㇓ 강제로 성문을㇐ 열거나 열게 함을 표현(= 啓)
(篆) 문을㇏ 두드리며 말을 해서㇐ 스스로 문을 열게 하듯 마음의 문을 열도록 함을 표현(= 啓)

함자례(含字例) : 啓, 啟

季 계절 계	『계절, 끝, 막내, 젊다 등』의 뜻을 가진다.			
	갑 골 문		금 문	소 전
	季 季		季	季

1) 여린 벼처럼㇓ 친형제 중에서 나이가 비교적 적은 맨 끝에 있는 어린아이를㇎ 표현
   옛사람들은 형제의 서열을 백중숙계(伯仲叔季)로 차례를 지워 불렀다.
2) 힘에 부친 막내 아이가㇎ 머리 위에 볏단을㇓ 이고 가는 모습으로 수확의 계절임을 표현
   잘 익은 곡식을 수확하는 계절이니 한 해의 일을 마무리하는 '끝'을 나타낸 것이다.

함자례 : 悸

界 지경 계	『지경, 경계, 둘레, 세계, 경계로 삼다』의 뜻을 가진다.	
	전 문	

두 제후국㇛ 사이에 끼어 있는㇗ 분단선으로 경계인 지경을 표현

함자례 : 堺

古 옛 고	『옛, 옛날, 오래 되다, 우선 등』의 뜻을 가진다.						
	갑 골 문		금 문				소 전

옛적에 있었던 일이 입에서 입으로㇐ 쭉 전해져오는 ㅣ 아득히 먼 오랜 시대로 옛날을 표현
※ '古'는 전설로 전해오는 추술(追述)하기 어려운 오래된 시대를 말하고, '昔'은 옛날 대홍수로 황폐화가
   일어났던 먼 옛적 시대를 뜻하므로 '古'가 '昔'보다 더 앞선 시대라고 한다.

함자례 : 苦, 故, 固, 姑, 枯, 沽, 罟, 酤, 嘏, 胡, 祜, 岵, 怙

高 高을 고	『높다, 크다, 고상하다, 존경하다, 뛰어나다 등』의 뜻을 가진다.

	갑 골 문			금 문	소 전
	高	高	高	高	高

아치형의 출입구가 있는 큰 문 위에 높다랗게 누각을 세운 모양을 표현

함자례(含字例) : 稿, 膏, 槁, 敲, 稾, 髙, 嵩, 鷎, 磝, 鎬, 皜, 蒿, 縞, 熇

告 고할 고	『고하다, 알리다, 아뢰다, 여쭈다 등』의 뜻을 가진다.

	갑 골 문		금 문		소 전
	告	告	告	告	告

소의 희생물로 신께 제사를 지내면서 자신들의 처지를 아뢰고 고하여 축복을 기원함을 표현

※ '告'는 세속의 재난 국면이 사람들의 인내력을 뛰어넘는 것이기에 신의 세계를 향해 호소하는 것을 뜻한다고 한다.

함자례 : 誥, 鵠, 梏, 牿, 造, 浩, 皓, 晧, 酷

鼓 북 고	『북, 북소리 등』의 뜻을 가진다.

	갑 골 문		금 문		전 문	
	鼓	鼓	鼓	鼓	鼓	鼓

북을 받침대에 올려놓고 손에 북채를 잡고 치는 모양을 표현

함자례 : 瞽, 鼙, 鼗, 鼘

雇 품팔 고 뻐꾸기 호	『품을 팔다, 고용하다, 세내다, 뻐꾸기 등』의 뜻을 가진다.

	갑 골 문		금문	전 문	
	雇	雇	-	雇	雇

1) 민가(民家)에 날아들어 잠시 머물렀다 가는 철새처럼 농사철에 잠시 머물다 날품을 팔고 떠나가는 사람을 비유해서 표현

2) 뻐꾸기는 다른 새의 집에 탁란(托卵)하는 새로 새끼를 키우는 일은 전적으로 다른 새가 하도록 하여 품을 팔게 하는 것을 표현

함자례 : 僱, 顧

及	『이문을 얻다, 팔다 등』의 뜻을 가진다.					
		갑 골 문			금 문	전 문
이문 얻을 고						

사람이 ⸜ 욕조에 ⸜ 들어가니 욕조의 물이 흘러넘치는 ⸜ 것처럼 시장에서 물건을 파는 장사를 하여 생긴 이익이 많아 이문 얻음을 표현(= 盈)

함자례(含字例) : 盈

皋	『언덕, 못, 늪 등』의 뜻을 가진다.	
		소 전
언덕 고		–

벼랑 위에 형성된 평평한 늪지대로 ✛ 주변 골짜기의 샘에서 ⊖ 흘러나온 물이 군데군데 ⁼⁼ 모여 못을 이루고 있는 언덕땅을 표현

함자례 : 翱, 皞

羔	『새끼 양』의 뜻을 가진다.					
		갑 골 문			금 문	소 전
새끼양 고						

추위 속에 갓 태어난 새끼 양의 ⸙ 몸에 묻은 양수를 ⁝⁝ 닦아준 뒤 적응력이 약한 새끼 양을 불 ⸜ 가까이 에 두고 돌봐줌을 표현

함자례 : 羹, 窯

叩	『두드리다, 조아리다 등』의 뜻을 가진다.				
		갑골문	금 문	전	문
두드릴 고			–		

사람이 무릎을 꿇고 머리를 조아리며 ⸎ 상대를 만나 뵙고 말로 ⸜ 사실을 보고하거나 문의하는 것을 표현 상대에게 솔직하게 물어보고 해결할 방법을 찾는다는 원래의 뜻이 물리적 측면의 '쳐서 소리가 나게 두드 린다'는 뜻으로까지 그 의미가 확대되었다.

함자례 : 命

考 생각할 고	『생각하다, 상고하다, 살펴보다, 시험하다, 치다 등』의 뜻을 가진다.

	갑골문		금 문		소 전

삶의 경험이 많은 노인이 ⚡ 지팡이를 짚고 ⊤ 서서 이런 생각 저런 생각을 하며 깊이 헤아리는 모습을 표현

함자례(含字例) : 拷, 栲

故 연고 고	『연고, 까닭, 옛날, 죽은 사람, 고로 등』의 뜻을 가진다.

	금 문	소 전

오래 살아 古 노쇠하여 거동이 곤란한 죽음을 앞둔 노인에 대해서는 의도적으로 생명을 앗아 攵 삶을 끝내게
해야 하는 고통스럽고 부정적인 행위를 표현
이러한 죽임에는 반드시 피치 못할 '연고'와 '원인'과 '까닭'이 있어야 했음을 뜻하고 있다. 즉 이동 채집
생활을 하던 고대에는 무리의 생존에 위기가 닥쳤을 때 신속히 이동하고 새 세대의 성장을 보호하기 위해
홀로서기를 하지 못하는 노인은 부득이하게 죽였다고 한다.

함자례 : 做

孤 외로울 고	『외롭다, 멀다, 버리다, 고아 등』의 뜻을 가진다.

	소 전

덩굴에 덩그러니 매달려 있는 오이처럼 瓜 의지할 부모가 없는 자식(고아)의 子 외로움을 표현

함자례 : 菰

谷 골 곡	『골, 골짜기, 곡식, 키우다 등』의 뜻을 가진다.

	갑골문	금 문	소 전

겹겹의 골로 나누어진 ⌒ 큰 산의 어귀에 ⊔ 형성된 U자형의 좁고 긴 저지대로 물이 모이는 골짜기를 표현
옛사람들은 수원(水源)이 확보된 골짜기 땅에서 곡식을 많이 생산할 수 있었기 때문에 곡식의 뜻으로 '穀'
대신에 동음이의어인 '谷'을 차용해서 썼다고 한다.

함자례 : 卻 給 郤 俗 欲 浴 裕 豁

曲 굽을 곡	『굽다, 도리에 맞지 않다, 공정하지 않다, 악곡 등』의 뜻을 가진다.			
		갑골문	금 문	소 전

(甲) 불에 구워 부드럽게 한 대나무를 구부리고 접어서 만든 아치형의 구조를 표현
　　만들어진 구조물이 울퉁불퉁 굴곡이 있는 것과 같이 사람이 부르는 노래의 가락에 고저와 음향에 변화가
　　있는 '악곡'으로 그 뜻이 파생되었다는 설이 있다.

(인) 밭에 많은 싹들이 자라나 있는 농작물의 모양을 표현
　　밭에서 자란 작물들이 바람이 불 때면 바람결을 따라 흔들거리며 쓰러지는 모습에서 '굽다'의 뜻과 함께,
　　바람결에 작물이 흔들릴 때 스쳐서 나는 소리가 노래하는 것과 같아 '악곡'의 뜻을 가진다고 보는 견해다.

함자례(含字例) : 農, 豊

哭 울 곡	『울다, 곡하다』의 뜻을 가진다.				
		갑골문	금 문	전 문	

(甲) 죄인이 사형에 임할 때 극도로 비통하여 대성통곡을 하며 자신의 억울함을 인정에 호소함을 표현
(篆) 원통함에 큰 소리로 우는 소리가 개가 짖는 것과 같이 참혹하여 차마 들을 수 없음을 표현
　※ 사람이 극도로 비통하여 대성통곡하는 것을 '哭'이라 하고, 소리없이 눈물만 흘리는 것을 '泣'이라 한다.

함자례 : 喪

丨 뚫을 곤	『뚫다, 세우다, 통하다 등』의 뜻을 가진다.	
		소 전
		丨

위에서 아래로 통할 수 있게 뚫은 모양을 표현

함자례 : 个, 串, 中

袞 곤룡포 곤	『곤룡포 등』의 뜻을 가진다.		
		금 문	소 전

임금이 입는 정복(正服)인 옷으로 곤룡포를 표현

함자례 : 滾

37

困 곤할 곤	『곤하다, 졸다, 난처하다, 괴롭다, 가난하다 등』의 뜻을 가진다.

	갑골문		금 문	전 문	
	困	困	-	困	困

나무가 ✳ 둥글게 둘러싸인 돌더미에 의해 ☐ 고사(枯死)되는 형상으로 생장에 지장을 받는 괴롭고 곤한 상태를 표현

함자례(含字例) : 梱, 闐

昆 맏 곤	『맏이, 벌레, 함께, 같이, 뒤섞이다 등』의 뜻을 가진다.

	금 문	소 전
	昆	昆

1) 작열하는 태양 아래서 ☉ 뒤섞여 함께 일하는 형제들 중에 ⟨⟨ 이들을 이끌어 가는 이가 맏이임을 표현
2) 하나의 몸통에 ⊟ 여러 개의 발이 달린 ⟨⟨ 벌레를 표현 - 벌레 곤

함자례 : 棍, 崑, 鯤, 琨, 緄, 鯤, 混

䖵 벌레 곤	『벌레』의 뜻을 가진다.

	소 전
	䖵

두 마리의 벌레를 나타내어 ₷₷ 떼를 지어 사는 유형의 벌레를 표현

함자례 : 蠹, 蟊, 蟊, 蝨, 蠹, 蟊, 蠢, 蟲

骨 뼈 골	『뼈, 골격, 골수, 몸 등』의 뜻을 가진다.

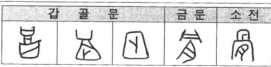

	갑 골 문			금문	소 전
	骨	骨	骨	骨	骨

(甲) 머리부인 턱과 ⋓ 목ㅐ, 몸통을 ⊌ 나타내어 몸에 고르게 배열되어 있는 근골(筋骨)로 뼈를 표현
　※ 옛사람들은 질감이 단단하고 너비가 큰 동물의 뼈(견갑골)에 ☐ 점친 ⼁ 결과를 기록하였다.
(篆) 고기를 발라낸 뼈에　　살이　　조금은 붙어 있는 모양으로 뼈를 표현
　※ '冎(살 발라낼 과)'는 위 갑골문 자형을 거꾸로 쓴 글자로 살을 완전히 발라내고 남은 뼈를 나타낸 것이다.

함자례 : 髀, 髓, 體, 骸, 滑, 猾

38

圣 힘쓸 골	『힘쓰다, 열심히 일하다 등』의 뜻을 가진다.				
		갑 골 문		금 문	소 전
		𝄞 𝄞 𝄞		-	圣

손으로 ⅄ 열심히 땅을 ☖ 일구며 힘을 써 일하는 모양을 표현

함자례(含字例) : 怪

工 장인 공	『장인, 솜씨, 일, 공업, 공교하다, 잘하다, 만들다 등』의 뜻을 가진다.				
		갑 골 문		금 문	소 전
		⌂ 工		Ɫ 工	工

상형자로 하단은 묵두(墨斗)이고 ⌂ 가운데 세로는 ┃ 먹줄이며 위의 가로는 ― 고정된 기준선을 나타낸 것으로, 공구(=規矩)로 나무를 재어 직선의 먹줄을 놓아 다듬어서 집을 짓는 재능을 가진 장인을 표현
묵두나 규구 같은 공구는 늘 장인들이 쓰는 도구이기에 그 의미가 전의되어 '장인'을 뜻한다고 하며, 갑골문에서 묵두형은 ⌂ 나무를 다듬는 것을, 工형은 工 먹줄을 놓아 집터를 잡는 것을 이른다고 한다.
다른 자와 결합시 '만들다, 크다, 도구, 재주'의 뜻을 가진다. 여기서 '크다'의 의미를 가진 자로 예를 들면 큰 하천인 '江(강)', 큰 구멍인 '空(공)', 큰 조개인 '貢(공)', 큰 막대기인 '杠(강)', 큰 질그릇인 '缸(항)'이 있다.

함자례 : 江, 杠, 紅, 空, 功, 攻, 貢, 邛, 巩, 巧, 仝, 式, 左, 差, 項, 肛, 紅, 缸, 虹, 訌, 汞

貢 바칠 공	『바치다, 이바지하다, 공물, 구실 등』의 뜻을 가진다.		
		금 문	소 전
		貢	貢

황제만이 세상에서 가장 아름다운 물건을 가지고 누릴 특권이 있다고 여겨 세상에 보기 드문 큰 ⼯ 보화인 조개를 貝 황궁에 삼가 바침을 표현

함자례 : 慣

廾 받들 공	『받들다, 바치다, 팔짱끼다, 스물 등』의 뜻을 가진다.			
		갑골문	금 문	소 전
		⅄⅄	⅄⅄	

두 손으로 ⅄⅄ 어떤 물체를 마주 잡아 받들고 있는 모양을 표현
열 십(十) 두 개를 합한 수로 '스물'의 뜻도 가진다. - 스물 입

함자례 : 弄, 弁, 乗

卭 수고할 공

『수고하다 등』의 뜻을 가진다.

소전

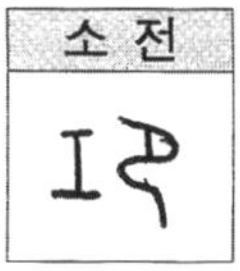

장인이 몸을 구부린 상태로 연장을 다루어 수고로이 뭔가를 만들고 있음을 표현

함자례(含字例) : 昻

公 공변될 공

『공변되다, 공평하다, 공동 소유, 귀인, 제후, 관청 등』의 뜻을 가진다.

갑골문	갑골문	갑골문	금문	금문	소전
	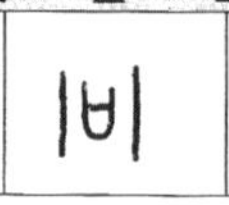				

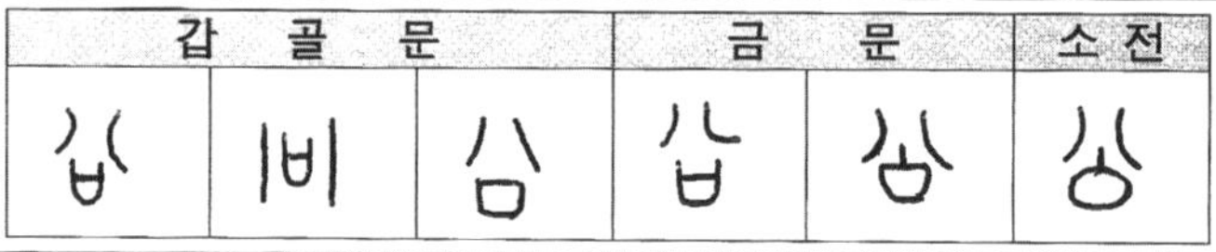

씨족 또는 부락 집단이 공동으로 소유하는 음식물을 포함해서 모든 물품과 물건을 구성원들이 공변되게 몫을 나누어 가지는 것을 표현
이렇게 편파적이지 않고 공평무사하게 일을 처리하던 주체가 그 지역의 '존장'이거나 나라의 '제후' 또는 '관청'이 하였으므로 그 뜻이 거기까지 확대된 것으로 보고 있다.

함자례 : 蚣, 松, 訟, 頌, 翁, 瓮

共 함께 공

『함께, 한가지, 공손하다 등』의 뜻을 가진다.

갑골문	금문	금문	소전

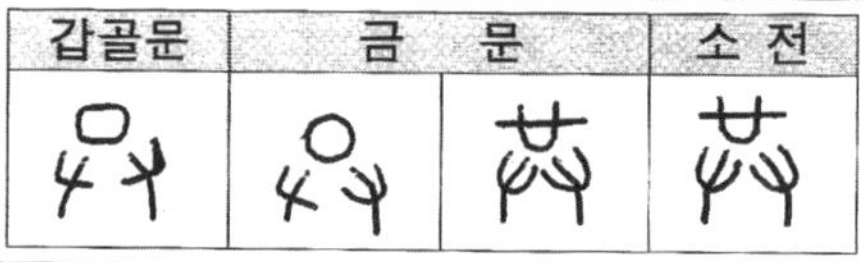

천신께 올리는 제물을 여러 사람이 손으로 받들어 뜻을 함께 해서 공손히 바침을 표현

함자례 : 供, 恭, 珙, 洪, 哄, 烘, 閧, 鉷

巩 굳을 공

『굳다, 묶다 등』의 뜻을 가진다.

금문	금문	소전
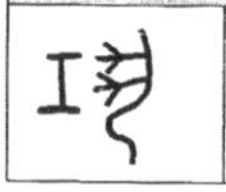		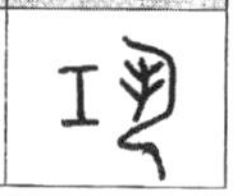

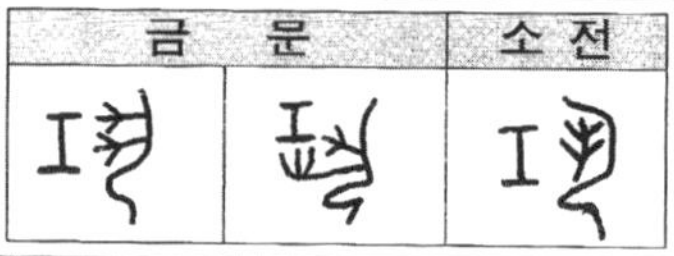

장인(匠人)이 공구를 사용하여 설치하고 있는 구조물을 굳건하게 묶어 보강함을 표현

함자례 : 恐, 鞏

空 빌 공	『비다, 없다, 헛되다 쓸데없다 등』의 뜻을 가진다.

	금 문	소 전
	空	空	空

땅속을 도구로 파내어 만든ㄸ 굴로⌢ 안이 텅빈 공간임을 표현

함자례(含字例) : 腔, 控, 悾

孔 구멍 공	『구멍, 공자, 비다, 매우 등』의 뜻을 가진다.

	금 문	소 전
	孔	孔	孔

아기가 ♀ 젖을 ∧ 먹는 모습을 표현
　젖먹는 모습의 의미는 사라지고, 그 뜻이 젖이 나오는 '구멍'으로 전의되었다.

함자례 : 吼

贛 줄 공	『주다, 하사하다 등』의 뜻을 가진다.

	전 문
	贛	贛

강에서 금사(金沙)를 貝 채취하여 가득 갖고 돌아오매 많은 사람들이 기쁨에 겨워 노래를 부르고 章 엇갈리게
발을 움직이며 夅 춤을 추는 모습을 표현
　고대 사람들은 이런 행운은 하늘이 축복으로 '내려주는 것'임을 알고 그 뜻을 나타내었다.

함자례 : 戇

串 곶 곶 꿰미 천	『곶, 꿰다, 꿰미, 익숙하다, 꼬챙이 등』의 뜻을 가진다.

	금 문			소 전

갖고 다니기 편하도록 열매나 물고기 등을 ⊗ 꼬챙이로│ 꿰어서 꿰미를 만든 모양을 표현
　꿰미의 양 끝에 튀어나온 꼬챙이처럼 바다 쪽으로 길쭉하게 뻗어 나온 땅을 '곶(串)'으로 명명하였다.

함자례 : 窜, 患

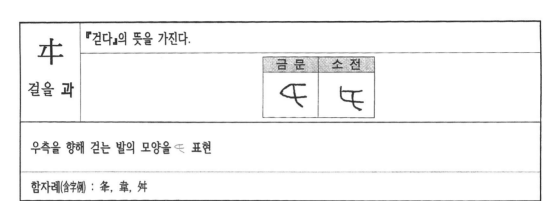

夂 걸을 과	『걷다』의 뜻을 가진다.		
		금 문	소 전

우측을 향해 걷는 발의 모양을 ⊱ 표현

함자례(含字例) : 夅, 韋, 舛

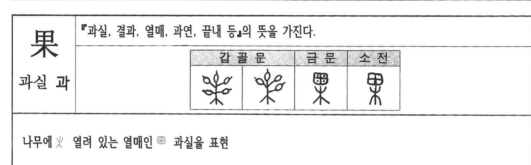

果 과실 과	『과실, 결과, 열매, 과연, 끝내 등』의 뜻을 가진다.			
		갑 골 문	금 문	소 전

나무에 ⅄ 열려 있는 열매인 ▦ 과실을 표현

함자례 : 課, 菓, 顆, 裹, 蜾, 祼, 裸

瓜 오이 과	『오이, 참외 등』의 뜻을 가진다.		
		금 문	소 전

덩굴(줄기)에 ⟨ 오이가 ◊ 달려 있는 모양을 표현

함자례 : 呱, 瓠, 苽, 罛, 眊, 瓣, 瓢, 孤, 狐, 弧, 觚

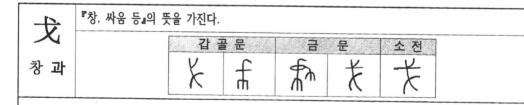

戈 창 과	『창, 싸움 등』의 뜻을 가진다.			
		갑 골 문	금 문	소 전

긴 자루 끝에 두 갈래(가로와 세로)의 날카로운 날이 달린 창의 ⚔ 모양을 표현

함자례 : 戡, 戒, 殘, 戟, 戮, 戊, 伐, 鐵, 成, 戌, 戍, 戡, 我, 戉, 戎, 戔, 牂, 戠, 戝, 戲

夸 자랑할 과	『자랑하다, 뽐내다, 사치하다 등』의 뜻을 가진다.

	갑골문	금 문	소 전	예 서
	夲夵	夺	夺	夸

있는 능력을 다 발휘해 피리를 불어서 夲 음량 소리를 크게 내어 夵 자신을 뽐내고 자랑함을 표현

함자례(含字例) : 袴, 剮, 誇, 跨, 麴, 瓠

咼 뼈 발라 낼 과	『뼈를 발라내다』의 뜻을 가진다.

	갑 골 문	금 문	소 전
	〵〵 〵〵	⠺ 叏	咼

근육과 살을 완전히 갈라내고 남은 골관절의 모양으로 〵〵 뼈를 발라냄을 표현(= 咼, 剮)

함자례 : 咼

過 지날 과	『지나다, 허물, 잘못, 지나치다, 넘다, 예전 등』의 뜻을 가진다.

	금 문	소 전
	徟	諣

세월의 흐름 속에 삶은 죽음을 향해 가고 있고 徟 몸이 죽어 백골이 되면 ⼅ 생명은 다시 오지 않음을 표현

세월의 흐름 속에 현재의 시간이 흘러 '지나감'을 나타낸 것으로, 뒤로 오면서 그 뜻이 확대 파생되어 시간이 흘러가는 것처럼 어떤 공간을 지나 '통과한다'는 뜻과 함께, 통과하는 과정에서의 행위가 경우를 벗어나게 되는 잘못이 있게 되면 그것은 '허물'이 되고, 나아가 그런 행위가 통상의 한도를 넘어선다는 데서 '지나치다'의 뜻을 갖게 된 것이라 한다.

함자례 : 薖, 窩

郭 둘레 곽	『둘레, 외성, 성곽 등』의 뜻을 가진다.

	갑 골 문	금 문	전 문	
	㒼 㒼	㒼	㒼	郭

먹을 것이 풍부하여 많은 사람들이 모여 사는 도읍의 ⏚ 둘레에 성곽을 쌓고 높은 망루를 세워 㒼 적을 방비함을 표현

함자례 : 廓, 槨, 霩

霍 빠를 곽	『빠르다, 사라지다, 갑자기, 곽란, 콩잎 등』의 뜻을 가진다.

	갑 골 문		금 문		소 전
	霍	霍	霍	霍	霍

갑자기 쏟아지는 비(소나기)처럼 ☲ 새떼가 ☷ 빠르게 날아서 쏜살같이 지나가 사라지는 것을 표현

함자례(含字例) : 靃, 癨

丱 쌍상투 관	『쌍상투, 어린아이』의 뜻을 가진다.

	소 전
	－

어린아이의 머리카락을 두 갈래로 갈라 두 개의 뿔처럼 상투를 잡아맨 모양을 표현

함자례 : 絲

絲 실꿸 관	『실을 꿰다』의 뜻을 가진다.

	소 전
	絲

상투 모양으로 ☷ 뭉친 실꾸리를 ☷ 실북에 넣어 실을 꿰어놓은 것을 표현
다른 자와 결합시 구슬(방울)을 실로 연이어서 꿰어놓은 것(예 : 聯)을 뜻하기도 한다.

함자례 : 關, 聯

毌 꿰뚫을 관	『꿰뚫다』의 뜻을 가진다.

	갑 골 문		금문		소 전
	毌	毌	毌	毌	毌

네모진 옥이나 귀중품 같은 것에 ▱ 구멍을 ○ 꿰뚫어서 줄로 ▎ 꿰어놓은 것을 표현

함자례 : 貫

貫 꿸 **관**	『꿰다, 뚫다, 이르다, 통과하다, 돈꿰미 등』의 뜻을 가진다.

갑골문		금문		소전

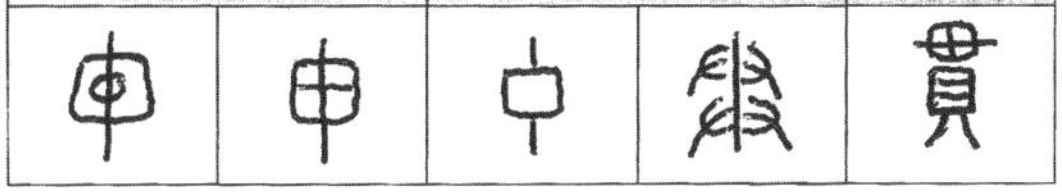

(甲) 네모진 옥이나 화폐인 조개껍데기(貝貨)의 가운데에 구멍을 뚫어 줄로 꿰어놓은 모양을 표현
(篆) 화폐인 동전(엽전)에 네모진 구멍을 뚫어 줄로 꿰어놓은 돈꿰미를 표현

함자례(含字例) : 實, 慣

官 관청 **관**	『관청, 벼슬, 마을 등』의 뜻을 가진다.

갑골문		금문	소전

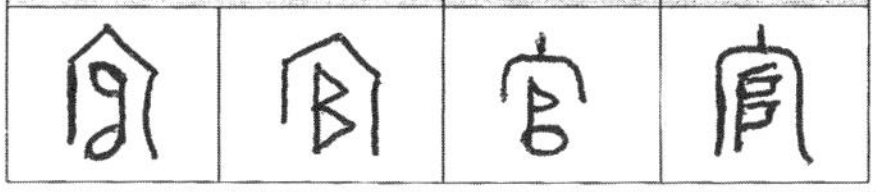

조정에서 부여한 권한을 발동할 수 있는 권인(權印)을 갖고 있는 군사 요충지의 기관으로 관청을 표현
고대에 군사행정의 큰 권한을 가진 벼슬아치를 '官'으로 지칭한 데서 '벼슬'이란 뜻이 생겨났다고 한다.
※ 대신이나 제왕을 보좌하는 가신을 '宦(환)'이라 했고, 일반 관리를 보좌하는 개별 고참을 '僚(료)'라 불렀다.

함자례 : 管, 館, 琯, 棺, 菅, 錧, 綰, 婠, 逭, 倌

雚 황새 **관**	『황새』의 뜻을 가진다.

금문	소전

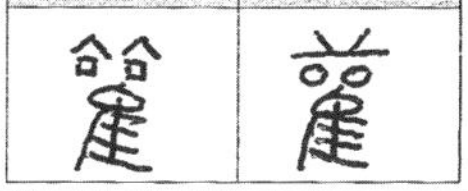

긴 목에 큰 눈과 뿔털을 가진 날짐승인 황새를 표현

함자례 : 觀, 灌, 罐, 顴, 瓘, 鸛, 權, 勸, 歡, 驩

昏 입 막을 **괄**	『입을 막다』의 뜻을 가진다.

소전

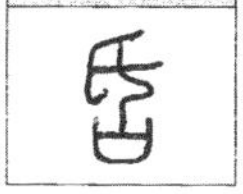

나무뿌리가 내려와 입구를 덮은 모양으로 '입을 막는다'는 뜻을 표현

함자례 : 适, 括, 聒, 刮, 話, 活

光 빛 광	『빛, 세월, 경치 등』의 뜻을 가진다.

	갑골문	금 문	소 전
光			

사람(하인)으로 ⚘ 하여금 머리 위로 횃불을 ⚘ 올려 불빛을 비추게 하는 모양을 표현

함자례(含字例) : 洸, 胱, 侊, 珖, 桄, 觥, 耀, 晃, 眖, 恍, 輝

匡 바를 광	『바르다, 구원하다, 돕다 등』의 뜻을 가진다.

	갑골문		금 문		소 전
匡					

새끼 양과 같은 어린 동물이 ⚘ 보호망을 벗어나 잃어버리는 것을 방지하기 위해 담아 기르는 대광주리를 ⌐ 표현
　새끼 양을 대광주리에 담아 안전하게 기르듯 커 가는 사람을 잘 보좌하여 어긋나지 않고 옳은 길을 가도록 '바로잡는다'는 뜻을 갖고 있다.

함자례 : 筐, 誆

狂 미칠 광	『미치다, 사납다, 광인 등』의 뜻을 가진다.

	갑골문	금문	소전
狂			

개가 ⚘ 땅 위를 사납게 달려가는 ⚘ 모습으로 미친 것을 표현
※ 개가 아주 빠르게 달려가는 것을 '狂(광)'이라 하고, 맹렬하게 짖으며 마구 날뛰는 것을 '猖(창)'이라 한다.

함자례 : 誑

廣 넓을 광	『넓다, 너그럽다, 크다, 밝다, 널리, 너비 등』의 뜻을 가진다.

	갑 골 문	금 문	소 전
廣			

권력자가 ⚘ 기거 또는 집무하는 한쪽 벽면이 탁 트인 웅대한 건물로 ⌂ 가로로 넓게 지어진 것을 표현

함자례 : 鑛, 曠, 壙, 獷, 擴

46

咼 입 비뚤 어질 괘	『입 삐뚤어지다, 가르다, 쪼개다』의 뜻을 가진다.

	갑 골 문		금 문	전 문	
	𦈏	𦈏	W	𥰔	咼	咼

근육과 살을 깨끗이 발라낸 골관절의 모양을 표현(= 冎)

  살과 뼈를 가르는 힘든 일을 하며 순간적으로 용을 쓸 때 대개 일하는 사람의 입이 반사적으로 샐쭉거리는 데서 '입이 비뚤어지다'의 뜻이 생긴 것으로 추정하고 있다.

함자례(含字例) : 過, 鍋, 高, 渦, 窩, 蝸, 騧, 禍

卦 점괘 괘	『점괘, 괘, 점치다』의 뜻을 가진다.

소 전
卦

걸어놓은 시초(蓍草)로 卦 점을 쳐서 卜 나오는 점괘를 표현

  시초로 점을 침에, 1개의 긴 시초로 양효(陽爻—)를, 나란히 짧은 2개의 시초로는 음효(陰爻--)를 나타내어 매 3개의 효를 묶은 것이 하나의 괘(卦)가 되어 여기서 8개의 기본 괘상(☰乾·☱兌·☲離·☳震·☴巽·☵坎·☶艮·☷坤)이 나오게 되고, 이 8개의 기본 괘를 서로 섞어서 만들어진 것이 64괘이다.

함자례(含字例) : 掛, 罣

巜 큰도랑 괴	『큰 도랑』의 뜻을 가진다.

소 전
巜

봇도랑의 물이 모여서 巜 흘러가는 비교적 큰 도랑을 표현

함자례 : 劌, 巛

乖 어그러 질 괴	『어그러지다, 거스르다, 다르다』의 뜻을 가진다.

전 문		

1) 덩굴 속에 틀어박힌 오이처럼 瓜 무리에 어울리지 못하고 외딴곳에 홀로 있는 사람으로 𠦂 어그러진 모습을 표현

2) 하나의 기둥으로 된 건조물 아래 丫 사람이 서로 등지고 앉아 있는 北 어그러진 모습을 표현

함자례 : 菲

흙덩이 괴	『흙덩이, 덩어리, 흙 등』의 뜻을 가진다.

전 문
凷　塊　塊

땅을 土 파서 채소쿠리(삼태기)에 ∪ 담아 놓은 흙덩이를 표현(= 塊, 圦)

함자례(含字例) : 膚

厷 팔뚝 굉	『팔뚝, 활, 둥글다, 감싸다 등』의 뜻을 가진다.

갑 골 문		금 문		전 문	
厷	厷	厷	厷	厷	厷

팔에 ∫ 불룩 튀어나온 강한 근육으로 ⊃ 힘을 쓰는 인체 조직인 팔뚝을 표현

함자례 : 宏, 肱, 紘, 雄

咠 큰소리 굉	『큰 소리』의 뜻을 가진다.

금 문	전 문	
咠	咠	咠

집회 때에 자극을 받은 군중이 ∋ 갑자기 웃거나 야유 또는 큰 소리로 떠드는 咠 것을 표현(= 哄)

함자례 : 鞫

丂 공교할 교	『공교하다, 솜씨가 있다, 숨을 내쉬다 등』의 뜻을 가진다.

갑골문	금문	소전
丂	丂	丂

손가락을 움직여 구멍을 여닫으면서 입으로 숨을 내쉬며 관악기를 연주하는 丫 솜씨가 공교함을 표현

함자례 : 攷, 巧, 粵, 粵, 兮, 号, 朽

交 사귈 교	『사귀다, 서로, 교차하다, 엇갈리다 등』의 뜻을 가진다.

	갑골문	금문	소전
	交	交	交

사람이 두 다리를 교차하여 서 있는 交 모양을 표현
　두 다리로 교차하여 걸어 서로 교제함으로써 사귐의 뜻을 나타내었다.

함자례(含字例) : 校, 較, 郊, 絞, 狡, 咬, 皎, 蛟, 餃, 鮫, 姣, 佼, 茭, 效, 効, 傚

喬 높을 교	『높다, 솟다, 뛰어나다, 교만하다 등』의 뜻을 가진다.

	금문		소전
	喬 喬	喬	喬

여러 층으로 높게 올려 지은 집(누각)의 喬 추녀마루가 하늘 쪽으로 휘어져 솟은 喬 모습을 표현

함자례 : 橋, 矯, 驕, 僑, 嬌, 轎, 嶠, 蹻, 蕎, 敽, 鷸

敫 노래할 교 햇발 옮아 갈 약	『노래하다, 치다, 두드리다, 햇발이 옮아가다 등』의 뜻을 가진다.

	소전
	敫

1) 고대 관아에서 흰 바탕에 검은 글씨로 쓴 방(榜)을 거리에 붙여 쫓고 있는 범인의 敫 특징을 분명하게
　말하여 敫 강제로 추포(追捕)하는데 敫 필요한 정보를 알리는 것을 표현
　뒤로 오면서 그 뜻이 전의되어 '노래하다'의 의미를 가진 것으로 보고 있다.
2) 햇빛이 敫 사방으로 풀어져 敫 곳곳의 물체를 비추니 시간이 지남에 따라 그림자인 햇발이 차츰 옮아감을 표현

함자례 : 激, 檄, 儌, 噭, 竅, 邀, 徼, 繳, 覈

爻 본받을 교	『본받다, 인도하다』의 뜻을 가진다.

	갑골문	금문	소전
	爻	爻	爻

나무로 집을 짓거나 실로 천을 짜는 爻 방법을 자식에게 爻 가르쳐서 세상을 살아가는 법을 본받게 함을 표현

함자례 : 教

口 입 구	『입, 인구, 어귀, 입구, 말하다, 구멍 등』의 뜻을 가진다.

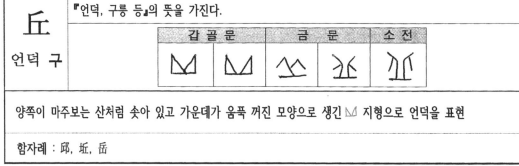

	갑골문	금문	소전

사람의 입 ㅂ 모양을 (각이 지게) 표현
　다른 자와 결합시 '출입구, 구멍, 말하다 등'의 뜻을 가진다.

함자례(含字例) : 可, 加, 呵, 各, 喈, 嘅, 咯, 喝, 啓, 古, 叩, 呱, 咬, 嘹, 句, 咎, 嘔, 君, 叫, 吉, 喫, 呶, 啖, 叨, 咷, 唎, 唎, 吝, 名, 鳴, 問, 吻, 味, 嗪, 否, 咐, 音, 噴, 吩, 咈, 欝, 顬, 唆, 磁, 善, 召, 嗽, 售, 嘶, 啻, 喰, 呻, 唖, 咢, 嚶, 唱, 俺, 如, 曘, 噎, 咏, 吾, 嗚, 吳, 嗸, 叱, 右, 吁, 員, 唯 .....

丘 언덕 구	『언덕, 구릉 등』의 뜻을 가진다.

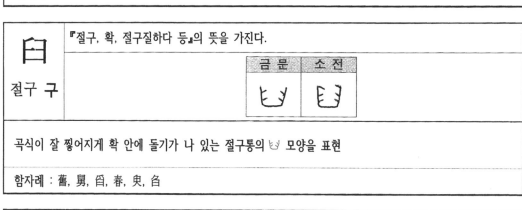

	갑 골 문	금 문	소 전

양쪽이 마주보는 산처럼 솟아 있고 가운데가 움푹 꺼진 모양으로 생긴 Ｍ 지형으로 언덕을 표현

함자례 : 邱, 坵, 岳

臼 절구 구	『절구, 확, 절구질하다 등』의 뜻을 가진다.

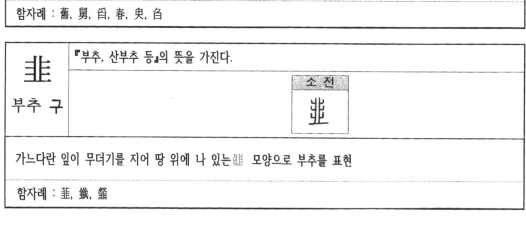

	금 문	소 전

곡식이 잘 찧어지게 확 안에 돌기가 나 있는 절구통의 ㅂ 모양을 표현

함자례 : 舊, 舅, 臽, 春, 臾, 臽

韭 부추 구	『부추, 산부추 등』의 뜻을 가진다.

	소 전

가느다란 잎이 무더기를 지어 땅 위에 나 있는 韭 모양으로 부추를 표현

함자례 : 韮, 韱, 韲

久 오랠 구	『오래다, 길다, 오랫동안』의 뜻을 가진다.

	금 문	소 전
久		

사람의 등이나 엉덩이에 ⎋ 뜸을 뜨거나 달군 쇠로 낙인을 찍게 ⟍ 되면 그 상처 자리는 몸이 다할 때까지 오래감을 표현

(원뜻) 뜸 구 → (바뀐 뜻) 오랠 구 → (대체자로) 灸 뜸 구

함자례(含字例) : 玖, 灸, 疚, 畝, 羑

九 아홉 구	『아홉, 많다』의 뜻을 가진다.

	갑 골 문	금 문	소 전
九			

사람이 몸을 구부린 상태에서 ⟋ 손으로 힘을 다해 ⟋ 잡아야 하는 뭔가가 엄청나게 많다는 뜻을 표현 뜻이 파생되어 '아홉'이 되었고, 다른 자와 결합시 '몸을 구부리고 어떤 행위를 함'의 뜻을 가진다.

함자례 : 兜, 仇, 鳩, 尻, 頄, 艽, 軌, 氿, 宄, 旭, 丸

具 갖출 구	『갖추다, 구비하다, 모두, 함께, 도구 등』의 뜻을 가진다.

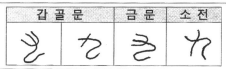

천자가 신에게 제사를 지낼 때 사용하던 제기(祭器)인 청동솥을 ⬚ 두 손으로 ⬚ 받들고 있는 모습을 표현 통치의 상징물로써 신에게 제사지낼 준비가 완료되어 모두 갖추어졌다는 뜻을 나타내었다.

함자례 : 俱, 惧

區 구분할 구	『구분하다, 나누다, 구역, 지경, 구별 등』의 뜻을 가진다.

	갑 골 문	금 문	소 전
區			

수많은 건물이 있는 성읍(城邑) 지역의 ⬚ 행정 관리를 위해 구역별로 구분하는 경계벽을 그어 ⌐ 일정 범위로 나눈 것을 표현

함자례 : 驅, 歐, 鷗, 嘔, 謳, 毆, 軀, 嫗, 漚, 嫗, 鰸, 榲

句

글귀 구

『글귀, 구절, 올가미, 갈고리, 굽다 등』의 뜻을 가진다.

갑골문	금 문	소 전

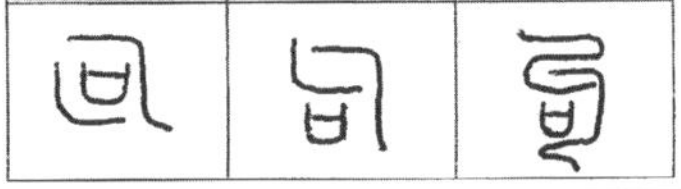

(甲) 말한 내용이 일정한 어법으로 연결되어 이루어진 완전한 표현의 최소 단위로 나타낸 것이 글귀고 구절임을 표현(= 勾)

어떤 물체를 감싸 덮어 낚아챌 수 있도록 줄을 옭아매어서 만든 '올가미'를 뜻하기도 한다.

(인) 사람이 몸을 굽히고서 무엇에 대해 법도에 맞게 구절을 말하고 있음을 표현

함자례(含字例) : 苟, 拘, 狗, 鉤, 駒, 枸, 耇, 劬, 雊

咎

허물 구

『허물, 재앙, 미워하다, 꾸짖다, 책망하다 등』의 뜻을 가진다.

갑 골 문			금 문		소 전

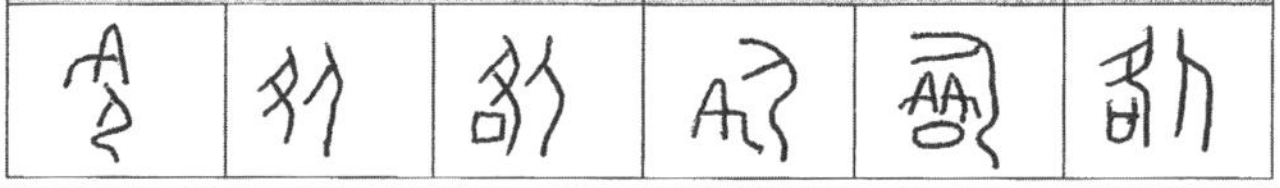

강한 힘을 가진 종족이 다른 약소 종족의 영역을 무단으로 침범하여 사람을 해치는 행위는 재앙이고 허물이 됨을 표현

함자례 : 鼛, 晷

求

구할 구

『구하다, 원하다, 바라다, 찾다, 취하다 등』의 뜻을 가진다.

갑 골 문				금 문		소 전

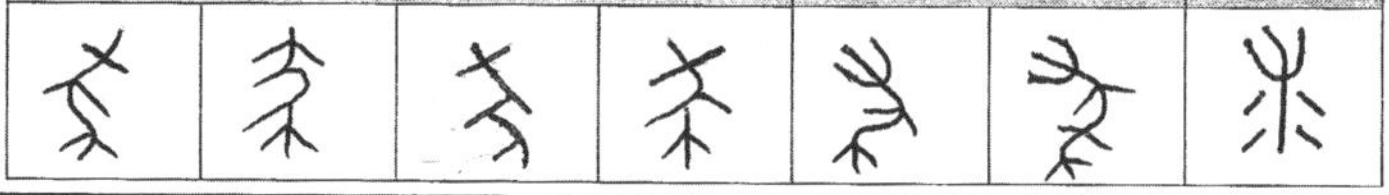

머리와 몸통에 다리와 꼬리가 있는 짐승의 털가죽으로 만든 모피 외투를 표현

이런 모피 외투는 모든 사람이 갖고 싶어하고 구하고 싶어하는 옷으로 그 뜻을 나타내었다.

함자례 : 救, 球, 毬 ,捄, 絿, 裘, 逑, 銶, 觩, 俅

丩

얽힐 구

『얽히다, 덩굴을 뻗다』의 뜻을 가진다.

소 전

넝쿨식물이 자라 줄기가 여러 갈래로 뻗어나가면서 그물처럼 이리저리 마구 얽히는 모양을 표현

함자례 : 糾, 叫, 赳, 收

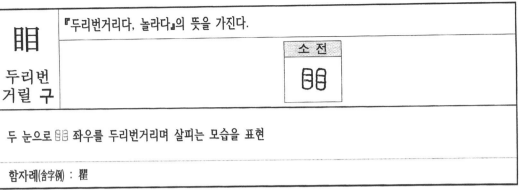

䀠 두리번 거릴 구	『두리번거리다, 놀라다』의 뜻을 가진다.
	소 전 䀠
	두 눈으로 䀠 좌우를 두리번거리며 살피는 모습을 표현
	함자례(含字例) : 瞿

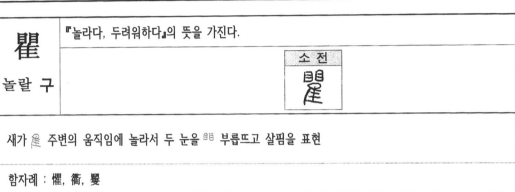

瞿 놀랄 구	『놀라다, 두려워하다』의 뜻을 가진다.
	소 전 瞿
	새가 隹 주변의 움직임에 놀라서 두 눈을 䀠 부릅뜨고 살핌을 표현
	함자례 : 懼, 衢, 矍

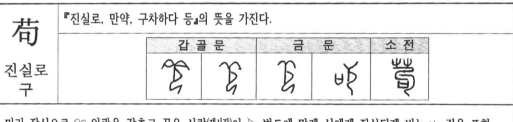

苟 진실로 구	『진실로, 만약, 구차하다 등』의 뜻을 가진다.
	갑골문 / 금 문 / 소 전
	머리 장식으로 ᗅᗅ 의관을 갖추고 꿇은 사람(제사장)이 ⯗ 법도에 맞게 신에게 진실되게 비는 ㅂ 것을 표현 계속해서 비니까 그 처지가 '구차해진다'는 뜻도 생겨난 것이라고 한다.
	함자례 : 敬

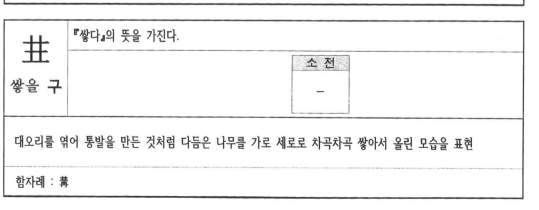

冓 쌓을 구	『쌓다』의 뜻을 가진다.
	소 전 —
	대오리를 엮어 통발을 만든 것처럼 다듬은 나무를 가로 세로로 차곡차곡 쌓아서 올린 모습을 표현
	함자례 : 冓

冓 짤 구	『짜다, 쌓다』의 뜻을 가진다.

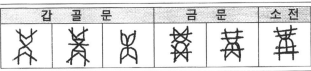

갑 골 문	금 문	소 전

대오리 등으로 잘 짜서 만든 두 개의 통발이 서로 마주 보고 있는 모양을 ✕ 표현

  큰 도랑의 가운데에 서로 마주 보게 통발을 설치한 뒤 도랑의 양 끝에서 물고기를 몰아 가두어 잡는 도구인 통발로 '짜다'의 뜻을 나타내었다.

함자례(含字例) : 講, 構, 購, 溝, 搆, 觏, 遘, 媾

昫 따뜻할 구	『따뜻하다』의 뜻을 가진다.
	소 전

몸을 구부리고 햇볕을 ⊟ 쪼이는 사람의 몸에 ⺈ 강한 열에너지가 피부에 닿아 따뜻해짐을 표현

함자례 : 煦

舅 시아버지 구	『시아버지, 장인, 외삼촌』의 뜻을 가진다.
	소 전

절구질을 ⺽ 하는 남자가 ⺕ 대개는 나이가 많은 시아버지이거나 외삼촌 또는 장인임을 표현

함자례 : -

匛 널 구	『널, 관』의 뜻을 가진다.
	소 전

영구히 오래도록 ⺈ 유해를 담아 두는 나무를 짜서 만든 관인 ⊏ 널을 표현

함자례 : 柩

54

匊 움킬 국	『움키다, 움켜쥐다』의 뜻을 가진다.

	금 문	소 전
	(이미지)	(이미지)

두 손을 마주 오므리어 곡물의 알갱이를 움켜쥔 모습을 표현
 ※ 'ク(표)'는 '又(우 : 손)'의 변형 자로 써진 것이다.

함자례(含字例) : 菊, 鞠, 麴, 掬

局 판 국	『판, 관청, 방, 국면, 굽히다, 좀스럽다 등』의 뜻을 가진다.

	소 전
	(이미지)

(篆) 사람이 좀스럽고 협소한 집안에서 등허리를 굽히고 장기나 바둑을 뜨고 있는 판을 표현(= 局)
(인) 줄이 그어진 바둑판과 같은 곳에 자로 재어 놓은 일정 공간으로 판을 표현
  자로 잰 듯한 일정 영역을 대상으로 법규에 따라 정해진 일을 처리하는 곳이 '관청'이다.

함자례 : 跼

君 임금 군	『임금, 남편, 어진 이 등』의 뜻을 가진다.

갑골문	금 문	소 전
(이미지)	(이미지) (이미지)	(이미지)

손에 지휘봉을 들고 명령을 내리고 있는 사람이 임금임을 표현

함자례 : 郡, 群, 窘, 裙, 焄

軍 군사 군	『군사, 군대, 군영, 진을 치다』의 뜻을 가진다.

	금 문	소 전
	(이미지) (이미지)	(이미지)

각 전차를 중심으로 군사를 고르게 배치하여 진을 치고서 적을 포위 공격하거나 방어하는 것을 표현

함자례 : 運, 暈, 渾, 琿, 輩, 輝, 煇, 揮, 暉, 翬

屈 굽힐 굴	『굽히다, 굽다, 움츠리다 등』의 뜻을 가진다.

	금문	소전
	屫	屈

고대 혈거 생활을 하던 시절 추위를 견디기 위해 꼬리가 달린 방한 털옷을 입은 사람이 屫 입구가 낮은 동굴을 드나들 때는 ⹁ 자연스레이 몸을 굽히는 것을 표현

다른 자와 결합 시 사람이 사는 혈거지로서 '굴'의 뜻을 가진다.

함자례(含字例) : 掘, 窟, 堀

弓 활 궁	『활, 굽다 등』의 뜻을 가진다.

갑 골 문		금 문		소 전
弓	弓	弓	弓	弓

활의 弓 모양을 표현

함자례 : 強, 强, 疆, 躬, 穹, 芎, 弩, 彌, 弭, 夷, 弛, 引, 張, 彈, 弦, 弧, 弘

宮 집 궁	『집, 대궐, 사당 등』의 뜻을 가진다.

갑 골 문		금 문	소 전
宮	宮	宮	宮

한 채의 건물 안에 ⌂ 일정한 크기의 방을 여러 개 呂 갖추고 있는 집을 표현

일정한 규모의 높은 집들이 ⌂ 등뼈처럼 즐비하게 늘어서 呂 있는 곳이 '궁전'이고 '대궐'이기도 하다.

함자례 : 滘

躬 몸 궁	『몸, 자신, 활, 굽히다 등』의 뜻을 가진다.

	소 전
	躬

활등처럼 弓 굽힐 수도 있고 세울 수도 있는 사람(자신)의 身 몸을 표현

함자례 : 窮

56

躬	『몸, 자신, 활, 몸소 등』의 뜻을 가진다.

몸 궁

소 전

마디 마디의 뼈가 연결되어 ⸜ 이루어진 신체로서 ⸝ 몸을 표현

함자례(含字例) : 竆

穹	『하늘, 활꼴』의 뜻을 가진다.

하늘 궁

소 전

활 모양처럼 ⸝ 아치형으로 생긴 돌 동굴의 ⸝ 꼭대기 부위로 보여지는 하늘을 표현

함자례 : 髝

釆	『밥을 뭉치다, 주먹밥』의 뜻을 가진다.

밥 뭉칠
권

소 전

밥을 떠서 ⸝ 두 손으로 ⸝ 둥글게 뭉쳐 놓은 것을 표현
다른 자와 결합시 밥을 둥글게 뭉쳐 놓은 것처럼 '둥글게 말다'의 뜻을 가진다.

함자례 : 卷, 拳, 券, 眷, 劵, 豢

卷	『말다, 책, 두루말이 등』의 뜻을 가진다.

말 권

소 전

사람이 몸을 구부리고 ⸝ 두 손으로 ⸝ 두루말이 형태의 죽간을 ⸝ 둥글게 말고 있음을 표현
옛날 죽간은 두루말이 형식의 문서인 '책'이었다.

함자례 : 捲, 圈, 倦, 淃, 縓, 睠, 鬈, 棬

券 문서 권	『문서, 낱장, 화폐 증표 등』의 뜻을 가진다. 소 전
두 손으로 대나무 조각 한 장 한 장(낱장)에 서각도로 刀 글자를 새겨 둥글게 말아서 만든 죽간 문서를 표현	
함자례(含字例) : 剤	

券 게으를 권	『게으르다, 진력나다, 고달프다』의 뜻을 가진다. 소 전
두 손으로 날마다 글자를 새겨 죽간 만드는 일에 온 힘을 力 쏟다 보니 지치고 진저리가 나서 차츰 게을러짐을 표현	
함자례 : 勝, 㮰	

綣 멜빵 권	『멜빵, 끈』의 뜻을 가진다. 소 전
둥글게 싸서 꾸린 짐보따리를 짊어지고 가기 위해 둘려서 묶은 끈이 멜빵임을 표현	
함자례 : 縢	

鬳 솥 권	『솥』의 뜻을 가진다. 소 전
범의 아가리처럼 크게 입을 벌린 모양으로 흙을 빚어서 만든 세 발을 가진 솥으로 큰 솥을 표현	
함자례 : 獻	

亅 갈고리 궐	『갈고리』의 뜻을 가진다.			
		갑골문	금 문	소 전
		亅	－	－

갈고리 모양을 표현

　모양은 갈고리이나 실제는 갈고리의 뜻으로 쓰이지는 않는다. 이는 글자의 획을 삐쳐 올려 쓰는 방식이 적용된 이후 만들어진 서법으로 어떤 의미를 갖고 있지는 않다.

함자례(含字例) : 事

㱃 상기 궐	『상기 : 기혈(氣血)이 머리 쪽으로 치밀어 오르는 증상』의 뜻을 가진다.		
		금 문	소 전
		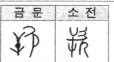	

사람이 거꾸로 서 있으므로 피가 온통 머리로 쏠리면서 호흡이 곤란해지는 것처럼 기혈이 머리쪽으로 몰려 숨이 차 의식을 잃고 실신하게 되는 상기 현상을 표현

함자례 : 厥

厥 그 궐	『그, 상기, 숙이다 등』의 뜻을 가진다.			
		금 문	전　　문	

(金) 사람이 거꾸로 서 있어 기혈이 머리 쪽으로 몰려 호흡이 곤란하여 의식을 잃게 되는 상기를 표현
(篆) 굴바위 아래에서 사람이 상기 증세로 기절을 하여 쓰러져 있는 장소로 그곳(그것, 그들)을 표현
　사람이 상기 증세로 실신해 있는 '그곳'에서 '그'라는 뜻이 생겨나 대명사로 쓰이는 것으로 보고 있다.

함자례 : 獗, 獗, 蕨, 橛

凧 연 궤	『연』의 뜻을 가진다.	
		소 전
		凧

돛처럼 천을 펴서 만든 연의 모습을 표현

함자례 : 佩

几 안석 궤	『안석, 책상, 기대다 등』의 뜻을 가진다.

	소 전
	几

1) 앉아 몸을 기댈 수 있게 만든 물품으로 ∩ 안석을 표현

   안석의 겉모양이 작은 탁자 모양과 같은 데서 탁자나 책상으로 그 뜻이 전의되었다.

2) 손으로 바닥을 짚거나 목표물에 가까이해 있는 사람의 几 모습을 표현 (예: 処, 飢)

함자례(含字例) : 凱, 机, 飢, 肌, 凡, 冗

匭 상자 궤	『상자, 다하다, 없다, 결핍되다 등』의 뜻을 가진다.

	소 전
	匭

귀중한 물건을 보관하는 匚 작은 상자를 표현

  귀한 물건이다 보니 빨리 다하게 되어 텅비게 된다는 뜻도 가지고 있다.

함자례 : 櫃, 鑎

軌 바퀴자 국 궤	『바퀴의 자국, 수레바퀴, 수레』의 뜻을 가진다.

	금 문	소 전
		軌

고대 전차인 수레는 車 병사들이 팔의 힘으로 끌어서 움직였던 것으로 ﹨ 바퀴가 잘 굴러가게 앞 수레가

간 바퀴 자국을 따라 끌었음을 표현

함자례 : 匭

貴 귀할 귀	『귀하다, 높다, 귀중하다, 공경하다, 비싸다 등』의 뜻을 가진다.

	갑 골 문	금 문	소 전

(甲) 망명자가 고향과 고국에 대한 향수(鄉愁)와 숭배와 애착에서 고토(故土)를 ⌂ 간직하여 귀한 대상으로

   여겼음을 표현

(篆) 손으로 감싼 사랑스런 자식과 소중한 재물을 貝 귀한 존재로 그 뜻을 표현

함자례 : 蕢, 匱, 潰, 櫃, 饋, 簣, 遺, 隤

60

鬼	『귀신, 혼백, 도깨비 등』의 뜻을 가진다.
귀신 귀	

	갑 골 문	금 문	소 전
	𤸫 𤸫 𤸫	𤸫	𤸫	鬼

제사 의식에서 샤먼(무당)이 𤸫 무섭게 생긴 탈을 쓰고 ⊞ 악귀로 분장하여 춤을 추는 것을 표현

가면을 쓴 무당들이 𤸫 마법의 춤을 추며 ⊬ 유령(幽靈)을 연기하는 것으로써 '귀신'을 나타내었다.

함자례(含字例) : 塊, 愧, 槐, 魁, 傀, 饋, 瑰, 魔, 魅, 魃, 魄, 蒐, 魑, 嵬, 魏, 醜, 魋, 魂

龜	『거북, 거북껍데기, 터지다, 갈라지다 등』의 뜻을 가진다.
거북 귀 터질 균	

	갑골문	금 문	전 문	
	𩲉	𩲉	𩲉	𩲉

거북을 옆에서 본 모양으로, 등껍질이 갈라진 것을 표현

거북의 등껍질이 갈라져 있는 형상에서 '터지다'의 뜻도 갖고 있다.

함자례 : 穐, 鼇

圭	『서옥, 홀, 저울눈, 모나다 등』의 뜻을 가진다.
서옥 규	

	갑 골 문	금 문	소 전
	𡉚 𡉚	圭	圭

세로로 윗부분은 뾰족하고 △ 아랫부분은 좁혀진 손잡이로 된 ▽ 손에 드는 옥패로 서옥(홀·笏)을 표현

천자가 주재하는 중요 의식에서 드는 옥패로 그 형태와 크기에 따라 소지자의 신분과 등급을 나타내었다 한다.

파생된 것으로 옛날 시간을 측정하기 위해 해의 그림자를 재는 척도 도구로써 하나의 종선에 여러 개의

횡선 눈금이 새겨져 있는 옥조(玉條)를 뜻하기도 한다.

함자례 : 佳, 桂, 卦, 罣, 奎, 珪, 閨, 刲, 封, 娃

規	『법, 법칙, 그림쇠, 바로잡다 등』의 뜻을 가진다.
법 규	

	금 문	소 전
	𧠲 𧠲	𧠲

(金) 세상 사람들의 夫 개인적인 편견을 제한하는 ☲ 제도와 법령으로서 법을 표현

(인) 온전한 식견을 갖춘 한 집안의 가장(家長)이 夫 보는 견해가 見 그 집안의 법도가 됨을 표현

※ 고인(古人)은 원(圓)을 그리는 표준 도구를 '規(규)'라 했고, 모(方)를 그리는 표준 도구는 '矩(구)'라 했다

함자례 : 窺, 闚, 槻

61

 곳집 **균**	『곳집』의 뜻을 가진다. 소 전
	사방을 에워싼 □ 공간인 뒤주 안에 곡식을 禾 보관하는 시설이 있는 곳집을 표현
	함자례(含字例) : 梱, 菌, 箘, 麕

 고를 **균**	『고르다, 같다』의 뜻을 가진다. | 금 문	소 전 | 
	사람이 팔과 손을 움직여 勻 사물의 아래위 = 높낮이가 똑같아지도록 고르는 것을 표현
	함자례 : 均, 鈞, 昀

克 이길 **극**	『이기다, 참고 견디다, 능하다 등』의 뜻을 가진다. | 갑 골 문			금 문		소 전 | 
	혹형(酷刑)을 받고 있는 사람이 ㅎ 비명을 지르며 ㅂ 참고 견뎌 이겨내고 있음을 표현
	함자례 : 兢, 剋

亟 빠를 **극**	『빠르다, 긴급하다, 삼가다, 심하다 등』의 뜻을 가진다. | 갑골문	금 문		소 전	
	성인(聖人)이 人 위인 하늘(天時)과 아래인 땅의 이치(地利)를 二 알아 사람들에게 대처할 내용을 말해 주니 ㅂ 사람 들이 삼가여 상황에 맞게 빠르게 대응함을 ㅋ 표현
	함자례 : 極, 殛

𡭴 틈 극

『틈』의 뜻을 가진다.

갑골문		금문	소전
		-	

문틈이나 갈라진 벽의 가는 틈새 사이로 햇빛이 비춰 들어오는 것을 표현

함자례(含字例) : 隙, 虩

棘 가시 극

『가시, 가시나무』의 뜻을 가진다.

갑골문		금문		전문	

가시나무의 가지에 침같이 촘촘히 나 있는 모양의 가시를 표현

함자례 : 襋

丮 잡을 극

『잡다』의 뜻을 가진다.

갑골문	금문	소전
	-	

사람이 상대를 움직이지 못하게 손으로 꽉 잡고 있음을 표현(= 丸)

함자례 : 谻

斤 근 근 / 도끼 근

『근, 도끼, 무게, 베다 등』의 뜻을 가진다.

갑골문	금문	소전

(甲) 굽은 자루 끝에 날카로운 날이 달린 금속 도구로 자귀(도끼)를 표현
(金) 왼쪽 각이 진 부분(반월형)은 쇠 날이고 오른쪽은 손잡이 부분으로 물체를 자르는 도끼를 표현
옛날 도축한 짐승의 고기를 잘라서 팔 때 도끼질로 고기를 자른 뒤 그 도끼날의 무게만큼 고기를 일정 기준량으로 달아서 판 데서 무게의 단위인 '근'의 뜻이 생겨난 것으로 보고 있다.

함자례 : 芹, 劤, 祈, 沂, 頎, 圻, 斷, 兵, 斧, 斯, 析, 所, 新, 听, 斫, 匠, 折, 斲, 斬, 斥, 欣, 昕, 炘, 忻

近 가까울 근	『가깝다, 닮다, 가까이 하다, 근처, 곁, 요즘 등』의 뜻을 가진다.

	금 문		전 문		

개울을 ⚞ 사이에 두고 서로 왕래하며 ⚟ 살아가는 아주 가까운 거리임을 표현

함자례(含字例) : 䢭

堇 진흙 근	『진흙, 찰흙, 때, 조금 등』의 뜻을 가진다.

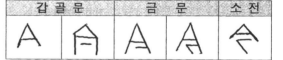

	갑 골 문			금 문	소 전

홍수 때 강의 범람을 막기 위해 강바닥을 파낸 진흙으로 둑을 쌓고 양안을 정비하여 물길을 다스린 권력자의 형상을 ⚞ 표현

뜻이 가차되어 '진흙'으로 되었고, 다른 자와 결합시는 '권력자(군주)'의 뜻을 가진다.

※ 중국 고대 9년 홍수 당시 물을 잘 다스려 군주가 된 이가 바로 우(禹)임금(夏나라 시조)이기도 하다.

함자례 : 勤, 謹, 僅, 槿, 瑾, 覲, 饉, 漌, 墐

今 이제 금	『이제, 오늘날, 지금, 현대, 곧 등』의 뜻을 가진다.

	갑 골 문		금 문	소 전

나무를 엮어 만든 덫판으로 새를 잡기 위해 덫을 설치하고 ⚞ 그 위에 무거운 돌을 얹은 뒤 바닥에 모이를 뿌려놓으면 새(참새) 떼가 모여들어 먹이를 먹고 있을 때 덫을 괴고 있는 공굴대의 ⌐ 줄을 잡아당길 때가 바로 지금이고 이때임을 표현

※ '禽'의 금문(金文) 자형을 보면 '今'의 자형(⚞)'을 포함하고 있어 '今'은 날짐승을 잡는 새덫이 확실하다.

함자례 : 黔, 衿, 衾, 吟, 芩, 鈐, 妗, 念, 唫, 㟓, 岑, 貪, 含

禽 새 금	『새, 날짐승, 사로잡다 등』의 뜻을 가진다.

	갑 골 문		금 문	소 전

공중을 날아다니는 새를 잡는 그물채와 ⚘ 땅 위에 설치하는 새덫을 ⚞ 표기하여 날짐승인 새를 표현

함자례 : 擒, 檎

64

金	『쇠, 금, 돈, 귀하다, 성씨 등』의 뜻을 가진다.

<table>
<tr><td rowspan="2">金
쇠 금
성 김</td><td>『쇠, 금, 돈, 귀하다, 성씨 등』의 뜻을 가진다.</td></tr>
</table>

金
쇠 금
성 김

『쇠, 금, 돈, 귀하다, 성씨 등』의 뜻을 가진다.

	금 문			소 전
	金	金	金	金

흙으로 ⊥ 만든 새덫 모양인 거푸집의 ⌒ 구멍에 ⠆ 녹인 쇳물을 부어 주물(鑄物)을 하는 쇠를 표현
※ ‘••’는 쇳물을 녹여 붓는 두 개의 주조 구멍으로 표현했다.

고대 금(쇠)을 추출하여 기물을 제조하는 고도의 주물 기술을 보유한 명장으로 제련술 자체가 그 사람을
대변하는 호칭으로 회자되어 '성씨'가 된 것으로 추정된다.

함자례(含字例) : 鑑, 鑒, 鉀, 鋼, 鎧, 鏗, 鉅, 鋸, 鍵, 鈐, 鉗, 鎌, 鏡, 錮, 鍋, 鑛, 鉤, 銶, 錦, 錡. 錤, 鈕, 鍛,
鉟, 鐺, 鍍, 銅, 鈍, 鍊, 鈴, 錄, 鏤, 銘, 錨, 鉢, 鋒, 鑞, 鉏, 錫, 銑, 鐥, 銷, 鎖, 釗, 銖, 銹.....

禁
금할 금

『금하다, 견디다, 꺼리다 등』의 뜻을 가진다.

소 전
禁

천신께 제사를 丌 올리는 신성한 영역의 숲으로 林 아무나 못들어가게 출입을 금하고 있음을 표현

함자례 : 襟, 噤

及
미칠 급

『미치다, 이르다, 닿다, 도달하다, 및 등』의 뜻을 가진다.

갑골문	금 문	소 전
及	及	及

앞 사람을 ⼃ 뒷 사람이 쫓아 손을 ⺇ 뻗어 미쳐서 잡는 것을 표현

함자례 : 級, 扱, 汲, 伋, 芨, 靸, 吸

皀
고소할 급

『고소하다, 낟알, 향기 등』의 뜻을 가진다.

갑골문	금 문	소 전
皀	皀	皀

밥그릇에 묘 갓 지은 밥을 퍼서 담아 ⌒ 놓으니 밥의 고소한 향기가 풍겨남을 표현

함자례 : 既, 即

急 급할 급	『급하다, 재촉하다, 빠르다, 갑자기 등』의 뜻을 가진다.

소 전

앞서가는 사람을 ☞ 뒤쫓아 꽁무니라도 붙잡아야 할 ☜ 형편으로 마음이 ⬦ 매우 급한 상황임을 표현

함자례(含字例) : 穩

肯 즐길 긍	『즐기다, 들어주다, 뼈 사이에 붙은 살 등』의 뜻을 가진다.

금 문		전 문

발꿈치와 복사뼈 사이의 ㇄ 뼈와 살과 근육이 서로 조화를 이룬 민첩하고 유연성을 가진 기관을 ◈ 표현
근육을 재빨리 움직여 하고자 하는 행위를 실현할 수 있음은 마땅함으로 뒤에 뜻이 파생되어 '즐기다,
수긍하다'의 뜻을 가진다고 한다.

함자례 : 啃

亘 뻗칠 긍 베풀 선	『뻗치다, 연접하다, 두루, 베풀다 등』의 뜻을 가진다.

갑 골 문	금 문	소 전

(甲) 둥글게 돌면서 끝없이 멀리 퍼져나가는 ⬳ 형상을 표현
　제왕이 나라 통치이념인 조칙을 선포하니 그 영(令)이 ⬡ 천지간에 二 두루 뻗쳐 펴지고 베풀어짐을 나타
　낸 것으로 보고 있다.
(인) 하늘과 ⌐ 땅 ＿ 사이의 공간에 해와 달이 日 교대로 빛을 비추니 그 빛이 온 누리에 널리 뻗침을 표현

함자례 : 宣, 垣, 洹, 恒, 姮, 桓, 貆, 咺, 烜

气 기운 기	『기운, 바람, 공기, 숨, 힘 등』의 뜻을 가진다.

갑골문	금 문	소 전

하늘에 구름이 흘러가는 ≡ 모양으로, 눈에 보이지 않는 기운을 표현

함자례 : 氣, 汽

氣 기운 기	『기운, 기세, 기백 등』의 뜻을 가진다.

	금 문	소 전
	氣	氣

불을 때어 밥을 ⼉ 지을 때 솥에서 나는 수증기가 공중으로 올라가는 ⽓ 모습으로 기운을 표현

함자례(含字例) : 愾, 曃, 餼

己 몸 기	『몸, 자기, 자신, 사욕 등』의 뜻을 가진다.

	갑 골 문	금 문	소 전
	己	己	己

1) 굵은 줄이 굽어 있는 己 모양으로 중심 기능을 하는 벼리로 자기 자신인 몸을 표현
2) 무릎을 꿇고 허리를 구부리고 있는 사람의 己 모양으로 자기 자신인 몸을 표현
다른 자와 결합시 '중심(예 : 起, 忌, 記, 妃)' 또는 '어린아이나 무릎을 꿇은 사람(예 : 改, 起, 配 등)'을 나타내고 있다.

함자례 : 改, 起, 記, 紀, 忌, 杞, 玘, 芑, 屺, 配, 坸, 妃

其 그 기	『그, 만약, 아마도, 어찌 등』의 뜻을 가진다.

	갑 골 문	금 문	전 문
	其 其	其 其	其 其 其

곡식을 까불러 알갱이만 가려내는 도구로 其 키를 표현.
　본래는 '키'나 '삼태기'를 뜻하는 자였으나, 뒤에 '그것'으로 뜻이 가차되어 지시대명사로 쓰이고 있다.
　(원뜻) 키 기 → (바뀐 뜻) 그 기 → (대체자로) 箕 키 기
다른 자와 결합시 '키(삼태기), 가려내다 등'의 뜻을 가진다.

함자례 : 基, 期, 箕, 旗, 琪, 麒, 淇, 棋, 祺, 欺, 綦, 騏, 碁, 鎮, 某, 蕃, 斯

基 터 기	『터, 근본, 사업, 자리잡다 등』의 뜻을 가진다.

	갑골문	금 문	소 전
	基	基	基

삼태기로 其 흙을 담아와 땅을 메우고 단단하게 다지는 작업을 丄,土 거듭해서 집 지을 땅으로 토대를 갖춘
　터를 표현

함자례 : 璂

冀 바랄 기	『바라다, 하고자 하다 등』의 뜻을 가진다. 

(金) 사람들이 🐦 새처럼 등에 인공 날개를 달고 🦅 하늘을 날고자 시도했던 꿈과 바람을 표현

(인) 사람이 등을 맞대고 서서 ⺀ 마음속으로는 서로 다르게 異 뭔가를 바라고 있는 것을 표현

함자례(含字例) : 驥

奇 기이할 기	『기이하다, 기특하다, 뛰어나다 등』의 뜻을 가진다. 

(甲) 사람이 人 이동 수단인 말을 🐎 타고 가는 모습 자체를 기이한 것으로 표현

　　　상고시대 말이 귀하던 시절 사람이 말을 타고 가는 모습은 기이하고 특이하게 보였음을 나타내었다.

함자례 : 寄, 騎, 崎, 琦, 綺, 畸, 埼, 錡, 掎, 倚, 椅, 猗

耆 늙을 기	『늙다, 즐기다, 늙은이 등』의 뜻을 가진다. 

어릴 때부터 먹어 온 식습관으로 늙을 될 때까지 耂 평생 동안 먹는 걸 旨 즐기며 살았음을 표현

　　　(원뜻) 즐길 기 → (바뀐 뜻) 늙을 기 → (대체자로) 嗜 즐길 기

함자례 : 嗜, 鰭, 耆

幾 기미 기 몇 기	『기미, 조짐, 몇, 거의, 자주 등』의 뜻을 가진다. 

창영(槍纓) 수실로 장식한 ⺓ 의장용 병장기를 ⼽ 들고 왕을 경호하는 사람은 人 주변의 작은 조짐과 낌새인 기미를 잘 살펴 왕을 호위해야 함을 표현

　　　또한 왕을 호위하는데 필요한 인력과 그 인력이 확보해야 할 병장기가 몇 자루인지에서 '몇'의 의미가 파생되어 그런 뜻을 가지게 되었다 한다.

함자례 : 機, 譏, 饑, 璣, 饑, 磯, 機

旡 목멜 기

『목메다, 목이 막히다』의 뜻을 가진다.

갑골문	금 문	전 문	
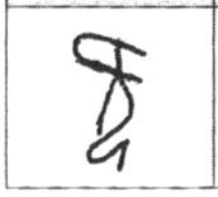	–	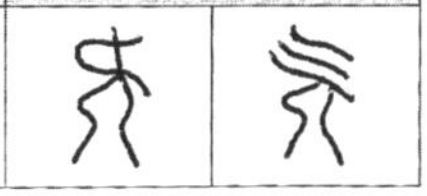	

무릎을 꿇은 사람이 밥을 배불리 먹은 후 고개를 돌려 트림을 하면서 식탁을 떠나는 것을 표현(= 既)
음식을 잔뜩 먹어 목이 막힐 정도로 많이 먹은 데서 '목메다'의 뜻이 파생되어 나왔다고 한다.

함자례(含字例) : 既

旣 이미 기

『이미, 벌써, 처음부터, 다하다, 끝내다 등』의 뜻을 가진다.

갑골문	금 문	소 전

밥(음식)을 이미 배불리 다 먹은 후 고개를 뒤로 돌리고 식탁에서 나가는 모습을 표현
※ 옛사람들은 밥을 가까이해서 먹는 것을 '卽(곧 즉)'이라 했고, 다 먹고 나서 자리를 뜨는 것을 '旣'라 했다.

함자례 : 槪, 慨, 漑, 槩, 墍, 暨

丌 책상 기

『책상, 받침대』의 뜻을 가진다.

소 전
–

위는 평평하며 받침대 다리가 있는 책상을 표현

함자례 : 畀

夔 조심할 기

『조심하다, 뛰다, 삼가다, 외발 짐승 등』의 뜻을 가진다.

갑 골 문		금 문		소 전
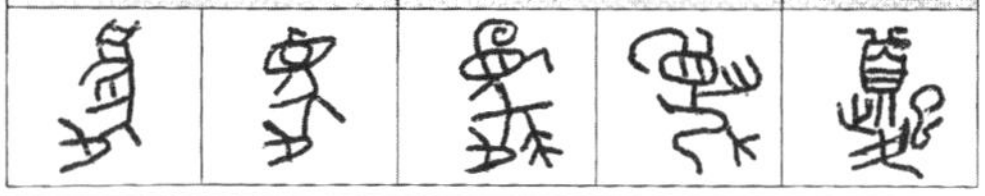				

긴 팔과 큰 다리를 가진 사람이 두드러지게 보이는 장식물로 머리 장식을 하고 부릅뜬 눈으로 노려보는 형상을 표현
고대 강촉(羌蜀)지구에 가파른 밀림 사이를 자유자재로 지나다니며 사는데 능숙한 긴 팔과 큰 다리를 가진 아랍계통의 사람(강족과 파촉인)으로 '조심해야' 할 대상임을 나타낸 것이라 한다.

함자례 : 巙

企 꾀할 기	『꾀하다, 도모하다, 바라다 등』의 뜻을 가진다.

	갑골문	금문	소전

사람이 企 발뒤꿈치를 들어 발돋움을 하고 서서 企 먼 곳을 바라보려고 꾀하는 것을 표현

　먼 곳을 보려고 도모하는 것처럼 어떤 일에 대한 대처 방법을 궁리하여 계책을 꾀하는 뜻을 가진다.

함자례(含字例) : 跂

吉 길할 길	『길하다, 좋다, 착하다, 좋은 일 등』의 뜻을 가진다.

갑		골	문		금 문	소 전

천자 또는 제후가 옥규 예기(玉圭 禮器)를 吉 들고 하늘과 땅에 제사를 지내면서 신을 찬송하고 축원하며

　국태민안을 빌고 모든 일이 상서롭게 되기를 기원하면 吉 길하게 됨을 표현

다른 자와 결합시 '좋다, 길하다'의 뜻을 가진다.

함자례 : 秸, 結, 桔, 拮, 佶, 桔, 姞, 喆, 劼, 詰, 頡

'乚'

고한자(古漢字)의 인칭의 유래를 보면 고대인의 자기 중심적 의식 구현임을 알 수 있다.

- 제1인칭으로 얼굴의 정중앙인 코인 '自(자)'를 일러 '자신'이라 했고
- 제2인칭으로 얼굴 아래쪽의 턱수염인 '而(이)'를 일러 '너'라 했으며
- 제3인칭으로 신체의 맨 아래쪽인 발인 '之(지)'를 일러 '그'라 했다.

무기로는,

- 제1인칭으로 위력적인 무기인 큰 창인 '我(아)'를 일러 '나'라 했고
- 제2인칭으로 단거리용으로 일제히 많은 화살을 쏠 수 있는 활인 '爾(이)'를 일러 '너'라 했다.

2. 『ㄴ』부

那 어찌 나	『어찌, 어찌하여, 어느, 어떤 등』의 뜻을 가진다.
	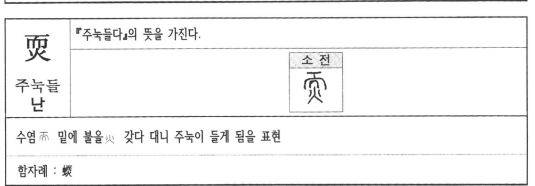
	중국 서역 지방에⬗ 사는 남자의 수염이⬗ 짙게 난 모습을 표현 　어찌하여 수염이 저렇게도 짙게 났을까 한데서 그 뜻이 가차되어 의문사로 '어찌'의 뜻을 가진다
	함자례(含字例) : 娜, 哪

戁 주눅들 난	『주눅들다』의 뜻을 가진다.
	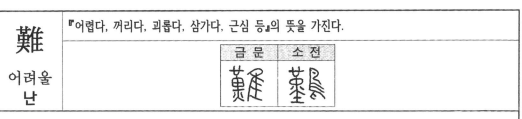
	수염⬗ 밑에 불을⬗ 갖다 대니 주눅이 들게 됨을 표현
	함자례 : 㜣

難 어려울 난	『어렵다, 꺼리다, 괴롭다, 삼가다, 근심 등』의 뜻을 가진다.
	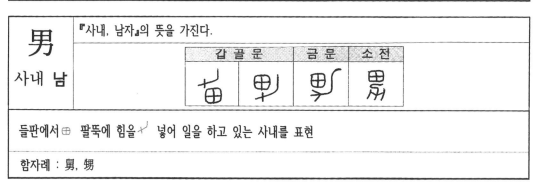
	온갖 권력을 다 가진 지배자라할지라도⬗ 새처럼⬗ 난다는 것은 지극히 어려운 일임을 표현 　그와 같은 일을 강요당하는 것은 어렵고 괴로운 일임을 나타내었다.
	함자례 : 儺, 戁, 灘

男 사내 남	『사내, 남자』의 뜻을 가진다.
	들판에서⬗ 팔뚝에 힘을⬗ 넣어 일을 하고 있는 사내를 표현
	함자례 : 舅, 甥

南 남녘 남	『남녘, 남쪽』의 뜻을 가진다.

상고시대 만월(蠻越) 수역(水域)에서 유행했던 풍습으로 선상에서 ⊟ 북을 치며 ※ 설창념송(說唱念頌)하며 지내는 제사 행사를 표현

중원의 방위에서 이런 행사를 하는 만월지방은 남쪽이므로 '남녘'의 뜻을 가지게 되었다 한다.

함자례(含字例) : 楠, 湳, 喃

囊 주머니 낭	『주머니, 자루』의 뜻을 가진다.
	소 전

천으로 된 ⻌ 여행용 짐 보따리로 ☐ 각종 용품을 넣은 다음 ⅏ 주둥이를 끈으로 당겨 맬 수 있게 되어 있는 장비인 ⊕ 주머니나 자루(포대)를 표현

함자례 : 曩

奈 어찌 내 어찌 나	『어찌, 능금나무, 대처하다, 지옥 등』의 뜻을 가진다.
	소 전

먼 길 또는 전쟁에 출정할 사람이 출발하기에 앞서 행낭과 능금 과일을 ※ 신단(神壇) 위에 示 차리고 신을 받드는 제사를 지내 여정이 평안하기를 기원함을 표현(= 柰)

도중에 어려움에 직면했을 때 강압적으로 눌러 대처한다는 뜻과 함께 그래도 발생하는 경우는 어찌할 방법이 없는 데서 그 뜻이 가차되어 '어찌'의 뜻이 생겼다고 하며, 또 지은 죄업이 무거운 사람은 죽으면 '지옥의 나락'에 빠진다는 뜻도 갖고 있다.

함자례 : 捺, 榇

柰 능금나 무 내	『능금나무』의 뜻을 가진다.
	소 전

먼 길 또는 전쟁에 출정할 사람이 출발하기에 앞서 능금 과일을 ※ 신단(神壇) 위에 示 차리고 신을 받드는 제사를 지내 무사 평안한 여정을 기원함을 표현(= 奈)

함자례 : 㮈, 㮈

內 안 내	『안, 나라의 안, 아내, 몰래 등』의 뜻을 가진다.

	갑골문	금 문	소 전
	內	八	內	內

멀리 변방의 경계에 있는 관문을 ∩ 통과하여 나라의 안으로 들어오는 ∧ 것을 표현

함자례(含字例) : 納, 衲, 軜, 訥, 芮, 汭, 蚋

乃 이에 내	『이에, 도리어, 비로소, 다만, 너』의 뜻을 가진다.

	갑골문	금 문	소 전
	丁	彡	彡	彡

성숙한 여성의 몸매로 봉긋하게 나온 가슴을 丁 표현
　뜻이 가차되어 부사로 '이에', 인칭대명사로 '너' 등으로 쓰여진다.

함자례 : 鼐, 秀, 仍, 孕, 隽, 朶

疒 병들어 기댈 녁	『병들어 기대다, 앓다, 병 등』의 뜻을 가진다.

	갑 골 문	금 문	소 전
	爿 爿	爿	疒

사람이 ﾌ 병이 들어 침상 위에 爿 누워있는 모양을 표현.
다른 자와 결합시 '병·아픔'의 뜻을 가진다.

함자례 : 痂, 痼, 疳, 瘁, 疥, 痼, 癯, 瘰, 痁, 疚, 疸, 瘴, 痰, 瘩, 疼, 痘, 癲, 療, 癰, 瘤, 痢, 瘋, 瘼, 痗,
　　　 瘖, 癱, 癖, 病, 痛, 痹, 痺, 疝, 瘜, 癬, 蜇, 瘦, 癌, 癢, 瘍, 痒, 瘀, 疫, 痤, 瘟, 癰, 癒, 痍......

年 해 년	『해, 나이, 때, 연령 등』의 뜻을 가진다.

	갑골문	금 문	소 전
	秂	秂	秂	秂

농부가 ﾌ 수확한 곡식을 禾 가지고 집으로 돌아가는 것을 표현(= 秊)
　한 해의 농사를 마치니 한 해가 지나가게 되는 뜻을 나타내고 있다.
　원래 '해 년'의 본자는 '秊'인데 이를 행서화했고, 행서를 다시 초서화 한 뒤, 초서를 다시 해서로 바꿔
　쓰면서 지금의 자형인 '年'의 형태로 변하여 현재의 자형이 된 것이라 한다.

함자례 : 姩

矢 머리 기울 **녈**	『머리가 기울다』의 뜻을 가진다.

	갑골문	금문	소전

머리를 왼쪽으로 기울이고 `↖` 서 있는 사람의 `大` 모습을 표현

함자례(含字例) : 吳

念 생각 **념**	『생각, 잠깐, 기억하다 등』의 뜻을 가진다.

	금	문		전	문

마음이 `心` 덫에 `今` 걸려있는 것처럼 뭔가에 생각이 골똘히 잡혀있는 것을 표현

함자례 : 稔, 捻, 諗

寧 편안할 **녕**	『편안하다. 편안, 차라리 등』의 뜻을 가진다.

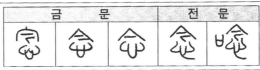

집이 있고 `∩` 먹고 마시는 것이 `皿` 풍족하여 악기를 불며 `丁` 즐기는 생활을 하고 있으니 마음이 `心` 더없이 편안한 경지임을 표현

함자례 : 獰, 濘

老 늙을 **노**	『늙다, 늙은이, 익숙하다, 공경하다, 오래 되다 등』의 뜻을 가진다.

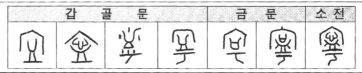

머리를 늘어뜨리고 `⌒` 허리를 굽혀 지팡이를 짚고 있는 `人` 노인의 모습을 표현

함자례 : 耆, 耆, 耄, 壽

奴 종 노	『종, 놈, 부리다 등』의 뜻을 가진다.			
		갑골문	금문	소전
		(갑골문 그림)	(금문 그림)	(소전 그림)

전쟁의 전리품으로 노획해 왔거나 약탈해 온 여자로 강제 노역을 당해야 하는 종을 표현
　대부분이 전쟁의 포로로 잡혀 온 사람으로 처음은 여자종을 의미했으나, 뒤로 오면서 사내종으로 그 뜻이 확대되었다.

함자례(含字例) : 拏, 怒, 駑, 弩, 孥, 恢, 呶, 砮, 努, 帑

農 농사 농	『농사, 농부, 농사짓다 등』의 뜻을 가진다.						
		갑 골 문			금　문		전　문
		(그림)	(그림)	(그림)	(그림)	(그림)	(그림) (그림)

(甲) 나무를 베어내고 개간한 밭에서 농기구로 일을 하며 농사를 지음을 표현

(金) 밭에서 작물을 키우며 농기구로 김을 매어 농사짓는 것을 표현

(인) 하늘에 별자리의 위치를 보고 절기를 알은 뒤 그 시기별로 해야 할 일들을 논밭에서 하면서 작물을 키워 농사를 지음을 표현

함자례 : 濃, 膿, 穠

𡿺 골 뇌	『골』의 뜻을 가진다.	
		소 전

머리털이 난 정수리 속에 있는 골을 표현

함자례 : 腦, 惱

能 능할 능	『능하다, 할 수 있다, 능력, 재능 등』의 뜻을 가진다.				
		갑골문	금　문		소전
		(그림)	(그림)	(그림)	(그림) (그림)

곰의 모습을 그린 자형으로, 곰은 본래 재능이 많은 동물로 그 부리는 재주가 능함을 표현
　(원뜻) 곰 능 → (바뀐 뜻) 능할 능 → (대체자로) 熊 곰 웅

함자례 : 熊, 態, 罷

尼 가까이 할 니	『가까이하다, 여승』의 뜻을 가진다.

	갑골문	금 문	소 전
	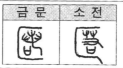		

(甲) 길을 갈 때 어린아이가 ⟨ 어른을 ⟩ 근접거리에서 바짝 붙어 뒤따르며 가까이함을 표현

(인) 몸을 다닥다닥 가까이 하여 앉아서 ⟨ 도를 닦고 있는 여승들을 표현

함자례(含字例) : 泥, 柅, 怩, 昵

匿 숨길 닉	『숨기다, 숨다, 도피하다, 사특하다 등』의 뜻을 가진다.

	금 문	소 전

먹어도 ⟨ 되는 좋은 약이 되는 풀을 ⟨ 뜯어서 ⟨ 가져와 은폐하기 좋은 곳에 ⟨ 숨겨둔 것을 표현

함자례 : 慝

78

'亡'

길의 유형을 보면

- 途(도) : 혼자서 지팡이를 짚고 걸어가는 길로, 추상적인 길 또는 마음속의 길을 뜻하고
  (용례 : 壯途, 日暮途遠)
- 道(도) : 사람들이 걸어 다니므로 해서 자연스럽게 생겨난 가로길을 뜻하며
- 路(로) : 대군이 출병하거나 본향으로 귀환할 때 행군을 하며 통과하는 큰길을 뜻하고
- 街(가) : 많은 사람이 왕래하는 번화한 네거리의 큰길을 뜻하며
- 巷(항) : 여러 고을의 사람이 왕래하며 모이는 곳으로 광장 같은 거리를 뜻한다.

3. 『ㄷ』부

多 많을 다	『많다, 겹치다, 중히 여기다 등』의 뜻을 가진다.			
		갑골문	금 문	소 전
		ㅋㅋ	ㅋㅋ	ㅋㅋ	ㅋㅋ

쌓여 있은 고기가 ㅋㅋ 아주 많이 있음을 표현

함자례(含字例) : 爹, 移, 侈, 哆

丹 붉을 단	『붉다, 단사, 정성스럽다 등』의 뜻을 가진다.			
		갑골문	금 문	소 전
		日	日	日

광산의 갱도에서 ㅂ 캐낸 주사(朱砂)의 ㅡ 빛깔이 붉음을 표현

함자례 : 坍, 彤, 㫃, 朡

亶 믿음 단	『믿다, 높다, 충실하다, 다하다, 진실로 등』의 뜻을 가진다.
	소 전
	亶

1) 곡식을 창고에 亯 가득 쌓아 놓았음에 旦 마음이 든든해 믿음이 생김을 표현

2) 정방형의 돈대 모양으로 亯 돌이나 흙으로 높게 쌓아 만든 旦 제단의 모습을 표현
   이 제단에서 신께 무사 평안을 기원하는 제사를 올리니 미더운 마음이 생겨남을 나타내고 있다.

다른 자와 결합시 대개 '제단'의 뜻을 나타내고 있다.

함자례 : 壇, 檀, 禪, 顫, 氈, 鱣, 邅, 擅

旦 아침 단	『아침, 해돋을 무렵 등』의 뜻을 가진다.				
		갑 골 문		금 문	소 전
		昌	⊖	⊟	⊙	旦

해가 ㅇ 지평선(大地) 또는 해수면 ⊡ 위로 떠오르는 때가 아침임을 표현

함자례 : 但, 坦, 袒, 怛, 疸

單 홑 단	『홀, 혼자, 외롭다 등』의 뜻을 가진다.

	갑 골 문				금 문	소 전

1) 양 끝에 돌칼을 달아 찌르기도 하고 상대의 공격을 막기 위한 Y자형 작대에 망태기 그물까지 갖춘
  개인용 무기를 표현
  개인이 홀로 소지하는 무기라 해서 '홀'이라는 뜻을 가지게 되었다.
2) 투석기 소쿠리에 돌덩이를 담아 한 알 한 알 발사하여 성을 공격했던 공성용 무기를 표현

함자례(含字例) : 簞, 鄲, 癉, 禪, 嬋, 蟬, 墠, 戰, 觶, 闡, 幝, 彈, 嘽, 憚, 殫, 驒, 僤

彖 판단할 단	『판단하다, 점치다, 토막, 한 단락』의 뜻을 가진다.

	갑골문	금문	소전

주둥이가 쭈뼛한 온마리 돼지를 제물로 올려놓고 어떤 일에 대한 단락을 짓기 위해 점을 쳐서 판단함을 표현
다른 자와 결합시 '이어 놓다, 결합하다'의 뜻을 가진다.
※ 주역에서 상·하괘 두 괘를 하나의 괘로 결합해 묶은 것을 '단(彖)'이라 한다.

함자례 : 蠡, 緣, 椽, 掾, 篆, 喙

蛋 새알 단	『새알』의 뜻을 가진다.

	소 전

새와 같은 조류는 알을 낳아 긴 시간을 품으면서 발로 알을 굴려 새끼를 부화시켜 냄을 표현(= 蜑)
함자례 : -

段 층계 단	『층계, 계단, 단락, 차례 등』의 뜻을 가진다.

	금문	소전

광물의 채굴을 위해 손에 두드리는 도구를 들고 언덕바지(阝)를 올라가며 돌을 깨고 땅을 파냄으로써
  만들어지는 층계 계단을 표현
※ 언덕바지의 튀어나온 부분이 일부 떨어져 나간 형상을 사실적으로 표현한 자형이라 할 수 있다.

함자례 : 鍛, 緞, 煆, 鰕

	『끝, 가, 한계, 처음, 실마리, 오로지 등』의 뜻을 가진다.		

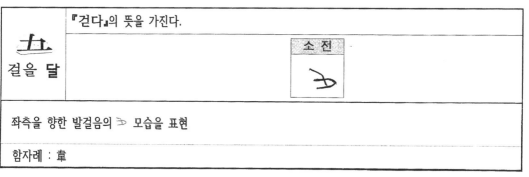

	갑골문	금문	소전

耑
끝 단
오로지 전

(甲) 거세게 흐르는 강물을 物 물방울을 튀기며 ⋯ 건너가는 ⋎ 사람을 표현

　　강을 건너기 위해 다다른 지점이 그 땅의 한계 변방으로 '끝'이고 '가'인 반면, 오로지 강을 건너고 나서 '처음'으로 밟게 되는 땅은 새로운 삶을 시작하는 '실마리'도 되기 때문에 종시(終始)의 원리로 끝은 시작도 되고, 실마리도 됨에 따라 경계인 강을 건너는 데서 종시의 뜻을 나타낸 것으로 여겨진다.

(篆) 머릿결을 가지런히 하고 ⫟ 서있는 사람의 ⋔ 단정한 모습을 표현

함자례(含字例) : 端, 湍, 瑞, 顓, 喘, 遄, 揣, 惴

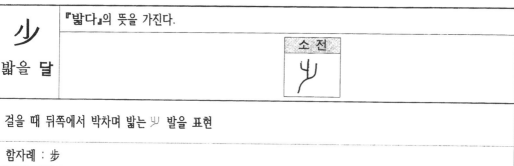

屮
걸을 달

『걷다』의 뜻을 가진다.

소전

좌측을 향한 발걸음의 ⪜ 모습을 표현

함자례 : 韋

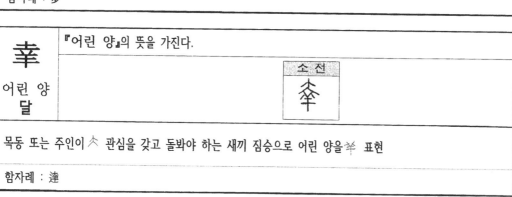

少
밟을 달

『밟다』의 뜻을 가진다.

소전

걸을 때 뒤쪽에서 박차며 밟는 ⪜ 발을 표현

함자례 : 步

幸
어린 양
달

『어린 양』의 뜻을 가진다.

소전

목동 또는 주인이 ⋏ 관심을 갖고 돌봐야 하는 새끼 짐승으로 어린 양을 ⪜ 표현

함자례 : 達

'ㄷ'

達 통달할 달	『통달하다, 이르다, 달하다, 이루다 등』의 뜻을 가진다.

	갑골문	금문	전 문

(甲) 사람들이 大 뻥 뚫린 큰길을 彳 걸어 다님에 ♦ 막힘없이 통함을 표현

　　큰길을 막힘없이 통하듯 어떤 일에 대한 능력이나 기술을 두루 갖추어서 통달하게 됨을 나타낸 것이다.

(篆) 사람이 大 양떼를 羊 몰아 걷는 것처럼 止 길이 辶 막힘없이 뚫여 있어 목적지로 통함을 표현

함자례(含字例) : 撻, 闥, 澾, 韃

覃 깊을 담	『깊다, 미치다, 자리잡다, 길다, 크다 등』의 뜻을 가진다.

금문	전 문	
⬙	⬙	⬙

포대에 담아 간(소금)에 절인 식품을 ⬙ 담그는 용기로, 배가 넓고 속이 깊으며 밑이 뾰족한 대형의 독을 ⬙ 표현

　큰독(단지)은 속이 깊고 넓으며, 그 안에 담겨 절여진 식품이 깊은 맛을 제공해 주는 데서 '깊다'는 뜻을 가진

　것으로 추정하고 있다.

함자례 : 潭, 譚, 驔, 簟

畓 논 답	『논』의 뜻을 가진다.

소 전
—

밭인 땅에 ⊕ 둑을 쌓아 물을 水 담으니 논이 됨을 표현

함자례 : 畓

沓 말 유창 할 답	『말을 유창하게 하다, 겹치다』의 뜻을 가진다.

소 전
⬙

물이 ⫶ 흘러가듯이 말을 曰 끊임없이 유창하게 함을 표현.

　했던 말을 또 하게 되니 '겹친다'는 뜻도 가진다.

함자례 : 踏

眔 뒤따를 답	『뒤따르다』의 뜻을 가진다.
	소 전
	眔

눈에서 ◉ 나온 눈물이 ⺠ 연이어 아래로 뒤따라 흐름을 표현

함자례(含字例) : 瘝, 遝, 鰥

荅 좀콩 답 대답 답	『좀콩, 팥, 대답하다, 대답』의 뜻을 가진다.
	소 전
	荅

반쪽은 위로 반쪽은 아래로 향해 서로 맞물린 모습으로 생겨 ◈ 점치는데 쓰이는 콩깍지인 ⻌ 좀콩을 표현
옛사람들은 한 쌍의 콩깍지를 던져서 위아래가 서로 합치되는 점괘가 나오면 그 운세는 구한 사람의
운명과 일치하는 것을 알려준다는 데서 '응대(대답)하다'의 뜻이 생겨났다고 한다.

함자례 : 塔, 搭

答 대답할 답	『대답하다, 대답, 응답하다 등』의 뜻을 가진다.
	전 문
	答 答

콩깍지가 점치는 도구로는 쉽게 파손되므로 해서 대체물로 위아래 서로 맞대응할 수 있는 ◈ 한 쌍의 죽편
(대나무 마디 토막을 반으로 쪼갠 것)을 ⻌ 만들어서 점괘를 받는 도구로 활용했음을 표현
'대답하다'의 뜻을 갖게 된 것은 앞의 '荅(답)'에서 기술한 내용과 같은 연유이기 때문에 여기서는 생략한다.

함자례 : 劄

唐 당나라 당	『당나라, 큰소리, 당황하다 등』의 뜻을 가진다.
	갑 골 문		금 문	소 전

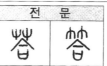

도자기 제조를 위해 삼태기로 ⌒ 점토를 담아 와 물웅덩이에 ∪ 넣고 풀은 후 가라앉은 앙금흙을 채취하여
흙속의 기포를 ▦는 작업으로 메질을 Ү 하는 등 일련의 도자기 재료 흙의 정제와 연토(練土) 과정을 표현
이러한 흙을 재료로 하여 도자기를 생산한 지역이 '당' 땅으로 뜻이 가차되어 '당나라'로 쓰여지며, 메질을
쿵쿵하듯 느닷없이 큰소리로 허풍떠는 것에 '당황해한다'는 뜻도 갖고 있다. - 당황할 당

함자례 : 糖, 塘, 螳, 糖

堂 집 당	『집, 대청, 남의 어머니 등』의 뜻을 가진다.

	금 문		전 문	
	堂	堂	堂	堂

돋우어 다진 터 土 위에 고아하게 지은 건물로 尙 제사 등의 의식을 행할 때 쓰는 정청(正廳)인 집을 표현
※ 옛적 집인 동굴 안에 尙 토단을 만들고 단 위에 조상의 위패를 모신 주된 자리를 土 '堂'이라 보는 설이 있다.

함자례(含字例) : 瑝, 鐣

當 마땅할 당	『마땅하다, 마땅, 맞다, 막다, 주관하다 등』의 뜻을 가진다.

	금 문	소 전
	當	當

(金) 저택의 尙 대문 안쪽에 밖에서 봐도 집안의 뜨락이 보이지 않도록 흙담으로 土 쌓아 놓은 가림 담벽을 표현
　　고대에 저택의 경우 대문 안쪽에 가림벽을 두는 것은 마땅한 풍습인 데서 '마땅하다'의 뜻이 붙여졌으며,
　　소전에 와서 '土'가 '田'으로 자형이 바뀌었다고 한다.
(인) 큰 저택에서 尙 부유하게 잘사는 사람이 논밭을 田 많이 가지고 있는 것은 가능하고 마땅함을 표현

함자례 : 鐺

黨 무리 당	『무리, 마을, 혹시 등』의 뜻을 가진다.

	소 전

정청과 같은 집에 尙 사람들이 모여 자신들의 이익을 도모하는 일에 신념과 행동을 같이하며, 밝지 못한
(그믐으로 묘사) 黑 편중된 행위를 하는 무리를 표현

함자례 : 儻

大 큰 대	『크다, 훌륭하다, 많다, 중히 여기다 등』의 뜻을 가진다.

	갑 골 문		금 문		소 전
	大	大	大	大	大

사람이 양팔과 다리를 크게 벌리고 서 있는 大 모양을 표현

함자례 : 夸, 奎, 夫, 奮, 夭, 因, 天, 尖, 馱, 太, 夾

臺

대 대

『대, 돈대 등』의 뜻을 가진다.

갑골문	금 문	전 문	
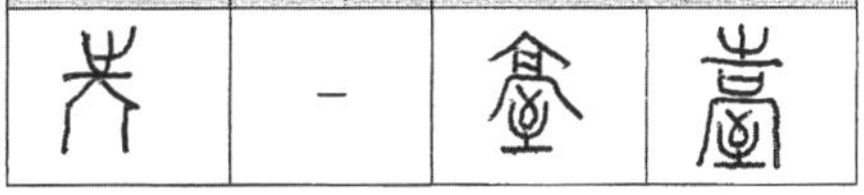	–		

병사들이 높게 지어진 누대 위로 올라가 먼 곳을 바라보며 밤낮으로 경계근무를 서기 위해 설치해 놓은 군사 시설로써 대를 표현

※ 전문에서 ' '는 병사가 교대로 누워 쉬면서 밤샘 숙직 근무를 서는 뜻을 나타낸 것이다.

함자례(含字例) : 擡

隊

무리 대
떨어질 추

『무리, 떼, 군대, 대오, 떨어지다 등』의 뜻을 가진다.

갑 골 문		금 문	소 전
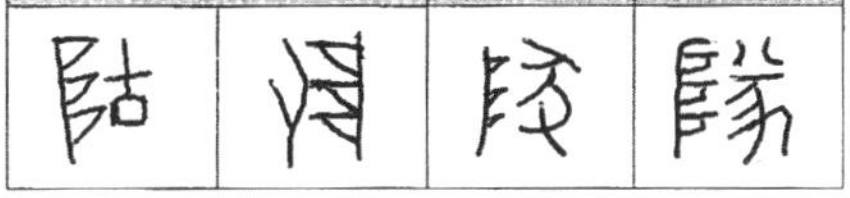			

(甲) 벼랑 위에서 대오로 떼를 지은 사람들이 사냥감을 쫓다가 실족하여 낭떠러지로 떨어짐을 표현

(金) 벼랑 위에서 무리를 지은 사람들이 멧돼지를 쫓으니 돼지가 벼랑 아래로 뛰어 떨어짐을 표현

(篆) 벼랑 위에서 대오로 무리를 지은 사람들이 사냥감인 멧돼지를 막다른 곳까지 쫓아서 드디어 떨어지게 함을 표현

(원뜻) 떨어질 추 → (바뀐 뜻) 무리 대 → (대체字로) 墜 떨어질 추

함자례 : 墜

代

대신할 대

『대신하다, 교대하다, 시대, 세대, 번갈아 등』의 뜻을 가진다.

전 문	
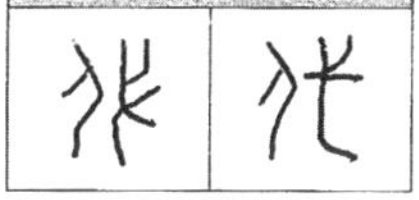	

변경(邊境)을 지키는 일에 군사들이 병장기를 들고 앞 사람을 대신해 교대로 번갈아 가며 번을 섬을 표현

함자례 : 貸, 垡, 袋, 岱, 黛, 玳

帶

띠 대

『띠, 꾸미다, 차다, 두르다 등』의 뜻을 가진다.

갑골문	금 문	전 문		
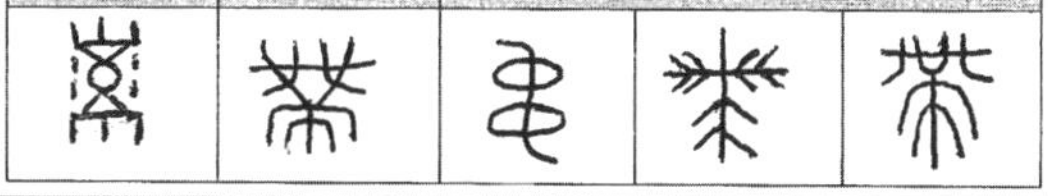				

하체를 가리는 치마(앞수건과 뒤수건)를 걸쳐서 맬 수 있게, 허리춤에 묶는 납작한 천으로 띠를 표현

옛적에 장신구로써 허리에 차는 것을 '띠'라 했고, 머리에 꽂거나 얹는 것을 '대(戴)'라고 했다.

함자례 : 滯, 蔕

對	『대하다, 대답하다, 상대, 짝 등』의 뜻을 가진다.

<table>
<tr><th></th><th>갑골문</th><th>금 문</th><th>소 전</th></tr>
<tr><td></td><td>𡭙</td><td>𡭙</td><td>對</td></tr>
</table>

대할 대

싸움에 임한 장수가 날카로운 날을 가진 무기를 𡭙 들고 𢪛 적과 대치한 전장에서 상대가 결전(決戰)의
의지를 물어오면 그에 대해 답을 함을 표현

함자례(含字例) : 懟

悳	『크다, 덕, 베풀다 등』의 뜻을 가진다.

	갑골문		금 문		전 문	

큰 덕

시선을 오로지 한곳에 둔 뒤 👁 마음을 💛 모아 목표점을 향해 쉼없이 나아가는 것처럼 彳 사람이 되어서
옳고 그름을 떠나 해야 할 도리를 온전히 다해 나갈 때 얻어지게 되는 덕은 큼을 표현(= 悳·惪·德·悳·德)

함자례 : 德

刀	『칼 등』의 뜻을 가진다.

<table>
<tr><th>갑골문</th><th>금 문</th><th>소 전</th></tr>
<tr><td>刀</td><td>刀</td><td>刀</td><td>刀</td><td>刀</td></tr>
</table>

칼 도

날이 한쪽만 있는 칼의 ⚔ 모양을 표현.
 ※ '刀(도)'는 한쪽의 날만 있는 칼이고, 'リ(도)'는 양쪽에 다 날이 있는 칼을 말한다.

함자례 : 韌, 券, 叨, 忉, 分, 粉, 刃, 切

匋	『질그릇』의 뜻을 가진다.

<table>
<tr><th>갑골문</th><th>금 문</th><th>소 전</th></tr>
<tr><td>匋</td><td>匋</td><td>匋</td><td>匋</td><td>匋</td></tr>
</table>

질그릇
도

절굿공이(메)로 ↑ 진흙 덩이를 ⊔ 찧어서 그 흙으로 만든 것이 질그릇임을 표현

함자례 : 陶, 淘, 萄, 綯

涂 칠할 도	『칠하다, 바르다, 지우다, 도랑 등』의 뜻을 가진다. 소 전

지팡이처럼 ⻊ 생긴 긴 막대 끝에 붓을 달아 물감 또는 흙탕물을 ⺡ 찍어 벽에 칠하는 것을 표현
　또한 지팡이를 ⻊ 짚고 물을 ⺡ 건너가는 곳이 '도랑'이기도 하다.

함자례(含字例) : 塗

島 섬 도	『섬』의 뜻을 가진다. 소 전

새들이 ⻦ 바다를 건너다 잠시 쉬어가는 산으로 ⼭ 된 땅이 섬임을 표현

함자례 : 搗

到 이를 도	『이르다, 닿다, 말하다 등』의 뜻을 가진다. 금 문 ∣ 소 전

밖에 나갔던 사람이 ⺅ 집으로 돌아와 이르러 ⻏ 닿았음을 표현
　※ 'ㅣ'가 부수이고, 'ㅣ'는 '人'자가 변형되어 'ㅣ'로 쓰인 것인데 이는 발음상 바뀐 것으로 보인다.

함자례 : 倒

道 길 도	『길, 도리, 방법, 이치, 행하다, 말하다, 다스리다, 이끌다 등』의 뜻을 가진다. 갑골문 ∣ 금　　문 ∣ 전　문

(甲) 사람이 ⺅ 걸어다니는 사통팔달의 큰길을 ⾏ 표현
(金) 방향을 모르는 사람을 끌어당겨 ⻌ 설명하며 ⻖ 길을 ⾏ 안내함을 표현
　　갑골문에선 사통팔달의 '큰길'을 의미했으나 금문으로 가면서 사람이 '길을 인도한다'는 뜻으로 전의되었다.
　　(금문) 인도할 도 → (원뜻으로 복원) 길 도 → (대체자로) 導 인도할 도

함자례 : 導

度 법도 도 헤아릴 탁	『법도, 법, 자, 모양, 바루다, 건너다, 헤아리다, 재다 등』의 뜻을 가진다.

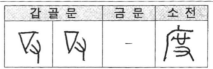

	갑골문	금문	소전
		-	

건축 시공 시 석공이 석재를 ▽ 측정하여 ≋ 최적의 것을 가리기 위해 자로 길이를 헤아려 평가함을 표현
고대라도 길이나 무게는 나라에서 정한 기준을 따라야 했으므로 그렇게 정해진 기준인 척도를 지켜 이행
하게 되니 그런 행위 자체가 '법도'의 뜻을 가지게 되었다 한다.

함자례(含字例) : 渡, 鍍

禿 대머리 독	『대머리, 민둥민둥하다』의 뜻을 가진다.

	소전
	禿

벼가 禾 익으면 이삭이 아래로 드리워져서 민듯하게 되듯 이처럼 사람의 儿 머리가 민듯하게 되어 대머리
가 된 모습을 표현

함자례 : 頹

毒 독 독	『독, 해치다, 죽이다 등』의 뜻을 가진다.

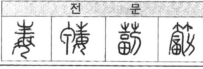

	전	문	
毒			

독초인 식물에서 ⊻ 나오는 모유 같은 ≋ 즙으로 걸쭉하고 하얗지만 먹거나 접촉하면 사람에게 위해를
끼치게 되는 독을 표현

함자례 : 纛, 蟗

敦 도타울 돈	『도탑다, 힘쓰다, 노력하다 등』의 뜻을 가진다.

	금문	소전

솥단지에 양을 익힌 제물로 ⊻ 사당의 조상신께 제례를 올린 뒤 ⊜ 그 음식을 음복(飲福)할 때 친족의 수장이
친족끼리는 화합하여 지내는데 간절히 힘쓸 것을 권위로써 촉구하니 ⊐ 그들 사이가 도탑게 됨을 표현

함자례 : 憝, 譈, 燉, 墩, 暾, 噉

90

突 갑자기 **돌**	『갑자기, 쑥 나오다, 굴뚝 등』의 뜻을 가진다.

갑골문	금 문	소 전

동굴집에서 ⌒ 개가 🐕 갑자기 뛰쳐나오는 것을 표현

함자례(含字例) : 堗

𠫓 돌아나 올 **돌**	『돌아 나오다』의 뜻을 가진다.

소 전

아이가 태어나기 위해 산도를 통해 몸 밖으로 돌아나옴을 ☆ 표현

함자례 : 充, 育, 㐬

同 같을 **동**	『같다, 한 가지, 함께, 합치다, 모이다 등』의 뜻을 가진다.

갑골문	금 문	소 전

밥그릇에 ⊔ 뚜껑이 ⊓ 같은 크기로 꼭 맞게 합쳐 덮여진 모양을 표현.
　밥그릇과 뚜껑은 항상 함께 하는 불가분의 관계에 있음을 나타내었다.
다른 자와 결합 시 대개 "밥그릇'의 뜻을 가진다.

함자례 : 洞, 銅, 桐, 侗, 胴, 烔, 筒, 恫, 興

童 아이 **동**	『아이, 종, 눈동자, 어리석다 등』의 뜻을 가진다.

갑골문	금 문	전 문

(甲) 전쟁에서 포로로 잡혀 와 뾰족한 형구에 의해 ▽ 한쪽 눈을 ☞ 잃은 노예로 ⚞ 종아이를 표현
(金) 고대 상업 활동에서 신임을 받아 행낭을 ⚖ 옮기는 일을 맡았던 시각 장애 소년으로 ⚞ 종아이를 표현
　전쟁에서 포로로 잡혀 삭발을 당한 남자아이들은 절대로 도망칠 수 없고 세상 물정에 어둡고 순수하여
　주인의 신임을 받은 데서 '어린 종, 어린아이'의 뜻을 가진 자(字)라고 한다.

함자례 : 撞, 幢, 憧, 瞳, 潼, 僮, 疃, 鐘, 瞳

冬 겨울 동	『겨울, 겨울을 나다 등』의 뜻을 가진다.

	갑 골 문	금 문	전 문

(甲) 끈의 ∧ 양 끝에 맨 매듭처럼 ∘∘ 한 해 주기의 끝으로 연말의 계절이 겨울임을 표현

(篆) 끈의 양 끝에 맨 매듭처럼 ⸙ 한 해 주기의 끝으로 얼음이 어는 ⸕ 계절이 겨울임을 표현

(印) 사계절 중 제일 뒤져오는 ⸕ 얼음이 어는 ⸕ 추운 계절이 겨울임을 표현

함자례(含字例) : 疼, 終, 螽

東 동녘 동	『동녘, 동쪽, 동쪽으로 가다』의 뜻을 가진다.

	갑골문	금문	소전
	東	東	東

물건이 채워진 자루의 양 끝을 끈으로 묶어 ⸕ 멜대에 ㅣ 꿰어놓은 것으로, 먼 길을 갈 때 휴대하는 행낭 (짐보따리)의 모습을 표현

옛 사람들이 행낭을 휴대하고 먼 길을 갈 때는 해가 동쪽에서 뜬 뒤 그 방향을 참고해서 목적지를 찾아 감에 따라 그 뜻이 '동쪽'으로 가차되었다 한다.

(印) 아침해가 日 나무 木 사이로 떠오르는 쪽이 동녘임을 표현

함자례 : 凍, 棟, 蝀, 陳

動 움직일 동	『움직이다, 옮기다, 동요하다, 일하다 등』의 뜻을 가진다.

	금 문	전 문
	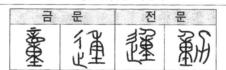	

(金) 사내종이 童 무거운 짐보따리를 짊어지고 ※ 땅 위를 土 걸어서 움직여 감을 표현

(印) 짐을 실은 무거운 重 수레를 힘을 써서 力 미니까 움직여 나감을 표현

함자례 : 慟, 勳

杜 막을 두	『막다』의 뜻을 가진다.

	갑골문	금문	소전

땅에 ⸕ 목책을 치고 기둥을 세워 문을 달아서 ⸕ 사람의 출입을 막음을 표현

함자례 : 莊

斗 말 두	『말, 구기, 북두, 별이름 등』의 뜻을 가진다.		
	갑골문	금문	소전
	𢆶	𢆶	𣁬

긴 자루 끝에 국자가 달린 ⟲ 구기를 표현

   뒤에 곡식을 되는 용기로 열 되가 들어가는 '말'의 뜻을 가지며, 또한 자루의 굽은 모양이 북두칠성의

   별자리 모양과 같다 하여 '북두'의 뜻도 가진다.

함자례(含字例) : 斛, 科, 魁, 枓, 料, 斜, 斡, 斟

豆 제기 두 콩 두	『제기, 제수, 콩 등』의 뜻을 가진다.			
	갑골문	금문	전 문	
	𧯛	𧯛	𧯛	𧯛

굽이 높고 배가 둥글게 생긴 그릇에 ⟲ 음식을 담아서 ￣ 뚜껑을 덮어놓은 ￣ 제기(祭器)를 표현

   둥그스름하게 생긴 제기의 형상이 콩의 모양과 같아 보이는 데서 뜻이 가차되어 '콩'으로 전의되었다 한다.

다른 자와 결합시는 '제물'의 뜻을 나타낸다.

함자례 : 短. 頭. 痘. 逗. 荳. 登. 豌, 豊, 豐

亠 돼지해 머리 두	뜻은 없고, 부수의 하나이다.		
	금문	소전
	⌒	亠

선 ⌒ 위에 점을 ˈ 찍어 머리 부분이나 건물의 꼭대기 모양으로 표현

   '亥'자의 머리모양 부분과 같다 해서 붙여지게 된 명칭이다. 그래서 뜻이 없는 '의궐(義闕) 두'라 하기도 한다.

다른 자와 결합시 1)건물의 지붕(亭·雍·京·亨·六) 2)동물의 머리(亥) 3)사람의 머리(立·交·亢·亦·文)의 의미를 가진다.

함자례 : 京, 交, 亭, 亢, 亥, 亨

兜 투구 두 도솔천 도	『투구, 쓰개, 도솔천』의 뜻을 가진다.	
	소 전
	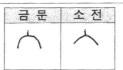

사람이 머리를 보호하기 위해 쓰는 철갑으로 만든 모자인 ⌐⊐ 투구를 표현

함자례 : 挔

鬥 싸움 두 싸움 투	『싸우다, 다투다』의 뜻을 가진다.			
		갑골문	금 문	소 전
			–	

두 사람이 마주 보고 서서 서로 주먹질을 하며 싸우는 모양을 표현

함자례(含字例) : 鬧, 鬪, 鬮, 鬨

豆 술그릇 두	『술그릇, 큰 술잔』의 뜻을 가진다.	
		소 전
		–

배가 불룩하고 주둥이가 큰 술잔으로 술그릇을 표현

함자례 : 斳

屯 진칠 둔 어려울 준	『진치다, 어렵다』의 뜻을 가진다.			
		갑 골 문	금 문	소 전

땅속의 씨가 싹을 틔워 뿌리를 내리고 ⟪ 어렵게 땅거죽을 ⌒ 뚫고 돋아나 있는 모양을 표현
  새싹이 돋아나 있는 모양이 병사들이 진을 치고 있는 모양과 같다 해서 '진치다'의 뜻을 함께 가진다.

함자례 : 沌, 頓, 肫, 鈍, 芚, 純, 腞, 嚩, 邨, 杶

导 얻을 득 그칠 애	『얻다, 그치다, 막히다』의 뜻을 가진다.			
		갑골문	금 문	소 전

화폐인 조개를 ⊜ 주워 ⟍ 내 것이 되었으니 재물을 얻었음을 표현(= 㝵= 䙷)
  재물을 얻었으니 가던 길을 그만두어 '그치게 된다'는 뜻도 있다.

함자례 : 得, 碍

登 오를 등	『오르다, 나가다, 기재하다』의 뜻을 가진다.

	갑 골 문		금 문	전 문	

제사를 지내기 위해 제물이 담긴 제기를 👐 들고 높은 제단으로 걸어서 👐 올라감을 표현

함자례(含字例) : 燈, 橙, 鄧, 嶝, 證, 澄

滕 물 솟을 등	『물이 솟다, 물이 끓어 오르다』의 뜻을 가진다.

	금 문	소 전

배에서 👐 키를 잡고 노를 저으니 👐 노질에 의한 물망울이 👐 물속으로부터 뭉실뭉실 솟아오름을 표현

함자례 : 藤

'근'

고대인들은 '짐보따리'의 명칭으로

- 東(동) : 남자가 어깨에 맨 여행 짐보따리를 '東'이라 했고

- 西(서) : 여인이 손에 든 짐 보따리인 행낭을 '西'라 했으며

- 囊(낭) : 東과 西를 통칭해서 물건을 담은 주머니를 '囊'이라 했다.

지금도 중국에서 '東西'라 하면 '물건'을 뜻한다.

4.『ㄹ』부

羅 벌일 **라**	『벌이다, 그물치다, 망라하다, 그물, 비단 등』의 뜻을 가진다.			
		갑골문	금문	소전
		(그림)	(그림) (그림)	(그림)

날짐승인 새를 🐦 잡기 위해 실로 🧵 짠 그물을 🕸 새가 잘 다니는 길목에 벌여 놓은 모습을 표현

함자례(含字例) : 蘿, 邏

洛 물이름 **락**	『물이름, 강이름, 서울이름 등』의 뜻을 가진다.			
		갑골문	금문	소전
		(그림)	(그림)	(그림)

(甲) 지류의 물줄기가 본류로 흘러들어 🌊 강물이 ⌇ 쭉 이어져 흐르는 형상을 표현

(인) 발걸음이 ⋏ 성읍(城邑)을 ▫ 향해 걸어가듯 물이 〉 흘러드는 형상으로 보이는 강을 표현

함자례 : 落

𤔔 어지러 울 **란**	『어지럽다』의 뜻을 가진다.		
		금문	소전
		(그림)	(그림)

직기 또는 실타래의 실이 어지럽게 뒤엉켜 있는 것을 🧶 두 손으로 🖐 풀어가며 정리함을 표현
뒤엉켜 헝클어져 있는 실의 모양으로 '어지러움'의 뜻을 나타내었다.

함자례 : 亂, 辭

闌 가로막 을 **란**	『가로막다, 방지하다』의 뜻을 가진다.	
		소전

관청의 출입문 🚪 앞에 차단목을 ✻ 설치해 놓고 보초를 서면서 주변을 감시하며 ⬮ 출입자를 가로막아
검문함을 표현

함자례 : 蘭, 欄, 爛, 瀾, 攔, 斕

欒 둥글 란	『둥글다, 모감주나무, 방울 등』의 뜻을 가진다. 소 전

나무의 ※ 가지마다 핀 꽃이 어지러울 정도로 온통 덮고 있는 나무로, 전체로 보면 둥근 방울 모양을 하고 있는 모감주나무를 표현

함자례(含字例) : 欒

卵 알 란	『알, 기르다 등』의 뜻을 가진다.

금 문	소 전

곤충이 풀줄기나 가지에 ‖ 붙여서 낳아 놓은 두 개의 둥근 알덩이를 표현
　곤충이 낳아 놓은 알로서 난생(卵生)을 하는 전체 동물의 포괄적 의미인 ‘알’로 쓰이고 있다.

함자례 : 孵

剌 발랄할 랄	『발랄하다, 어그러지다』의 뜻을 가진다.

갑골문	금 문	소 전

작물의 ※ 열매를 ∪ 따서 먹는 경우 칼로 베는 ∫ 듯한 맹렬한 생화학적 자극으로 인해 그에 따른 행동이 발랄하게 되거나 어그러짐을 표현

함자례 : 喇

郎 사내 랑	『사내, 남편, 낭군 등』의 뜻을 가진다. 소 전

읍성 지역에 ♀ 사는 재능이 출중하고 튼실한 장부에 대해 여성들이 부르는 호칭으로 사내를 표현
　이러한 사내를 여인이 정인(情人)으로 삼으니 남편이나 낭군의 뜻을 가지게 되었다.

함자례 : 廊, 蒗

來

보리 **래**
올 **래**

『보리, 오다, 돌아오다, 위로하다 등』의 뜻을 가진다.

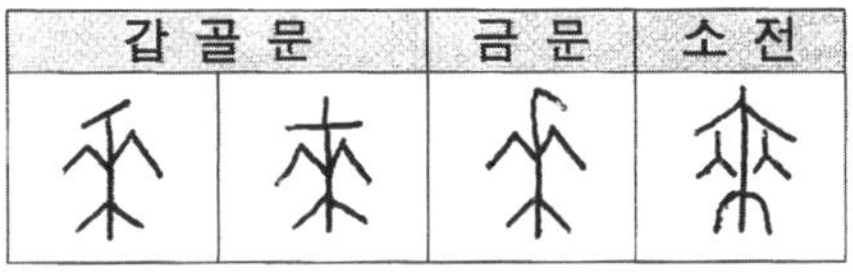

갑골문
금문
소전

본래는 잎이 꺾여 있고 이삭은 꽂꽂이 서 있는 식물로 보리를 표현

자형(字形)은 식물이 걸어오는 모습으로, 곡식인 보리는 타지역에서 전래인이 종자를 가지고 들어와 재배된 작물이기에 그 뜻이 전의(轉義)되어 '오다'의 뜻을 가지게 되었다. - 올 래

(원뜻) 보리 래 → (바뀐 뜻) 올 래 → (대체字로) 麥 보리 맥

함자례(含字例) : 萊, 勑, 徠, 崍, 倈, 騋, 賚, 麥

略

노략질할 **략**

『노략질하다, 다스리다, 간략하다, 생략하다, 대략 등』의 뜻을 가진다.

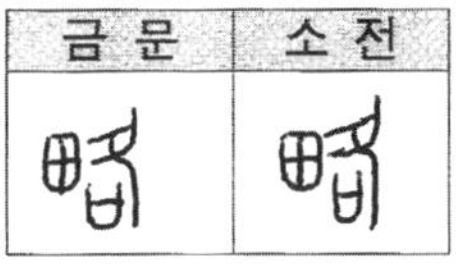

금문
소전

병사들의 행군 발걸음이 성읍을 향해 있듯 남의 나라 땅에 무력으로 침범해서 노략질을 함을 표현

남의 나라에 침략을 해서 사람들을 해치고 노략질을 함은 물론 경우에 따라서는 침략한 땅을 직접 다스리기도 하고, 국법으로 정해 놓은 절차를 생략해서 간략한 방법으로 점령지를 통치하는 데까지 그 의미가 확대되었다.

※ 고대에는 무력으로 땅을 점령하는 것을 '侵'이라 하고, 무력으로 재물을 약탈하는 것을 '略'이라 하였다.

함자례 : 擥

兩

두 **량**

『둘, 짝, 두 쪽 등』의 뜻을 가진다.

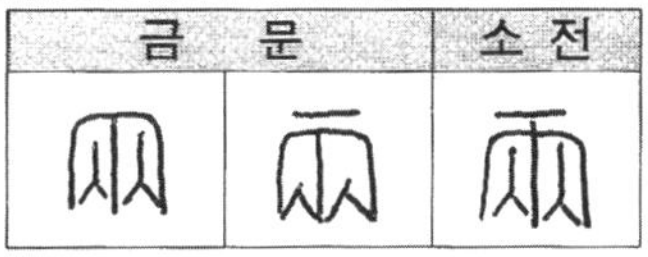

금 문
소전

(金) 한 대의 병거(兵車) 수레를 두 필의 말에 멍에를 씌워 끄는 것으로 둘을 표현

함자례 : 輛, 倆

量

헤아릴 **량**

『헤아리다, 추측하다, 량, 용기 등』의 뜻을 가진다.

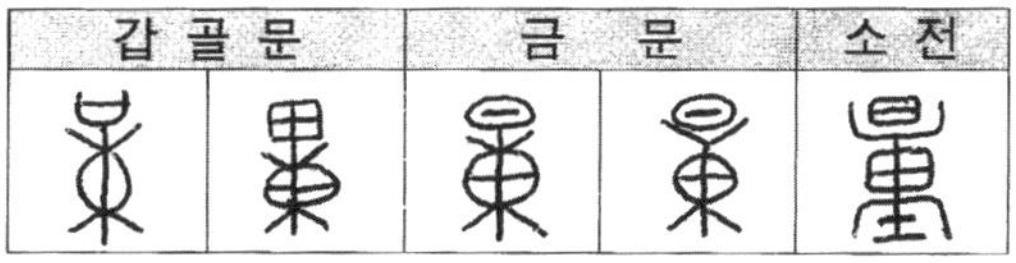

갑골문
금 문
소전

자루를 땅위에 놓고 깔대기를 꽂은 다음 곡식을 담으며 그 량을 헤아리는 것을 표현

함자례 : 糧

梁 다리 량	『다리, 들보, 교량, 성씨 등』의 뜻을 가진다.

	금 문	전 문

나무를 ※ 도구로 ᄀ 자르고 다듬어서 ﹅ 흐르는 물 위에 ﹅ 가설하여 만든 통로로 다리를 표현

  물 위에 나무로 다리를 건축하는 것과 같이 두 기둥 사이를 걸쳐놓는 나무로 '들보'를 나타내기도 한다.
고대 이런 빼어난 건축 기술을 보유한 사람이 한 가계의 시조로 숭상되어 '성씨'를 이룬 것으로 추정된다.

  (원뜻) 다리 량 → (바뀐 뜻) 성씨·나라 량 → (대체字로) 樑 다리 량

  ※ 나무를 잘라 옆으로 눕혀 걸친 것은 '梁'이라 하고 세워 놓은 것은 '棟'이라 하며, 다리의 구분으로 일직
선으로 평평하게 만든 다리를 '梁'이라 하고, 아치형으로 만든 다리를 '橋'라 한다.

함자례(含字例) : 樑

良 좋을 량 어질 량	『좋다, 어질다, 훌륭하다, 아름답다, 진실로 등』의 뜻을 가진다.

갑 골 문	금 문	전 문

곡물 씨앗 중에 튼실하고 좋은 것만을 바람을 쏘여 골라내는 기구인 풍구의 ⻖ 모습을 표현

  바람을 쏘여 좋은 알곡만을 가려내니 그래서 '좋다'는 뜻을 가지며, 그 뜻이 전의되어 '어질다'는 뜻 등으로
파생되었다.

함자례 : 郞, 浪, 娘, 朗, 狼, 琅, 稂, 粮

亮 밝을 량	『밝다, 분명해지다, 빛나다, 드러내다 등』의 뜻을 가진다.

금 문	소 전

사람이 ᅔ 높게 지어진 집의 난간에서 ⻖ 일출을 맞으니 날이 환히 밝아옴을 표현

함자례 : 喨

慮 생각할 려	『생각하다, 근심하다, 걱정하다, 계획 등』의 뜻을 가진다.

금 문	전 문

(金) 함께 하는 사람의 ⻖ 안전을 걱정하고 염려하는 마음이 ⻖ 생각임을 표현

(篆) 행여 입을 수 있는 호환(虎患)을 ⻖ 두려워하는 마음으로 ⻖ 안전을 염려하고 걱정하는 게 생각임을 표현

함자례 : 濾, 藘, 攄

戾 어그러 질 려	『어그러지다, 사납다, 이르다 등』의 뜻을 가진다.		
		금 문	소 전
		𤞤 𦔮	𠖕

개가 犬 집을 戶 지키며 집을 찾아오는 사람에게 미친 듯이 사납게 달려드니 사이가 어그러짐을 표현

함자례(含字例) : 淚

呂 법 칙 려 등뼈 려	『법칙, 등뼈, 음률, 성씨 등』의 뜻을 가진다.			
		갑골문	금 문	소 전
		呂	呂	呂

일정한 법칙을 따라 마디마디로 길게 연결된 척추뼈인 등뼈를 단 두 마디로 呂 압축해서 표현
  등뼈가 일정 법칙에 따라 반복적으로 마디지어 있는 것과 같이 음악의 가락이나 장단도 반복되는 규칙에
  따라 구성됨으로 해서 '음률'이란 뜻도 갖고 있다.

함자례 : 宮, 侶, 閭

厲 갈 려	『갈다, 힘쓰다, 사납다, 위태롭다 등』의 뜻을 가진다.		
		금 문	소 전
		厲	厲

산 계곡의 돌벼랑에 厂 대량으로 퍼져 살고 있는 맹독을 가진 벌레로 전갈을  표현
  전갈이 돌벼랑을 오르내리는 것처럼 수많은 사람이 언덕을 오르내림으로 지면이 닳아 갈아지는 현상을
  대유법으로 나타내었고,
  또한 맹독을 가진 전갈이므로 '사납다'는 뜻과 함께 전갈이 자생하는 벼랑지대이므로 '위태롭다'는 뜻으로도
  확대되어 쓰여지고 있다.

함자례 : 勵, 礪, 蠣

麗 고울 려	『곱다, 아름답다』의 뜻을 가진다.			
		갑골문	금 문	소 전
		麗 麗	麗	麗

화려한 뿔을 ㄸㄸ 가진 사슴의 鹿 곱고 아름다운 모습을 표현

함자례 : 驪, 儷, 酈, 纚, 灑, 醨

力 힘 력	『힘, 군사, 힘쓰다, 인부 등』의 뜻을 가진다.					
		갑골문		금 문		소 전
		(갑골문1)	(갑골문2)	(금문1)	(금문2)	(소전)

사람이 힘을 쓸 때 팔의 근육이 불룩해진 모양을 표현

  땅을 파는 농기구의 모양이라 풀이하기도 하나, 다른 자와 결합시 의미상 강한 팔의 근육을 써서 힘을 내는 것으로 봄이 더 타당하다고 여겨진다.

함자례(含字例) : 加, 勘, 劫, 勁, 勍, 功, 劬, 勸, 勤, 劢, 男, 努, 動, 勅, 勵, 劣, 勞, 勒, 肋, 勘, 勉, 募, 勃,
        勢, 勛, 勇, 勖, 幼, 勣, 助, 勰, 勑, 辦, 劫, 劾, 效, 勳, 勖

秝 곡식 성 글 력	『곡식이 성글다』의 뜻을 가진다.	
		소 전
		(소전)

곡식이 성글게(덤성덤성하게) 자라고 있는 것을 표현

  볏단을 묶어 놓은 것이기도 해서 곡식단을 세는 뜻으로도 쓰인다.

함자례 : 厤

厤 책력 력	『책력, 역법, 수, 셈 등』의 뜻을 가진다.		
		금 문	소 전
		(금문)	(소전)

언덕 ▢ 아래 심어 놓은 경작지의 작물이 ▢ 자라서 익어가는 전 과정을 보고 책력을 만들었음을 표현

함자례 : 歷, 曆

歷 지날 력	『지나다, 겪다, 책력, 역법 등』의 뜻을 가진다.				
		갑골문		금 문	소 전
		(갑골문1)	(갑골문2)	(금문)	(소전)

언덕 ▢ 아래 경작지에 심어 놓은 작물이 ▢ 자라고 열매 맺어 수확 때까지의 전 과정을 농부가 책력을 참고해서 농사일을 하려 오가며 ▢ 지나는 것을 표현

  농경사회에서는 곡식(벼)을 수확함으로써 역(曆)에 의한 한 해를 보내고 지나게 됨을 나타낸 것이다.

함자례 : 瀝, 轣

鬲 솥 력 막을 격	『솥, 막다, 오지병』의 뜻을 가진다.

	갑골문		금문	소전

음식을 조리할 때 사용하던 고대의 취사도구로 둥근 아가리와 몸통에ᄇ 세 개의 다리를 가진鬥 솥을 표현
　조리를 할 때 불땀을 높이기 위해 솥의 주변에 일정 높이의 바람막이 벽을 쌓아 바람을 막은 데서 '막다'의
　뜻이 생겼다고 한다.

함자례(含字例) : 隔, 膈, 鬳, 融, 礙

聯 어지러 울 련	『어지럽다, 다스리다, 잇다』의 뜻을 가진다.

	금　문	소 전

상대에게 하는 말이言 끊어지지 않고 잣아 놓은 실타래처럼絲 꼬여서 이어지니 듣는 사람의 심상(心象)이
　어지러워짐을 표현

함자례 : 鸞, 欒, 戀, 變, 攣, 蠻, 彎, 樛, 孿

連 잇닿을 련	『잇닿다, 연속하다』의 뜻을 가진다.

	금문	소전

수레 여러 대가車 연속해서(연접해서 ; 사이가 띄어진 채로) 잇닿아 지나감을辶 표현
　별개의 개체가 연접해 잇닿은 것을 '連'이라 하고, 개체가 서로 연결되어 연이어진 것은 '聯(련)'이라 한다.

함자례 : 蓮, 漣, 璉

列 벌일 렬	『벌이다, 늘어서다, 나란히 서다, 진열하다, 차례 등』의 뜻을 가진다.

	금　문	소전

짐승을 잡아 뼈와 살을슈 차례대로 발라내어刂 나란히 늘어서 벌여 놓은 것을 표현

함자례 : 烈, 裂, 冽, 洌, 栵, 例

105

廉 청렴할 렴	『청렴하다, 검소하다, 값싸다, 살피다, 염치 등』의 뜻을 가진다.

풍년이 들어 집집마다 수확한 곡식으로 ⚇ 자급자족하며 검소하게 생활하니 부정이 없어져서 사람들은 청렴하게 됨을 표현

또한 수확한 곡식이 많아 물량이 넘쳐나니 그 값이 떨어짐에 '값쌀 렴'이 되고, 전쟁 중의 경우 정탐꾼이 적군의 창고에 군량미가 얼마나 있는지를 살펴봄에서 '살필 렴'의 뜻도 갖고 있다.

함자례(含字例) : 濂, 簾

斂 거둘 렴	『거두다, 모으다, 저장하다』의 뜻을 가진다.

관청에서 ⚇ 공권력을 행사하여 ⚇ 조세인 세금을 거두어 들임을 표현

함자례 : 蘞, 瀲

鬣 목 갈기 렵	『목갈기』의 뜻을 가진다.
	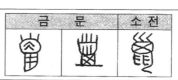

머리에서 목덜미까지 ⚇ 긴 털이 ⚇ 나 있는 갈기를 가진 짐승을 ⚇ 표현

말이나 수사자 따위의 긴 갈기를 가진 짐승을 나타낸 것이다.

함자례 : 蠟, 巤, 獵

另 헤어질 령	『헤어지다, 따로』의 뜻을 가진다.

한 덩어리의 물건을 ⚇ 힘을 써(칼로 잘라서) ⚇ 분리된 물품으로 나누어 버리니 따로 헤어지게 됨을 표현

※ 해서에서 처음 나오는 자로 하부의 '力(력)'은 '刀(도)'를 오인하여 쓴 것으로 추정이 되는 자이다.

함자례 : 拐, 別, 捌

令 명령할 령	『명령하다, 법령, 하여금, 벼슬, 아름답다 등』의 뜻을 가진다. <table><tr><td colspan="2">갑골문</td><td colspan="2">금문</td><td>소전</td></tr><tr><td>令</td><td>令</td><td>令</td><td>令</td><td>令</td></tr></table>

1) 궁에서 △ 군주가 신하에게 ⸙ 하명하여 이 신하로 하여금 어명을 행하도록 함을 표현
2) 관청에서 △ 수령이 무릎을 꿇은 사람에게 ⸙ 명령하여 이 사람으로 하여금 명을 따르도록 함을 표현

함자례(含字例) : 冷, 領, 零, 玲, 怜, 齡, 鈴, 伶, 姶, 囹, 岺, 笒, 聆, 翎, 昤, 芩, 蛉, 羚

領 거느릴 령	『거느리다, 다스리다, 받다, 통솔하다, 우두머리, 옷깃 등』의 뜻을 가진다.  전 문

무리를 호령하여 군령을 내리는 ⸙ 우두머리로 즉, 명령을 내려 군대를 지휘하는 수뇌(首腦)가 부하들을
다스려 거느림을 표현

함자례 : 嶺

霝 비올 령	『비오다, 떨어지다, 신령, 정신 등』의 뜻을 가진다. 소 전

많은 사람들이 신령께 주문을 ᎁᎁᎁ 외우며 비가 霝 오기를 간절히 기원하니 비가 옴을 표현

함자례 : 靈

盧 둥글 로	『둥글다, 술독』의 뜻을 가진다. 소 전

그릇의 모양이 아가리는 호랑이 입처럼 盧 넓고 몸통은 원형으로 ❤ 둥근 것을 표현

함자례 : 盧

盧 화로 로	『화로, 밥그릇, 목로, 성씨 등』의 뜻을 가진다.

	갑골문	금문	소전

호랑이 입처럼 🐯 아가리가 넓고 몸통은 둥근 ⊟ 모양으로 생긴 용기로 ⊻ 밥그릇이나 화로를 표현

함자례(含字例) : 廬, 驢, 爐, 蘆, 壚, 濾, 纑

鹵 소금 로	『소금, 소금밭, 개펄, 황무지 등』의 뜻을 가진다.

	갑골문		금문		소전

1) 자루 ◿ 속에 담긴 요리하는데 필수 양념으로 천연 소금을 ∵ 표현
2) 소금밭(개펄)에 ⌂ 짠물을 끌어댄 ✕ 후 자연 증발시켜 짠맛이 나는 결정체인 ⊡ 소금을 얻는 것을 표현

함자례 : 鹹

勞 일할 로	『일하다, 애쓰다, 고달프다, 괴로워하다, 수고롭다, 위로하다 등』의 뜻을 가진다.

	갑골문	금문	소전

(甲) 마음속에 ♨ 난 불길이 ⚞ 끊이지 않은 ⊔ 상태로 불안과 근심으로 인한 마음고생이 심함을 표현
　　후에 심신의 걱정을 떨치기 위해 몸소 힘을 들여 '일한다'는 쪽으로 그 뜻이 전의되어 간 것이라 한다.
(篆) 집에 등불을 환히 밝혀 놓고 ⌂ 밤늦게까지 힘을 써 ⑰ 일함을 표현

함자례 : 撈

魯 노둔할 로	『노둔하다, 미련하다, 노나라 등』의 뜻을 가진다.

	갑골문	금문	소전

(甲) 뼈가시가 있는 생선을 🐟 조심스럽게 먹으면서 ⊔ 침묵하며 말하지 않는 것을 표현
　　침묵하며 말이 없는 것에서, 그 점을 미루어 '노둔하고 미련한' 것으로 뜻을 나타내었다.
(인) 언제 죽을지도 모르는 가마솥(그릇) ⊟ 안에서 놀고 있는 어리석은 물고기로 🐟 노둔함을 표현

함자례 : 櫓

虜 사로잡 을 로	『사로잡다, 포로, 종 등』의 뜻을 가진다.
	소 전

호랑이를 줄로 묶고 막대를 꿰어서 힘을 들여 사로잡아 오는 것을 표현
　군대가 적국을 침략하여 이와 같은 방법으로 장정들을 포로로 사로잡아 온다는 뜻을 비유로 인용한 것이다.

함자례(含字例) : 擄

路 길 로	『길, 도로, 방법, 드러나다 등』의 뜻을 가진다.
	금 문 　　소 전 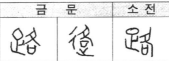

대군(大軍)이 다른 지역으로 출병을 하거나 전쟁을 마치고 성읍으로 돌아올 때에 행군을 하며 통과하는
　큰길을 표현

함자례 : 露, 鷺, 潞

輅 수레 로	『수레』의 뜻을 가진다.
	소 전

병사들이 행군하여 읍성으로 들어가듯 수레를 타고 궁으로 들어가는 제왕(帝王)의 수레를 표현

함자례 : 輅

鹿 사슴 록	『사슴, 산기슭 등』의 뜻을 가진다.
	갑 골 문 　　금 문 　　소 전

뿔과 머리와 네 다리로 생김새의 특징을 묘사하여 사슴을 표현

함자례 : 麞, 麒, 麗, 麓, 麟, 麋, 麝, 麂, 慶, 塵, 塵, 麤, 麻

朱 버섯 록	『버섯』의 뜻을 가진다.

소 전

짚으로 ψ 지붕을 인 초가집 ⌂ 모양으로 우뚝 자라있는 버섯을 표현
다른 자와 결합시 '사람이 걸어서 위로 올라가는 것'과 '식물이 땅에 심겨진 모습'의 뜻을 나타내기도 한다.

함자례(含字例) : 坴

彔 새길 록	『새기다』의 뜻을 가진다.

갑 골 문				금 문		소 전

나무 진액(津液)을 용기에 ♦ 채취하기 위해 생나무껍질을 돌아가며 각도(체刀)로 홈을 내어 ⊞ 새기는 것을 표현

함자례 : 綠, 錄, 祿, 碌, 菉, 剝

录 기록할 록	『기록하다, 적다』의 뜻을 가진다.

갑골문	금 문	소 전

나무의 진액이 나와 흘러내리게 ※ 생목에 홈을 내듯 ⊐ 칼로 죽간 등에 글씨를 새겨 기록함을 표현

함자례 : 錄

錄 기록할 록	『기록하다, 적다』의 뜻을 가진다.

소 전

수액 ※ 채취를 위해 나무껍질에 홈을 ☲ 내듯이 쇳물을 金 부어 솥이나 기물을 만드는 주조물의 거푸집 면에 글자를 새겨 기록하는 것을 표현

함자례 : 籙

弄 희롱할 롱	『희롱하다, 놀다, 즐기다 등』의 뜻을 가진다.

	갑골문		금문		소전

산에서 캐온 박옥(璞玉)을 ☒ 두 손으로 잡고 ☒ 가공 처리하며 옥기를 만지작거리는 것을 표현
　뒤에 뜻이 전의되어 옥기를 만지작거리며 갖고 노는 것에서 '희롱하다'의 뜻을 가진 것으로 보고 있다.
　※ 옥을 만지며 느끼는 것에 玩(완)은 정신적인 감상을, 弄(롱)은 수작업에 의한 가공 처리를 강조한다고 한다.

함자례(含字例) : 篅

耒 가래 뢰	『가래, 쟁기 등』의 뜻을 가진다.
	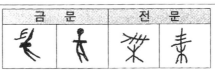

	금문		전문	

(金) 나무를 재질로 해서 만들어 손으로 잡고☒ 밭을 가는 농기구인☒ 가래(쟁기)를 표현
(篆) 나무를 ☒ 재질로 해서 만든 이빨이 많이 달린☒ 써래를 표현
　써래(논을 고르거나 흙을 덮는 데 쓰는 농기구) 모양의 자형이 간략화되면서 기존 자형의 모양으로 변화를 가져왔다.

함자례 : 耕, 耭, 耨, 耗, 耝, 耦, 耰, 耘, 耔, 耤

畕 밭갈피 뢰	『밭갈피』의 뜻을 가진다.
	소전
	☒

밭과 ☒ 밭☒ 사이의 경계를 이루고 있는 두둑으로 밭갈피를 표현

함자례 : 儡, 櫑, 壘, 蘽, 藟, 疊

賴 의뢰할 뢰	『의뢰하다, 힘입다. 의지하다 등』의 뜻을 가진다.
	금문	소전
	☒	☒

자루에 가득 담은☒ 재물을☒ 믿을 만한 사람에게 맡겨 등에 지우니 ☒ 마음에 의뢰(굳게 믿고 의지)함이
있음을 표현

함자례 : 獺, 瀨, 懶, 瀨

111

雷 우레 뢰	『우레, 천둥 등』의 뜻을 가진다.				
		갑 골 문		금 문	소 전

『우레, 천둥 등』의 뜻을 가진다.

	갑 골 문		금 문		소 전

번개가 거듭 치면서 🗲 세차게 내리는 비와 함께 。。 울리는 소리인 우레(뇌성)를 표현

함자례(含字例) : 擂

類 엇비슷 할 뢰	『엇비슷하다, 닮다』의 뜻을 가진다.	
		소 전

쌀톨의 ※ 머리 모양은 ◈ 서로가 닮아 생김새가 엇비슷함을 표현

함자례 : 類

翏 높이 날 료	『높이 날다』의 뜻을 가진다.		
		금 문	소 전

(金) 새가 힘차게 날갯짓을 하며 ◈ 높이 날 때 나는 소리를 ∥ 표현
(인) 새가 날개깃을 세워 ◈ 높이 날 때 나는 소리를 ∥ 표현

함자례 : 膠, 嘐, 珨, 樛, 寥, 蓼, 廖, 謬, 裁, 僇, 穋, 鏐, 瘳

了 마칠 료	『마치다, 끝내다, 완결하다 등』의 뜻을 가진다.	
		소 전

갓 태어난 아이의 ♀ 모습을 나타낸 것으로 이제는 출산의 고통이 끝났음(마쳤음)을 표현

함자례 : 疗

尞 횃불 료	『횃불, 불 놓다』의 뜻을 가진다.

	갑 골 문			금 문	소 전
	米	米	米	米	尞

장작더미에 불을 놓아 米 천신께 제사를 지냄을 표현

　나무를 동개어 화톳불을 米 피워놓은 것이 변형되어 해 그릇에 尿 장작을 담아 불을 밝혀 놓은 '횃불'의

　뜻으로 바뀌어 간 것이라 한다.

　※ '尞'는 '燎'의 본래 글자(本字)로 전서(篆書)에 와서 '火'가 추가되었다.

함자례(含字例) : 僚, 療, 瞭, 遼, 寮, 燎, 潦, 繚

婁 끌 루	『끌다, 거두다, 자주 등』의 뜻을 가진다.

	금 문	소 전
	婁	婁

계집종이 대(竹)상자나 넓직한 보따리 여러 개를 婁 포개어 끌어서 머리에 이는 것을 표현

함자례 : 窶, 樓, 屢, 鏤, 縷, 瘻, 褸, 蔞, 摟, 數

累 여러 루	『여러, 자주, 묶다, 포개다, 쌓다, 거듭하다, 폐를 끼치다, 허물 등』의 뜻을 가진다.

	소 전
	累

실뭉치를 糸 여러 개 田 포개어 쌓아서 묶어 놓은 모양을 표현

　고치에서 뽑아 만든 실뭉치를 베를 짜기 위해 차곡차곡 포개어 쌓아 비축해 둔 데서 온 자형(字形)이라 한다.

함자례 : 螺, 渠

厽 담쌓을 루	『담을 쌓다』의 뜻을 가진다.

	소 전
	△ △ △

흙을 반죽해 구워서 만든 벽돌이나 돌을 차곡차곡 집적해서 담을 쌓음을 표현

함자례 : 쓰

壘 보루 루	『보루, 진, 쌓다 등』의 뜻을 가진다.

소 전

壘

밭갈피의 둔덕처럼 🌾 성채를 土 높이 쌓아서 만든 보루를 표현

　※ 보루 루(壘)의 속자 또는 간체자가 '루(垒)'이다 (壘 = 垒).

함자례(含字例) : 儽

㖕 더러울 루	『더럽다, 천하다』의 뜻을 가진다.

소 전

㖕

좁은 토굴과 匸 같은 누추한 집 안으로 內 벽지에 사는 사람들의 지저분하고 불결한 주거 환경을 표현(= 㖕)

함자례 : 陋

留 머무를 류	『머물다, 정지하다, 억류하다, 기다리다 등』의 뜻을 가진다.

금 문	소 전

경작지 땅에 田 애착을 가진 사람들이 생계를 위해 그 곳을 떠나지 못하고 오래 머물러 살면서 ᄼᄀᄁ 농사일을 하고 있음을 표현

함자례 : 溜, 瘤, 瑠, 榴, 罶

充 흐를 류	『흐르다, 깃발』의 뜻을 가진다.

소 전

充

영아인 아이가 ᄎ 태어나는 과정으로 산도를 巛 통해 양수와 함께 거꾸로 흘러나옴을 표현

함자례 : 流, 琉, 硫, 旒, 疏, 梳, 毓

114

類 무리 **류**	『무리, 같다, 비슷하다, 나누다 등』의 뜻을 가진다.		
		금 문	소 전
		𩔖	𩔖

같은 종류의 곡식이나 米 짐승의 犬 머리 모양은 頁 그 생김새가 서로 비슷해서 식별이 어려움을 표현
  개개의 식별이 어려운 동종의 곡식 식물이나 짐승들이 모여 이룬 집단에서 '무리'의 뜻을 가지게 되었다.

함자례(含字例) : 纇

劉 죽일 **류**	『죽이다, 이겨내다, 도끼, 칼』의 뜻을 가진다.	
		소 전
		劉

사람이 마주하여 卯 쇠를 제련하여 불리고 화려한 금색의 도금 문양을 넣어 金 큰 칼을 刀 제작함을 표현
  이렇게 만들어진 칼로 전장 등에서 적을 살육함으로 해서 '죽이다'의 뜻을 가진 것으로 여겨진다.

함자례 : 瀏, 懰

坴 언덕 **륙**	『언덕』의 뜻을 가진다.			
		갑골문	금 문	소 전

(甲) 초옥 집이 모여 있는 높은 곳으로 높이 솟은 땅이 언덕임을 표현
  흙이 쌓여 버섯모양으로 높이 솟아 있는 땅이 土 언덕임을 표현

(인) 사람이 土 땅을 土 딛고 걸어서 올라가는 곳이 언덕임을 표현

다른 자와 결합시 '땅을 딛고 올라가거나, 땅에 초목을 심는다'의 뜻을 나타낸다.

함자례 : 逵, 睦, 陸, 埶

侖 둥글 **륜**	『둥글다, 생각하다, 펴다, 조리 등』의 뜻을 가진다.			
		갑골문	금 문	소 전
		侖	侖	侖

관청의 ∧ 도서관에 책이 ⧻ 있고 그 책은 죽간으로 둥글게 말려 있음을 표현
  도서관의 ∧ 책을 ⧻ 읽고 그 내용을 참고해서 시책을 펴게 된다는 뜻도 가지고 있다.

함자례 : 論, 倫, 輪, 綸, 淪, 崙

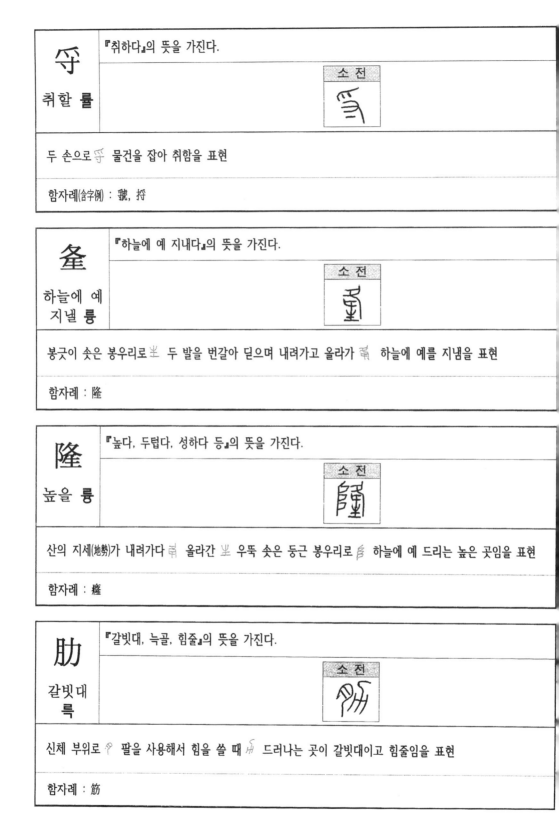

寽 취할 **률**	『취하다』의 뜻을 가진다. 소 전
	두 손으로 ⿳ 물건을 잡아 취함을 표현
	함자례(含字例) : 䡇, 捋

夆 하늘에 예 지낼 **륭**	『하늘에 예 지내다』의 뜻을 가진다. 소 전
	봉긋이 솟은 봉우리로 ⿻ 두 발을 번갈아 딛으며 내려가고 올라가 ⿳ 하늘에 예를 지냄을 표현
	함자례 : 隆

隆 높을 **륭**	『높다, 두텁다, 성하다 등』의 뜻을 가진다. 소 전
	산의 지세(地勢)가 내려가다 ⿳ 올라간 ⿻ 우뚝 솟은 둥근 봉우리로 ⿳ 하늘에 예 드리는 높은 곳임을 표현
	함자례 : 癃

肋 갈빗 대 **록**	『갈빗대, 늑골, 힘줄』의 뜻을 가진다. 소 전
	신체 부위로 ⿰ 팔을 사용해서 힘을 쓸 때 ⿻ 드러나는 곳이 갈빗대이고 힘줄임을 표현
	함자례 : 筋

116

靣 곳집 **름**	『곳집, 녹미, 쌓다 등』의 뜻을 가진다.

	갑 골 문	금 문	소 전

지붕과 ⌂ 곡식의 보관시설을 回 갖춘 곳집을 표현

함자례(含字例) : 亶, 稟

夌 언덕 **릉**	『언덕, 높다, 넘다』의 뜻을 가진다.

	갑골문	금 문	소 전

각이 진 형태의 버섯모양으로 🍄 층층이 쌓여서 이루어진 높은 언덕을 걸어서 ㄨ 넘어감을 표현

함자례 : 陵, 凌, 稜, 菱, 綾

里 마을 **리**	『마을, 이웃, 인근, 속, 안쪽, 고향 등』의 뜻을 가진다.

	금 문	소 전
	里	里

땅 위에 ⊥ 삶의 터전인 밭을 일구어 ⊞ 경작하며 거주하는 곳이 마을임을 표현
　대체로 마을은 밭(들판) 속에 형성되어 있는 관계로 '안'의 뜻을 가지며, 향리인 '고향'의 뜻도 가진다.
다른 자와 결합시 '마을, 안(예: 裏), 사람(예: 童, 하부 '里'는 아이를 나타냄)' 등의 뜻을 나타낸다.

함자례 : 童, 理, 裏, 裡, 厘, 俚, 狸, 鯉, 浬, 梩, 埋, 野

厘 다스릴 **리**	『다스리다, 정리하다, 가게 등』의 뜻을 가진다.

	소 전
	厘

(甲) 농부가 집 마당에서 타작을 한 후 밀짚과 볏짚을 정리하여 ⌐ 수확기간 동안 어지럽혀진 집안을 里 가지
　런히 다스려감을 표현

(인) 반개방적으로 지어진 건물 ⌐ 안에 里 각종 물건을 차려 놓고 파는 가게를 표현

※ '厘'와 '釐'는 같은 뜻을 가진 자이다.

함자례 : 纏

㫖 (朿/㝅)	『쪼개다, 베다』의 뜻을 가진다.			
쪼갤 리		갑골문	금문	소전
		𣂁	𣂁	𣂁

농부가 수확철에 베어 온 보리를 마당에서 타작을 한 후 𣂁 보릿짚을 집 안에 厂 쌓아 정리한 것을 표현
타작하여 보리 열매를 터는 것을 '쪼갠다'는 뜻으로 나타내었다.

함자례(含字例) : 釐, 嫠, 斄, 剺

詈	『꾸짖다』의 뜻을 가진다.	
꾸짖을 리		소전
		詈

죄를 범한 사람을 체포하여 罒 재판관이 법에 따른 심문을 하며 言 그 죄상을 꾸짖음을 표현

함자례 : 罵

吏	『관리, 벼슬아치, 아전 등』의 뜻을 가진다.						
관리 리		갑 골 문			금 문		소전
		吏	吏	吏	吏	吏	吏

사절이 정절(旌節) 통행증을 들고 吏 인접한 다른 나라를 口 방문하는 것을 표현
  '史'와 '吏'와 '事'는 갑골문과 금문에서 그 자형(字形)이 똑같다. 여기서 '吏'는 '史'의 '사관'에서 그 쓰임이
확대 파생되어 '지방행정 관원'을 가리키는 것이 되었고, 그 후 지방행정의 하급 관리를 총칭하는 말이
되었다고 한다.
  ※ '史'는 중앙조정에서 박학한 수석 문직 관원을 지칭하고, '吏'는 지방행정 관리 관원을 칭한다고 한다.

함자례 : 使

嬴	『배이름, 짐승이름』의 뜻을 가진다.		
배이름 리		금 문	소전
		嬴	嬴

많은 노를 가진 용선(龍船) 모양의 배를 타고  바다나 물을 건너가 목적한 일을 마치고 돌아옴을 표현

함자례 : 贏, 羸, 臝, 蠃, 嬴

利 이로울 리	『이롭다, 유익하다, 편리하다, 날카롭다 등』의 뜻을 가진다.

	갑골문		금 문		소 전
	𣏚	𣏚	𣏚	𣏚	𣏚

낫과 같은 날카로운 도구로 𠂆 곡식을 𣎳 베어 거두어들이니 이롭고 유익하게 됨을 표현

함자례(含字例) : 梨, 俐, 犁, 俐, 痢, 莉, 唎

离 떠날 리	『떠나다, 떨어지다, 흩어지다 등』의 뜻을 가진다.

	갑골문	금 문	전 문	
	𤫊	𤫊	𤫊	𤫊

손에 그물채를 잡아 들고 𤰔 새를 𥄉 잡는 모습을 표현
  새를 그물로 잡으려 했으나 잡히지 않고 그물을 벗어나 달아난 것에서 '떠나다'의 뜻을 나타내었다.

함자례 : 禽, 離, 璃, 縭

貍 삵 리	『삵, 너구리』의 뜻을 가진다.

	금 문	소 전
	貍	貍

시골 마을의 민가 주변에 里 출몰을 잘하며 집에서 기르는 날짐승과 어린 가축을 밀렵하는 야생의 사나운
  짐승으로 豸 삵과 너구리를 표현

함자례 : 貚

炏 밝은 모 양 리	『밝은 모양, 사귀다』의 뜻을 가진다.

	소 전
	炏

대오리나 줄기를 재료로 하여 서로 엇갈리게 얼금얼금하게 짜여진 판의 炏 틈새로 빛이 들어오는 것으로
  밝은 모양을 표현

함자례 : 爽, 爾

吝 아낄 린	『아끼다, 인색하다』의 뜻을 가진다.

	갑골문	금문	전 문	
	吝	吝	𠴫	吝

남에게 해를 주며 좋지 않은 결(무늬)을 남길 수 있는 文 악한 말은 口 스스로 조심하고 아껴야 함을 표현

함자례(含字例) : 恪

䦖 새이름 린	『새의 이름』의 뜻을 가진다.

소 전
䦖

천성이 활달한 새가 隹 문이 있는 門 새장 안에 갇혀 고통을 받고 있는 것을 표현

함자례 : 藺, 躙

藺 골풀 린	『골풀』의 뜻을 가진다.

소 전
藺

새장 안에 갇혀 고통을 받고 있는 새처럼 䦖 매양 사람들의 발길에 쓸기고 밟히면서 자라나는 풀로 艸 골풀을 표현

함자례 : 躙

㷠 도깨비 불 린	『도깨비불』의 뜻을 가진다.

	갑 골 문		금 문	소 전
	㷠	㷠	㷠	㷠

두 발로 움직이는 舛 도깨비 몸의 형상에 火 반짝이는 인(燐)불로 점 네 개를 찍어 炎 도깨비불을 표현(= 燐)

함자례 : 憐, 隣, 鄰, 潾, 驎, 璘, 燐, 鱗, 粦

臨 임할 림	『임하다, 내려다보다, 다스리다, 대하다, 비추다 등』의 뜻을 가진다.

	금 문	소 전

빗물이 떨어지는 것을 ᴠᴠᴠ 사람이 ⟩ 내려다보듯 ⟩ 머리를 숙이고 뭔가를 살펴보는 일에 임하고 있음을 표현

함자례(含字例) : 臨

林 수풀 림	『수풀, 집단, 야외 등』의 뜻을 가진다.

	갑골문	금 문	소 전

많은 나무들이 우거져 있는 ✕✕ 수풀을 표현

함자례 : 禁, 麓, 淋, 琳, 霖, 梵, 焚, 棼, 彬, 森, 楚

立 설 립	『서다, 세우다, 즉위하다, 자리 등』의 뜻을 가진다.

	갑골문	금 문	소 전

사람이 팔다리를 벌리고 ᄎ 땅에 — 서 있는 모양을 표현

함자례 : 端, 拉, 粒, 笠, 茳, 妙, 竝, 竦, 昱, 位, 泣, 翌, 靖, 竣, 站, 妾

'口'

나라에서 관리한 창고 유형으로

• 府(부) : 나라의 금과 은 등 재화를 보관 예치하고 문서를 보관하는 건물을 말하고

• 倉(창) : 조세로 거둔 곡식을 보관하는 건물을 말하며

• 庫(고) : 포차와 수레, 군사 물자를 보관하는 건물을 말한다.

그물의 구분으로

• 網(망) : 통상적인 그물을 지칭하며, 길짐승을 포획해 잡을 때 쓰는 그물을 '網'이라 하고

• 羅(라) : 땅 위를 걸어 다니며 먹이를 찾는 날짐승을 기다려 덮어서 잡는 그물을 '羅'라
         하며

• 罟(고) : 강이나 하천에 쳐 놓았다 시간이 지난 후 건져서 물고기를 잡는 그물을 '罟'라
         했다.

5. 『口』부

馬 말 마	『말 등』의 뜻을 가진다.			
		갑골문	금문	전 문
		(갑골문 자형)	(금문 자형)	(전문 자형) (전문 자형)

옆에서 본 말의 형상으로, 눈과 갈기와 다리 모양을 강조하여 표현

함자례(含字例) : 駕, 騫, 驚, 駧, 騷, 驅, 駒, 騎, 騍, 駅, 騂, 驤, 駕, 驒, 篤, 驪, 驢, 駱, 駚, 騨, 碼, 瑪, 禡, 罵,
驀, 駁, 騈, 駙, 騑, 駈, 騁, 駟, 騷, 馴, 駛, 馭, 驛, 騸, 驟, 驕, 駈, 馹, 駐, 鼻, 駿, 驚, 職......

麻 삼 마	『삼, 베옷, 마비시키다 등』의 뜻을 가진다.		
		금 문	소 전
		(금문 자형)	(소전 자형)

벗긴 삼줄기의 껍질을 다발로 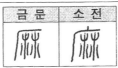 지어서 집안의 그늘에 걸어 말리는 모습을 표현
※ '麻'의 줄기 자체에 마취 성분을 갖고 있어 '마비시키다'의 뜻도 있다.

함자례 : 磨, 魔, 摩, 庥, 靡, 糜, 糜, 麾

莫 없을 막	『없다, 말다, 아득하다, 저물다 등』의 뜻을 가진다.			
		갑골문	금문	소 전
		(갑골문 자형)	(금문 자형) (금문 자형)	(소전 자형)

우거진 풀숲 (풀숲 기호) 사이로 해가 (해 기호) 지는 모양을 표현
  원래는 '해저물 모'였으나 해가 져 안 보인다 해서 '없을 막'이 되었고, 또 해가 지면 짐승들의 폐해를
  우려해 어디를 가지 말라는 취지에서 '말 막'의 뜻을 가졌다고 한다.
  (원뜻) 해저물 모 → (바뀐 뜻) 없을 막 → (대체자로) 暮 저물 모

함자례 : 幕, 漠, 膜, 寞, 瘼, 驀, 冪, 模, 募, 慕, 暮, 摹, 摸, 謨, 糢, 墓

幕 장막 막	『장막, 군막, 막』의 뜻을 가진다.	
		소 전
		(소전 자형)

해가 져 어두어지면 (莫 기호) 병사들이 쉬거나 잠을 자기 위해 천을 (巾 기호) 둘러쳐서 만들어 놓은 장막을 표현

함자례 : 羃

曼 길게 끌 만	『길게 끌다, 길다, 만연하다 등』의 뜻을 가진다.

(甲) 눈을 크게 보이기 위해 두 손으로 ⻌ 눈두덩을 ☞ 아래와 위로 길게 끌어당김을 표현
(篆) 머리에 쓴 쓰개를 ⻖ 눈 ☞ 부위까지 손으로 ⺕ 길게 끌어내려 쓰는 모습을 표현

함자례(含字例) : 慢, 漫, 蔓, 饅, 鰻, 墁, 謾

萬 일만 만	『일만, 많다, 매우 등』의 뜻을 가진다.

전갈의 모습을 표현
　전갈은 알을 많이 낳아 새끼를 많이 친다는 데서 많다는 의미로 '일만'의 뜻을 가진다.
다른 자와 결합시 '전갈, 많다'의 뜻을 가진다.

함자례 : 厲, 癘, 勱, 邁, 蠆

㒼 평평할 만	『평평하다』의 뜻을 가진다.
	소 전

사람이 등 지게로 ⺮ 통에 물을 길어가거나 짐을 지고 ⺍ 갈 때 양쪽이 무게 균형이 이루어지도록 평평하게
　함을 표현

함자례 : 滿, 瞞, 鏋, 璊

彎 굽을 만	『굽다, 활을 당기다』의 뜻을 가진다.
	소 전

활대의 굽은 모양처럼 ⺆ 생긴 형상이 들쭉날쭉 어지럽게 ⺈ 굽어 있음을 표현

함자례 : 灣

126

末 끝 말	『끝, 마지막, 지엽, 말세 등』의 뜻을 가진다.

	금문	소전

지사자(指事字)로 나무의 ⍱ 위쪽에 끝을 나타내는 '一'을 ㄱ 더하여 사물이나 일의 끝을 표현

함자례(含字例) : 靺, 抹, 沫, 韎, 志, 茉, 秣

亡 망할 망	『망하다, 도망하다, 달아나다, 잃다, 없애다, 죽다, 잊다. 없다 등』의 뜻을 가진다.

	갑 골 문			금문	소전
	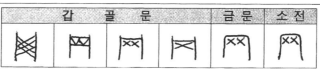				

패전한 나라의 병사가 〉 손에 一 방패를 ㅣ 들고 살아남기 위해 달아나는 모습을 표현
 전쟁에 패배해서 나라가 '망해 없어졌다'는 뜻과, 병사가 달아나다 잡혀 죽게 되니 '죽다'의 뜻도 가진다.

함자례 : 罔, 忙, 忘, 妄, 芒, 邙, 盲, 肓

网 그물 망	『그물, 그물질하다, 싸다 등』의 뜻을 가진다.

	갑 골 문			금문	소전

양쪽 장대(긴 막대기) ‖ 사이에 줄을 얽어서 ※ 쳐놓은 그물을 표현.
※ 网과 같은 자로는 '⺲·𦉫·罒·㓁'로 모두가 같은 '그물 망'의 뜻을 가진다

함자례 : 罔, 網, 羅

罔 없을 망 그물 망	『없다, 그물, 속이다, 말다 등』의 뜻을 가진다.

	소전

물고기나 짐승을 잡기 위해 쳐 놓은 그물에 ⺲ 걸린 포획물이 한 마리도 없는 ㄴ 상태임을 표현
 그 이유는 그물에 ⺲ 홈이 있거나 잘못 설치되어 다 빠져서 달아났기 匸 때문에 한 마리도 잡힌 것이
 '없다'는 뜻을 나타내고 있다.
 (원뜻) 그물 망 → (바뀐 뜻) 없을 망 → (대체자로) 網 그물 망

함자례 : 網, 惘, 輞

芒 까끄라 기 망	『까끄라기, 가시 등』의 뜻을 가진다.

	금 문	소 전
	(금문 자형)	(소전 자형)

곡물의 열매 끝에 ﬗ 가늘고 긴 침처럼 붙어 있는 수염으로 곡식을 수확하여 갈무리할려면 반드시 떨어 없애야 하는 亡 부분으로 까끄라기를 표현

함자례(含字例) : 忙

汒 황급할 망	『황급하다, 아득하다 등』의 뜻을 가진다.

	소 전
	(소전 자형)

홍수로 물이 氵 갑자기 밀려 들어와 망하게 亡 되었으므로 황급한 상황임을 표현

함자례 : 茫

妄 망녕될 망	『망령되다, 헛되다, 속이다, 잊다, 함부로 등』의 뜻을 가진다.

	금 문	소 전
	(금문 자형)	(소전 자형)

여성을 부정적으로 봤던 고대 중국에서는 부녀자들이 女 자신의 본분을 잃고 亡 사리와 이치에 맞지 않은 말과 행동을 하여 믿을 수 없다는 데에서 망령됨을 표현

함자례 : 侫, 詤

茻 우거질 망	『잡풀이 우거지다』의 뜻을 가진다.

	소 전
	(소전 자형)

잡풀이 무성하게 자라나 우거져 있는 모양을 표현

함자례 : 葬

每 매양 매	『매양, 늘, 마다, 우거지다 등』의 뜻을 가진다.

	갑 골 문			금 문		소 전

결혼한 여인이 아이를 잉태하고 낳아서 기르는 일은 매양(늘) 있는 일임을 표현

함자례(含字例) : 梅, 海, 脢, 鋂, 侮, 敏, 毓, 海, 悔, 晦, 誨

買 살 매	『사다, 세내다 등』의 뜻을 가진다.

	갑골문	금문	소전

그물 망태기에 ⬚ 물건을 살 수 있는 화폐인 조개를 ⬚ 담아 시장에 가서 필요한 물품을 사는 것을 표현

함자례 : 賣

賣 팔 매	『팔다, 속이다 등』의 뜻을 가진다.

	금 문	전 문	

(金) 흥정할 물건을 보고 ⬚ 상대방이 제시하는 가격을 ⬚ 고려하여 이윤을 생각한 뒤 ⬚ 파는 것을 표현
(篆) 상인이 그물 망태기에 ⬚ 돈이 될만한 물건을 ⬚ 미리 사들여 놓았던 것을 시의적절한 때 적정 이윤을 붙여 다시 내다 ⬚ 파는 것을 표현

함자례 : 讀, 瀆, 牘, 犢, 贖, 匵, 櫝, 竇, 續, 贖, 黷, 覿

呆 어리석 을 매	『어리석다, 미련하다』의 뜻을 가진다.

	갑골문	금문	소전

아직은 지능이 낮은 어린아이로 ⬚ 보호자가 두 손으로 ⬚ 보듬고 돌볼 정도로 어리석음을 표현

함자례 : 保

麥 보리 맥	『보리, 귀리 등』의 뜻을 가진다.			
		갑골문	금 문	소 전

식물의 포기가 🌾 걸어오는 ◁ 모양으로 타지에서 전래인이 가지고 들어온 곡식이 보리임을 표현

함자례(含字例) : 麩, 麵, 麴, 麰

脈 줄기 맥	『줄기, 맥, 맥박, 혈관 등』의 뜻을 가진다.	
		전 문

온몸에 🖐 수많은 갈래로 나누어져 분포하는 조직 체계로〰 혈액을 흐르게 하여 순환이 되게 하는 혈관 줄기를 표현

함자례 : 𩩲

孟 맏 맹	『맏이, 처음, 맹자 등』의 뜻을 가진다.			
		금 문		소 전

(金) 처음 낳은 아이를 👶 욕조통에 🛁 몸을 씻겨 장수를 기원하는 것을 표현
(인) 자식 중에서 제사 그릇을 🍽 물려받을 수 있는 자식이 👶 맏이임을 표현

함자례 : 猛

黽 맹꽁이 맹	『맹꽁이, 힘쓰다 등』의 뜻을 가진다.			
		갑골문	금 문	소 전

불거진 눈과 불룩한 배를 가진 맹꽁이를 위에서 본 모양을 표현

함자례 : 鼇, 繩, 蠅, 鼈, 鼃, 鼉, 鼂

冖 덮을 멱	『덮다, 덮어 가리다 등』의 뜻을 가진다.

		소 전
		⌒

천이나 거적 또는 뚜껑과 같은 것으로 물체의 위를 덮는 冂 모양을 표현

함자례(含字例) : 冠, 冗, 冡, 冪

糸 가는 실 멱 실 사	『가는 실, 실, 적다, 명주실 등』의 뜻을 가진다.

갑 골 문		금 문	전 문	
𢆶	𢆶	𢆶	𢆶	𢆶

다섯 가닥의 명주실을 합사하여 잣아서 𢆶 가는 실을 뽑음을 표현

다른 자와 결합시 '실, 끈, 천, 묶다, 잇다'의 뜻을 가지며, '糸'이 변(邊)으로 들어간 자는 원색(原色: 靑·赤·黃·白·
黑)을 제외한 색깔로 간색(間色 : 原色 중에 둘 이상의 색을 섞어 낸 색 - 縡, 綠, 紫, 鉄, 紅 등)을 나타낸다.

함자례 : 系, 繫, 綦, 緊, 累, 綠, 練, 縷, 彙, 彙, 綾, 紊, 繁, 絲, 索, 絮, 素, 孫, 縊, 繽, 縈, 紐, 紫, 緯,
縶, 篡, 桼, 總, 級, 縣, 絜

宀 집 면	『집 등』의 뜻을 가진다.

갑 골 문			금 문	소 전
∩	⇑	⇑	–	⋂

집의 구성요소인 용마름을 얹은 지붕과 ∧ 벽체의 Ⅱ 모양을 표현

  주로 사람이 기거하는 집을 나타낸다.

함자례 : 家, 客, 寡, 官, 寬, 宏, 寇, 宄, 宮, 寄, 牢, 寥, 寮, 寞, 寐, 宓, 富, 賓, 寫, 宣, 宬, 宵, 宋, 守,
寔, 宸, 實, 室, 審, 安, 宴, 窟, 完, 宛, 宂, 宇, 寓, 冤, 宥, 宜, 字, 宰, 灾, 宁, 寂, 定, 宗 ......

面 낯 면	『낯, 얼굴, 앞, 겉, 탈, 표정, 밀가루 등』의 뜻을 가진다.

갑골문	금 문	소 전
◉	–	𦣻

(甲) 눈을 ◉ 중심으로 하여 머리 전체의 윤곽을 나타내는 선으로 ▱ 낯을 표현
(篆) 머리부에 ◒ 있는 둥그런 얼굴 형상을 ▱ 강조하여 낯을 표현

함자례 : 麵, 緬, 湎, 靦

'ㅁ'

免 면할 면	『면하다, 허가하다, 벗다, 해직하다, 힘쓰다, 해산하다, 아이를 낳다 등』의 뜻을 가진다.

	갑골문	금문	소전
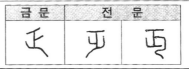			

(甲) 관직에 나아가 관을 쓰고 있던 관리가 ⼋ 관을 ⌒ 벗는 모양으로 맡았던 직위에서 해직되어 물러남으로 인해 그 직을 면함을 표현

(篆) 여인이 ⼋ 자궁 ⌒ 산도를 통해서 ⼋ 이미 아이를 낳은 상태로 아이가 뱃속을 벗어났으므로 산고(産苦)를 면하였음을 표현

함자례(含字例) : 晚, 娩, 挽, 輓, 浼, 勉, 俛, 冕

丏 가릴 면	『가리다, 보이지 아니하다, 토담』의 뜻을 가진다.

	금문	전문
	𠂒	丏

똑바로 ─ 걸어가지 못하고 토담길을 따라 굽이져 ∟ 돌아가니 한 쪽 면이 가리어 보이지 않음을 표현

함자례 : 眄, 沔, 麪

𦥻 보이지 않을 면	『보이지 않다』의 뜻을 가진다.

	금문	소전
	𦥻	𦥻

형률에 따라 코를 ⼋ 베는 의형(劓刑)을 받아야 할 죄인을 황량하고 먼 외진 변방의 땅으로 ⼋ 유배를 보내 버리니 ⼃ 보이지 않음을 표현(= 𦥻)

함자례 : 邊

灭 꺼질 멸	『꺼지다, 끄다, 멸하다, 없어지다 등』의 뜻을 가진다.

	소전
	─

'滅(꺼질 멸)'의 간체자로, 불이 붙지 않는 물질로 불을 ⽕ 덮거나 눌러서 ─ 완전히 꺼지게 함을 표현

함자례 : 威

132

威 꺼질 **멸**	『꺼지다, 멸하다, 없어지다, 다하다, 죽다 등』의 뜻을 가진다.

	금 문	소 전
	威 滅	滅

홍수나 ﹏ 화재와 ﹏ 같은 천재지변과 전란과 ﹏ 같은 인재는 생명을 집단적으로 파괴하여 소멸시킴을 표현
'滅'은 물(﹏) + 불(火) + 고병기(﹏)가 합쳐서 된 자로, 이 세 가지는 파괴와 소멸의 힘을 의미하는 것으로
거기서 '꺼지다, 사라지다' 등의 파생된 뜻을 가진 것이라 한다.

함자례(含字例) : 滅

蔑 업신여 길 **멸**	『업신여기다, 모독하다, 더럽히다 등』의 뜻을 가진다.

갑 골 문		금 문		소 전
蔑 蔑		蔑 蔑		蔑

적국에서 잡혀 온 포로들을 수자리서는 병사들이 ﹏ 두 눈을 부릅뜨고 ﹏ 멸시하며 핍박하는 행위를 하는
것에서 업신여김을 표현

함자례 : 襪, 幭

皿 그릇 **명**	『그릇, 접시 등』의 뜻을 가진다.

갑 골 문		금 문		소 전
皿 皿		皿 皿		皿

위가 넓고 굽이 낮은 그릇의 ﹏ 모양을 표현

함자례 : 監, 蠱, 鹽, 盥, 簋, 盜, 盧, 孟, 盟, 盤, 盆, 盃, 盛, 盎, 鹽, 盈, 盅, 盌, 盂, 盒, 盡, 盍, 盒, 蓋

冥 어두울 **명**	『어둡다, 어리석다, 아득하다, 저승 등』의 뜻을 가진다.

갑골문	금 문	소 전
冥	冥	冥

(甲) 두 손으로﹏ 천을 잡고 햇빛이 들어오는 창문에 ﹏ 장막을 쳐서 가리니 ﹏ 실내에 빛이 완전 차단
되어 생기는 어둠을 표현
'두 손(﹏)'이 금문에서는 '사람(﹏)'으로 바뀌었고. 다시 소전에 와서는 '여닫이문(﹏)'으로 형태가 바뀌었다.

(인) 자연 현상의 해석으로 해가 ﹏ 땅의 머리를﹏ 가르고 ﹏ 지니 어둠이 내려 덮이어 ﹏ 어두워짐을 표현

함자례 : 溟, 暝, 螟, 暝, 冪

明 밝을 명	『밝다, 날새다, 나타나다, 똑똑하다 등』의 뜻을 가진다.

1) 달이 ◖ 지고 해가 ☉ 뜨니 밝아짐을 표현
2) 천막집의 통기 구멍인 천창 또는 집의 창문을 ▦ 통하여 들어오는 밝은 달빛을 ◑ 보고 밝음을 표현

함자례(含字例) : 盟, 萌

名 이름 명	『이름, 평판, 명분, 이름나다 등』의 뜻을 가진다.

해가 지고 저녁이 되어 ♪ 어두워지면 앞이 보이질 않아 누군가를 향해 말로 ㅂ 상대를 호칭하여 부르듯이
그렇게 부르는 것이 이름임을 표현

함자례 : 銘, 茗, 酩

命 목숨 명	『목숨, 운수, 명령, 천성, 규칙 등』의 뜻을 가진다.

관청(궁궐)에서 ◠ 관리(임금)가 부복한 부하에게 ♭ 직무에 대한 명령을 ㅂ 내리는 것을 표현
　관청(궁궐)에서 ◠ 꿇어앉은 사람의 ♭ 목숨이 관리(임금)의 말 ㅂ 한마디에 달려있다 해서 '목숨'의
　뜻을 가졌다고 한다.

함자례 : 榆

毛 터럭 모	『터럭, 털, 가늘다 등』의 뜻을 가진다.

머리(또는 특정 살갗) 부위에 ● 길게 자라나 있는 ⚘ 터럭을 표현
　신체 중 몸통 부분의 표기를 생략한 자형(字形)으로 머리 부위에 길게 자라난 털로 '터럭'을 나타내었다.

함자례 : 毬, 耗, 芼, 耄, 眊, 毳, 尾, 毵, 氈, 毳, 毫, 麾

矛 창 모	『창, 세모창 등』의 뜻을 가진다.		
		금 문	소 전

찌를 수 있게 끝에 뾰족한 날이 있고 ⌒ 긴 자루에 ｜ 잡기 쉽게 손잡이(고리)가 달린 ⊃ 창을 표현

함자례(含字例) : 矜, 茅, 蟊, 秋, 擊, 孜, 柔, 矞

冂 겹쳐서 덮을 모	『겹쳐서 덮다』의 뜻을 가진다.	
		소 전
		－

어떤 물체를 이중으로 冂 겹쳐서 덮는 것을 표현

함자례 : 冃

冃 쓰개 모	『쓰개, 복건』의 뜻을 가진다.				
	갑 골 문			금 문	소 전
				－	

머리에 쓰는 ⋂ 장식이 달린 ⋂⋂ 모자로 쓰개를 표현

함자례 : 冒, 冑, 勖, 冑

冒 무릅쓸 모	『무릅쓰다, 덮다, 가리다 등』의 뜻을 가진다.				
	갑 골 문			금 문	소 전

쓰개를 ⊟ 눈 부위까지 ⊖ 푹 눌러써서 무릅쓴 모습을 표현.
 즉 쓰개를 내려 눈을 가리듯 눈으로 위험을 보지 않으면 세상의 어떤 일도 '무릅쓸 수 있다'는 뜻이 이에 파생되었다고 한다.

함자례 : 帽, 瑁, 勖

某	『아무, 어떤, 어느, 아무개, 매화 등』의 뜻을 가진다.

	금 문		전 문	
某	某	某	榤	某

시고 달콤한 맛이 나는 ▽ 열매가 열리는 나무로 ✳ 매화를 표현

원래 뜻은 매화나무이나, 그 열매인 매실을 먹을 때 맛이 어떤지의 물음에서 '어떤'의 뜻을 가지게 되었고, 나중에 그 의미가 확대되어 '불확정적인 때나 장소, 사람, 물건'을 나타내는 것이 되었다고 한다. - 아무모

(원뜻) 매화 매 → (바뀐 뜻) 아무 모 → (대체字로) 梅(임산부들이 좋아하는 신맛이 나는 나무의 과일) 매화 매

함자례(含字例) : 媒, 煤, 楳, 謀

皃	『모양, 얼굴』의 뜻을 가진다.
모양 모	

갑골문	금 문	소 전
皃	皃	皃

사람이 ⟩ 가면을 쓰고 있는 모습에 ▽ 주안점을 두어 얼굴인 모양으로 표현

함자례 : 貌, 兜

貌	『모양, 얼굴, 안면, 자태』의 뜻을 가진다.
모양 모	

전 문	
貌	貌

사나운 맹수의 ⟩ 가면을 ▽ 쓰고 있는 사람의 ⟩ 안면을 특징화해서 얼굴의 형상인 모양으로 표현

함자례 : 邈, 藐

牟	『소 우는 소리, 보리 등』의 뜻을 가진다.
소 우는 소리 모	

갑골문	금 문	소 전
牟	牟	牟

소가 ꙭ 입을 ▽ 통해 소리내어 욺을 표현

함자례 : 眸, 麰

母 어미 모	『어머니, 유모, 근본 등』의 뜻을 가진다.			
		갑골문	금문	소전
		母	母	母

여인의 母 가슴을 ∧ 나타낸 것으로 성숙한 여성인 어머니를 표현

함자례(含字例) : 每, 苺, 姆, 拇

目 눈 목	『눈, 눈빛, 견해, 안목, 제목, 목록 등』의 뜻을 가진다.			
		갑골문	금문	소전
		目	目	目	目

사람의 눈目 모양을 세워서 표현

함자례 : 瞼, 見, 瞽, 睠, 瞎, 睹, 督, 瞭, 瞞, 盲, 眠, 昒, 瞑, 冒, 睟, 睦, 眇, 眉, 盼, 瞥, 相, 眚, 省, 睡, 睢, 睟, 瞬, 盾, 眼, 盱, 睛, 眺, 瞋, 着, 睫, 眈, 眩, 覡, 睆

木 나무 목	『나무, 목재 등』의 뜻을 가진다.			
		갑골문	금문	소전
		木	木	木

나무의 뿌리와 가지의 木 모양을 표현
다른 자와 결합시 '사람'의 의미로도 쓰인다.(예: 困, 呆, 親)

함자례 : 架, 柯, 束, 杆, 桿, 柑, 槪, 渠, 杰, 桀, 檢, 格, 橄, 梗, 械, 桂, 枯, 槁, 楛, 困, 棍, 果, 櫸, 棺, 槐, 校, 橘, 構, 權, 櫃, 橘, 机, 極, 根, 槿, 機, 棋, 杞, 柰, 橈, 杻, 檀, 棠, 桃, 棹, 棟, 桐......

嫠 잔무늬 목	『잔무늬』의 뜻을 가진다.		
		금문	소전
		嫠	嫠

샘에서 물이 ﻟ 졸졸 흘러나와 ∧ 고요한 연못에 잔무늬의 물결을 彡 이룸을 표현

함자례 : 穆

沐 머리감을 목	『머리를 감다, 씻다』의 뜻을 가진다.

	갑골문		금 문	소 전
	米	米	沐	沐

비가 ⠿ 내려 나뭇잎을 ⚹ 깨끗이 씻어주는 것처럼 물을 머리에 끼얹어 머리를 감는 것을 표현
옛사람들은 물에 몸을 담그는 것을 '욕(浴)'이라 했고, 머리를 감는 걸 '목(沐)', 샤워하는 걸 '조(澡)'라 칭했다
한다.

함자례(舍字例) : 霂

㞎 빠질 몰	『빠지다』의 뜻을 가진다.

	금 문	소 전
	𠬛	𠬛

손으로 ⠌ 잡아 당기는 것과 같이 소용돌이 속으로 ◎ 빨려 들어가 빠짐을 표현(= 𠬛)

함자례 : 沒, 歿

冢 덮어쓸 몽	『덮어쓰다, 어둡다, 무덤 등』의 뜻을 가진다.

	갑골문	금 문	소 전
	冢	-	冢

(甲) 생포하여 잡은 야생 조수를 🐦 집에서 사육하기 위해 처음 길들일 때는 천으로 눈을 가려 ⌐ 덮어서
낯선 환경에 차츰 적응하도록 한 것을 표현
(篆) 돼지 새끼의 🐖 습성으로 우리 안에 있을 때 자신을 숨기기 위해 지푸라기와 같은 검불을 ⌂ 두텁게
뒤집어쓰고 있는 모양을 표현

함자례 : 蒙

蒙 어두울 몽	『어둡다, 어리다, 어리석다, 무릅쓰다, 덮다 등』의 뜻을 가진다.

	갑골문	금 문	소 전
	冢	-	蒙

돼지 새끼의 습성으로 🐖 자기 몸을 숨기기 위해 검불 같은 건초더미를 ⠿ 뒤집어쓰고 ⌐ 있으니 어둡고
둔한 행동으로 사람들이 보기엔 어리석어 보임을 표현

함자례 : 朦, 矇, 濛, 幪, 饛

138

卯 토끼 묘	『토끼, 무성하다 등』의 뜻을 가진다.					
		갑 골 문		금 문		전 문
		𯂥	𯂥	𯂥	○○	𯂥	𯂥

양쪽으로 미닫는 한 쌍의 둥글게 생긴 문으로 𯂥 둥근 모양을 표현

　뜻이 가차되어 '넷째 地支, 토끼'의 뜻을 가진다.

다른 자와 결합시 '둥글게 생긴 모양' 또는 '사람이 마주한 모양'의 뜻을 가진다.

※ '알 란(卵)'자에서 '卯'의 자형이 '알의 둥근 모양'을 뜻하고 있음을 비추어 볼 때 '卯'자의 자원은 '둥근
　모양'을 나타내는 것으로 보인다.

함자례(合字例) : 卵, 聊, 柳, 昴, 茆

苗 싹 묘	『싹, 모, 곡식, 사냥 등』의 뜻을 가진다.
	소 전 苗

밭에 ⊞ 씨를 뿌려 싹이 艸 나 있는 모양을 표현

함자례 : 猫, 描, 貓, 錨

杳 아득할 묘	『아득하다, 어둡다, 멀다 등』의 뜻을 가진다.
	금 문 　소 전 杳 　 杳

해가 日 저 멀리 나무숲 ✳ 밑으로 지니 그때에 보여지는 정경(情景)이 아득하게 보임을 표현

함자례 : 杳

眇 애꾸눈 묘	『애꾸눈, 희미하다 등』의 뜻을 가진다.
	소 전 

한 쪽 눈이 目 실명(失明)되어서 작게 𝄜 감겨져 있는 애꾸눈을 표현

함자례 : 渺

毋 말 무	『말다, 없다, 아니다 등』의 뜻을 가진다.

	갑골문	금 문	소 전
	母	母	毋

성숙한 남의 여인은 母 함부로 가까이하여 범하지 말라는― 금지의 뜻을 표현

부계사회 출현으로 일부일처제가 보편화되면서 스스로 지켜야 할 풍속 규범을 나타낸 글자로 보고 있다.

함자례(含字例) : 毒, 毎, 苺, 母, 姆, 拇

巫 무당 무	『무당, 무녀, 망령되다 등』의 뜻을 가진다.

	갑골문	금 문	소 전
	巫	十	十	巫

(甲) 옛날 주술사인 무당(샤먼)이 신과 직접 소통을 하는 의식을 치룰 때 사용하던 도구인 巫 방울을 표현

주술 의식을 할 때 사용하는 상징적 도구인 방울로써 '무당'을 나타내었다.

(篆) 하늘과 ⌐ 땅을 ⌐ 연결하여 ㅣ 신과 통하는 사람이 ⟨⟩ 무당임을 표현

함자례 : 靈, 誣, 覡, 筮

楙 무성할 무	『무성하다, 아름답다 힘쓰다 등』의 뜻을 가진다.

	갑골문	금 문	전 문
	楙	楙	楙	楙

숲속의 창, 즉 울창한 숲속에서 林 창자루에 줄을 매달아 사냥감을 향해 던지는 창으로 ⊥ 사냥함을 표현

창을 맞고 도망가는 짐승을 줄을 따라가서 찾아야 하는 울창한 수풀인 점에서 '무성하다'로 바뀐 뜻을 가진다.

함자례 : 懋, 楳

戊 천간 무	『천간, 무성하다, 우거지다 등』의 뜻을 가진다.

	갑 골 문	금 문	소 전
	戊	戊	戊	戊	戊

긴 손잡이 끝의 측방으로 오목한 반월형의 도끼날이 ⌐ 달린 병장기로 戊 창을 표현

뜻이 가차되어 '다섯째 천간'의 뜻을 가지며, 수많은 창을 세우고 있는 모습이 수림(樹林)이 무성하게 우거진

것처럼 보인다 해서 '무성하다'의 뜻이 생긴 것으로 추정된다.

함자례 : 威, 茂, 成, 戌, 戉, 戚

武 호반 무	『호반, 굳세다, 무인, 병장기 등』의 뜻을 가진다.			
		갑골문	금 문	소 전
		𣥂	𣥂	武

창을 ⚔ 들고 싸우려 나가는 ㄴ 호반 무사의 굳세고 위풍당당한 모습을 표현

　※ 관복의 흉배에 수놓은 문양으로 범(虎)은 무관, 학(鶴)은 문관을 뜻함에서 무관(武官)의 반열을 '호반(虎班)'이라
　　한다.

함자례(含字例) : 斌, 鵡, 賦, 斌

孜 힘쓸 무	『힘쓰다, 권면하다』의 뜻을 가진다.	
		소 전
		孜

전장터에서 창검을 들고 ♪ 있는 힘을 다해 ♪ 적과 맞서 싸움을 표현

함자례 : 務, 霧

務 힘쓸 무	『힘쓰다, 권면하다, 일, 직무 등』의 뜻을 가진다.			
		금 문		소 전
		𢦔	𢿉	務

전장터에서 병장기를 ♪ 휘두르며 적과 싸울 때는 ♪ 죽을 힘을 ♪ 다해 힘써 싸움을 표현

함자례 : 霧

无 없을 무	『없다, 아니다, 말다, 하지 않다 등』의 뜻을 가진다.	
		소 전
		无

머리가 완전히 벗겨진 우뚝한 ♪ 대머리로 ㅜ 머리카락이 없음을 표현
　그래서 '없다'의 뜻을 가지며, '無'의 略字이기도 하다.

함자례 : 抚, 芜

無 없을 무	『없다, 아니다, 말다, 하지 않다 등』의 뜻을 가진다.

	갑 골 문		금 문	소 전
	林	森	森	森

무녀(巫女)가 ⼤ 굿을 할 때 쓰는 소품인 수술(천)을 길게 늘어뜨리고 ⼘ 춤추는 모습을 표현

   신 내린 무녀는 자기의 의지와는 관계없이 무아의 경지에서 춤을 추니 그 순간 자아가 없는 상태가 되므로 '없다'의 뜻을 가진다고 한다.

   (원뜻) 춤출 무 → (바뀐 뜻) 없을 무 → (대체자로) 舞 춤출 무

함자례(含字例) : 撫, 憮, 蕪, 膴, 廡

舞 춤출 무	『춤추다, 뛰어다니다』의 뜻을 가진다.

	갑 골 문			금 문	소 전
	林	森	杰	森	舞

굿을 할 때 무녀가 발을 엇갈리게 ⼞ 움직이면서 수술을 들고 ⼤ 모두뛰며 춤추는 것을 표현

함자례 : 儛

苗 이랑 무	『이랑』의 뜻을 가진다.

	금 문		전 문
	畴	畴	畴

예로부터 변함없이 여인이 자식을 생산하듯 오곡을 생산하여 ⼈ 백성을 먹여 살려온 논밭으로 ⽥ 이랑을 표현

   '苗'는 '畝(무)'를 간자(簡字)로 표기한 것이며, 토지의 면적 단위를 나타낸 것으로 1무는 약 667㎡이다.

함자례 : 畝

墨 먹 묵	『먹, 그을음, 먹줄 등』의 뜻을 가진다.

	금 문	소 전
	墨	墨

검은 그을음을 ⿊ 아교 녹인 물에 진흙처럼 ⼟ 반죽하여 굳혀서 만든 것이 먹임을 표현

함자례 : 纆

文 글월 문	『글월, 문장, 글, 무늬, 문양, 문서, 서적, 학문, 법도 등』의 뜻을 가진다.		
	갑골문	금 문	소 전

사람의 가슴 부위에 문신을 새겨 놓은 ☆ 모양을 표현

  뒤에 글자로 문신을 새기게 되어 '글월'이라는 뜻을 가지게 되었다.

다른 자와 결합시 '글, 무늬, 문양'의 뜻을 가진다.

함자례(含字例) : 虔, 吝, 紋, 汶, 紊, 蚊, 雯, 炆, 旼, 旻, 玟, 閔, 忞, 斐

門 문 문	『문, 집안, 문벌, 방법 등』의 뜻을 가진다.		
	갑골문	금 문	소 전

집으로 들어가는 한 쌍으로 된 큰 대문의 門 모양을 표현

※ 사람의 신체 기관과 관련이 있는 자가 '門'자 안에 있으면 '안에 있는 자'가 부수이고(예: 問, 聞, 悶, 闇), 그 외의 자는 대개 '門'자가 부수이다(예: 開, 間, 閃, 閉 등).

함자례 : 閣, 間, 閘, 開, 關, 闢, 闕, 閨, 闡, 闌, 闇, 闔, 閭, 闐, 聞, 問, 閔, 悶, 閥, 閣, 閃, 闇, 闃, 閶,
闕, 閡, 閤, 闡, 閏, 闇, 闒, 闌, 闡, 闒, 閉, 閑, 開, 闔, 閣, 闊

勿 말 물	『말다, 아니다, 없다 등』의 뜻을 가진다.		
	갑 골 문	금 문	소 전

칼로 勿 베거나 활을 勿 쏘아 사람의 몸에서 피가 튀겨 흐르는 勿 것을 표현

  사람을 부복(俯伏)하게 한 뒤 합당한 이유없이 함부로 칼질을 하거나 활을 쏘아 사람의 목숨을 해치는 일은 결코 있어서는 아니 되니 그렇게 '하지 말라'는 금지의 의미로 그 뜻이 전의되었다.

다른 자와 결합시 '머리를 숙여 엎드림'의 뜻을 가지는 것으로 풀이되기도 한다. (예: 吻, 刎, 笏)

함자례 : 吻, 刎, 物, 汤, 忽, 笏

未 아닐 미	『아니다, 아직 ~하지 못하다 등』의 뜻을 가진다.		
	갑골문	금 문	소 전

한창 자라는 나무로 未 가지 끝의 여린 싹이 未 아직 완전히 다 자라나지 않음을 나타내어 아직은 아님을 표현

함자례 : 妹, 昧, 沬, 味

美 아름다울 미	『아름답다, 맛있다, 좋다 등』의 뜻을 가진다.

	갑 골 문			금 문	소 전

깃털과 꽃으로 장식한 화관을 ∽ 머리에 쓴 사람의 ⼤ 모습이 화려하고 눈부시게 아름다움을 표현

함자례(含字例) : 羹, 渼

米 쌀 미	『쌀 등』의 뜻을 가진다.

	갑골문	금 문	소 전

탈각(脫殼)한 벼 낟알을 ⫶⫶⫶ 막대로 ― 펼쳐 멍석에 느는 모양으로 쌀을 표현

※ 낟알이 줄기에 달려 있는 곡식을 통칭해서 '禾(화)'라 하고, 줄기에서 낟알이 분리된 상태로 아직 껍질에 싸여있는 곡식을 '粟(속)'이라 하며, 그 껍질이 탈피된 낟알의 곡식을 '米(미)'라 한다.

함자례 : 糠, 粳, 糅, 氣, 糖, 糧, 料, 粒, 糢, 迷, 糜, 糜, 敉, 粕, 粉, 糞, 秕, 粟, 粹, 屎, 粮, 粲, 粧, 粘, 精, 粗, 糟, 粥, 粲

迷 미혹할 미	『미혹하다, 헤매다, 유혹하다, 혼미하다 등』의 뜻을 가진다.

	금 문	소 전

1) 행인이 여러 갈래로 난 갈림길에서 ⼻ 어느 방향의 길로 米 가야 할지 ⌐ 모르고 헤매는 데서 미혹함을 표현
2) 쌀을 쏟아 낟알이 米 굴러 흩어져버린 ⼻ 것처럼 정신이 흩어져 혼미하게 된 상태를 미혹함으로 표현

함자례 : 謎

罙 무릅쓸 미 깊을 심	『무릅쓰다, 깊이 들어가다, 깊다』의 뜻을 가진다.

	금 문	소 전

깊은 동굴 속으로 ⼧ 들어가 흘러나오는 물길을 ⽔ 따라 양 벽을 더듬으며 ⼃ 위험을 무릅쓰고 깊이 들어가면서 탐색함을 표현

함자례 : 深, 琛, 探

144

散 작을 미	『작다, 자질구레하다』의 뜻을 가진다.

	갑골문	금문	소전

긴 머리 차림을 한 사람(노인)을 붙잡아 놓고 어떤 사실에 대해 숨기고 있거나 어렴풋이 알고 있는 작고
자질구레한 내용까지 들추어서 추궁하는 것을 표현(= 微)

함자례(含字例) : 微, 嫩

微 작을 미	『작다, 정교하다, 없다, 어렴풋하다, 숨기다, 쇠하다, 아니다, 몰래 등』의 뜻을 가진다.

	갑골문	금 문	소전

길을 가고 있는 긴 머리 차림을 한 사람(노인)을 붙잡아 놓고 어떤 사실에 대해 숨기고 있거나 어렴풋이
알고 있는 작고 정교한 부분까지 들추어내어 추궁하는 것을 표현

함자례 : 薇

尾 꼬리 미	『꼬리, 끝, 뒤 등』의 뜻을 가진다.

	갑골문	금문	소전

사람의 요추(腰椎) 밑 엉덩이에 털이 나 있는 부위와 같은 곳으로 동물의 경우 요추 끝에 돌출되어
있고 털이 나 있는 기관인 꼬리를 표현

함자례 : 梶

眉 눈썹 미	『눈썹』의 뜻을 가진다.

	갑 골 문			금 문		소 전

눈 위에 일자형으로 털이 나 있는 눈썹의 모양을 표현

함자례 : 媚, 湄, 捆, 嵋, 郿

彌 두루 미	『두루, 장식, 오래다, 가득 차다, 꿰매다, 미륵』의 뜻을 가진다.

	금 문	소 전
	彌 彌	彌

일제히 발사할 수 있는 쎠렛발처럼 생긴 활대에 ⻌ 촘촘히 메겨져 있는 화살로  모든 전위(箭位)가 두루
가득 차 있음을 표현

함자례(含字例) : 彌

民 백성 민	『백성, 사람 등』의 뜻을 가진다.

	갑 골 문		금 문		소 전
	民	民	民	民	民

노동력을 확보하기 위해 전쟁의 포로나 노예의 눈을 ⯰ 뾰족한 꼬챙이로 十 찔러 한쪽 눈을 잃게 하여
도망가지 못하게 한 것을 표현
관료적인 생각에서 이런 사람을 무지몽매한 '백성'으로 뜻을 나타내었다.

함자례 : 岷, 眠, 珉, 泯, 岷, 敃

敃 강인할 민	『강인하다, 굳세다』의 뜻을 가진다.

	갑골문	금 문			소 전
	敃	敃	敃	敃	敃

백성들의 民 할일을 독려하고 한편으론 격려를 통해 의욕을 북돋워 주면서  나라의 근본이 되는 민초들을
강인하게 만듦을 표현

함자례 : 愍, 暋

敏 민첩할 민	『민첩하다, 재빠르다, 영리하다, 총명하다 등』의 뜻을 가진다.

	갑 골 문		금 문		소 전
	敏	敏	敏	敏	敏

태아를 보호하는 본능으로 임산부가 🀀 외부로부터 오는 신체적 접촉에 대해 ⯎ 무리없이 민첩하게 움직여
지켜내는 영리함을 표현

함자례 : 慜, 繁

旻 가을하늘 민	『가을하늘, 하늘』의 뜻을 가진다.

소 전

旻

햇볕을▱ 받은 구름이 가지각색의 아름다운 무늬를▤ 만들어 내는 때가 가을 하늘임을 표현

함자례(含字例) : 瑉, 緡

閔 가엽게 여길 민	『가엾게 여기다, 근심, 우환, 걱정하다, 성씨 등』의 뜻을 가진다.

소 전

閔

상가집 대문에▯ 조문객들이 제문 또는 고인의 죽음을 슬퍼하는 대련(對聯)을 붙여▱ 애도의 뜻을 표함을 표현
초상이 났으므로 죽은 이를 가엾게 여겨 조문을 하고 상사(喪事)의 일을 같이 걱정하며 아울러 상주를 위로
한다는 뜻을 나타내었다.
　(원뜻) 가엾게(불쌍히) 여길 민 → (바뀐 뜻) 성씨 민 → (대체字로) 憫 불쌍히 여길 민

함자례 : 憫, 潣

悶 답답할 민	『답답하다, 어둡다, 번민하다, 민망하다 등』의 뜻을 가진다.

금 문	소 전
閔	悶

마음의▱ 문을▯ 닫고 소통을 하지 않고 있으니 답답하여 번민을 하게 됨을 표현

함자례 : 燜

宓 솔 밀	『솔』의 뜻을 가진다.

소 전

宓

그릇을▱ 씻을 때는 반드시 있어야 하는▱ 도구로 솔을 표현

함자례 : 譕

宓	『잠잠하다, 편안하다, 몰래, 비밀히, 성씨』의 뜻을 가진다.					
잠잠할 **밀** 성씨 **복**		갑 골 문			금 문	소 전
					–	

창 등의 병장기를 ↙ 유형별로 분류해서 八 가득 쌓아 보관하고 있는 무기 창고를 宀 표현

  이런 무기고는 통상 사람들이 모르는 비밀스러운 곳에 두어 관리했고, 창고에 무기를 쌓아 보관한다는 것은 전쟁이 없는 상태로 '편안하고 잠잠한' 세상임을 나타내었다.

  또한 오래도록 무기고를 관리하는 일을 세습을 해서 수행함으로써 그 역할 자체가 한 가계를 대변하는 '성씨'로 통용되어 갖게 된 것으로 추정해 볼 수 있다. - 성씨 복

함자례(含字例) : 寍, 密, 蜜

' ㅂ '

몸을 씻는 부위에 따라

- 沐(머리 감을 목) : 옛사람들은 머리를 감는 걸 '沐'이라 하고

- 浴(목욕할 욕) : 몸을 물에 담가서 씻는 것을 '浴'이라 하며

- 澡(씻을 조) : 높은 곳에서 흘러내리는 물에 몸을 씻는 걸 '澡'라 했으며

- 盥(대야 관) : 손을 씻는 걸 '盥'이라 했다.

6. 『ㅂ』부

泊

배 댈 **박**
머무를 **박**

『머무르다, 배 대다, 묵다, 뒤섞이다, 여관 등』의 뜻을 가진다.

갑골문	금문	소전
泊	泊	泊

호수와 늪으로 이루어진 물결이 잔잔한 수역에 ⟨ 배를 ⊖ 대놓고 하룻밤을 묵기 위해 머무름을 표현

함자례(含字例) : 箔

班

나눌 **반**

『나누다, 헤어지다, 차례 등』의 뜻을 가진다.

금문	소전
玉刀玉	玉刀玉

칼로 ⟩ 옥을 珏 쪼개어 둘로 나누어 놓은 모습을 표현

함자례 : 癍

反

돌이킬
반

『돌이키다, 되돌아가다, 어기다, 반대하다, 뒤집다 등』의 뜻을 가진다.

갑골문	금문	전	문
反	反	反	反

넘어왔던 언덕바지 절벽 길을 厂 어떤 연유로 계속해 가는 것에 반대의 뜻을 밝히고 손으로 ⺕ 더위잡으며
왔던 길로 돌이켜 되돌아감을 표현
※ '反'은 내부적인 반대를 나타냄을 뜻하고, '返'은 외부적 요인에 의한 반대를 나타낸다.

함자례 : 飯, 返, 叛, 版, 板, 販, 阪, 坂, 鈑, 昄

半

반 **반**

『반, 절반, 반쪽을 내다 등』의 뜻을 가진다.

금문	소전
半	半

'牛'에 'ㅅ'이 더해진 자형으로, 소를 ⽜ 잡아 절반으로 잘라 나눈 八 것을 표현

함자례 : 伴, 叛, 畔, 絆, 拌, 胖, 泮, 袢, 判

般 일반 반	『일반, 가지, 돌다, 배회하다, 운반하다 등』의 뜻을 가진다.				
		갑골문		금 문	소전
		般	般	般	般	般

거룻배에 🜔 이것 저것 여러 가지 일반적인 물품을 싣고 양안(兩岸)의 나루터를 삿대질로 🜔 오가면서 실어
나르는 것을 표현

　(원뜻) 옮길 반 → (바뀐 뜻) 일반 반 →(대체자로) 搬 옮길 반

함자례(含字例) : 搬, 盤, 槃, 磐, 瘢, 鞶

夶 함께 갈 반	『함께 가다, 짝』의 뜻을 가진다.	
		소 전
		夶

사내가 🜔 동료와 🜔 짝을 하여 함께 길을 걸어감을 표현

함자례 : 辇, 替

犮 달릴 발	『달리다, 뽑다, 개가 달리는 모양』의 뜻을 가진다.	
		소 전
		犮

개가 🜔 발을 삐치면서 〳 급히 달리는 모양을 표현
　사냥용으로 잘 달리는 개를 가려서 뽑기 위해 취하는 행동을 나타낸 것이라 한다.

함자례 : 拔, 髮, 跋, 魃, 茇, 軷, 馺, 紱

癶 등질 발	『등지다, 걷다, 가다 등』의 뜻을 가진다.			
		갑골문	금 문	소 전
		癶	癶	癶

두 발을 좌우로 벌려 🜔 등지고 있거나 걸어가는 모양을 표현
다른 자와 결합시 '걷다, 나아가다'의 의미를 가진다.

함자례 : 登, 發

發	『피다, 쏘다, 가다, 일어나다, 보내다, 나타나다 등』의 뜻을 가진다.		
필 발	갑골문	금 문	소 전

(甲) 달아나는 적을 향해 화살을 쏘는 모습을 표현

(篆) 화살을 쏘고 창을 휘두르며 적진을 향해 걸어나아가 공격을 행함(피움)을 표현

함자례(含字例) : 撥, 潑, 醱, 廢

勃	『우쩍 일어나다, 노하다, 갑작스럽다, 성하다 등』의 뜻을 가진다.		
우쩍 일어날 발	갑골문	금 문	소 전

어린아이가 초목의 새싹과도 같이 폭발적으로 왕성하게 자라는 것처럼 순간적으로 힘을 써 우쩍 일어남을 표현

함자례 : 渤

方	『모, 방향, 나라, 장소, 방법, 처방 등』의 뜻을 가진다.		
모 방	갑 골 문	금 문	소 전

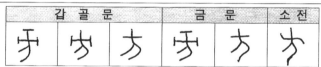

죄인의 목에 사각으로 된 칼을 씌우고 이마에 자자(刺字)를 해서 특정지역으로 유배를 보내는데 이때 목에 쓰는 칼이 모(사각)가 난 것을 표현

유배는 사방으로 어디든 보낼 수 있으므로 다른 자와 결합시 '사방'의 뜻을 가진다.

함자례 : 放 防, 房, 紡, 訪, 妨, 芳, 肪, 昉, 坊, 彷, 舫, 旁, 枋, 雱, 於

旁	『곁, 옆, 두루, 널리 등』의 뜻을 가진다.		
곁 방	갑골문	금문	전 문

(甲) 죄를 범한 죄인이 칼을 쓰고 황량한 변경지역에 먼저 유배를 가 있는 사람의 곁으로 유배를 가니 이 소문이 세상에 두루 알려지게 됨을 표현

(인) 사방의 곁에 사람들이 빙둘러 서 있음을 표현

함자례 : 傍, 榜, 謗, 膀, 滂, 磅, 蒡

房 방 방	『방, 거실, 집 등』의 뜻을 가진다.

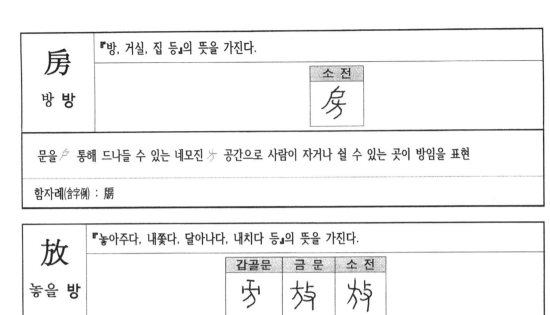

문을 ∫ 통해 드나들 수 있는 네모진 ⼾ 공간으로 사람이 자거나 쉴 수 있는 곳이 방임을 표현

함자례(含字例) : 牓

放 놓을 방	『놓아주다, 내쫓다, 달아나다, 내치다 등』의 뜻을 가진다.

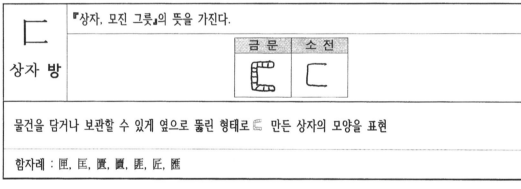

귀양가 있는 죄인을 ⼖ 방면하라는 명에 따라 유배지에서 풀어 ⼡ 놓아줌을 표현
　이와는 반대로 손에 형기(刑器)를 들고 ⼡ 죄인을 ⼖ 귀양지인 유배지로 쫓아 '내친다'는 뜻도 아울러 가지고
있다.

함자례 : 倣

匚 상자 방	『상자, 모진 그릇』의 뜻을 가진다.

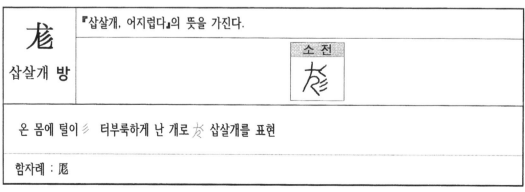

물건을 담거나 보관할 수 있게 옆으로 뚫린 형태로 ⼖ 만든 상자의 모양을 표현

함자례 : 匣, 匡, 匵, 匱, 匪, 匠, 匯

尨 삽살개 방	『삽살개, 어지럽다』의 뜻을 가진다.

온 몸에 털이 ⼃ 터부룩하게 난 개로 ⼖ 삽살개를 표현

함자례 : 厖

邦 나라 방	『나라, 봉토, 천하 등』의 뜻을 가진다.			
		갑골문	금문	소전

봉지의 사방에 ⊞ 초목을 심어 ⟁ 영지의 경계를 표시한 제후국으로 군사와 경제적으로 독립한 나라를 표현

함자례(含字例) : 帮

拜 절 배	『절, 절하다, 굽히다, 공경하다 등』의 뜻을 가진다.				
		금 문		전 문	

곡물(보리)을 ⟁ 수확할 수 있음에 신에게 감사와 공경의 마음으로 손을 모우고 ⟁ 몸을 굽혀(무릎을 꿇어) 예를
표하는 행위로 절을 표현

함자례 : 湃

背 등 배	『등, 뒤』의 뜻을 가진다.			
		갑골문	금문	전 문

두 사람이 뒤쪽을 서로 맞대어 ⟁ 등질 수 있는 신체 부위가 ⟁ 등임을 표현

함자례 : 褙

白 흰 백 아뢸 백	『희다, 깨끗하다, 명백하다, 빛나다, 아뢰다, 배 등』의 뜻을 가진다.				
		갑 골 문		금문	소전

1) 새로 쪄내어서 밥그릇에 담아놓은 쌀밥이 ⟁ 고소한 향기를 내며 눈처럼 하얗게 빛이 남을 표현
  끼니때가 되어 상에 차려진 밥을 먹으려 오라고 다른 일에 열중하고 있는 식구인 사람에게 가서 알리는
  데서 '아뢰다' 뜻이 생겨난 것으로 추정한다.

2) 다른 의미의 뜻으로 작은 거룻배 모양을 ⟁ 표현 - 배 박 (예: 拍, 泊, 迫, 舶)

다른 자와 결합시 '희다, 깨끗하다, 알리다, 배, 밥그릇, 누에고치, 새집, 해 뜨는 모양 등'의 뜻을 가진다.

함자례 : 皆, 珀, 粕, 伯, 魄, 柏, 帛, 的, 怕, 皓

百	\『일백, 여러, 모두, 온갖 등』의 뜻을 가진다.

	갑 골 문					금 문	소 전
일백 **백**							

혀와 △ 입으로 ∪ 쉬지 않고 계속해서 ― 말을 많이 하는 것으로 일백을 표현

※ 다른 설로는 황주(黃酒)의 양조 과정으로 단지에 ∪ 담근 한 알의 쌀알에서 △ 한 방울의 술이 나오기까지

밀봉의 상태로 ― 100일이 걸리는 데서 '일백'의 뜻을 가진다고 한다.

다른 자와 결합시 '여러, 온갖, 모두, 많다'의 뜻을 가진다.

함자례(含字例) : 貊, 陌, 佰, 栢, 奭, 弼

帛	\『비단, 명주, 폐백, 백서 등』의 뜻을 가진다.

	갑골문	금 문	소 전
비단 **백**			

흰색(무색)의 ◌ 명주나 비단 천을 ⼱ 표현

고대 상류사회에서는 이 비단을 서화(書畫)의 재료로 사용하였다.

함자례 : 錦, 綿, 棉, 幫

棥	\『울타리, 새장 등』의 뜻을 가진다.

	소 전
울타리 **번**	

나무와 ⽊ 나무를 ⽊ 얼기설기 엮어 ※ 만들어 쳐 놓은 울타리의 모습을 표현

함자례 : 樊, 燓

樊	\『울타리, 우리, 변두리, 에워싸다 등』의 뜻을 가진다.

	소 전
울타리 **번**	

나무와 ⽊ 나무를 ⽊ 튼튼하게 엮어서 ※ 방책으로 세워 놓은 ⼳ 울타리의 모습을 표현

함자례 : 攀, 礬

番 차례 **번**	『차례, 횟수, 울타리, 갈마들다 등』의 뜻을 가진다.

	갑골문	금 문		소 전
	米	米	番 番	番

(甲) 땅바닥에 짐승의 발자국이 米 차례대로 찍힌 것을 표현
(金) 밭에 자란 곡식을 먹으려 내려온 짐승의 발자국이 米 밭가에 田 차례대로 번갈아 남겨진 것을 표현

함자례(含字例) : 潘, 磻, 蟠, 蘨, 蕃, 翻, 嶓, 燔, 墦, 膰, 審, 播, 皤, 蟠

繁 번성할 **번**	『번성하다, 많다』의 뜻을 가진다.

	금 문	전 문	

출산한 ㄆ 아이의 수를 새끼줄에 ㄠ 매듭을 지어 기록하는 ㄣ 것으로 아이를 많이 낳아 기르므로 집안과
나라가 번성함을 표현

함자례 : 蘩

伐 칠 **벌**	『치다, 베다, 찌르다, 자랑하다 등』의 뜻을 가진다.

	갑골문	금 문	소 전
	扜	戕	伐

사람의 목을 ╗ 겨냥해 창칼로 ┇ 쳐서 벰을 표현

함자례 : 筏, 閥, 茷

凡 무릇 **범**	『무릇, 모두, 전부, 보통, 대개, 평범하다 등』의 뜻을 가진다.

	갑골문	금 문	소 전
	廾	廾	凡

돛의 廾 모양으로, 가장자리인 테두리와 ㄣ 바람이 와 닿는 ㅡ 것을 나타내어 돛을 표현
  옛적의 배는 돛이 바람을 받아 바람의 힘에 의해 가는 것이 무릇 일반적인 운항 방법인 데서 '무릇(대체로 생각해
보아)'의 뜻이 생겨났다.
  (원뜻) 돛 범 → (바뀐 뜻) 무릇 범 → (대체자로) 帆 돛 범

함자례 : 汎, 梵, 帆, 枫, 芃

氾 넘칠 **범**	『넘치다, 물에 뜨다, 넓다, 두루 등』의 뜻을 가진다.

	소 전
	氾

홍수(洪水)가 ⼺ 갑자기 들이닥쳐 ⼷ 집이 물에 잠기고 큰물이 사방으로 넘쳐서 흐름을 표현

함자례(含字例) : 范

法 법 **법**	『법, 방법, 본받다, 법을 지키다 등』의 뜻을 가진다.

금 문		전 문	
灋	灋	灋	法

(金) 물처럼 ⼺ 공평하고 해치처럼 廌 시비를 올바르게 판단하여 부정한 사람은 징벌하는 去 것이 법임을 표현
(篆) 물이 ⼺ 흘러가듯이 去 순리적으로 적용되고 다스림의 척도가 되는 것이 법임을 표현

함자례 : 琺

辟 임금 **벽** 피할 **피**	『다스리다, 죄주다, 임금, 법, 피하다, 비유하다, 그치다』의 뜻을 가진다.

갑골문	금 문	전 문	
辟	辟	辟	辟

꿇어앉은 죄인을 ⼃ 날카로운 형구로 ⾟ 고문하고 추궁해서 ⼍ 죄를 들추어내어 다스림을 표현
　죄를 추궁하는 사람이 임금이므로 '임금 벽'이 되고, 임금이 하는 말은 곧 법이 되니 '법 벽'이 되며,
　모진 고문을 피해 죄인이 달아났으므로 그 결과 피하는 것이 되어 '피할 피'가 되고, 지은 죄를 토설(吐說)
　할 것을 다그치며 다른 사람이 받은 고문을 예로 들며 비유하게 되니 '비유할 비'가 되며, 고문을 해서
　죄인이 실토를 하여 하던 고문을 그치게 되니 '그칠 미'로 그 뜻이 확대 파생되었다고 한다.

함자례 : 壁, 僻, 闢, 璧, 劈, 癖, 霹, 擘, 檗, 躄, 譬, 臂, 嬖, 避

檗 황벽나 무 **벽**	『황벽나무』의 뜻을 가진다.

	소 전

나무의 속껍질이 임금의 辟 정복인 용포의 색깔처럼 황금색을 가진 나무로 木 황벽나무를 표현

함자례 : 蘗

| 皕
이백 벽 | 『이백』의 뜻을 가진다.

                            금 문   소 전 |

일백을 두 번 합친 것으로 해서 이백을 표현

함자례(含字例) : 奭, 嚚

| 釆
분별할
변 | 『분별하다, 나누다, 따지다, 변론하다 등』의 뜻을 가진다.

          갑골문   금 문   소 전 |

네 발로 걷는 야생 짐승의 발자국 모양을 표현

   짐승의 발자국을 보고 무슨 동물이 왔다 갔는지를 알았으므로 '분별하다, 판별하다'의 뜻을 가진다.

함자례 : 番, 釋, 悉, 釉

| 卞
법 변 | 『법, 고깔, 조급하다, 성급하다』의 뜻을 가진다.

          갑골문   금 문   전   문 |

(甲) 고대에 남자 20세가 되면 반드시 사당 안에서 성년식 관례를 행하면서 고깔을 씌워주는 의식을 법도로 행한 것을 표현

   아직 성년 요건이 채 갖추어지지 않은 이에게 예외로 앞당겨 관례를 행해줌으로써 '조급하다'는 뜻을 가진다고 한다.

(인) 손(扌)이 반대로 뒤집혀 있는 모양을 표현

   무슨 일이 정상적이지를 못하고 허겁지겁 조급하게 행해 간다는 뜻을 나타낸 해석이다.

함자례 : 抃

| 弁
고깔 변 | 『고깔, 말씀』의 뜻을 가진다.

                           전   문 |

삼각 모양으로 생긴 고깔 모자를 두 손으로 집어 쓴 것을 표현

함자례 : 拚

辡 따질 변	『따지다, 송사하다』의 뜻을 가진다.		
		금 문	소 전
		辡	辡

두 죄인이 송사를 하면서 辡 서로 자신의 입장을 주장하며 상대의 잘못을 따짐을 표현

함자례(含字例) : 辨, 辯, 辦, 辭

邊 가 변	『가, 곁, 변방, 국경』의 뜻을 가진다.			
		갑골문	금 문	소 전
		邊	邊	邊

코를 베거나 얼굴에 자자를 한 죄인을 邊 추방하여 귀양을 보내는 곳이 경도(京都)에서 멀리 떨어진 황량하고 외진 변방 지역으로 邊 가를 표현

※ 금문에 와서 형쇄를 찬 죄인의 모습인 '方'과 유배길인 '彳'를 추가하여 자형의 의미를 명확히 하고 있다.

함자례 : 邊

別 나눌 별	『나누다, 헤어지다, 떨어지다, 떠나다, 다르다 등』의 뜻을 가진다.			
		갑골문	금 문	소 전
		別	-	別

(甲) 칼질을 하여 뼈에서 살을 발라냄으로써 뼈와 살이 별개로 나누어지는 것을 표현
(篆) 뼈에 붙어 있는 힘줄과 살을 칼로 발라냄으로써 뼈와 살이 각기 다른 개체로 나누어짐을 표현
뼈와 살이 각기 다른 개체로 나누어져 흩어져 가는 현상에서 '헤어지다, 떨어지다, 다르다' 등의 파생된
뜻이 생긴 것으로 보고 있다.

함자례 : 捌

𠔉 나눌 별	『나누다』의 뜻을 가진다.			
		갑골문	금 문	소 전
		𠔉	𠔉	𠔉

위아래가 각각 갈라져 나누어진 모양을 표현

함자례 : 谷, 𬙹

ノ	『삐치다』의 뜻을 가진다.			
삐침 **별**		갑골문	금 문	소 전
		ノ	—	—

오른쪽 위에서 왼쪽 아래로 획을 삐쳐 그은 것을 ノ 표현

다른 자와 결합시 '고개를 숙이다(夭, 禾), 피곤하다(延, 乏), 덜어내다(少), 휘어 있다(喬)' 등의 뜻을 가진다.

함자례(含字例) : 乃

甹	『말이 재다』의 뜻을 가진다.				
말 잴 **병**		갑골문	금	문	소 전
		甹	甹	甹	甹

낭대에 납채 예물을 담아 ㅂ 악기를 연주하며 丂 신부집에 대례를 행하러 감에 말이 재게(뽐내게) 됨을 표현

(인) 연륜이 높아 丂 아는 것이 많으므로 말미암아 ㅂ 말이 재게 되는 것을 표현

함자례 : 聘, 騁, 娉

幷	『아우르다, 어울리다, 합하다』의 뜻을 가진다.			
아우를 **병**		갑골문	금문	소 전
		幷	幷	幷

두 사람이 어깨를 나란히 하고서 幷 발을 맞추어 ⹀ 걸어가는 모양으로 아우름을 표현

함자례 : 倂, 屛, 餠, 甁, 騈, 軿

屛	『병풍, 감추다, 숨다 등』의 뜻을 가진다.	
병풍 **병**		소 전
		屛

죽어 있는 사람의 尸 주변을 많은 사람이 나란히 서서 幷 대하고(가리고) 있듯이 어떤 대상물을 감추거나

가리는 기능을 하는 가림막으로 병풍을 표현

함자례 : 偋

竝 나란히 병	『나란히, 모두, 나란히 서다, 견주다, 함께 하다 등』의 뜻을 가진다.

	갑골문	금문	소전

여러 사람이 나란히 땅 위에 ― 서 있는 모습을 표현

※ 骿 : 나란히 할 병

함자례(含字例) : 替

丙 남녘 병	『남녘, 셋째 천간, 불 등』의 뜻을 가진다.

	갑골문		금문		소전

고대 사각으로 얇게 다듬은 옥돌을 가운데가 잘록하게 빗면으로 깎은 다음 ⋀ 구멍을 뚫고 그 구멍에 자루를 박아 거치대에 달아서 ⊤ 연주를 한 석경(石磬)을 표현

뜻이 가차되어 '남녘, 셋째 천간, 불'을 나타내는데, 이는 천간인 십간을 오행으로 나누면 셋째 천간인 '丙'은 '火(불)'를 나타내고 그 방위는 '남쪽'이므로 그래서 '남녘'의 뜻을 가진다.

함자례 : 病, 炳, 柄, 昞, 昺, 怲

秉 잡을 병	『잡다, 장악하다, 처리하다, 지키다 등』의 뜻을 가진다.

	갑골문	금문	소전

벼 포기의 禾 중간을 손으로 彐 잡은 모습을 표현

함자례 : 緤

兵 병사 병	『병사, 병졸, 무기, 싸움, 상하다 등』의 뜻을 가진다.

	갑골문	금문	소전

무기(도끼)를 斤 두 손으로 들고 廾 적과 마주하여 싸우는 사람이 병사임을 표현

함자례 : 浜, 宾

162

步 걸음 보	『걸음, 걷다, 재다 등』의 뜻을 가진다.

	갑 골 문			금 문	소 전

한 발은 앞을 딛고 한 발은 뒤를 박차 걸어감을 표현(= 步·辵)

함자례(含字例) : 頻, 涉, 陟

甫 클 보	『크다, 많다, 채마밭』의 뜻을 가진다.

	갑 골 문			금 문		소 전

물이 흘러가는 강가나 늪에 물고기를 잡을 수 있는 큰 통발을 설치한 것을 표현

  그 뜻이 '크다, 많다, 채마밭'으로 전의(轉義)되었는데, 통발을 설치하는 물가 주변에 남새를 가꾸는 밭이 많으므로 해서 '채마밭'의 뜻을 가진 것으로 추정한다.

함자례 : 補, 輔, 黼, 痡, 浦, 捕, 鋪, 哺, 圃, 逋, 脯, 匍, 餔

保 지킬 보	『지키다, 유지하다, 보호하다, 기르다 등』의 뜻을 가진다.

	갑 골 문		금 문		소 전

어른이 아이를 등에 업거나 보다듬어 보호하고 있는 모양을 표현

함자례 : 堡, 褓, 深, 褒

普 넓을 보	『넓다, 두루 미치다』의 뜻을 가진다.

소 전

떠오르는 해는 모든 사람(만물)에게 차별 없이 넓고도 광대하게 두루 햇빛을 비춰줌을 표현

함자례 : 譜, 潜

卜 점 복	『점, 점괘, 점치다 등』의 뜻을 가진다.			
		갑골문	금문	소전
		⼘	⼘	卜

거북의 등껍질(龜甲)이나 짐승의 뼈(獸骨)에 구멍을 낸 다음 불에 구워서 그 갈라진 금의 모양을 ⼘ 보고 점을 침을 표현.

※ 거북의 등껍질로는 점을 쳤고, 배껍질에는 점을 친 내용을 기록하였는데 그게 갑골문이다.

함자례(含字例) : 卦, 朴, 扑, 訃, 外, 占, 貞

夏 다스릴 복	『다스리다, 일하다』의 뜻을 가진다.			
		갑골문	금문	소전

뒷 사람이 ⻌ 앞 사람에게 ⻌ 어떤 행위를 하도록 다스리는 것을 표현

함자례 : 報, 服

攴 칠 복	『치다, 채찍질하다 등』의 뜻을 가진다.			
		갑골문	금문	전 문	

상대에게 자극을 주어 어떤 행위를 하도록 손에 ⻌ 막대를 ⼅ 들고 치거나 지도하는 것을 표현(= 攵)

다른 자와 결합시 '강제하다, 다스리다, 지도하다, 깨우쳐주다, 치다 등'의 뜻을 가진다.

함자례 : 敲, 鼓, 絞, 戲, 敢, 改, 故, 敬, 攷, 攻, 敎, 救, 敦, 戰, 斂, 敫, 枚, 收, 孜, 牧, 敏, 啟, 放, 變, 敷, 赦, 散, 敷, 數, 收, 敭, 敂, 赦, 孜, 敵, 敗, 政, 敍, 致, 敗, 敵, 效

畐 가득할 복	『가득하다』의 뜻을 가진다.			
		갑골문	금문	소전

목이 긴 술병(술동이)에 ⻌ 술이 가득 차 있음을 표현

함자례 : 福, 輻, 匐, 楅, 葍, 富, 副, 幅, 逼, 偪

164

畐 길 복	『기다, 엎드리다』의 뜻을 가진다.

	금 문	소 전
	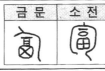	

사람의 몸을 ⌐ 술병처럼 둥글게 한 형태로 畐 땅에 꿇어 엎드려서 기어감을 표현

함자례(含字例) : 匐

复 회복할 복 다시 부	『회복하다, 돌아가다, 다시, 거듭 등』의 뜻을 가진다.

갑골문	금 문	소 전
夏	復	復

대장일로 발로 밟아서 ∦ 풀무질(불매질)을 ╬ 거듭하니, 공기주머니가 부풀었다 오무라들었다 하며 다시 회복
하기를 반복하는 것을 표현(= 復)

함자례 : 履, 復, 覆, 腹, 複, 馥, 鰒, 輹, 鍑, 愎

業 번거로 울 복	『번거롭다』의 뜻을 가진다.

금			문	소 전

끝이 날카로운 많은 창날을 가진 무기를 業 손에 들고 ∜ 적과 상대하여 싸우니 힘이 들고 번거로운 상황
임을 표현

함자례 : 撲, 樸, 璞, 僕

僕 종 복	『종, 마부』의 뜻을 가진다.

갑골문	금 문	소 전
僕	僕	僕

주인을 ⌒ 위하여 힘들고 번거로운 일을 도맡아 하는 사람이 業 종임을 표현

함자례 : 濮

伏 엎드릴 복	『엎드리다, 숨다, 살피다, 기다 등』의 뜻을 가진다.		
		금 문	소 전

개가 犬 주인 亻 앞에 납작 엎드려 순종하는 것을 표현

함자례(含字例) : 狀, 茯

服 복종할 복	『복종하다, 옷, 옷을 입다, 약을 먹다, 다스리다 등』의 뜻을 가진다.				
		갑 골 문		금 문	소 전

전쟁포로나 범인들의 도주를 막기 위해 맨몸 상태를 만들어 배에 태워 호송해 가는 과정으로 포로 등이 호송자의 다스림에 따르고 복종하는 것을 표현
호송으로 포로가 목적지에 이르고 난 뒤에 옷을 입게 하고, 약을 먹게 한데서 '옷'과 '복용'의 뜻으로까지 의미가 확대된 것으로 보고 있다.

함자례 : 菔

本 근본 본	『근본, 뿌리, 원래, 시초, 본성 등』의 뜻을 가진다.		
		금 문	전 문

지사자로 나무는 본체를 지탱하고 영양소를 공급하는 뿌리가 근본이 됨을 표현

함자례 : 鉢, 苯, 体

丰 예쁠 봉	『예쁘다, 무성하다, 풍채 등』의 뜻을 가진다.			
		갑 골 문	금 문	소 전

초목이 무성하게 자라나 우거져 있는 예쁜 모양을 표현

함자례 : 邦, 蚌, 夆

166

奉	『받들다, 바치다, 섬기다, 섬기다, 녹봉 등』의 뜻을 가진다.
받들 **봉**	

	금 문	소 전

여러 사람이 신령스런 나무를 ✦ 받들어 ✦✦ 토지의 신에게 바치고 제사를 지내며 풍년을 기원하는 것을 표현

함자례(含字例) : 捧, 棒, 俸, 琫, 唪, 菶

封	『봉하다, 쌓다, 북을 돋우다, 지경 등』의 뜻을 가진다.
봉할 **봉**	

갑골문		금 문		소 전

황제가 제후를 봉하면서 봉지를 주고, 분봉의 경계 표시로서 지경(地境)에 흙더미를 쌓아 ✦ 나무를 ✦ 심고
흙을 북돋아 ✦ 주었음을 표현

함자례 : 幇, 幫, 葑

夆	『끌다, 이끌다, 만나다, 봉우리, 뾰족하다, 벌 등』의 뜻을 가진다.
끌 **봉**	

갑골문		금 문		소 전

봉건시대 열국의 제후가 제신들을 이끌고 수풀이 무성하게 우거져 있는 ✦ 경계의 뾰족한 봉우리로
올라가 ✦ 서로가 만남을 가지는 것을 표현

함자례 : 逢, 峯, 蜂, 鋒, 烽, 峰

逢	『만나다, 맞이하다, 영합하다 등』의 뜻을 가진다.
만날 **봉**	

금 문	소 전

제후가 제신들을 이끌고 회맹(會盟)을 하러 수풀이 무성한 ✦ 봉우리로 올라가고 ✦ 올라와서 ✦ 서로가 만나
는 것을 표현
　　열국 봉건시대에는 제후들이 상방국의 중간 지점에서 만나 회맹 의식을 행하기 위해 행차하였다 한다.

함자례 : 蓬, 縫, 燵

父 아비 부

『아버지, 어른, 창시자 등』의 뜻을 가진다.

갑골문		금문		소전

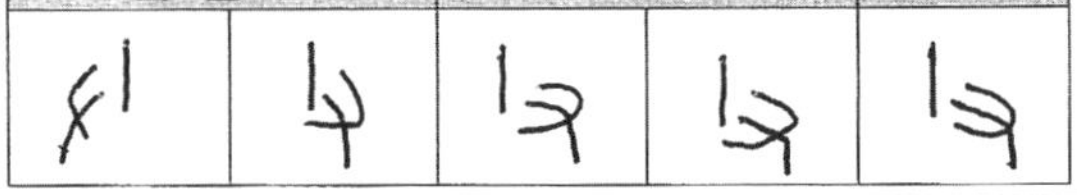

손에 도구(도끼)를 들고 밖에 나가 사냥(일)을 하여 가족을 부양하는 사람이 아버지임을 표현

함자례(含字例) : 爹, 斧, 爺

阜 언덕 부

『언덕, 크다, 높다 등』의 뜻을 가진다.

갑골문		금문	소전

돌과 흙무더기로 층층이 쌓이고 쌓여서 이루어진 높고 큰 언덕을 오르내리는 계단 모양을 표현

다른 자와 결합시 '좌변(阝)'으로 표기된다.

함자례 : 埠, 降, 隔, 階, 隙, 陧, 隊, 陶, 隴, 陋, 陸, 陵, 隆, 隣, 陌, 防, 陪, 附, 陜, 隋, 隨, 隧, 隰, 陞, 阿, 陽, 隘, 阨, 隩, 阮, 隅, 隕, 院, 阭, 隱, 陰, 陻, 障, 阱, 除, 際, 隮, 隄, 阻, 阼, 陳, 陣 ......

缶 장군 부

『장군, 질장구, 양병, 질그릇 등』의 뜻을 가진다.

갑골문	금문			소전

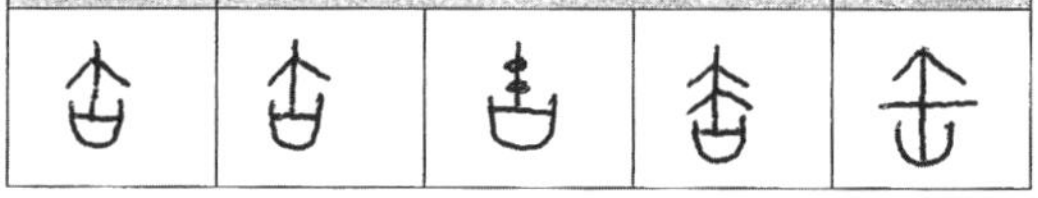

진흙이 담긴 절구를 공이로 쳐서 그 흙으로 만든 질그릇으로, 아가리가 좁고 배가 부른 모양을 한 장군(동이)을 표현

함자례 : 缺, 罄, 匋, 罍, 缻, 缾, 罌, 缶, 缸

咅 침 뱉을 부

『침을 뱉다, 깔보다, 경멸하다』의 뜻을 가진다.

갑골문	금문		전문	

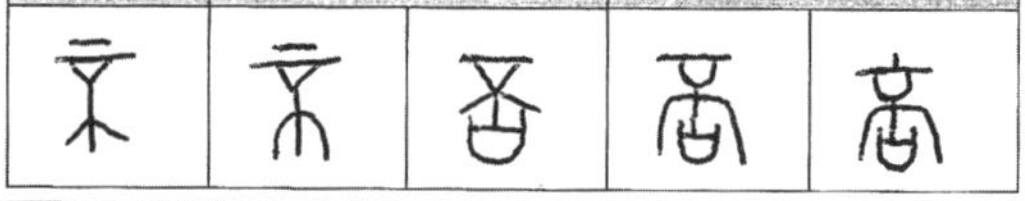

'咅'는 '不(불)'과 '否(부)'의 이체자로, 화려한 꽃잎이 지고 씨방만 남아 이젠 더이상 꽃이 아닌 것처럼 어떤 사안에 대해 아니라고 반대의 뜻을 침을 튀길 정도로 거칠게 말을 하며 상대를 깔보는 걸 표현(= 否) 상대를 깔보고 멸시하는 데서 타기(唾棄)의 의미인 '침을 뱉다'의 뜻으로 전의된 것으로 보고 있다.

말다툼할 때 어느 편을 옹호하여 모이기도 하고, 반대하여 흩어지기도 하는 것처럼 다른 자와 결합시 한곳에 '모인다'는 뜻(예; 培, 倍, 部, 陪, 焙, 掊)과 함께 '흩어진다'는 뜻(예; 賠, 剖)을 동시에 갖고 있다.

함자례 : 培, 倍, 賠, 陪, 焙, 菩, 部, 剖, 掊

付 줄 부	『주다, 맡기다, 따르다 등』의 뜻을 가진다.		
		금 문	소 전
어떤 사람에게 ₹ 손으로 ₩ 물건을 건네줌을 표현			
함자례(含字例) : 附, 府, 符, 駙, 咐, 祔, 拊, 鮒			

孚 미쁠 부	『미쁘다, 붙다, 알을 깨다, 기르다 등』의 뜻을 가진다.			
		갑 골 문	금 문	소 전

무력으로 다른 부족의 남자(장정)를 ☐ 포로로 사로잡아 ₹ 영지(領地)로 돌아오니 ₹ 사람들로부터 깊은 신임을 얻어 미쁘게 됨을 표현

동사로 쓰일 때 고서(古書)에서는 대부분 '俘(사로잡을 부)'로 '孚'를 대신하며, 또한 고서에서 흔히 글자 모양과 발음이 비슷한 '孚'를 가차해서 '孵(알깔 부)'를 대신해 사용함으로써 '알을 깨다'의 뜻을 가진 걸로 보고 있다.

함자례 : 浮, 孵, 莩, 桴, 俘, 㼤, 罦, 蜉, 乳, 殍

尃 펼 부	『펴다, 깔다, 퍼지다 등』의 뜻을 가진다.		
		금 문	소 전
큰 통발을 ☐ 손으로 잡고 ☐ 물속의 고기를 잡기 위해 적당한 곳에 펴서 설치함을 표현			
함자례 : 博, 縛, 搏, 膊, 鎛, 傅, 賻, 溥			

溥 펼 부	『펴다, 넓다, 두루 등』의 뜻을 가진다.	
		소 전
강 또는 내의 물가에 ☐ 물고기를 잡는 통발을 ☐ 넓게 펴서 설치함을 표현		
함자례 : 薄, 簿		

尃 펼 부	『펴다, 퍼지다, 널리 흩어지다』의 뜻을 가진다.

<table>
<tr><td></td><td>소 전</td></tr>
<tr><td></td><td>尃</td></tr>
</table>

어떤 곳을 중심으로 해서 사방으로 方 널리 통발을 用 펼쳐 설치함을 표현

함자례(含字例) : 敷

否 아닐 부 막힐 비	『아니다, 부정하다, 없다, 막히다, 곤하다 등』의 뜻을 가진다.

<table>
<tr><td>금 문</td><td>소 전</td></tr>
<tr><td>否</td><td>否</td></tr>
</table>

어떤 일에 대해 입으로 口 아니라고 不 말하여 부정하는 것을 표현

함자례 : 梧

夫 지아비 부	『지아비, 남편, 사내, 군인, 선생 등』의 뜻을 가진다.

<table>
<tr><td>갑골문</td><td>금 문</td><td>소 전</td></tr>
<tr><td>夫</td><td>夫</td><td>夫</td></tr>
</table>

결혼한 남자임을 大 나타내는 징표로서 머리에 비녀 같은 동곳을 지른 一 모습으로 지아비를 표현

함자례 : 規, 扶, 芙, 趺, 鈇

部 떼 부	『떼, 마을, 분류, 분야, 부서 등』의 뜻을 가진다.

<table>
<tr><td>금 문</td><td>소 전</td></tr>
<tr><td>部</td><td>部</td></tr>
</table>

(金) 중원 조정의 눈에는 보잘것없어 침을 뱉을 만큼 音 하찮은 주민이 邑 떼로 모여 사는 지역으로 口 취약한 원시 취락을 표현

(인) 많은 물건이 口 모여 쌓여 있듯이 咅 같은 부류에 속한 사람끼리 邑 떼를 지어 모여 사는 마을을 표현

함자례 : 蔀

府 관청 부	『관청, 마을, 곳집 등』의 뜻을 가진다.

(金) 나라의 재화를 💰 수지 관리하고 📜 문서를 보관하는 집으로 ⌐ 마을이나 도읍에 있는 관청을 표현

(인) 백성들이 필요한 것을 베풀어 주며 📜 문서나 재화를 보관하는 집이 ⌐ 관청임을 표현

　※ 금·은 등 나라의 재화를 보관 예치하는 건물을 '府(부)'라 하고, 포차(砲車)와 수레, 군용 물자를 보관하는
　　건물을 '庫(고)'라 한다.

함자례(含字例) : 腐, 俯, 腑

富 부유할 부	『부유하다, 성하다, 부자, 행복 등』의 뜻을 가진다.

술병에 술이 가득 차 있듯이 🍶 집안이 ⌂ 재물로 가득 차 있으니 부유한 집임을 표현

함자례 : 蔀

負 질 부	『지다, 떠맡다, 빚지다, 부상을 입다, 짐, 빚 등』의 뜻을 가진다.

조개는 먼 옛날의 화폐로, 사람이 ⸜ 여비나 가용으로 쓰기 위해 화폐인 조개를 💰 등에 지고 감을 표현
화폐(재물)를 타인으로부터 빌려서 지고 갈 때엔 다시 갚아야 하는 빚이 되므로 '빚지다'의 뜻도 가진다.
　※ 금문에서 하부 자형인 '💰'를 보면 '鼎(솥)'의 자형이 아닌, 화폐인 '貝(조개; 재물)'의 자형이 명확하다.

함자례 : 娰

扶 도울 부	『돕다, 지원하다, 붙들다, 부축하다, 바로잡다 등』의 뜻을 가진다.

갑골문		금문	소전

건장한 장부가 병약하거나 연로한 사람을 🖐 손으로 잡아 부축해서 🖐 도와주는 것을 표현

함자례 : 扶

北 북녘 북	『북녘, 북쪽, 달아나다, 배반하다, 패하다, 등지다 등』의 뜻을 가진다.

	갑골문	금문	소전
北	ㅓㅕ	ㅓㅕ	ㅆ

두 사람이 서로 등을 맞대고ㅓㅕ 등지고 있는 모습에서 등지고 달아나거나 배반함을 표현

　　원뜻은 '달아나다'의 뜻이었으나, 사람이 거주하는 가옥의 구조가 남향으로 지어진 관계로 사람이 집에서 남쪽을 향해 앉을 때 반대쪽인 등쪽은 북쪽이기에 '북녘'의 뜻을 갖게 되었다 한다.

함자례(含字例) : 冀, 背

分 나눌 분	『나누다, 나누어주다, 구분하다, 구별, 푼 등』의 뜻을 가진다.

	갑골문	금문	소전
分	少	少	分

칼로刀 물체를 좌우로 쪼개어 ∧ 나눈 모양을 표현

함자례 : 頒, 紛, 粉, 盆, 忿, 芬, 雰, 扮, 盼, 昐, 汾, 棼, 盼, 枌, 貧, 邠

盆 동이 분	『동이, 주발』의 뜻을 가진다.

	금문	소전
盆	盆	盆

음식들을 나누어 分 담을 수 있는 그릇이 皿 동이임을 표현

함자례 : 湓

粉 가루 분	『가루, 빻다, 바르다, 색칠하다 등』의 뜻을 가진다.

	소전
粉	粉

쌀을米 분쇄하여 빻으니까 分 가루가 됨을 표현

함자례 : 䊾

172

奔 달릴 분	『달리다, 급히 가다, 빠르다, 도망가다 등』의 뜻을 가진다.

	금 문		소 전

도망가는 사람의 모습으로 팔을 앞뒤로 힘껏 흔들며 ☆ 발을 빨리 움직여(여러 개의 발로 표시)☆ 달려감을 표현

함자례(含字例) : 奔

賁 클 분 꾸밀 비	『크다, 달리다, 날래다, 큰북, 꾸미다, 섞이다, 성내다 등』의 뜻을 가진다.

	금 문		소 전

(金) 많은 군중이 갑자기 보게 된 귀중한 재물을 🔔 먼저 쟁취하려 목표를 향해 쏜살같이 달려감을 🔔 표현
(篆) 조개무지처럼 🔔 봉긋하게 생긴 큰 흙더미 위에 풀이 🌿 자라나서 꾸며 놓은 것 같이 보임을 표현
　 그 모양이 큰 북과 같다 해서 '크다, 큰북'의 뜻을 가지며, 다른 자와 결합시 '볼록하게 생김'의 뜻을 지닌다.

함자례 : 憤. 墳. 噴. 潰. 黂. 饙. 磧. 幘

不 아니 불	『아니다, 못하다, 없다, 말라, 아니하다, 꽃받침 등』의 뜻을 가진다.

갑골문		금 문		소 전

화려한 꽃잎은 지고 씨방만 🌱 남아서 꽃받침이 아래로 쳐져 있는 ∧ 모양을 표현
　 시들어서 진 꽃잎이니 이제는 더 이상 꽃이 아닌 데서 '아니다'의 뜻을 가진다.

함자례 : 杯, 盃, 否, 丕, 茱, 紑, 歪

弗 아닐 불	『아니다, 말다, 어긋나다, 떨다, 떨어버리다, 달러 등』의 뜻을 가진다.

갑골문	금 문	소 전

굽은 화살대를 ∥ 바로잡으려고 천으로 돌돌 말아 끈으로 꽁꽁 묶어놓은 🪢 모양을 표현
　 화살대가 굽어 '바르지 아니한' 데서 '아니다'의 뜻을 가지며, 그렇게 해서도 바루어지지 않으면 손으로
흔들어 '떨어버린다'는 뜻도 가지고 있다.
　　(원뜻) 떨어 버릴 불 → (바뀐 뜻) 아닐 불 → (대체자로) 拂 떨칠 불

함자례 : 拂, 佛, 彿, 茀, 艴, 紼, 咈, 筅, 費, 沸

173

佛 부처 **불**	『부처, 불교, 비슷하다 등』의 뜻을 가진다.

	소 전
	佛

일반적인 사람이 아닌 번뇌 망상을 다 떨쳐버린 ⿰ 불도를 깨달은 사람이 ⿰ 부처임을 표현

함자례(含字例) : 梻

市 슬갑 **불**	『슬갑, 앞치마, 무성하다 등』의 뜻을 가진다.

금 문	소 전
市	市

풀을 엮어서 만든 치마로 ⿰ 허리에 둘러 ─ 치부를 감추기 위해 입었던 슬갑(앞치마)을 표현
  옛 선조들은 치부를 가리기 위해 허리에 둘러 입었던 풀치마를 그 뒤에 천이나 가죽으로 대체하였는데,
  이를 '폐슬(蔽膝)'이라 하였다.

함자례 : 帗

甶 귀신머 리 **불**	『귀신 머리』의 뜻을 가진다.

	소 전
	─

험상궂은 가면을 쓴 것과 같이 무지하게 겁을 먹게 하는 형상으로 생긴 귀신 머리를 표현

함자례 : 畀

朋 벗 **붕**	『벗, 무리, 짝, 패, 화폐, 같다 등』의 뜻을 가진다.

갑 골 문	금 문	소 전
珏	珏	珏	朋

조개를 두 줄에 똑같이 나란히 꿰어놓은 珏 모양과 같이, 같은 스승 밑에서 동문수학을 하며 배움을 같이
  하는 또래의 벗을 표현

※ 고대 화폐단위가 '붕(朋)'이다. 1朋은 화폐인 조개를 10개 꿰어놓은 것으로, 2계(系)가 1朋인데, 1系는
  조개를 한 줄에 5개씩 꿰어놓은 것을 말한다.

함자례 : 崩, 鵬, 棚, 硼

174

崩 무너질 붕	『무너지다, 무너뜨리다, 죽다, 달아나다 등』의 뜻을 가진다.

	금 문	소 전

줄에 꿰어놓은 조개가 쏟아져 내리듯, 산에 사태(沙汰)가 져서 무너져내린 것을 표현

함자례(含字例) : 繃

鼻 코 비	『코, 구멍, 시초, 코 꿰다 등』의 뜻을 가진다.

갑 골 문		금 문	전 문	

얼굴의 중앙에 위치해 숨을 들이고 내쉬는 기관으로 사물에 대해 냄새를 맡는 기능을 하는 코를 표현
※ '鼻'와 '自'의 갑골문 자형은 ' '로 서로 똑같고, ' '는 비린내 나는 물고기의 형상으로 추정된다.

함자례 : 劓

匕 비수 비	『비수, 숟가락 등』의 뜻을 가진다.

갑 골 문	금 문	소 전

팔을 굽히고 엎드려 있는 지위가 낮은 부녀자(婦女子)를 표현
  그 뜻이 '비수'로 가차된 후 다시 '숟가락'으로 파생 전의되었는데, 식사용 기구인 손잡이가 긴 칼이나 끝이 둥근 숟가락으로 뜻을 가진다.
다른 자와 결합시 1)사람 2)비수 3)숟가락 4)암컷(임신으로 몸의 변화를 가져옴) 5)변화 등의 뜻을 나타낸다.

함자례 : 頃, 尼, 北, 比, 牝, 旨, 叱, 此, 它, 化

比 견줄 비	『견주다, 나란히 하다, 겨루다, 돕다 등』의 뜻을 가진다.

갑골문	금문	소전

두 사람이 오른쪽을 향해 나란히 서 있는 모양으로 서로 비교하며 견주는 것을 표현
다른 자와 결합시 '둘 이상의 사람, 나란히 하다'의 뜻을 가진다.

함자례 : 皆, 昆, 毖, 毘, 庇, 妣, 琵, 毗, 秕, 砒, 枇, 粃, 紕, 仳, 玭

飛 날 비	『날다, 오르다, 빠르다, 높다 등』의 뜻을 가진다.

금 문	전	문

새가 양 날개짓을 ∿ 힘차게 하며 공중으로 올라 ╆ 날아감을 표현

함자례(含字例) : 飜

非 아닐 비	『아니다, 그르다, 나쁘다, 등지다, 어긋나다, 나무라다, 비방하다, 없다 등』의 뜻을 가진다.

갑 골 문	금 문	소 전

새의 날개가 서로 반대 방향으로 등져 어긋나 있는 ⠀ 모양을 표현

날개가 서로 등져 있을 경우는 새가 날 수 없기 때문에 그래서 '아니다'의 뜻을 가진다고 한다.

다른 자와 결합시 '아니다, 그르다, 등지다, 어긋나다'의 뜻과 함께 '새의 양 날개'로 자형이 풀이되고 있다.

함자례 : 靡, 排, 輩, 裵, 俳, 徘, 悲, 匪, 蜚, 菲, 扉, 誹, 緋, 翡, 罪, 斐, 棐, 腓, 悱, 騑, 剕, 罪

不 클 비	『크다, 받들다 등』의 뜻을 가진다.

갑골문	금 문	소 전

꽃자루(또는 땅)를 ⠀ 바탕으로 하여 암술대인 씨방을 — 받들어 열매로 자라나게 하여 점점 커짐을 표현

함자례 : 胚, 伾, 駓, 岯, 秠

坒 섬돌 비	『섬돌, 이어져 있다 등』의 뜻을 가진다.

소 전

궁궐의 마당에서 土 대전(大殿)을 앞뒤로 오르내릴 수 있게 나란하게 이어져 ⠀ 만들어 놓은 돌층계인 섬돌을 표현

함자례 : 陛

畁 줄 비	『주다, 수여하다, 베풀다 등』의 뜻을 가진다.

	갑골문	금문	소전
	畁	畁	畁	畁

물품이 든 낭대를 ⊟ 두 손으로 ⋏⋏ 들어 특정인에게 건네줌을 표현(= 畀)

함자례(含字例) : 痹, 淠

篚 비적 비	『비적, 대 상자, 문채, 문채나다 등』의 뜻을 가진다.

	금문	소전
	篚	篚

대나무 숲을 낀 ⋀⋀ 구석진 곳에 숨어있다 ㄴ 그릇되게 非 약탈을 일삼는 무리인 비적을 표현

함자례 : 榧, 篚

卑 낮을 비	『낮다, 낮추다, 천하다, 비루하다 등』의 뜻을 가진다.

	금문	소전
	卑	卑	卑

(金) 하인이 손에 ⊃ 부채를 들고 ⊞ 몸을 굽혀 주인에게 시중들고 있는 신분이 낮은 존재임을 표현
(篆) 갑옷처럼 덮는 가면을 ⊓ 손으로 ⋎ 쓰고 천한 광대 역을 하는 사람의 모습을 표현
　　　광대 일을 하는 사람은 신분이 아주 낮아 천하고 비루한 존재에 해당함을 나타내었다.

함자례 : 碑, 婢, 脾, 痺, 裨, 俾, 埤, 鞞, 庳, 髀, 牌, 稗, 粹

啚 시골 비 그림 도	『시골, 더럽다, 마을, 인색하다, 그림』의 뜻을 가진다.

	갑골문	금문	소전
	啚	啚	啚	啚

사람들이 모여 사는 취거지(聚居地)와 ⊟ 수확한 곡식을 보관하는 창고 시설이 ⩕ 있는 변경 지역의 시골
　마을을 표현

　또한 '啚'는 취거지인 마을과 ⊟ 곳집이 ⩕ 있는 시골의 전경을 그린 '그림(지도)'으로의 뜻을 갖고 있다.

함자례 : 圖, 鄙

'ㅂ'

177

費 쓸 비	『쓰다, 소모하다, 해치다, 비용, 재화 등』의 뜻을 가진다.

	금 문	소 전
	費	費

굽은 화살대를 바로잡기 위해 묶어 놓았던 弗 단을 풀듯 패각(貝殼: 돈)의 꾸러미를 貝 풀어서 물건을 구매하기 위해 비용으로 쓰는 것을 표현

함자례(含字例) : 濆

悲 슬플 비	『슬프다, 슬퍼하다, 슬픔 등』의 뜻을 가진다.

	금 문	소 전
	悲	悲

자신이 바라는 일이 아닌 非 괴롭거나 눈물겨운 일이 생겨날 때 마음이 心 슬퍼지는 것을 표현

함자례 : 蕜

備 갖출 비	『갖추다, 준비하다, 채우다, 비품 등』의 뜻을 가진다.

	갑골문	금 문	소 전
	備	備	備

사람이 亻 화살통을 등받이에 매고 있는 𤰇 모습을 표현(= 備)
　상황에 따라 언제든지 화살을 뽑아 사냥 또는 전쟁을 할 수 있도록 준비를 갖추고 있음을 나타낸 것이다.

함자례 : 憊

肥 살찔 비	『살찌다, 기름지다, 지방, 기름기 등』의 뜻을 가진다.

	금 문	소 전
	肥	肥

음식상에 바짝 다가앉아 𢓜 기름진 고기를 肉 잔뜩 먹음으로 해서 살이 찌는 현상을 표현

함자례 : 偑

朮 삼껍질 빈	『삼 껍질』의 뜻을 가진다.
	소 전 朮

삼대에서 十 삼 껍질을 八 벗기는 모양을 표현

함자례(含字例) : 秫

頻 자주 빈	『자주, 빈번히, 찡그리다 등』의 뜻을 가진다.
	소 전 頻

걸어가다 步 돌아보고 頁 걸어가다 돌아보는 것으로 반복해서 자주 뒤돌아보는 것을 표현
  발걸음을 쉼없이 떼서 걸어가듯 머리의 생각도 자주 바뀌게 되니 얼굴 표정도 그에 따라 찡그려지고
  일그러지게 됨을 나타낸 것이다.

함자례 : 嚬, 瀕, 蘋

斌 빛날 빈	『빛나다, 아름답고 성하다, 훌륭하다 등』의 뜻을 가진다.
	예 서 斌

문관과 文 무관의 武 자질과 능력을 두루 다 갖추었으니 그 사람의 품성이 아름답게 빛이 남을 표현

함자례 : 贇

賓 손 빈	『손, 사위, 대접하다, 물가 등』의 뜻을 가진다.
	갑골문 | 금문 | 소 전

집에 宀 진귀한 선물을 貝 가지고 온 丏 사람이어서 융숭한 대접을 받는 귀한 손님임을 표현

함자례 : 濱, 嬪, 殯, 儐, 鬢, 擯, 蠙, 檳, 繽, 瑨

貧 가난할 빈	『가난하다, 모자라다, 결핍되다, 구차하다 등』의 뜻을 가진다. 전 문 한 집안의 재산을 ⌒ 여럿으로 분할하니 ⑴ 그 결과 가지게 되는 몫이 적어져 가난하게 됨을 표현

함자례(含字例) : 償

冫 얼음 빙	『얼음, 얼다 등』의 뜻을 가진다. 금 문 전 문 물이 얼었을 때 표면이 솟아올라 균열이 ⌂ 난 것을 표현 ※ '仌'은 물이 응결된 상태로 위의 '⌒'은 얼음을, 아래의 '⌄'은 물을 나타낸다.

함자례 : 凍, 凉, 冷, 列, 凜, 凌, 馮, 冶, 凝, 凋, 准, 凄, 冾

馮
 	
업신여길 빙
성씨 풍
	『업신여기다, 올라타다, 기대다, 의지하다, 뽐내다, 힘입다, 성씨 등』의 뜻을 가진다.
	
	금 문 소 전
	
	겨울철에 말이 끄는 수레를 올라타고 기대어 앉아 단단하게 언 얼음판 ⌂ 위로 평소에는 다닐 수 없었던
	    강과 호수를 건너다님을 표현(= 淜)
	    수레를 타고 뽐내고 다니면서 그러지 못하는 사람들을 '업신여긴' 데서 뜻이 생겨난 것으로 추정하고 있다.

함자례 : 憑

조자(造字) 시대에 흐르는 물길을 구분한 유형을 보면

- 泉(샘 천) : 물이 흘러나오는 근원이 되는 '샘'을 이르고,

- 水(물 수) : 절벽 위에서 날아내리는 샘물을 일러 '물'이라 하며

- 澗(산골 물 간) : 산속의 샘에서 솟아 나와 흐르는 물을 '산골 물'이라 하고

- 溪(시내 계) : 산골짜기의 계곡을 따라 흘러내리는 맑은 물을 '시내'라 하며

- 川(내 천) : 수많은 작은 시냇물이 모여서 이룬 것을 '내'라 하고

- 河(물 하) : 많은 냇물이 모여서 이룬 큰 강을 '하천'이라 하며

- 江(강 강) : 가장 큰 하천을 '강'이라 했다.

7. 『ㅅ』부

<table>
<tr><td rowspan="3">司
맡을 사</td><td colspan="4">『맡다, 엿보다, 지키다, 관아, 벼슬 등』의 뜻을 가진다.</td></tr>
<tr><td>갑골문</td><td colspan="2">금 문</td><td>소 전</td></tr>
<tr><td>ᡰᠠ</td><td>ᡰᠠ</td><td colspan="1">ᡰᠠ ᡰᠠ</td><td>司</td></tr>
</table>

권력의 상징인 지팡이를 ㄱ 쥐고 법을 집행하며 사건을 판결하여 ㅂ 형벌을 집행하는 일을 맡음을 표현
※ 금문에서는 두 손으로 헝클어진 실을 풀듯 법정에서의 사건 내용을 풀며 심리하는 것을 비유하였다.

함자례(含字例) : 詞, 飼, 嗣, 伺, 祠, 笥

<table>
<tr><td rowspan="3">扁
읽을 사</td><td colspan="2">『읽다』의 뜻을 가진다.</td></tr>
<tr><td></td><td>소 전</td></tr>
<tr><td></td><td>扁</td></tr>
</table>

죽간에 ᠱ 적혀있는 글의 내용을 읽어 말을 ㅂ 해 줌을 표현

함자례 : 嗣

<table>
<tr><td rowspan="3">乍
잠깐 사</td><td colspan="6">『잠깐, 언뜻, 차라리, 일어나다, 만들다, 쪼개다 등』의 뜻을 가진다.</td></tr>
<tr><td colspan="4">갑 골 문</td><td>금문</td><td>소 전</td></tr>
<tr><td>乍</td><td>乍</td><td>乍</td><td>乍</td><td>乍</td><td>乍</td></tr>
</table>

옷을 만들기 위해 앞트임을 가위로 옷감 천을 자를 때 ᠱ 그 자르는 일이 잠깐 사이에 일어남을 표현
천을 잘라서 바느질을 하여 옷을 만듦으로 해서 다른 자와 결합시 '만들다'의 뜻을 가진다.

함자례 : 詐, 作, 昨, 炸, 柞, 祚, 阼, 搾, 窄, 酢

<table>
<tr><td rowspan="3">四
넉 사</td><td colspan="4">『넷, 사방』의 뜻을 가진다.</td></tr>
<tr><td>갑골문</td><td colspan="2">금 문</td><td>소 전</td></tr>
<tr><td>三</td><td>三</td><td>四 四</td><td>四</td></tr>
</table>

숨쉬는 기관인 코를 본뜬 '스스로 자(自)'의 간략한 형태로 ᠱ 뜻이 가차되어 넷을 표현
갑골문에서 '사(4)'를 가로획 '네 개'를 중첩한 형태로 표기함으로써 ≡ '삼(3)'과 혼동이 생겨 단번에
확인(確認性)이 어렵고, 쓰는 것도 번거롭게 되자 '숨을 쉰다'는 코의 뜻으로 만들어진 '四'를 숫자 '사(4)'로
가차하여 쓰인 것으로 추정하고 있다.
※ 구멍이 두 개인 코의 생긴 형태를 그리면 그 모양새는 '四'와 같게 된다.
다른 자와 결합시 '콧구멍(예: 泗, 呬)'과 숫자 '넷(예: 柶, 駟)'의 뜻을 가진다.

함자례 : 泗, 駟, 柶, 呬

寺 절 사 관청 시	『절, 관청, 관아, 내시 등』의 뜻을 가진다.

	금 문	소 전
	〔금문 자형〕 〔금문 자형〕	〔소전 자형〕

1) 왕궁의 질서 유지를 위해 엄인(閹人) 환관들이 궁성문의 출입을 ⊻ 통제하며 ⊻ 집무하던 건물이 관청임을 표현
2) 왕명을 받들어 법도를 엄격히 지키며 ⊻ 조심스레 일을 신중하게 집행해 가는 ⊻ 곳이 관청임을 표현
   원래는 '관청 시'였으나 뒤에 '절 사'로 뜻이 전의되었다. 그 이유는 불교가 인도에서 중국으로 전래될 때
   관청의 건물에 승려를 초치하여 절로 사용한 데서 유래한다. 그래서 '절 사'가 된 것이다.
다른 자와 결합시 원래의 의미인 '관청'의 뜻을 가진다.

함자례(含字例) : 待, 等, 時, 詩, 侍, 恃, 持, 峙, 痔, 庤, 特

舍 집 사	『집, 여관, 버리다, 포기하다, 폐하다 등』의 뜻을 가진다.

	갑골문	금 문	소 전
	舍	舍	舍	舍

집터인 토대 ⊏ 위에 기둥과 │ 도리 ═ 및 지붕을 ∧ 갖춘 집의 모양을 표현
   이 집은 잠시 임시로 머무는 집으로 마을 읍내에 소재하는 여행객을 위한 객사(客舍) 또는 사택으로 그 뜻이
있고, 가끔은 집을 버려두기도 해서 '버리다'의 뜻도 가지고 있다.
※ 부수는 '혀 설(舌)'로 분류의 편의상 정한 것으로 보이며 혀와는 아무런 관계가 없다.

함자례 : 捨, 舒, 舘

厶 사사 사	『사사, 사사롭다』의 뜻을 가진다.

	갑골문	금 문	소 전
	δ	δ	δ	δ

팔로 물건을 감싸 안는 모양으로 δ 물건을 자기의 것으로 사사롭게 취하는 것을 표현
함자례 : 公, 私

思 생각할 사	『생각, 사상, 뜻, 마음, 생각하다, 슬퍼하다 등』의 뜻을 가진다.

	소 전
	思

머리(정수리)와 ◎ 가슴으로 ⊕ 대상을 분별하여 인식하는 기능을 해낸다고 보아 생각으로 표현
함자례 : 慮, 媤, 偲, 緦, 鰓

| 寫
베낄 사 | 『베끼다, 본뜨다, 그리다, 주조하다, 쏟다 등』의 뜻을 가진다. |

	금 문	전 문

조류의 수컷이 암컷의 등에 올라타서 날개를 퍼덕이며 짝짓기를 하는 모양으로 새집에서 같은 유형의 새끼를 베끼듯이 번식시켜 감을 표현

새가 새집에서 똑같은 새끼를 부화해 내듯이 사람이 똑같은 '그림을 그리거나' 거푸집에서 똑같은 물건을 '주조해 낸다'는 뜻으로 확대 파생되었다.

함자례(含字例) : 瀉

| 沙
모래 사 | 『모래, 사막, 모래알, 물가 등』의 뜻을 가진다. |

	갑골문	금 문	소 전

물이 흘러가면서 돌 알갱이를 잘게 잘게 부순 것이 모래임을 표현

함자례 : 莎, 娑, 裟, 鯊

| 卸
풀 사 | 『짐을 풀다, 부리다 등』의 뜻을 가진다. |

	갑골문	금 문	소 전

말을 부리는 사람이 말고삐를 당겨 수레를 멈추고서 멍에를 풀고 행장(짐)을 부리는 것을 표현

갑골문과 금문에서 '卸'와 '御'의 자형(字形)은 같으며, 고삐( )부분이 금문에 와서 공이( )모양으로 변하였다.

함자례 : 御, 啣

| 射
쏠 사 | 『쏘다, 추구하다, 헤아리다, 사수, 싫어하다 등』의 뜻을 가진다. |

	갑골문	금 문	전 문

활을 쏘기 위해 활시위에 화살이 장전된 모양을 표현

갑골문을 거쳐 금문에서는 손으로 활을 쏘는 모습의 자형이었으나, 전문에서는 손으로 시위를 당기고 온 몸을 집중하여 활을 쏘는 모습의 자형으로 바뀌었다.

함자례 : 謝, 麝, 榭

事 일 사	『일, 직업, 사업, 관직, 사고 등』의 뜻을 가진다.

	갑 골 문			금 문			소 전

전시(戰時)에 사절(使節)이 정절(旌節)을 들고 교전국으로 가서 화친 회담을 하여 정확한 국경을 획정하고 평화협정으로 후세에 전하는 역사적 문건을 완성 기록하는 일을 수행하는 것을 표현

  갑골문과 금문의 고문을 보면 '史, 吏, 事, 使'는 자형(字形)이 모두 똑같고 ' 」(갈고리)' 모양의 자획은 없으며, 뒤에 그 뜻이 분화되어 史는 '일을 기록하는 자'로, 吏는 '사무를 수행하는 자'로, 事는 '자리의 직책' 으로, 使는 '부림을 받는 자'로 각각의 뜻을 가지게 되었다고 한다.

함자례(含字例) : 傳

巳 뱀 사	『뱀, 태아. 자식 등』의 뜻을 가진다.

	갑골문	금 문	소 전

배 속 태아의 모습을 표현

  그러나 뱀이란 뜻으로 의미가 가차되었다. 12地支의 뱀과 짝이 되었을 뿐 '뱀'과는 전혀 관계가 없는 字이다. 다른 자와 결합시 '두 손을 모으고 꿇어앉은 사람'의 뜻을 가진다.

함자례 : 祀, 汜, 卺, 配

卺 지도리 사	『지도리, 돌쩌귀 등』의 뜻을 가진다.

	소 전

문짝을 문설주에 달아 여닫는데 쓰는 부품으로 갓난애처럼 앙증맞게 생긴 지도리를 표현

함자례 : 熨

死 죽을 사	『죽다, 죽이다, 다하다 등』의 뜻을 가진다.

	갑 골 문	금 문	소 전

초장(草葬) 이후 육탈(肉脫)이 되고 앙상하게 뼈만 남아있는 백골 앞에서 사람이 꿇어앉아 죽음을 애도하는 모습을 표현

함자례 : 屍, 葬, 斃, 薨

186

斯 이 사	『이, 잠시, 쪼개다, 다하다 등』의 뜻을 가진다.

	금 문	소 전
	𣂑	𣂑

대나무를 도구로 ⼍ 잘게 쪼개어 찢은 뒤 키나 삼태기 ⽊ 등을 엮을 수 있게 다듬어 놓은 대오리를 표현
아직은 다듬어 놓은 재료에 불과해 완제품인 그것과는 구별되는 점에서 '이것'이라는 뜻이 생긴 것이라 한다.

함자례(含字例) : 嘶

士 선비 사	『선비, 관리, 병사, 일 등』의 뜻을 가진다.

	금 문	소 전
	大	士	士

긴 자루를 가진 큰 도끼를 들고 ⽄ 경계 호위 역할을 하는 장수로 무부(武夫)를 표현
뒤에 교양있고 지위가 있는 사람으로 뜻이 확대 파생되어 '선비'로의 뜻을 가지게 되었다.

함자례 : 吉, 仕, 壯, 志

仕 벼슬 사	『벼슬, 섬기다, 벼슬하다, 살피다, 선비 등』의 뜻을 가진다.

	금 문	소 전
	大	扚	仕

학식이 빼어나고 재주가 뛰어난 선비가 ⼠ 조정에서 대임을 맡은 중신(重臣)으로 ⼂ 벼슬을 한 것을 표현
뛰어난 학식과 재능을 기반으로 조정 일에 임하게 하는 벼슬은 임금이나 백성을 섬기라고 주는 것이므로
'섬기다'의 뜻을 가진다.

함자례 : 茌

社 모일 사	『모이다, 제사 지내다, 토지신 등』의 뜻을 가진다.

	갑골문	금 문		전 문	
	𦊆	𥛙	社	𥛙	社

만물을 키워내는 토지 신께 𦊆 제사를 𥘅 지내기 위해 같은 종족의 사람들이 많이 모여 있음을 표현

함자례 : -

師 스승 사	『스승, 군대, 군사, 벼슬, 뭇사람, 악공 등』의 뜻을 가진다.

	갑골문	금문	소전
	𠂤	𠂤	𠂤	師

병부를 부여받아 𠂤 병권을 손에 쥔 장수가 군사를 지휘 통솔하는 기(旗)를 잡고 帀 군대를 이끌어 전쟁에 임함을 표현

　군사를 이끌고 전쟁을 지휘하는 장수는 병법에 아주 능한 사람으로 전쟁의 병법가인 군사(軍師)의 역할을 하였으므로, 뒤에 전문 분야에 발언권을 가진 높은 사람으로 '스승'이란 뜻을 가진 것이라 한다.

함자례(含字例) : 獅, 篩

史 사기 사	『사기, 역사, 사관 등』의 뜻을 가진다.

갑 골 문			금	문		소 전

전시(戰時)에 사절(使節)이 정절(旌節)을 들고 𠂇 교전국으로 ㅂ 가서 화친 회담을 하여 정확한 국경을 획정하고 평화협정으로 후세에 전하는 역사적 문건을 완성 기록하는 일을 수행하는 것을 표현

※ '史'와 '吏'와 '事'자는 갑골문과 금문에서 그 자형이 똑같은 바, '史'는 중앙조정에서 박학한 수석 문직 관원을 지칭하고, '吏'는 지방행정 관리 관원을 칭한다고 한다.

함자례 : 駛

查 조사할 사	『조사하다, 살피다, 사돈 등』의 뜻을 가진다.

소 전
查

나무를 木 차곡차곡 쌓아 且 올려 망루를 만든 뒤에 그 망루에 올라가서 적군의 동태를 살펴 조사함을 표현

함자례 : 喳

徙 옮길 사	『옮기다, 교화되다, 넘어서다 등』의 뜻을 가진다.

갑 골 문			금 문	전 문	

사람들이 가로(街路)를 彳 한 발 한 발 걸어서 止 다른 곳으로 옮겨감을 표현

※ 갑골문의 자형이 '步(걸음 보)'의 갑골문 자형과 똑같다(步).

함자례 : 蹝, 蓰

赦 용서할 사	『용서하다, (죄수를) 풀어주다 등』의 뜻을 가진다.
	<table><tr><th>금 문</th><th colspan="2">전 문</th></tr><tr><td>赦</td><td>赦</td><td>赦</td></tr></table>

화형으로 불에 火 태워 처형하려던 죄수를 亦 용서하고 방면하여 풀어줌을 攵 표현

함자례(含字例) : 螫

賜 줄 사	『주다, 하사하다, 베풀다, 명령하다, 은덕 등』의 뜻을 가진다.

고대 제왕(帝王)이나 요신(要臣)이 지방을 순시 또는 시찰하면서 ☞ 나라의 시책을 잘 이해하고 편애하는 신민 (臣民)들에게 토지나 재물의 🐚 소유권 귀속을 즉흥적으로 변경하여 🐚 상(賞)을 주던 제도를 표현

함자례 : 傷

斜 비낄 사	『비끼다, 비스듬하다, 기울다, 굽다, 베끼다 등』의 뜻을 가진다.
	<table><tr><th>소 전</th></tr><tr><td>斜</td></tr></table>

지팡이가 余 북두칠성의 별자리처럼 구부러진 채 斗 비껴 있는 모습을 표현

※ '斗'는 구부러진 국자 모양의 '큰 말'을 나타낸다

함자례 : 㪍

邪 간사할 사	『간사하다, 사악하다, 기울다, 사사롭다 등』의 뜻을 가진다.
	<table><tr><th>소 전</th></tr><tr><td>邪</td></tr></table>

성읍 지역의 邑 법도를 순순히 따르는 척하면서도 속으론 이를 악물고 牙 다른 생각을 품고 있는 사악한 사람으로 간사함을 표현

함자례 : 揶

些 적을 사	『적다, 작다, 약간, 조금 등』의 뜻을 가진다. 소 전 些

저물녘에 서로 같이 = 길을 걸어가다 ﹗ 멈추어 앉아 있는 사람의 ﹗ 모습을 표현 (= 些)

앉아 있는 사람의 모습이 그 주변을 둘러싸고 있는 환경에 비해 아주 왜소하게 보임으로 '약간' 또는 '적다'라는 뜻을 가지게 된 것으로 추정하고 있다.

함자례(含字例) : 瘥

虒 뿔범 사	『뿔범, 범, 고을 이름』의 뜻을 가진다. 전 문 

머리에 뿔이 있다는 전설상의 동물로 虒 물과 육지를 ﹁ 번갈아서 오가며 산다는 뿔범을 표현

함자례 : 篪, 遞, 榹

朔 초하루 삭	『초하루, 처음, 시초, 생겨나다 등』의 뜻을 가진다. 금 문　소 전 

달의 ﹢ 모양이 아래로 오목한 그믐달에서 거꾸로 ﹢ 위로 오목한 초승달이 되는 첫날이 초하루임을 표현

함자례 : 遡, 塑, 溯, 愬, 槊, 萠

削 깎을 삭	『깎다, 빼앗다, 작다 등』의 뜻을 가진다. 소 전

어떤 물건을 본보기로 하여 칼로 ﹁ 물체의 표면을 빼앗듯이 깎아내고 잘라내어 가공한 물건이 본보기로 삼은 물건과 서로 닮게 ﹐ 만들어진 것을 표현

함자례 : 鞘

		갑골문	금 문	소 전
山 뫼 산	『산, 산신 등』의 뜻을 가진다.			

봉우리가 세 개인 산을 표현

함자례(含字例) : 嵌, 岬, 崗, 崑, 嶠, 嶇, 岌, 岐, 崎, 岱, 島, 嵐, 峽, 嶺, 嵩, 巒, 嵋, 岷, 密, 峯, 峰, 崩, 疝,
峠, 仙, 岫, 崇, 嵩, 崧, 峨, 岳, 嶽, 岸, 崖, 岩, 巢, 嵘, 嶢, 嵎, 巍, 嵬, 崫, 嶷, 岑, 巓, 岾 .....

		금 문	전 문		
算 셈 산	『셈, 계산, 셈하다, 수, 지혜 등』의 뜻을 가진다.				

(金) 대나무로 만든 산가지를 ⅄ 이용하여 종횡으로 교차시켜 겹치게 놓아 ≡ 셈을 함을 표현
(篆) 대나무로 만든 산가지를 ⋀⋀ 두 손을 써서 ⋁⋁ 네모난 통에 옮기는 방식으로 ⊟ 숫자를 헤아려 셈함을 표현
※ 주판은 서악(徐岳)이 후한(後漢: A.D. 2C) 때 제작하였고, 그 이전에는 산가지를 사용하여 계산하였다.

함자례 : 劕

		금 문	소 전
産 낳을 산	『낳다, 자라다, 생기다, 생산하다, 출생, 재산 등』의 뜻을 가진다.		

어떤 집안에 ⌐ 장차 문채를 ⋋ 드러낼 ⋓ 아이를 낳았음을 표현

함자례 : 劗

		갑골문	금 문	소 전
散 흩어질 산	『흩어지다, 내치다, 달아나다 등』의 뜻을 가진다.			

1) 삼대를 ⋇⋇ 가마에 찐 뒤 속대와 껍질을 ⫰ 분리하기 위해 방망이로 두드리니 ⋋ 삼실 타래가 옆으로 퍼져
흩어짐을 표현
2) 수확한 콩대를 ⋇⋇ 모아 놓고 도리깨로 쳐서 타작할 때 ⋋ 껍질에서 콩알이 ⫰ 터져 사방으로 흩어짐을 표현

함자례 : 霰, 撒, 撒

閂 문빗장 산	『문빗장』의 뜻을 가진다.

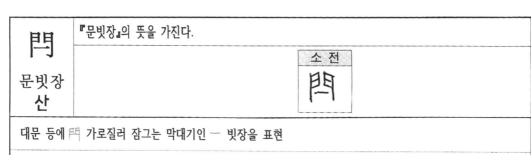

대문 등에 門 가로질러 잠그는 막대기인 一 빗장을 표현

함자례(含字例) : 閉

彡 터럭 삼	『터럭, 길게 자란 털, 그리다 등』의 뜻을 가진다.

	갑 골 문			금 문	소 전
彡	彡	彡	彡	-	彡

가지런하게 나 있는 동물의 윤기있는 터럭을 彡 표현

다른 자와 결합시 '터럭須, 빛彬, 소리彭, 냄새鬱, 무늬彤, 그림자影, 빛나다參' 등의 뜻을 가진다.

함자례 : 彤, 彬, 衫, 杉, 須, 彦, 影, 彰, 彫, 彩, 彭, 髟, 形

殺 죽일 살	『죽이다, 죽다, 없애다, 감하다, 덜다 등』의 뜻을 가진다.

갑골문	금 문	소 전
杀	杀	殺

(甲) 동물을 杀 매달아 놓고 × 죽인후 털가죽을 벗김을 표현

(인) 개를 杀 줄로 매달아 묶어 놓고 × 도구로 쳐서 殳 죽인 후 털가죽을 벗김을 표현

　 여러 마리의 동물(개) 중에서 한 마리를 잡고 또 잡으니 숫자가 감해져 줄어들게 됨으로써 '덜다'의 뜻을

　 가진다고 한다. - 감할 쇄, 덜 쇄

함자례 : 鍛

臿 가래 삽	『가래, 찧다 등』의 뜻을 가진다.

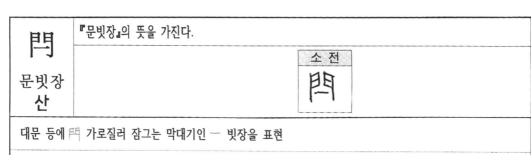

1) 흙 또는 재를 담아 옮기는데 쓰는 부삽인 가래의 臿 모양을 표현

2) 절구인 확에 臼 곡식을 넣고 공이질을 하여 午 찧는 것을 표현

함자례 : 揷, 歃

192

雥	『떫다, 꺼리다, 말을 더듬다, 막히다, 웃다 등』의 뜻을 가진다.

<table>
<tr><td rowspan="2">雥

떫을 삽
웃을 색</td><td></td><td>금 문</td><td>소 전</td></tr>
<tr><td></td><td>屮屮
屮屮</td><td>屮屮
屮屮</td></tr>
</table>

많은 사람들이 막아서서 저항하는 힘이 강해 행하기가 어려울 정도가 되니 屮屮 입맛이 떫고 어이가 없어 웃게 됨을 표현 (= 澁)

함자례(含字例) : 澁

上	『위, 앞, 가장, 옛날, 임금, 높다, 드리다, 오르다 등』의 뜻을 가진다.

<table>
<tr><td rowspan="2">上

윗 상</td><td>갑골문</td><td colspan="2">금 문</td><td colspan="2">전 문</td></tr>
<tr><td>二</td><td>二</td><td>上</td><td>丄</td><td>上</td></tr>
</table>

어떤 기준선 ― 보다 위쪽에 위치하는 ⁻ 것을 위라고 표현

함자례 : 卡

相	『서로, 돕다, 모양, 정승, 자세히 보다, 점치다, 생각하다 등』의 뜻을 가진다.

<table>
<tr><td rowspan="2">相

서로 상</td><td>갑골문</td><td>금 문</td><td>소 전</td></tr>
<tr><td>꿈</td><td>₩B</td><td>₩B</td><td>₩相</td></tr>
</table>

나무가 ✼ 자라나는 것을 사람이 눈으로 ☞ 자세히 살펴봄을 표현
　사람이 나무를 살펴보듯 나무도 사람을 마주하여 나란히 서로 보고 있음에서 '서로'라는 뜻을 가지며,
　나무를 돌보듯 백성을 돌봐 도와주는 사람이 정승임에 '돕다'와 '정승' 등으로 그 뜻이 확대 파생되었다.

함자례 : 想, 霜, 箱, 湘, 廂

爽	『시원하다, 상쾌하다, 좋다 등』의 뜻을 가진다.

<table>
<tr><td rowspan="2">爽

시원할
상</td><td></td><td>금 문</td><td>소 전</td></tr>
<tr><td></td><td>双
爽</td><td>爽</td></tr>
</table>

더울 때 사람이 大 성글게 짠 옷을 ※※ 입고 있으므로 해서 시원해짐을 표현

함자례 : 壊

象 코끼리 상	『코끼리, 형상, 모양, 얼굴, 본뜨다, 같다 등』의 뜻을 가진다.

	갑골문	금 문	소 전

코끼리의 긴 코⑦, 큰 귀◯, 다리◯, 꼬리↑ 의 형상을 표현

　코끼리가 본뜻이지만, 이 동물은 남방의 동물로 본적이 없는 고대 은나라(황하 유역) 사람은 그려서 온 그림을 보고 만든 글자이기에 '象'에는 '모양, 형상, 그리다, 본뜨다 등'의 뜻을 갖고 있다 한다.

함자례(含字例) : 像, 橡, 豫

喪 잃을 상	『잃다, 상복을 입다, 죽다, 망하다, 달아나다 등』의 뜻을 가진다.

갑골문		금 문	소 전

(甲) 잎이 달린 뽕나무 가지를 걸어◯◯ 초상이 난 상가를 표시해서 사람을 잃었음을 표현

(篆) 개(사람)가◯ 죽어◯ 이 세상을 떠나므로 그 잃은 것을 슬퍼하여 울고◯◯ 있음을 표현

함자례 : 繰

賞 상줄 상	『상주다, 증여하다, 칭찬하다, 즐겨 구경하다 등』의 뜻을 가진다.

금 문		소 전

재물을◯ 상으로 주어 상대방을 격려함으로써 어떤 추진 시책의 가치를 숭상하고◯ 추구하게 함을 표현

함자례 : 償, 贘

桑 뽕나무 상	『뽕나무』의 뜻을 가진다.

소 전

손바닥의 모양과 같은◯ 많은 잎새를 가진 나무가◯ 뽕나무임을 표현

함자례 : 顙

| 商
장사 상 | 『장사, 장수, 상인, 상나라, 장사하다 등』의 뜻을 가진다. |

커다란 형구를 ☌ 청동으로 만든 대좌 위에 ☊ 올려놓고 나라의 존엄한 형벌권을 과시하는 모습을 표현
처음에는 상나라의 명칭으로 쓰이다가 상나라가 망한 뒤 장사에 수완이 뛰어난 유민들이 행상을 한 데서
'장사'로 그 뜻이 파생되었다 한다. - 장사 상, 상나라 상

※ 일설에 의하면 끌이나 정으로 바위굴을 파고 창을 내어서 만든 대형 동굴의 혈거에서 살았던 부족을 나타내는 상형자라고도 한다.

함자례(含字例) : 謫

| 霜
서리 상 | 『서리, 세월, 절개 등』의 뜻을 가진다. |

갑골문	금 문	전 문
霙	-	霜 霜

가을 겨울에 기온이 내려갈 때 지면 가까운 곳에 공기가 머금고 있는 수증기가 ☁ 응결되어 생기는 흰 결
정체로 식물을 숙살(肅殺 : 열매가 ☊ 열린 식물이 ↗ 시들어 축 늘어진 ↙ 모양)시키는 霜 서리를 표현

함자례 : 孀

| 尙
오히려
상 | 『오히려, 아직, 숭상하다, 높다, 자랑하다 등』의 뜻을 가진다. |

금 문	소 전
尙 尙 尙	尙

1) 지붕엔 채광 창이 있고 ⌂ 벽체에 출입문이 ⊔ 있는 집으로 다른 집보다 오히려 높게 지어진 집을 표현
다른 자와 결합시 '집'의 뜻을 가지며, 이와 같은 가옥 구조가 전래 되어 숭상되었음을 나타내고 있다.

2) 여성의 신체(가슴↘, 몸통과 하체⌂, 산도⊔)를 표현
모계 사회시대에는 여성들이 오히려 남성보다 높은 지위를 가져 숭상을 받았다는 뜻을 갖고 있다.

함자례 : 當, 堂, 黨, 棠, 倘, 常, 嘗, 裳, 敞

| 嘗
맛볼 상 | 『맛보다, 경험하다, 체험하다, 겪다, 일찍이, 이전에 등』의 뜻을 가진다. |

(金) 집에서 ⌂ 솥의 ⊔ 음식을 숟가락으로 ≺ 맛을 봄을 표현
(인) 음식을 만드는 여성이 ⌂ 솥의 ⊔ 음식을 숟가락으로 ≺ 맛을 봄을 표현

함자례 : 鱨, 嚐

常 항상 상	『항상, 일정하다, 떳떳하다, 늘, 평소, 법도 등』의 뜻을 가진다.
	소 전

(篆) 옛적에 유행했던 복식으로 사람들이 집에서 尙 항상 편하게 입었던 옷인 巾 긴 치마를 표현
(인) 여성(사람)들이 尙 신체의 중요 부분을 가리기 위해 두르고 있는 옷으로 巾 치마를 표현
　(원뜻) 치마 상 → (바뀐 뜻) 항상 상 → (대체字로) 裳 치마 상

함자례(含字例) : 嫦

色 빛 색	『빛, 색채, 낯, 광택, 기색 등』의 뜻을 가진다.
	갑골문　　금　문　　소　전

남녀 두 사람이 정을 나눌 때 상기(上氣)된 상태에서 얼굴을 통해 나타나는 기색을 빛으로 표현

함자례 : 艴, 絶, 艷

嗇 아낄 색	『아끼다, 아껴쓰다, 인색하다 등』의 뜻을 가진다.
	갑골문　　금　문　　소　전

들판에 환기가 잘 되게 지은 간이 창고에 亩 곡물을 ㅆ 수확하여 잠시　알곡을 저장해 둔 것으로 아껴서
먹음을 표현

함자례 : 穡, 墻, 薔, 牆, 檣

索 찾을 색 노 삭	『찾다, 구하다, 노, 동아줄, 새끼, 새끼를 꼬다 등』의 뜻을 가진다.
	갑　골　문　　　　　금　　문　　　　소　전

풀(볏짚)이나 실을 ∀ 양 갈래로 갈라 두 손으로 비벼 꼬아서 만든 밧줄로 ∦ 새끼나 노를 표현
　옛사람들은 늘 줄을 묶은 화살로 사냥을 하였는데, 화살을 맞은 새나 짐승이 줄을 달고 허둥지둥 도망쳐
　수풀 속에 숨으면 그 줄을 찾아 따라가면 숨은 사냥감을 찾을 수 있는 데서 '찾다'의 의미가 생겼다고 한다.
※ 금문에 와서 실내에서 冖 새끼를 꼬는 것으로 자형이 변화하였다.

함자례 : 繰

196

塞	『막히다, 막다, 성채, 변방. 요새 등』의 뜻을 가진다.

	갑골문	금문	소전
막힐 색 **변방 새**			

빌린 도구와 ⿱ 재료인 진흙으로 土 집 벽에 ⌒ 난 구멍이나 틈새를 메워서 ⼐ 틀어 막음을 표현

　집에 진흙으로 흙벽을 발라 틈새를 막듯이 그 의미가 확대되어 불법으로 국경을 넘는 것을 막기 위해
설치한 '변방의 요새'라는 뜻도 가진다.

함자례(含字例) : 傆

生	『나다, 살다, 기르다, 자라다, 만들다, 백성, 삶 등』의 뜻을 가진다.

	갑골문	금문	소전
날 생			

흙(땅)에서 ⼟ 싹이 ⼡ 자라나는 모양을 표현

함자례 : 産, 牲, 甥, 笙, 眚, 星, 性, 姓, 胜, 甦, 牲, 旌

黍	『기장 등』의 뜻을 가진다.

	갑 골 문			금문	소전
기장 서					

차질면서 은은한 향이 있는 ⿰ 곡식으로 ⿰ 기장을 표현

　은은한 향기를 내는 곡식으로, 갑골문에서 이 은은한 향기의 표시를 '일곱 점'으로 나타내다 그 뒤 자형을
변화시켜 흐르는 물처럼 계속해 향기를 낸다는 뜻에서 '⽔'로 바뀌었고, 소전에 가서는 다시 '⿱'로
바뀌어 가는 자형의 변화가 있었다.

함자례 : 黎

胥	『서로, 모두, 아전 등』의 뜻을 가진다.

	소 전
서로 서	

발과 ⿰ 종아리의 근육을 ⿰ 바삐 움직여 뛰어다녀야 하는 사람으로 하급관리인 아전을 표현

　바삐 뛰어다니기 위해서는 발과 종아리 근육을 '서로' '모두' 같이 움직여야 한다는 의미로 그 뜻이 확대
전의되었다

함자례 : 諝, 壻, 婿, 湑

庶
여러 서

『여러, 무리, 서자, 거의, 바라건대, 가깝다, 많다 등』의 뜻을 가진다.

갑골문			금문		소전

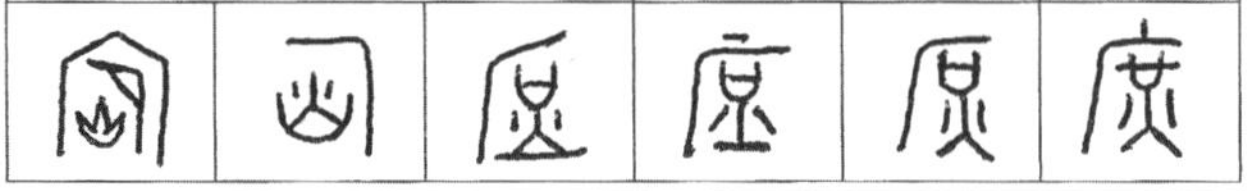

집안에 돌을 쌓아 만든 부엌에서 불을 때어 짓는 밥을 먹기 위해 모인 사람이 여럿임을 표현
밥을 먹으려 모인 무리들이 같은 아버지를 둔 서자들임을 나타낸 것이다.

함자례(含字例) : 蔗, 遮, 蹠, 摭

犀
무소 서

『무소, 코뿔소, 날카롭다』의 뜻을 가진다.

소전

소처럼 생긴 육중한 몸집에 머리에는 꼬리처럼 생긴 긴 뿔이 나 있는 무소를 표현

함자례 : 遲, 穉

西
서녘 서

『서녘, 서쪽, 서양, 서쪽으로 가다, 깃들이다 등』의 뜻을 가진다.

갑골문		금문		전문	

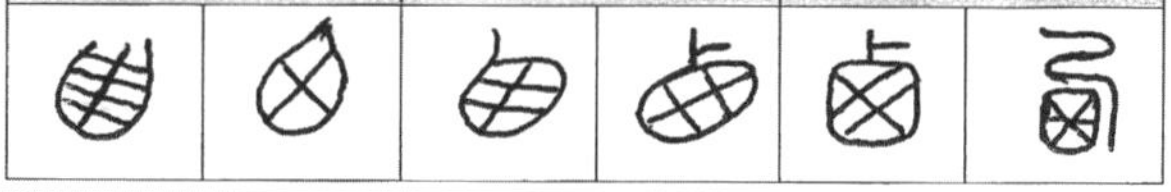

(甲) 고대 줄을 엮어서 만든 행낭(行囊)으로 여성용 여행 짐을 담는 가방(낭대)을 표현 (= 卤)
그 뜻이 가차되어 '서쪽'의 뜻을 가진다.

※ 옛날에는 남자들이 등에 메는 행낭 보따리를 '東'이라 했고, 여자가 이고 가는 행낭을 '西'라 했다. 지금도 중국에서 '東西'라 하면 '물건'을 말한다.

(인) 해가 서쪽으로 지면 새가 자려고 둥지로 돌아와 깃들이는 모습을 표현

함자례 : 迺, 栖, 洒, 哂

鼠
쥐 서

『쥐, 좀도둑 등』의 뜻을 가진다.

갑골문		금문		소전

이빨을 보이는 쥐가 서 있는 모양을 표현

함자례 : 癙, 鼬, 竄

筮 점 서	『점, 점치다』의 뜻을 가진다. 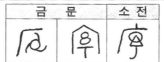

무당이 ![무] 대나무 ^^ 산가지를 이용해서 점을 치는 것을 표현

함자례(含字例) : 噬, 滋

序 차례 서	『차례, 학교, 담장, 실마리, 서문, 펴다 등』의 뜻을 가진다.

베틀의 씨줄을 풀어내는 북에서 ![북] 실이 나와 차례차례로 베가 짜여지듯이 동서로 뻗은 길을 따라 차례차례로 이어져 지어진 집의 ![집] 담장을 표현

함자례 : 墇

署 관청 서	『관청, 마을, 부서, 임명하다 등』의 뜻을 가진다. 소 전

그물처럼 ![그물] 얽혀있는 백성들의 ![자] 일을 풀어서 법에 맞게 다스려 나가는 곳이 관청임을 표현
  그물처럼 얽힌 상태로 ![그물] 사람들이 ![자] 서로 의지하며 살아가는 곳이 '마을'이기도 하다.

함자례 : 曙, 薯

暑 더울 서	『덥다, 더위』의 뜻을 가진다. 소 전

강한 햇볕으로 인해 태양의 ![일] 열기가 끓는 가마솥과 ![자] 같이 찌는 듯한 기운을 일러 더위로 표현

함자례 : 潴

敍 펼 서	『펴다, 늘어서다, 진술하다, 차례, 순서 등』의 뜻을 가진다.			
		갑골문	금 문	소 전
		𣁽	-	敍

지팡이를 짚고서 ♤ 어떤 일에 대한 방도(方道)를 묻는 사람을 깨우쳐주기 위해 ✕ 자기의 생각을 순서대로
펴서 말해 줌을 표현

함자례(含字例) : 漵

書 글 서	『글, 글자, 문장, 편지 등』의 뜻을 가진다.			
		갑골문	금 문	소 전
		𦘞	書	書	書

1) 손에 ♤ 붓을 ㅅ 들고 낮시간 동안, 때때로 일어난 일들을 상형자 등으로 기록한 것이 ◡ 글임을 표현
2) 손에 ♤ 붓을 ㅅ 들고 성인이나 주군 등이 말한 것을 받아 적은 것이 ◡ 글임을 표현
  '書(서)'와 '晝(주)'는 어원이 같은 자인데, '書'는 동사로 붓을 들고 낮 동안 그림과 글씨로 때에 따른 일들을
  기록한 것이고, '晝'는 명사로 일출에서 일몰까지의 시간으로 글을 적을 수 있는 '낮'을 나타낸다고 한다.

함자례 : 圖

夕 저녁 석	『저녁, 밤, 저물다 등』의 뜻을 가진다.			
		갑골문	금 문	소 전
		𝄐 𝄐	𝄐 𝄐 𝄐	夕

해가 지고 난 뒤 서쪽 하늘에 나타나는 초승달로 ☽ 황혼의 초야(初夜)에 해당하는 시간대인 저녁을 표현
일반적인 달을 나타내는 '月'에서 가운데 한 획이 줄어든 자형이다.

함자례 : 名, 汐, 飧, 外, 夗, 夤

石 돌 석	『돌, 섬, 돌비석 등』의 뜻을 가진다.			
		갑골문	금 문	소 전
		ㅂ 石	石	石

산언덕 ⌐ 아래에 돌이 ㅂ 굴러떨어져 있는 모양을 표현

함자례 : 碉, 碣, 硜, 硬, 磬, 磣, 磽, 硅, 磯, 碁, 碐, 砭, 碌, 礦, 礫, 磊, 硫, 砬, 磨, 碼, 磻, 礬, 磐, 磅,
  碧, 硼, 碑, 砒, 砂, 碩, 甌, 鈶, 碎, 岩, 礙, 碍, 硏, 硯, 碗, 磁, 柘, 斫, 砥, 砠, 碇, 碩, 磋, 砦,
  礎, 硝, 礁, 拓, 跖, 坧, 砧, 宕, 妬, 破, 砲, 確

昔 예 석	『옛날, 어제, 접때, 처음, 말린 고기 등』의 뜻을 가진다.					
		갑 골 문		금 문		소 전

물살이 거세게 솟구치며 흘러간 대홍수로～ 황폐화가 일어났던 먼 옛날의 ▭ 상고시대를 표현
상고시대 그때의 시간이 ▭ 물처럼～ 흘러가 버리고 없는 까마득히 먼 '옛날'임을 나타내었다.

함자례(含字例) : 借, 腊, 鵲, 耤, 踖, 措, 借, 錯, 斮, 醋

舄 신 석 까치 작	『신, 주춧돌, 개펄, 까치 등』의 뜻을 가진다.				
		금		문	소 전

조류의 수컷이 암컷의 등에 올라 날개를 퍼덕이며 짝짓기하는 모양의 상징적인 새로 까치를 표현
　그 연유는 알 수 없으나 뜻이 가차되어 '신발'과 '개펄'의 뜻을 가지는데, 조류들의 서식지로 먹이 활동과
함께 짝짓기하는 곳이 어쩌면 광활한 '개펄' 지역일 수 있고, 다른 하나는 금문 자형(字形) 자체가 신발 모형
을 하고 있는 데서 '신'의 뜻으로 가차되어 그런 뜻을 가지게 된 것이 아닐까로 단지 추정이 될 뿐이다.

함자례 : 潟

析 쪼갤 석	『쪼개다, 가르다, 해부하다, 밝히다 등』의 뜻을 가진다.			
		갑 골 문	금 문	소 전

도끼로 통나무를 쪼개면 그 속이 어떤지를 알아볼 수 있음을 표현

함자례 : 晳, 淅

席 자리 석	『자리, 앉는 자리, 자리를 깔다 등』의 뜻을 가진다.				
		갑 골 문	금 문	전	문

(甲) 식물의 덩굴이나 대껍질을 교차되게 엮어 물결무늬가 나오게 만든 깔개 자리를 표현
(篆) 집안에서 윗사람이 깔고 앉을 수 있게 천으로 만들어진 방석 자리를 표현

함자례 : 蓆

先 먼저 선	『먼저, 옛날, 앞, 조상, 앞서다, 나아가다 등』의 뜻을 가진다.

	갑골문	금 문	소 전

다른 사람보다 ⚡ 앞서 걸어 나가 ⚡ 남보다 먼저 도착한 것으로 시간적 순서가 앞섬을 표현

함자례(含字例) : 銑, 詵, 跣, 珗, 銑, 洗, 侁, 駪

善 착할 선	『착하다, 좋다, 훌륭하다, 잘하다, 친하다 등』의 뜻을 가진다.

갑 골 문				금문	소전

(甲) 양처럼 ♉ 눈빛이 찬찬하고 온화하며 ⚡ 자비롭고 인자한 모양으로 착함을 표현

(인) 표정과 태도가 양처럼 ♉ 찬찬하고 온화하며 하는 말이 자상하고 친절한 것으로 誩 착함을 표현

다른 자와 결합시 '착하다, 좋다' 등의 뜻을 가진다.

함자례 : 繕, 膳, 鐥, 歚, 饍, 墡

宣 베풀 선	『베풀다, 널리 펴다, 떨치다, 밝히다 등』의 뜻을 가진다.

갑골문	금 문	전 　 문	

궁궐에서 ⌂ 조정 중신이 황제가 서명한 교지인 조서 또는 임명서를 큰소리로 읽어 ◎ 그 뜻을 세상에 ⚋ 널리

베풀어 밝히는 것을 표현

함자례 : 瑄, 渲, 愃, 喧, 暄, 萱, 誼, 煊

扇 부채 선	『부채, 문짝, 사립문, 부채질하다 등』의 뜻을 가진다.

소 전

새의 날개깃처럼 ⚡⚡ 얇게 만들어 문을 ⎰ 여닫는 동작과 같이 손에 쥐고 부치는 도구로 부채를 표현

새의 펼쳐진 날개처럼 　 나무의 잔가지를 엮어서 만든 문짝으로 　 '사립문'을 뜻하기도 한다.

함자례 : 煽

鮮	『곱다, 선명하다, 깨끗하다, 적다, 드물다, 생선 등』의 뜻을 가진다.

	금 문	소 전
	筆朡	鮮

고울 **선**

갓 잡은 물고기와 🐟 싱싱한 양고기는 🐑 그 겉모습이 고운 빛을 내며 선명한 상태임을 표현
　　물고기와 양고기는 자연의 고온 상태에서 여간해서 신선하게 보관할 수 없는 물건으로 오래 보관하는 것이
　　어려운 데서 '드물다'의 뜻이 생겼다고 한다.

함자례(含字例) : 蘚, 癬

䙴	『오르다, 옮기다』의 뜻을 가진다.

	금 문	소 전
	䙴	䙴

오를 **선**
옮길 **천**

온 가족이 힘을 모아 🖐 세간살이인 짐보따리를 ◊ 꾸려 들고 멀리 다른 곳으로 ♋ 이동하여 옮겨감을 표현
　　이삿짐을 옮겨가듯 죽은 이의 시신을 옮겨 장사를 지내므로 그 혼이 하늘로 올라간다는 파생된 뜻을
　　갖기도 한다. - 오를 선

함자례 : 遷

旋	『돌다, 회전하다, 원을 그리다, 둥글다 등』의 뜻을 가진다.

	갑 골 문	금 문	소 전
	旋	旋 旋	旋

돌 **선**

전쟁에서 승리를 거둔 군대가 깃발을 중앙에 세워두고 🚩 원을 그려 돌면서 🖖 승전고를 울리며 자축(自祝)함을
　　표현

함자례 : 㴂, 嫙

仙	『신선, 신선이 되다』의 뜻을 가진다.

	소 전
	仚

신선 **선**

산속에 들어가 ⛰ 살며 도를 이룬 사람이 🙇 신선임을 표현

함자례 : 茾

高	『사람이름』의 뜻을 가진다.		
사람이름 설		소 전	
		彖	
머리 부분이 크고 ◌ 몸이 길며 ∫ 맹독을 가진 ⌐ 절지동물을 전문적으로 잘 잡는 ⌐ 사람을 표현			
함자례(含字例) : 鱈			

舌	『혀, 언어, 말하다 등』의 뜻을 가진다.					
혀 설		갑 골 문			금 문	소 전
		屮	屮	屮	屮	屮
말을 할 때 입에서 ⊔ 들락날락하는 혀의 ⅄ 모양을 표현						
함자례 : 括, 刮, 适, 栝, 佸, 聒, 恬, 甜, 餂, 話, 活						

設	『베풀다, 세우다, 설치하다, 진열하다 등』의 뜻을 가진다.		
베풀 설		금 문	소 전
		設	設
옛날 요역이나 노역의 현장에서 감독관이 채찍을 들고 ∖ 징발된 인부(노예)들을 ⌒ 독려하고 다그쳐서 ⌐ 계획한 시설물을 베풀어 설치함을 표현			
함자례 : 蔎			

辥	『허물, 사형』의 뜻을 가진다.			
허물 설		갑골문	금 문	소 전
		辥	辥	辥
혼외 임신을 하여 여성으로서의 덕을 잃은 부녀자에게 ⌐ 형구로 ▽ 형벌을 집행하는 ∫ 모습으로 허물을 표현			
함자례 : 嬖			

薛 성씨 설	『성씨, 맑은 대쑥』의 뜻을 가진다.							
		갑 골 문					금 문	소 전
		子	㐫	孛	孛	孛	辥	薛

봉건종법제도 하에서 혼외 임신을 한 여성에게는 심대한 죄악으로 간주하여 형벌로 다스렸음을 표현

혼외 출생자의 의미를 강조하기 위해 '子'를 추가하여 '孽=孼(서자 얼)'자를 別造(별조)하였으며, 이런 점을 미루어 보면 '薛'은 혼외 출생자에 대해 붙여진 '성씨'였을 것으로 추정이 된다.

함자례(含字例) : 蘖, 孽

雪 눈 설	『눈, 눈이 내리다, 희다 등』의 뜻을 가진다.		

갑 골 문		금 문	소 전

(甲) 하늘에서 새의 깃털처럼 날리며 내리는 것이 눈임을 표현

(篆) 비처럼 물이기는 하나 손에 잡은 빗자루로 쓸 수 있는 것이 눈임을 표현

함자례 : 鱈

韱 부추 섬	『부추, 산부추』의 뜻을 가진다.		
	갑골문	금문	소전
	𣁬	-	韱

여러 명을 단칼에 베어서 해치듯 땅 위에 무더기로 나 있는 풀(채소)을 한꺼번에 움켜잡고 벨 수 있는 부추를 표현

함자례 : 纖, 殲, 懺, 讖, 籤

夾 숨길 섬	『숨기다』의 뜻을 가진다.	
	소 전	
	-	

사람이 남의 물건을 훔쳐 양 겨드랑이 밑으로 들여서 숨기는 것을 표현

함자례 : 陜

剡 땅이름 섬 날카로울 염	『땅이름, 날카롭다, 깎다 등』의 뜻을 가진다.

	소 전

거센 불에炎 단금질을 하여 칼을刂 잘 만드는 지역이 섬이라는 곳임을 표현

　그 지역에서 불로 단금질하여 만든 칼은 날이 아주 날카로웠음을 나타낸다. - 날카로울 염

함자례 : 剾, 剜

聶 소곤거 릴 섭	『소곤거리다, 쥐다 등』의 뜻을 가진다.

	소 전

여러 사람들이 서로 귀를 맞대고聶 소곤소곤 얘기를 함을 표현

함자례(含字例) : 攝

疌 베틀 디딜 판섭 이길 첩	『베틀 디딜 판, 빠르다, 이기다』의 뜻을 가진다.

금 문	소 전

1) 베틀에 앉아 손으로 실북을 날리며 발로 베틀 발판을 디디어 베를 짬을 표현
2) 전쟁터에서 병사들이 창검을 손에 쥐고 재빠른 동작으로 진퇴를 거듭하며 기민하게 작전을 펼
　쳐 싸움에서 이긴 것을 표현

함자례 : 捷, 睫

成 이룰 성	『이루다, 갖추어지다 등』의 뜻을 가진다.

갑 골 문		금 문		소 전

(甲) 무력을 써 성읍을 정복하는 전쟁에서 이겨 목적한 성과를 이루었음을 표현
(篆) 장정이 창을 들고 적과 싸워 이겨서 성과를 이루어냈음을 표현

함자례 : 城, 盛, 誠, 晟, 宬, 筬, 珹, 娍

206

星 별 성	『별, 해, 세월, 천문, 점 등』의 뜻을 가진다.

	갑 골 문		금 문	전 문	

땅에서 초목의 싹이 일제히 돋아나듯이 ⅄ 온 하늘에 해처럼 빛을 내며 ⅜ 생겨나는 수많은 별을 표현

함자례(含字例) : 腥, 醒, 惺, 猩, 睲

殸 소리 성	『소리, 노래, 풍류, 소리를 내다 등』의 뜻을 가진다.

	갑골문	금 문	소 전
		–	

고정 지지대의 줄에 ⅄ 달려 있는 편경(석경)을 ⌐ 막대로 치니 ⅊ 소리가 남을 표현

함자례 : 磬, 罄, 聲, 馨

盛 성할 성	『성하다, 성대하다, 많다, 무성하다 등』의 뜻을 가진다.

	갑골문	금 문		소 전

무력으로 패업(霸業)을 이루어서 ⅄ 제왕(帝王)의 업적이 정점에 이르고 나라가 날로 번창하여 넘쳐나는 국력으로 ⅜ 주변 국가에도 많은 영향을 미칠 수 있는 나라가 될 정도로 성해짐을 표현

함자례 : 壗

省 살필 성 덜 생	『살피다, 깨닫다, 관청, 마을, 덜다, 허물 등』의 뜻을 가진다.

	갑골문	금 문		소 전

눈을 적게(가늘게) 뜨고서 ⌒ 초목의 싹이 ⅄ 잘 자라는지를 자세히 살펴봄을 표현
뒤에 백성의 안위를 살핀다는 뜻으로 확대되어 그 일을 행하는 '관청'이란 뜻을 갖게 되었고, 나아가 나라 안에서 뜻밖의 재앙을 당한 백성에 대하여는 그 사정을 보살펴 조세를 감면해 줌으로써 고통을 덜어준다는 뜻도 아울러 갖고 있다.

함자례 : 渻

聖 성인 성	『성인, 임금, 신선, 슬기, 거룩하다, 성스럽다 등』의 뜻을 가진다.

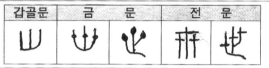

| | 갑골문 | | 금 문 | | 소 전 | |

하늘이 내리는 천리의 뜻을 잘 들어 ♀ 자각하고 그 깨친 진리로서 세상 사람들을 교화해 가는 ㅂ 덕과 지혜를 두루 갖춘 우뚝 선 사람이 ↑ 성인임을 표현

함자례(含字例) : 䎫

世 인간 세	『인간, 생애, 한평생, 대, 시대, 세상 등』의 뜻을 가진다.

갑골문	금 문		전 문	

특수 지사자로, 각각 십을 나타내는 세 개의 세로선 川 밑에 가로선 하나를 ╱ 덧붙인 것으로 삼십을 표현
세 개의 십이 연결되어 더하면 삼십이라는 뜻으로, 고대 인간의 수명이 평균 삼십으로 세대가 이어지는 점에서 '인간'과 '생애'와 '한평생'의 뜻이 여기서 생겨났으며, 나아가 '세대, 시대, 세상' 등의 다양한 의미로 그 뜻이 분화 파생되어 나온 것이라고 한다.

함자례 : 継, 泄, 貰, 笹, 葉

歲 해 세	『해, 나이, 세월, 한평생, 수확 등』의 뜻을 가진다.

갑골문	금 문	소 전

큰 날을 가진 도구를 들고 ♀ 벼를 베러 가는 ♥ 모습을 표현
　벼를 베어 수확하고 나면 한 해가 끝나게 됨을 나타내었다

함자례 : 濊, 穢

貰 세낼 세	『세내다, 세를 놓다 등』의 뜻을 가진다.

소 전

한생을 살아가는 개인이 ⫶ 일정 기간 동안 타인 소유의 특정 물건에 대해 사용료인 돈을 주고 貝 수취권 (收取權)을 세내는 것을 표현

함자례 : 勧

小 작을 소	『작다, 적다, 좁다, 어리다, 낮다 등』의 뜻을 가진다.

	갑 골 문		금 문			소 전
	小	小	八	小	水	水

자잘한 모래 알맹이의 작은 낟알로 小 작음을 표현
 ※ '小'와 '沙(모래 사)'의 갑골문과 금문의 자형(小,小)이 모두 같음을 알 수 있다.

함자례(含字例) : 少, 尖

疋 발 소 짝 필	『발, 짝, 피륙, 다리 등』의 뜻을 가진다.

	갑 골 문		금 문	소 전
	疋	疋	疋	疋

무릎 아래의 모양으로 움직이는 발의 疋 모습을 표현
 종아리 아래의 발이 짝을 이루고 있으므로 해서 '짝'이란 뜻도 있고, 걸음 폭으로 베의 길이를 재던 데서
 '필'이란 뜻도 갖고 있다.
다른 자와 결합시 일반적으로 '걷는다'의 뜻을 가진다.

함자례 : 蛋, 胥, 旋, 疏, 疎, 是, 定, 楚

巢 새집 소	『새집, 집, 깃들이다 등』의 뜻을 가진다.

	금 문	소 전
	巢	巢

나뭇가지 木 위에 지은 둥지 안에 臼 새가 깃들어 있는 모양으로 새집을 표현

함자례 : 繰, 剿, 勦

素 본디 소 횔 소	『본디, 희다, 처음, 바탕, 순수하다 등』의 뜻을 가진다.

	금 문	전	문
	素	素	素

삼이나 모시풀 등의 식물 줄기를 삶아  갓 뽑아낸 실로 짠 천은 그 색깔은 본디 흰색임을 표현
 또 흰색 천은 다른 색 천의 바탕이 되므로 '바탕'의 뜻도 갖는다.

함자례 : 愫

关 웃을 소	『웃다, 비웃다, 업신여기다, 웃음 등』의 뜻을 가진다.

	갑골문	금 문	소 전
	吷	-	关

사람이 ⼤ 입을 크게 벌려 ⼝ 어떤 상대를 쳐다보며 웃는 모양을 표현

함자례(含字例) : 送, 朕

霄 하늘 소	『하늘, 밤, 진눈깨비, 구름, 사라지다 등』의 뜻을 가진다.

	금 문		전 문
	霄	霄	霄

잔뜩 낀 구름에서 비가 섞인(비를 닮은) ⾬ 진눈깨비가 ⾬ 내리는 컴컴한 하늘을 표현

함자례 : -

穌 깨어날 소	『깨어나다, 소생하다, 살다 등』의 뜻을 가진다.

	소 전
	穌

병약(病弱)으로 실신한 사람이 신선한 생선과 ⿂ 따끈한 밥을 ⽲ 먹고서 기운을 차려 깨어남을 표현

함자례 : 蘇

召 부를 소	『부르다, 알리다, 청하다 등』의 뜻을 가진다.

	갑 골 문			금 문		소 전
	召	召	召	召	召	召

(甲) 술 단지의 잘 익은 술을 ⾖ 구기로 떠내어 같이 먹기 위해 사람을 불러 모음을 표현

(인) 사람이 허리를 굽힌 상태로 ⼑ 힘껏 말을 하여 ⼝ 상대를 부름을 표현

함자례 : 昭, 紹, 邵, 沼, 炤, 韶, 珨, 柖, 卲, 照, 詔, 招, 超, 貂, 苕

昭	『밝다, 분명하게 하다 등』의 뜻을 가진다.		
밝을 소		금 문	소 전

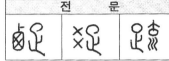

햇빛이 ◎ 사방을 두루 비추는 것처럼 황제가 군신(群臣)을 ⟩ 불러들여 ⟨ 정사를 펼치니 그 은혜와 위엄이 밝게 드러남을 표현

함자례(含字例) : 照

疏	『소통하다, 트이다, 성기다, 멀다, 상소하다 등』의 뜻을 가진다.	
소통할 소		전 문

1) 사람들이 짐보따리를 싸서 ◎ 사는 곳을 떠나 외지로 옮겨가니 ⟨ 인구가 줄어들어 성기게 됨을 표현
2) 아이가 ◈ 양수와 ⟩⟩ 함께 산도를 통해 태어나오듯이, 사람들이 살던 곳을 떠나 다른 지방으로 여행을 감으로써 ⟨ 교류가 생겨 소통됨을 표현

함자례 : 蔬

少	『적다, 작다, 줄다, 어리다, 젊다, 젊은이 등』의 뜻을 가진다.			
적을 소		갑골문	금 문	소 전

작은 알갱이의 복수로 된 물체가 ⁝ 분리되어 나누어지면 ╱ 규모는 작아지고 수량도 적어지게 됨을 표현
다른 자와 결합시 '적다, 어리다, 젊다'의 뜻을 가진다.

함자례 : 劣, 妙, 玅, 眇, 步, 沙, 紗, 砂, 省, 抄, 秒, 炒

束	『묶다, 결박하다, 매다, 삼가다 등』의 뜻을 가진다.		
묶을 속		갑골문	금 문	소 전

물건을 뭉치로 만들어서 손쉽게 옮겨가기 위해 막대기를 꽂아 끈으로 동여 ◈ 묶어놓은 것을 표현

함자례 : 剌, 辣, 賴, 疎, 速, 涑, 觫, 餗, 悚, 竦, 勅

速 빠를 속	『빠르다, 되다, 빨리, 자주 등』의 뜻을 가진다.

	갑 골 문			금 문	소 전

무거운 짐을 지고 ✿ 이동을 위해 걸어갈 때면 ⺅ 사람은 본능적으로 걸음을 재촉하여 목적지를 향해 빠르게 걸어감을 표현

함자례(含字例) : 樕

屬 무리 속 이을 촉	『무리, 동아리, 따르다, 거느리다, 잇다, 모이다, 붙이다, 부탁하다』의 뜻을 가진다.

	소 전

큰 눈을 가진 애벌레가 ✿ 식물에 붙어 잎을 먹고 자라듯이, 짐승의 꼬리 주변에 ✿ 붙어 기생하며 살아가는 같은 종류의 곤충 무리를 표현

함자례 : 囑

粟 조 속	『조, 식량, 녹봉 등』의 뜻을 가진다.

(甲) 포기마다 ✿ 씨를 가득 품고 있는 ✿ 농작물로 조를 표현

(金) 줄기 끝의 대갱이에 술통처럼 두툼한 이삭이 열리는 ✿ 쌀과 같은 ✿ 곡식으로 조를 표현

함자례 : 剰

孫 손자 손	『손자, 자손, 후손, 공손하다 등』의 뜻을 가진다.

	갑골문	금 문	소 전

아들 ✿ 뒤에 집안을 계승해 대를 잇는 ✿ 사람이 손자임을 표현

함자례 : 遜, 蓀

巽 부드러 울 손	『부드럽다, 유순하다, 공순하다, 사양하다 등』의 뜻을 가진다.

	갑골문	금문	전 문
	𢀖	𢁉	𢁉	巽

나라의 중대사를 행함을 목적으로 외국으로 사신을 보낼 때, 대상자를 정하기 위해 같은 반열(班列)에 있는
사람 중에서 𢀖 출중한 사람을 가려 뽑음을 표현

그렇게 뽑힌 사람은 대체로 지덕을 겸비한 인격에서 '공순하며 부드럽다'는 뜻이 생겨난 것으로 보고 있다.

함자례(含字例) : 選, 僎, 撰, 饌

率 거느릴 솔 비율 율	『거느리다, 좇다, 따르다, 비율, 우두머리 등』의 뜻을 가진다.

	갑골문	금 문	소 전
	⁝⁞	⁝⁞	⁝⁞	率

하천 가운데에 있는 배에 밧줄을 맨 뒤 𢀖 하천의 양변을 따라서 나눈 선부(船夫)들이 𢀖 밧줄을 잡고 ╪ 배를
끌어당기며 나갈 때는 통솔자(우두머리)가 이를 거느림을 표현

이때 양 하안(河岸)의 인부들이 밧줄을 당길 때에는 배의 전복 방지를 위해 힘의 좌우 균형이 유지되게끔
적정 '비율'로 한다는 뜻도 갖고 있다. – 비율 율

함자례 : 蟀

松 소나무 송	『소나무』의 뜻을 가진다.

	금 문	소 전
	松	松

공(公)의 작위를 가진 제후처럼 𢀖 그 외모가 빼어나고 웅장함을 지닌 나무가 ╪ 소나무임을 표현

함자례 : 崧, 淞

𧴪 자잘할 쇄	『자잘하다, 작은 조개』의 뜻을 가진다.

	소 전
	𧴪

전복 조개의 껍데기를 𧴪 자잘하게 𢀖 썰어서 모아 놓은 패각을 표현

함자례 : 鎖, 瑣

夊 천천히 걸을 **쇠**	『천천히 걷다 등』의 뜻을 가진다.			
		갑골문	금 문	소 전
		从	夂	夂

발을 땅에 붙이고 끌면서 从 천천히 걷는 모양을 표현.

다른 자와 결합시 자형의 '발'로 쓰이며, 현재는 '夂(뒤져올 치)'와 같이 쓰고 있다.

함자례(含字例) : 夔, 夌, 复, 夒, 夋, 夏, 夐

衰 쇠할 **쇠** 상복 **최**	『쇠하다, 늙다, 시들다, 상복, 도롱이 등』의 뜻을 가진다.		
		금 문	전 문
		衰 衰	衰

띠나 짚 등의 마른풀을 엮어서 ⋀ 비옷으로 ⌒ 만든 도롱이를 표현

상을 당해 마른풀을 엮어서 만든 도롱이(상복)를 입고 시묘살이를 하는 상주의 쇠약해진 모습에서 '쇠하다'의 뜻이 생겨난 것으로 보고 있다.

(원뜻) 도롱이 사 → (바뀐 뜻) 쇠할 쇠 → (대체자로) 蓑 도롱이 사

함자례 : 蓑, 簑

水 물 **수**	『물, 강물, 액체 등』의 뜻을 가진다.						
		갑 골 문			금 문		소 전
		川	水	水	水	水	水

산샘에서 흘러나온 물이 바위 절벽에서 ⟩ 물방울이 흩날리며 ⁝ 떨어지는 모습으로 물을 표현

다른 자와 결합시 '氵'와 '氺'로도 표기되며, '맑다, 넓다, 바다, 강, 내이름'의 뜻을 가진다.

함자례 : 尿, 畓, 沓, 氷, 永, 泉, 汞, 泵, 黍, 李, 泰, 暴, 渴, 減, 江, 渠, 激, 決, 潔, 溪, 灌, 溝, 潰, 汽, 沂, 濃, 泥, 溺, 淡, 潭, 滄, 湛, 渡, 濤, 潰, 池, 洞, 濫, 洛, 瀾, 浪, 涼, 瀝, 淚, 漏, 流, 潾, 淋……

百 머리 **수**	『머리』의 뜻을 가진다.	
		소 전
		—

눈과 ⊟ 이마의 ⌐ 모양으로 동물(사람)의 머리를 표현

※ '百'에 머리털 부분(丷)을 더하면 '首(머리 수)'가 되고, 목 부분(八)을 더하면 '頁(머리 혈)'이 된다.

함자례 : 面, 首, 頁, 夏, 頁

首 머리 수	『머리, 우두머리, 으뜸, 첫째, 시작하다 등』의 뜻을 가진다.
	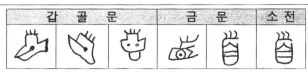

눈과 ◎ 머리털을 川 강조하여 동물 또는 사람의 머리를 표현

※ '首(머리)'는 신체 중에 최상부에 있으므로 으뜸인 '우두머리'의 뜻을 갖는다.

함자례(含字例) : 道

手 손 수	『손, 재주, 수단, 사람, 힘 등』의 뜻을 가진다.

갑골문	금 문	소 전
￥	￥	￥

다섯 손가락을 펼치고 있는 손의 모양을 ￥ 표현

다른 자와 결합시 'ㅕ'로 표기하고, 때로는 사람(예: 朼手, 歌手)의 뜻도 가진다.

함자례 : 看, 擧, 擊, 擎, 拳, 拿, 挈, 攣, 摩, 摹, 攀, 擘, 拜, 挈, 掌, 摯, 據, 拒, 揭, 拱, 控, 括, 掛, 攬,
拘, 掘, 捲, 揆, 扱, 技, 捏, 擔, 撞, 挑, 拉, 掠, 抹, 摸, 撫, 拍, 撲, 搏, 撒, 拔, 撥, 排, 捧, 扶,
拂, 批, 捨, 揷, 抒, 攝, 掃, 搔, 損, 授, 搜, 拾, 握, 按, 押, 揚, 攘, 抑, 掩, 捐, 擁, 搖 ………

殳 몽둥이 수	『몽둥이, 지팡이, 창자루 등』의 뜻을 가진다.

갑골문	금 문	소 전
㉠ ㉡	㉢	㉣

끝이 둥글고 손잡이가 긴 ↑ 타격할 수 있는 도구를 손에 잡고 ㇗ 있는 모양으로 몽둥이나 창자루를 표현

다른 자와 결합시 '사람이 어떤 행위를 하거나 또는 어떤 행위를 하게 한다'는 뜻을 나타낸다.

함자례 : 穀, 股, 殺, 穀, 轂, 穀, 毆, 骰, 段, 祋, 般, 殺, 芟, 設, 殷, 役, 疫, 殷, 毅, 殿, 投, 骰, 毁

受 받을 수	『받다, 받아들이다, 얻다, 수여하다 등』의 뜻을 가진다.

갑골문	금 문	소 전

(甲) 어떤 사람이 ㇀ 배에 ㇈ 물건을 실어서 운반해 주니 상대방이 ㇇ 받아들임을 표현

(篆) 어떤 이가 손으로 ㇑ 물건을 덮어서 ㄇ 건네주니 상대가 손으로 ㇌ 받음을 표현

함자례 : 授, 綏

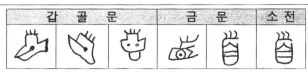

囚 가둘 수	『가두다, 감금되다, 사로잡다, 죄인, 포로 등』의 뜻을 가진다.			
		갑골문	금문	소전
		囚	囝	囝

죄인을 옥사에 가두어 놓은 모습을 표현

함자례(含字例) : 盥

垂 드리울 수	『드리우다, 늘어뜨리다, 기울다 등』의 뜻을 가진다.					
		갑 골 문			금 문	소전
		朶	朶	朶	秀	-	垒

(甲) 식물의 가지나 잎이 아래로 늘어져 드리워진 모양을 표현

함자례 : 睡. 郵. 錘. 唾

壽 목숨 수	『목숨, 수명, 장수, 머리, 오래 살다 등』의 뜻을 가진다.			
		갑골문	금 문	소전
		畐	畗	畗	畗

(甲) 밟고 다닐 수 있는 길게 뻗은 밭둑길이 긴 세월이 흘러도 그대로 유지되는 것처럼 사람이 오랫동안 삶을 표현

(金) 생명인 목숨이 건재하여 연로함에 이른 노인에게 손으로 예물을 바치며 장수(長壽)를 축하함을 표현

다른 자와 결합시 '밭둑' 또는 '오랜 세월'의 뜻을 가진다.

함자례 : 濤, 燾, 禱, 擣, 檮, 翿, 魗, 璹, 疇, 籌, 鑄, 躊, 燽, 幬, 檮

秀 빼어날 수	『빼어나다, 뛰어나다, 훌륭하다, 자라다, 무성하다, 이삭 등』의 뜻을 가진다.	
		소 전
		秀

성숙한 여인의 몸에 아기를 배듯 볏대 속에 밴 이삭이 패어 빼어나게 솟아나 있는 모습을 표현

함자례 : 琇, 銹, 誘, 莠, 透

隋	『수나라, 떨어지다, 둥글길쭉하다 등』의 뜻을 가진다.				
수나라 **수** 떨어질 **타**					

	갑골문		금문		소전

(甲) 산지에 사는 사람들이 사자의 시신을 절벽에서 깊은 계곡으로 던져 장례를 치르는 것을 표현

(篆) 제단이 있는 언덕 위에서 제기에 고기를 차려 제사를 지낸 뒤 그 고기를 떼어서 땅에 떨어뜨려 신께 감사드리는 것을 표현

이런 제사 풍습이 있었던 곳이 수 땅으로 그 뜻이 가차되어 '수나라'의 의미를 가진다.

　(원뜻) 떨어질 타 → (바뀐 뜻) 수나라 수 → (대체자로) 墮 떨어질 타

함자례(含字例) : 墮, 隨

㒸	『드디어, 두루, 끝나다, 따르다』의 뜻을 가진다.			
드디어 **수**				

	금문		소전

멧돼지를 쫓아 막다른 곳의 끝까지 따라가서 드디어 멧돼지를 잡게 됨을 표현

※ '八'는 원근을 나타낸 막다른 길 또는 골짜기를 나타내고 있다.

함자례 : 隊 遂

遂	『드디어, 이르다, 따르다 등』의 뜻을 가진다.			
드디어 **수**				

	금문		소전

멧돼지가 사냥꾼인 사람에게 쫓겨가다 드디어 막다른 곳(길)에 이르게 됨을 표현

함자례(含字例) : 隧, 燧, 璲, 穟, 檖

需	『구하다, 쓰이다, 공급하다, 기다리다, 요구 등』의 뜻을 가진다.			
구할 **수**				

	금문		소전

(甲) 가뭄 끝에 사람이 비를 흠뻑 맞을 수 있게 비가 내리기를 구하며 기다리고 있음을 표현

(篆) 수염을 기른 제사장이 하늘에 빌어 비를 구하니 비가 내려져 세상에 쓰임을 표현

함자례 : 儒, 孺, 濡, 孺, 曘, 繻, 醹

須 모름지 기 **수**	『모름지기, 틀림없이, 마침내, 반드시, 수염 등』의 뜻을 가진다.
		갑골문	금 문	소 전
---	---	---	---

머리부의 🗲 턱에 난 터럭을 ≋ 나타낸 것으로 성인 남자의 얼굴에는 모름지기 수염이 나 있음을 표현

함자례(含字例) : 鬚

叟 늙은이 **수**	『늙은이, 어른 등』의 뜻을 가진다.
		갑 골 문	금 문	소 전
---	---	---	---
			—	

옛적에 집에서 ⌐ 불씨를 ♨ 관리하는 일은 ㈜ 매우 중요한 과제로 관습상 불씨 관리는 경륜이 풍부한 노인이 하였고, 때로는 밤에 물건을 찾을 수 있게 불(횃불)을 밝히는 이도 늙은이였음을 표현(= 叜)

함자례 : 艘, 搜, 瘦, 嫂, 廋, 膄

售 팔 **수**	『팔다, 사다 등』의 뜻을 가진다.
		소 전

물건을 팔 때는 새가 ≋ 지저귀는 것처럼 손님들의 관심을 끌 수 있는 많은 말로 ㅂ 파는 것을 표현

함자례 : 奮

欶 기침할 **수**	『기침하다, 빨아들이다, 기침 등』의 뜻을 가진다.
		소 전

몸속의 폐에서 내보내는 공기를 덩어리로 묶어서 ♯ 갑작스레 터트리는 ≋ 것이 기침임을 표현

함자례 : 嗽, 漱, 潄, 瘷

218

羞	『부끄러워하다, 음식을 올리다, 드리다, 수치, 음식 등』의 뜻을 가진다.			
부끄러 워할 수		갑골문	금문	소전

성정이 순한 상서로운 동물인 양으로 정결하게 조리한 음식을 제사와 귀빈 초대 때에 올림을 표현
   신께 봉헌할 제수 음식을 더 나은 품목으로 마련해야 할 것을 양고기로 대신하였으니 정성의 부족함을
   자책하는 데서 '부끄러워하다'의 뜻이 생겨난 것으로 보고 있다.

함자례(含字例) : 饈

守	『지키다, 머무르다, 거두다, 직무, 직위 등』의 뜻을 가진다.		
지킬 수		금문	소전

적 또는 도둑의 침입에 맞서서 무기를 손에 들고 집을 지킴을 표현

함자례 : 狩

嘼	『짐승, 가축, 야만, 사냥하다 등』의 뜻을 가진다.			
짐승 수		갑골문	금문	소전

사냥개와 포획 도구를 사용하여 사냥꾼이 소리를 지르며 길짐승을 몰아 사냥함을 표현
   본래는 사냥하는 행위를 뜻하였으나 사냥의 대상인 '짐승'으로 그 뜻이 확대되었다.

함자례 : 獸

數	『셈, 역법, 수량, 몇, 세다, 셈하다, 자주, 여러번, 촘촘하다 등』의 뜻을 가진다.		
셈 수 자주 삭		금문	소전

(金) 사람이 가져온 짐보따리 속의 물건이 몇 개인지를 손으로 헤아리며 말로 세는 걸 표현
(篆) 여종이 물건이 든 짐보따리를 몇 개 이고 있는가를 주인이 막대로 치면서 세고 있는 걸 표현

함자례 : 藪

戌 수자리 수	『수자리, 지키다 등』의 뜻을 가진다.

	갑골문	금문	소전
	𢨔	戍	戍

병사가 𠂤 변방에서 병장기로 무장을 하고 𠄌 수자리를 서고 있음을 표현

함자례(含字例) : 幾

攸 닦을 수	『닦다, 고치다, 다스리다, 갖추다 등』의 뜻을 가진다.

	금문	소전
	𠧪	攸

끊임없이 다그치고 격려하여 攵 학문과 심성이 빛이 나게 彡 닦도록 함을 표현

함자례 : 修

虽 비록 수	『비록, 벌레 이름』의 뜻을 가진다.

	금문	소전
	虽	虽

비록 몸집이 작은 벌레이기는 ⾍ 하지만 입(이빨)에 口 맹독을 가지고 있음을 표현

함자례 : 强, 雖

收 거둘 수	『거두다, 익다, 거두어들이다, 모으다, 잡다 등』의 뜻을 가진다.

	소전
	收

잘 익은 농작물을 수확하는 작업으로 攴 끈이나 곡식 자체의 짚으로 단을 얽어 묶어 丩 거두어들임을 표현

함자례 : 茷

雔 새 한 쌍 수	『새 한 쌍』의 뜻을 가진다.
	소 전 雔
암수 두 마리의 짝으로 이루어진 雔 한 쌍의 새를 표현	
함자례(含字例) : 雦, 讎, 雙	

尗 콩 숙	『콩 등』의 뜻을 가진다.
	금 문 / 소 전 尗 尗
땅속의 一 뿌리에는 丨 혹이 있고 八 위로 뻗은 콩대에 丨 열린 꼬투리를 丿 나타내어 콩을 표현	
함자례 : 叔	

叔 아재비 숙	『아재비, 콩, 줍다 등』의 뜻을 가진다.
	금 문 / 전 문 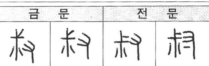
손으로 ㅋ 콩대를 朮 수확하는 사람이 아재비(아저씨)임을 표현 하나의 콩대에 많은 꼬투리가 달리듯 대가족의 구성원으로 한 배(뿌리)에 태어나서 집안일을 돕는 사람이 '아재비'임을 나타내었다.	
함자례 : 督, 淑, 菽, 俶, 琡, 寂, 椒, 踧	

孰 누구 숙	『누구, 무엇, 익다, 여물다, 무르익다 등』의 뜻을 가진다.
	갑골문 / 금 문 / 소 전
(甲) 조상의 신주를 모신 사당에서 台 두 손으로 잘 익힌 제물을 받들어 ㅋ 제사를 올림을 표현 (篆) 조상의 신주를 모신 사당에서 台 솥단지에 皿 잘 삶아 익힌 양고기를 羊 제물로 받들어 제사를 올리면서 조아리는 丮 모습을 표현 뒤로 오면서 제물을 올린 사람이 '누구'며 '무슨' 제물로 썼는지로 그 뜻이 전의(轉義)된 것으로 보고 있다. (원뜻) 익을 숙 → (바뀐 뜻) 누구 숙 → (대체자로) 熟 익을 숙	
함자례 : 熟, 塾	

宿 잘 숙 별자리 수	『자다, 묵다, 지키다, 별자리 등』의 뜻을 가진다.

	갑 골 문		금 문	소 전

집 안에서⌂ 사람이 ⑦ 자리를 펴고 ⊗ 자고 있는 모습을 표현

　사람이 ⑦ 집에서 누워 자듯이 ⊗ 하늘의 별도 저마다의 위치에서 자리를 ⌂ 차지하고 있다는 의미로
'별자리'의 뜻을 나타내기도 한다. - 별자리 수

함자례(含字例) : 縮, 蹜

肅 엄숙할 숙	『엄숙하다, 공경하다, 경계하다, 엄하다, 삼가다 등』의 뜻을 가진다.

	금 문	전 문	

배를 타고 손으로 ⋺ 삿대질을 ⼈ 하여 깊은 못을⽥ 건널 때는 삼가 조심하고 엄숙해야 함을 표현

함자례 : 簫, 蕭, 嘯, 瀟, 蟰, 繡, 瀟, 橚

旬 열흘 순	『열흘, 열흘 동안, 두루, 고르다 등』의 뜻을 가진다.

	금 문	소 전

일진은 ⊙ 천간(天干: 甲~癸)을 기준으로 반복해 돌고 있으며 ⊃ 그 천간이 도는 주기가 열흘임을 표현

함자례 : 殉, 洵, 徇, 荀, 筍, 恂, 詢, 枸, 郇, 珣, 絢

恂 정성 순	『정성, 진실하게 여기다 등』의 뜻을 가진다.

천간이 돌고 돌듯⊙ 마음을 Ψ 거듭 반복해 써서 정성을 드림을 표현

함자례 : 愖

盾 방패 순	『방패, 피하다 등』의 뜻을 가진다.

	갑 골 문			금문	소전
	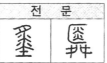				

(甲) 넓찍하고 단단한 사각 막이판 ▱ 뒤에 긴 막대의 손잡이가 있는 ‡ 방패를 표현

(篆) 병사가 전투 시에 적의 창검과 화살의 공격으로부터 앞쪽을 방어하여 ☰ 몸을 보호하는 장비로 ⌐ 방패를 표현

함자례(含字例) : 遁, 循, 楯

舜 순임금 순	『순임금, 뛰어나다, 나팔꽃, 무궁화 등』의 뜻을 가진다.

	전 문	

1) 땅위에 ± 불을 놓고 ☼ 짐승의 고기를 ✐ 진흙으로 싸서 불에 구워 먹는 것을 표현(= 釜)
   음식을 불로 익혀 먹는 것을 제도적으로 널리 보급한 수령이 '순임금'이라고 한다.

2) 불에 대한 숭배의 표시로 햇불을 ⊠ 손에 들고 모두뛰며 ㅐㅐ 춤추는 것을 표현(= 舜)

함자례 : 瞬, 蕣, 橓

奞 날개칠 순	『날개를 치다』의 뜻을 가진다.

	소 전

사람이 다가가니 ㅊ 새가 ☰ 날아오르려고 크게 날개를 침을 표현

함자례 : 奮, 奪

脣 입술 순	『입술』의 뜻을 가진다.

	소 전
	弖

조개가 ⊟ 입을 벌리고 닫듯 이런 신체 기능을 하는 기관이 ✐ 입술임을 표현

함자례 : 脣

純 순수할 순	『순수하다, 진실하다, 돈독하다, 온화하다, 실 등』의 뜻을 가진다.

	갑골문	금 문	소 전
	𡳿	𡳿	𦀇	純

방금 돋아난 새싹처럼 𡳿 갓 뽑아 놓은 실의 𢆷 색깔이 단색(單色)으로 순수함을 표현

함자례(含字例) : 純

戌 개 술	『개, 열한째 지지』의 뜻을 가진다.

배가 볼록하게 나온 반월형의 넓은 도끼날이 ⼽ 달린 병장기로 ⼽ 창을 표현,
　　도끼날이 '戊'와는 반대로 생겼으며, 뜻이 가차되어 '열한째 지지, 개'의 뜻을 가진다.

함자례 : 戚, 成, 威

習 익힐 습	『익히다, 배우다, 연습하다, 버릇, 습관 등』의 뜻을 가진다.

	갑골문	금 문	소 전
	𦏵	𦏵	習	習

어린 새가 이소(離巢)하기 전에 새집에서 ⼞ 날개를 𦏵 퍼득이며 날기 위해 연습을 수없이 반복하며 나는
법을 익힘을 표현

함자례 : 摺, 熠, 翫, 摺

升 되 승	『되, 오르다 등』의 뜻을 가진다.

구기로 𣪍 술 단지 안에 있는 술을 ⼃ 떠내듯 손잡이가 있는 됫박으로 곡식을 퍼서 올림을 표현

함자례 : 昇

224

昇 오를 승	『오르다, 올리다 등』의 뜻을 가진다.

소 전

술 단지 안의 술을 ≡ 구기로 ㆍ 퍼서 올리듯 태양이 ㅂ 지평선 위로 하늘 높이 떠오름을 표현

※ '昇'은 자신의 노력으로 기량을 발전시켜 스스로 등급을 올리는 것(능동)을 뜻하고, '晉'은 군주 또는 상급
자가 자질을 인정해주어 등급이 오르는 것(수동)을 뜻한다고 한다.

함자례(含字例) : 熪

丞 이을 승	『잇다, 받들다 등』의 뜻을 가진다.

소 전

받듦을 받는 ㆍ 갓 태어난 아이가 ㆍ 부모의 뒤를 이어 대를 계승함을 표현

함자례 : 承, 丞

丞 정승 승	『정승, 돕다, 받들다, 이어받다 등』의 뜻을 가진다.

갑골문	금 문	소 전

깊은 구덩이와 같은 ∪ 도탄에 빠져있는 백성을 ㆍ 구출하기 위해 도와주는 ㆍ 자리에 있는 사람이 정승임
을 표현

함자례 : 烝, 拯, 蒸

乘 탈 승	『타다, 오르다, 헤아리다, 이기다, 불법, 수레 등』의 뜻을 가진다.

갑골문	금 문	전 문

나무 ㆍ 위에 사람이 ㆍ 올라가 타고 있는 모습을 표현

함자례 : 剩

勝 이길 **승**	『이기다, 뛰어나다, 훌륭하다, 경치가 좋다, 견디다 등』의 뜻을 가진다.

	금 문	소 전
	朕	勝

배를 ⻖ 타고 하는 용선(用船) 경기에서 횃불을 ⺉ 밝히고 노를 힘차게 ⼒ 저어 ⺝ 상대보다 앞서가야 하는 시합에서 이기는 것을 표현

함자례(含字例) : 勝

豕 돼지 **시**	『돼지 등』의 뜻을 가진다.

갑골문	금 문		소 전
豕	豕	豕	豕

돼지의 편편한 머리와 ⼀ 다리 ⺕ 및 꼬리의 ⺄ 모양을 강조해서 표현

함자례 : 家, 豣, 豚, 豶, 豕, 豬, 豩, 豣, 豪, 豨

市 저자 **시**	『저자, 시장, 장사 등』의 뜻을 가진다.

	금 문	소 전
	市	市

(金) 상인이 걸어 가면서 ⺌ 요란한 악기 소리를 내어 ⼅ 물건을 팔고 있는 저잣거리를 표현

(인) 점포마다 ⼅ 파는 물건을 알리는 깃발을 ⼍ 세워놓고 각자의 물건을 팔며 장사하는 곳이 저자임을 표현

함자례 : 閙, 柿

尸 주검 **시**	『주검, 시체, 위패 등』의 뜻을 가진다.

갑골문	금 문	소 전
尸	尸	尸

제위(祭位)에 조용히 앉아 망자를 대신하여 조문이나 제배(祭拜)를 받는 산 사람으로 ⺃ 주검을 표현

고대 제사의 전통은 산 사람을 제위에 앉혀 죽은 사람을 대표하고 사람들의 추도 조문을 받았다고 한다.

다른 자와 결합시 '산 사람, 몸(영령에), 죽은 사람' 또는 '집'의 뜻을 가진다.

함자례 : 居, 屆, 尻, 屈, 尼, 屠, 屢, 履, 尾, 屛, 犀, 屑, 屍, 尿, 屋, 尿, 展

是 이 시	『이, 그, 여기, 옳다, 바로잡다 등』의 뜻을 가진다.

	금 문	소 전

(金) 태양이 ⊙ 머리 위에서 내리쬐는 때로 손과 ⊃ 발을 ㄴ 움직여 농사일하기에 좋은 때(하지)인 이때를 표현

(인) 해가 ⊟ 움직이는 ㄤ 모습으로, 태양은 해마다 24절기에 맞춰 정확한 시각에 규칙적으로 뜨고 지니 세상에 이보다 옳고 바른 것이 없음을 표현.
　　정확한 일자로서의 시일이 '이날'이므로 뜻이 전의되어 대명사의 '이'로 쓰인다고 한다.

함자례(含字例) : 匙, 諟, 湜, 寔, 提, 堤, 題, 禔, 醍, 隄, 緹

矢 화살 시	『화살, 곧다, 바르다 등』의 뜻을 가진다.

	갑 골 문			금 문		소 전

화살의 〻 모양을 표현

함자례 : 矯, 矩, 短, 矧, 矮, 矣, 医, 族, 知, 疾, 雉

時 때 시	『때, 철, 계절, 시대, 기회 당시 등』의 뜻을 가진다.

	갑골문	금문	전 문	

태양이 ⊟ 일정한 주기에 따라 움직여가는 ㄐ 그 모든 순간이 때가 되고, 모든 순간이 모여 철이 바뀌니 계절이 됨을 표현

함자례 : 蒔, 塒

示 보일 시	『보이다, 보다, 알리다, 지시하다 등』의 뜻을 가진다.

	갑 골 문			금문	소 전

1) 인간 세상의 사람들이 하늘에 ⊤ 축원 기도를 정성껏 드리면 ｜ 신의 가호가 내려져 보이게 됨을 표현
2) 제단에 ⊤ 차린 희생물로 ㄧ 천신께 제사를 드리면서 인간에게 복이 내려져 보이기를 염원함을 표현
다른 자와 결합시 변으로 쓰일 땐 '礻'로 표기되고, '제사' 또는 '신(천지 자연의 신)'의 뜻을 가진다.

함자례 : 禁, 祈, 祇, 祺, 祁, 奈, 柰, 禱, 祿, 祔, 祕, 社, 祀, 祠, 祥, 禪, 視, 神, 祑, 禸, 禳, 禮, 祐, 禍, 祶, 禎, 祭, 禔, 祖, 祚, 宗, 祉, 禛, 禘, 祝, 祊, 祜, 禍, 禧

戠 찰흙 시	『찰흙』의 뜻을 가진다.

	갑골문		금 문		소전
	戠	戠	戠	戠	戠

선진 기술을 가진 도공이 무기를 든 ᵻ 병사의 감시를 받으며 뾰족한 조각도로 ♀ 찰흙으로 만든 토판이나 그릇에 ㅂ 글자나 문양을 새김을 표현

함자례(含字例) : 識, 職, 織, 熾, 幟

柴 섶 시 울짱 채	『섶(잎나무·풋나무 등 잡목), 울짱, 막다 등』의 뜻을 가진다.

	소 전
	柴

사람이 가던 길을 멈추고 앉아 있는 것처럼 늘 생나무를 베어 쭉 늘어(쌓아)놓은 땔감용의 풋나무로 ⅄ 섶을 표현

함자례 : 紫

施 베풀 시	『베풀다, 실시하다, 널리 퍼지다, 드러내다 등』의 뜻을 가진다.

	금문	소 전
	施	施

깃발이 바람에 나부끼며 펼쳐져 있는 것처럼 ⺉ 땅 위에 초목의 싹이 ⺙ 돋아나 널리 퍼져(베풀어져) 있음을 표현

함자례 : 鍦

侍 모실 시	『모시다, 시중들다, 기다리다 등』의 뜻을 가진다.

	소 전
	侍

궁에서 ⺊ 황제를 모시는 사람이 ⺅ 시시때때로 황명을 받들며 시중드는 것을 표현

함자례 : 徛

食 밥 식	『밥, 음식, 먹다, 기르다 등』의 뜻을 가진다.

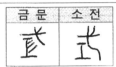

구수한 냄새가 나는 밥을 밥그릇에 담아 뚜껑을 덮어 놓은 ⓐ 모양을 표현

함자례(含字例) : 飧, 飡, 飧, 篒, 喰, 養, 壓, 饗, 餐, 飡, 饗

式 법 식	『법, 제도, 의식, 본뜨다, 본받다 등』의 뜻을 가진다.

전쟁에 사용하는 무기는 弋 나라에서 정한 법의 격식대로 만들고 工 체계적으로 작동시켰음을 표현.
　즉 장인들이 전쟁의 무기를 만들고 운용을 할 때는 일정한 법식의 기준을 지켰음을 뜻한다.

함자례 : 試, 弒, 拭, 軾, 栻

息 숨쉴 식	『숨쉬다, 호흡하다, 살다, 번식하다, 호흡, 자식 등』의 뜻을 가진다.

코로 自 공기를 들이마셔 심장으로 心 불어 넣어 숨을 쉼을 표현
　숨을 쉬면 코에서 自 심장이 心 있는 가슴으로 공기가 가서 쉬게 되는데, 처음으로 코와 심장으로 스스로
　숨을 쉬는 것이 '자식'이기도 하다.

함자례 : 熄, 媳

飾 꾸밀 식	『꾸미다. 단장하다, 꾸밈, 장식 등』의 뜻을 가진다.

(金) 손님이 人 기분 좋게 식사할 수 있도록 飠 신경을 써서 식탁을 꾸밈을 표현
(篆) 손님이 人 기분 좋게 식사할 수 있도록 飠 식탁을 닦고 깨끗한 식탁보로 巾 아름답게 꾸밈을 표현

함자례 : 飾

臣 신하 신	『신하, 하인, 섬기다, 거느리다 등』의 뜻을 가진다.				
		갑골문		금문	소전

임금 앞에서 몸을 수그리고 눈을 아래로 내리뜨고 있는 신하의 모습을 표현

함자례(含字例) : 臥, 臨, 臤

申 거듭 신	『거듭, 늘이다, 펴다, 알리다, 말하다 등』의 뜻을 가진다.				
		갑골문		금문	전 문

하늘의 구름 속에서 번개가 번쩍하고 거듭 쳐 펼쳐짐을 표현

번개가 치고 천둥소리를 내는 것은 곧 비가 올 징조임을 '알린다'는 뜻도 갖고 있다.

함자례 : 神, 伸, 紳, 呻

身 몸 신	『몸, 자신, 몸소, 신분 등』의 뜻을 가진다.			
		갑골문	금문	소전

임신을 하여 배가 불룩해진 여인의 모습으로 자신의 몸을 표현

함자례 : 軀, 躬, 射

辛 매울 신	『맵다, 독하다, 괴롭다 등』의 뜻을 가진다.			
		갑골문	금문	소전

전쟁의 포로로 잡혀온 사람을 노예로 신분을 표시하거나 죄인인 사람의 몸에 벌(黥刑: 경형)로서 문신(刺字)을 했던 형구의 모양을 표현

형구로 문신을 하면 고통이 심하고 혹독하니까 그 아픈 느낌을 '맵다'는 뜻으로 나타내었다.

함자례 : 辣, 幷, 辭, 辟, 莘, 宰, 梓, 辟

囟 정수리 신	『정수리, 숨구멍』의 뜻을 가진다.

	금 문	소 전
	⊗	⊠

털이 난 머리통의 ▢ 한 가운데 ✕ 부분이 정수리임을 표현

함자례(含字例) : 囟, 恖

新 새 신	『새, 새로, 처음, 새로운 것, 새해 등』의 뜻을 가진다.

갑 골 문			금 문		소 전
ꙮ	ꙮ	ꙮ	ꙮ	ꙮ	ꙮ

1) 땔감으로 쓰기 위해 생나무를 ✳ 날쌘 도끼로 ꞎ 찍어 자르게 되면 그루터기에서 새 움이 터서 새로운 나무가 자라남을 표현
   (원뜻) 땔나무 신 → (바뀐 뜻) 새 신 → (대체자로) 薪 땔나무(섶) 신
2) 땔감용으로 자른 원목을 ✳ 도구로 가공하여 ꞎ 완전히 새로운 용도의 물건을 처음 만듦을 표현

함자례 : 薪

卂 빨리 날 신	『빨리 날다』의 뜻을 가진다.

	금 문	소 전
	ꙮ	ꙮ

위급 상황 발생으로 손에 ┼ 깃발을 ꞎ 들고 아주 빠르게 날아가듯이 먼 곳으로 전령이 감을 표현

함자례 : 蝨, 迅, 訊

兟 나아갈 신	『나아가다, 많은 모양』의 뜻을 가진다.

갑골문	금 문		소 전
ꙮ	ꙮ	ꙮ	ꙮ

다른 사람보다 먼저 도착하기 위해 사람끼리 서로 경쟁하며 앞서 나아감을 표현

함자례 : 贊

信 믿을 신	『믿다, 맡기다, 신임하다, 신실하다, 신의, 신용 등』의 뜻을 가진다.

	금 문	소 전

(金) 마음속의 진심을 ☰ 말한 ☰ 것으로, 천 마디의 ☰ 말로 ☰ 자신이 한 말의 진실성을 보증해서 믿게 함을 표현

(篆) 사람이 ☰ 한 약속은 말한 대로 ☰ 실천한다는 뜻이니 사람의 말에는 반드시 믿음이 있음을 표현

함자례(含字例) : 脪

失 잃을 실	『잃다, 달아나다, 잘못하다, 잘못, 허물, 손실, 놓다 등』의 뜻을 가진다.

	금 문	소 전

중죄를 지어 잘못(허물)이 있는 사람의 ☰ 목을 베니 ― 목숨을 잃게 됨을 표현

이런 위급 상황을 피하려고 사람이 도망쳐 달아나게 된다는 뜻도 갖고 있다.

함자례 : 佚, 洗, 秩, 迭, 跌, 帙, 軼

悉 다 실	『다, 모두, 다하다, 깨닫다 등』의 뜻을 가진다.

	소 전

땅에 찍힌 짐승의 발자국을 ☰ 마음을 ☰ 내어 살펴보면 어떤 짐승의 발자국인지를 다 알아냄을 표현

※ 수렵 생활을 했던 옛적에는 짐승의 발자국으로 사냥감을 확인하여 추적함은 일상적인 일일 것이다.

함자례 : 蟋

室 집 실	『집, 방, 거처, 아내, 가재 등』의 뜻을 가진다.

	갑골문	금 문	소 전

밖에서 일을 마치고 집에 ☰ 이르러 ☰ 앉거나 누워서 쉴 수 있는 곳이 집이고 방임을 표현

함자례 : 腔

心 마음 심	『마음, 뜻, 생각, 가슴, 가운데 등』의 뜻을 가진다.			
		갑골문	금 문	소 전
		♡	(그림)	(그림) (그림) (그림)

몸의 중심부에 있는 심장의 모양을 ♡ 표현
  옛사람들은 성품이나 감정 등이 머리가 아닌 심장에서 생겨나는 것이라 여겨 '마음'의 뜻을 가진다고 한다.
다른 자와 결합시 '마음, 감정, 생각, 중심' 등을 나타낸다.

함자례(含字例) : 懇, 感, 憩, 恐, 急, 忌, 念, 怒, 悥, 慮, 忘, 悶, 愍, 繁, 忿, 悲, 憑, 思, 想, 恕, 憾, 恪, 慷,
慨, 怯, 慣, 怪, 愧, 懼, 懶, 懦, 惱, 憺, 悼, 憐, 慢, 忙, 憮, 憫, 慎, 惜, 性, 恃, 愼, 憶, 悅 ……

尋 찾을 심	『찾다, 탐구하다, 쓰다, 잇다, 생각하다, 여덟 자 등』의 뜻을 가진다.			
		갑 골 문	금 문	소 전
		(그림) (그림)	–	(그림)

사람이 양팔을 벌여 ﹨ 물품의 길이를) 측정하여 규격에 맞는 것을 물어 ㅂ 찾고 있음을 표현
  '尋'은 '左 + 右'가 결합해서 이루어진 자로서, 찾을 때에 양 팔을 좌우로 벌린 길이가 보통 여덟 자가
되므로 '여덟 자'의 뜻도 가진다.

함자례 : 蕁

甚 심할 심	『심하다, 지나치다, 많다, 심히, 매우, 몹시, 아주 등』의 뜻을 가진다.		
		금 문	전 문
		(그림)	(그림) (그림)

(金) 잔으로 마시고 ㅂ 맛있는 음식을 먹으며 ㅂ 성색(聲色)을 즐기는데 심하게 빠져 있음을 표현
(篆) 술과 맛있는 음식을 ㅂ 짝하여 ㅌ 성색을 즐기는 데 지나칠 정도로 심하게 빠져 있음을 표현

함자례 : 堪, 勘, 戡, 湛, 斟, 諶, 甚, 斟

審 살필 심	『살피다, 자세히 밝히다, 깨닫다, 조사하다 등』의 뜻을 가진다.	
		소 전
		(그림)

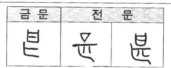

집안의 ⌂ 텃밭에 ⊞ 찍혀있는 짐승 발자국을 ※ 보고 어떤 짐승이 들어왔는지를 알기 위해 자세히 살핌을 표현

함자례 : 藩

	『열, 열 번, 전부, 완전 등』의 뜻을 가진다.			
		갑골문	금 문	소 전
열 **십**		|	|	十	十

(甲) 역사적인 일인 사실을 기록하면서 모든 것을 이룬 수로 뜻을 가지며, 하나의 끈을 늘어뜨려 놓은 것으로
   (\|) 십을 표현

※ 막대 하나를 눕혀서 1을 나타내었고, 세워서는 숫자 10을 나타내었다.

(金) 일의 한 단락을 완결했다는 뜻으로 줄(끈)에 매듭을 지은 모양으로 점을 찍어 ╀ 십을 표현.
   그 뒤 점의 횡선이 점점 길어져서 현재의 '十'이 되었다.

'十'은 모든 것을 이룬 수로, 다른 자와 결합시 '두루, 온갖, 모든, 전체'의 뜻을 가진다.

함자례 (含字例): 計, 什, 卅, 皁, 汁

	『각시, 성씨, 뿌리』의 뜻을 가진다.			
		갑골문	금 문	소 전
각시 **씨**		┌	┦	氏

씨앗에서 싹이 나 땅속으로 뻗어내린 나무의 뿌리처럼 ┌ 사람의 혈통인 성씨를 이어가게 아이를 잉태해
   낼 수 있는 각시를 표현

함자례 : 氐, 紙, 昏

234

' o '

옛사람들은 울음의 행태에 따라 구분하였는데

- 號(호) : 동물이 큰소리로 울부짖는 것을 '號'라 하고
- 哭(곡) : 사람이 하늘에 울부짖고 땅을 치며 우는 것을 '哭'이라 하며
- 涕(체) : 소리 내어 눈물을 흘리며 슬피 우는 것을 '涕'라 하고
- 泣(읍) : 슬픔에 차 소리 없이 눈물만 흘리는 것을 '泣'이라 하며
- 呱(고) : 홀로 있게 됨을 알게 된 아기가 소리 내어 우는 것을 '呱'라 했다.

8. 『ㅇ』부

亞 버금 아	『버금, 아세아, 다음가는 등』의 뜻을 가진다.			
		갑골문	금문	소전
		𤐫	十	十	十

십(十)자 형태인 황제의 무덤(墓室)을 위에서 봤을 때의 모양을 亞 표현

   태어남이 첫 번째이고, 죽어서 묘실로 가는 것은 그다음인 '버금'의 일이 됨을 나타낸 것이다.

함자례(含字例) : 啞, 惡, 埡

我 나 아	『나, 우리 등』의 뜻을 가진다.			
		갑골문	금문	소전
		𢦏 𢦏	𢦏 𢦏	𢦏

예리한 날을 𢦏 가진 삼지창을 𢦏 손에 들고 함성을 지르며 위세를 떨쳐 보이는 사람이 나임을 표현

   古한자의 인칭 유래를 보면 고대인의 자기 중심적 의식을 구현함을 볼 수 있는데, 얼굴의 정중앙인 코(自=鼻)를 '자신(제1인칭)'이라 했고, 얼굴 아래쪽의 턱수염(而)을 '너(제2인칭)'라 했으며, 신체의 맨 아래쪽인 발(之)을 '그(제3인칭)'라 했다. 마찬가지로 위력적인 무기인 큰 창(我)을 '나(제1인칭)'라 했고, 단거리용으로 일제히 한꺼번에 화살을 쏘는데 쓰는 활(爾)을 '너(제2인칭)'라고 했다.

함자례 : 餓, 娥, 俄, 峨, 蛾, 鵝, 莪, 義

兒 아이 아	『아이, 아기, 연약하다 등』의 뜻을 가진다.			
		갑골문	금 문	소 전
		𣶒	𣶒	𣶒	兒

이제 겨우 아래위로 앞니가 ㅂ 난 아이가 입을 벌리고 서 있는 ↑ 모양을 표현

함자례 : 鵬, 霓, 倪, 猊, 睨, 輗, 麑, 堄

牙 어금니 아	『어금니, 깨물다, (이를) 갈다 등』의 뜻을 가진다.			
		금 문		전 문	
		𠄌	𠄌	𠄌	𠄌

아래위 두 개의 어금니가 엇물린 𠄌 모양을 표현

함자례 : 邪, 雅, 芽, 訝, 鴉, 迓, 穿, 呀

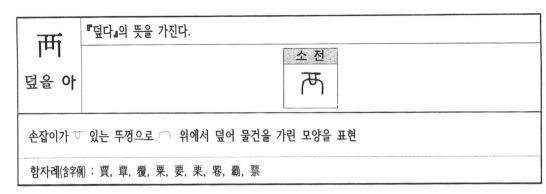

襾 덮을 아	『덮다』의 뜻을 가진다.
	소 전 襾
손잡이가 ⊤ 있는 뚜껑으로 ⌒ 위에서 덮어 물건을 가린 모양을 표현	
함자례(含字例) : 賈, 覃, 覆, 栗, 要, 栗, 卷, 覇, 票	

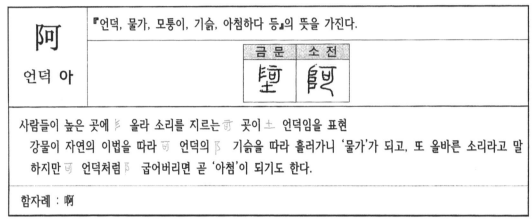

阿 언덕 아	『언덕, 물가, 모퉁이, 기슭, 아첨하다 등』의 뜻을 가진다.
	금 문 埻 / **소 전** 턳
사람들이 높은 곳에 ⻖ 올라 소리를 지르는 ⿸ 곳이 ⼟ 언덕임을 표현 강물이 자연의 이법을 따라 ⿸ 언덕의 ⻖ 기슭을 따라 흘러가니 '물가'가 되고, 또 올바른 소리라고 말하지만 ⿸ 언덕처럼 ⻖ 굽어버리면 곧 '아첨'이 되기도 한다.	
함자례 : 啊	

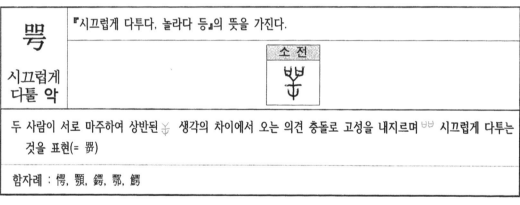

咢 시끄럽게 다툴 악	『시끄럽게 다투다, 놀라다 등』의 뜻을 가진다.
	소 전 咢
두 사람이 서로 마주하여 상반된 ⿰ 생각의 차이에서 오는 의견 충돌로 고성을 내지르며 吅 시끄럽게 다투는 것을 표현(= 咢)	
함자례 : 愕, 顎, 鍔, 鄂, 鰐	

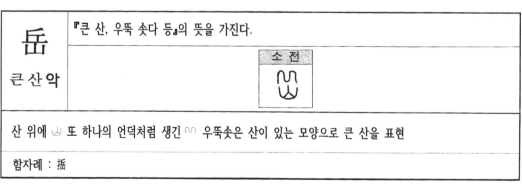

岳 큰 산 악	『큰 산, 우뚝 솟다 등』의 뜻을 가진다.
	소 전 岳
산 위에 ⼭ 또 하나의 언덕처럼 생긴 ⌒ 우뚝솟은 산이 있는 모양으로 큰 산을 표현	
함자례 : 揥	

樂 노래 악 좋아할 요	『노래, 즐기다, 음악, 악기, 연주하다, 좋아하다 등』의 뜻을 가진다.

	갑골문	금 문	소 전
	𝍖	𝍖	𝍖	𝍖

나무 공명판 ✻ 위에 안족(雁足)을 세우고 줄을 매어 𝍖 만든 현악기(거문고)를 연주하는 모양으로, 그 소리에 맞춰 노래함을 ᯆ 표현

그 소리에 맞춰 즐기니 '즐길 락'이 되고, 악기를 연주하니 '음악 악'이 되며, 그 소리를 즐기면서 좋아하게 되니 '좋아할 요'로 그 뜻이 확대 파생되었다.

함자례(含字例) : 櫟, 礫, 檪, 鑠, 藥

惡 악할 악 미워할 오	『악하다, 나쁘다, 추하다, 미워하다, 싫어하다, 헐뜯다 등』의 뜻을 가진다.

	소 전
	惡

무덤은 🝖 죽음을 의미하므로, 죽음은 흉하고 나쁘다고 마음으로 ᶜ 여김으로써 악함을 표현

그에 따라 대개 사람은 죽음을 🝖 꺼려하고 미워하고 싫어하는 마음을 ᶜ 가지고 있다는 뜻으로까지 그 의미가 확대 파생되었다. ‑ 미워할 오, 싫어할 오

함자례 : 喔

晏 편안할 안	『편안하다』의 뜻을 가진다.

	금 문	소 전
	晏	晏

여인이 ᶜ 부르는 노래를 ᶜ 들으며 호의호식을 하고 있으니 생활이 편안한 상태임을 표현

함자례 : 宴, 匽

安 편안 안	『편안, 편안하다, 즐기다, 좋아하다, 어찌 등』의 뜻을 가진다.

	갑골문		금 문	소 전
	安	安	安	安

집을 짓고 ⌂ 여인과 혼인을 하여 ᶜ 한 가정을 꾸린 뒤 마음을 편안히 먹고 안정되게 살아감을 표현

혼인하여 가정을 이루고 일에 전념하며 사는 것을 '安', 삶이 풍요로워 마음이 즐겁고 안정된 것을 '寧'이라 한다.

함자례 : 案, 按, 晏, 鞍, 鮟, 頞

雁 기러기 안	『기러기, 가을 등』의 뜻을 가진다.

	금문	전문

'〈'의 대형(隊形)을 ┌ 갖추어 사람처럼 ⟩ 나란히 무리지어 날아가는 새가 🪶 기러기임을 표현

함자례(含字例) : 贗

岸 언덕 안	『언덕, 낭떠러지, 층계, 엄정하다 등』의 뜻을 가진다.

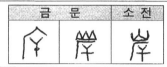

	금문	소전

산의 ⋀⋀ 기슭에 생긴 낭떠러지로 ┌ 사람들이 함부로 오를 수 없게 방패처럼 ¥ 막아서 있는 언덕을 표현

함자례 : 婫

歺 살 바른 뼈 알 몹쓸 대	『살 바른 뼈, 부서진 뼈, 몹쓸, 나쁘다 등』의 뜻을 가진다.

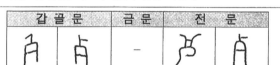

	갑골문	금문	전문

몸통을 자르고 갈라서 뼈와 ⴳ 살을 ⺆ 분해하여 발라낸 뒤 남게 되는 짐승의 뼈대로 살 바른 뼈를 표현(= 歹)
수골(獸骨)에 붙어 있던 살은 ⺆ 없어지고 단단한 뼈만 ⴳ 앙상히 남아 있는 '살 바른 뼈'를 나타낸 것이다.
다른 자와 결합시 '죽음, 재앙, 나쁨 등'의 의미를 가진다.

함자례 : 殛, 列, 歾, 殯, 死, 殤, 殲, 殊, 殉, 殖, 殃, 殮, 殀, 殞, 殘, 殂, 殄, 殫, 殆, 歿

謁 아뢸 알	『아뢰다, 뵙다, 알리다, 고하다, 여쭈다 등』의 뜻을 가진다.

	소전

패전한 병사가 도망자 신세로 달아나다 ☹ 붙잡혀 자신의 처지를 말하듯 ⽊ 윗사람을 찾아뵙고 어떤 일에
대해 감추는 거 없이 진상을 있는 그대로 말해 ⾔ 아룀을 표현

함자례 : 靄, 藹

240

戞 창 알	『창, 부딪히는 소리』의 뜻을 가진다.

	금 문	소 전
	畎	戞

순식간에 사람의 목을🗟 벨 수 있는 예리한 무기로🛡 장창(長槍)을 표현

함자례(含字例) : 嘠

品 바위 암	『바위, 언덕, 벼랑, 굴 등』의 뜻을 가진다.

	소 전
	嵒

산비탈에⛰ 너덜(덜겅)을 이루고 있는 돌덩어리들로品 바위를 표현

함자례 : 癌

央 가운데 앙	『가운데, 중앙, 재앙, 끝다, 넓다 등』의 뜻을 가진다.

	갑골문	금 문	소 전
	冞	冞	冞	央

형벌을 받을 죄인이 🛡 널빤지의 가운데 구멍이 뚫린 항쇄(項鎖: 칼)를 🗟 목에 차고 있는 형상을 표현

　항쇄를 차고 있던 죄인이 형이 집행됨으로써 죄인에겐 '재앙'이 되고, 따라서 그 사건은 일단락되어 완전히 '끝나게 된다'는 의미로까지 뜻이 확대된 것이라 한다.

함자례 : 殃, 秧, 怏, 泱, 盎, 鞅, 鴦, 英, 映

卬 나 앙	『나, 높다, 우러러보다, 바라다, 위풍당당한 모양 등』의 뜻을 가진다.

	갑골문	금 문	소 전
	卬	卬	卬

두 사람이 마주한 상태로 높은 지위를 가진 자인🛡 나에게 낮은 지위에 있는 사람이 🛡 몸을 굽혀 우러러 봄을 표현

함자례 : 仰, 昂, 抑, 迎

厓 언덕 애	『언덕, 벼랑, 낭떠러지, 끝, 물가 등』의 뜻을 가진다.
	소 전 厓

흙이나 바위가 층층으로 높게 쌓이어 ‡ 절벽인 벼랑으로 된 「 산기슭의 끝자락에 위치한 언덕을 표현

함자례(含字例) : 涯, 崖

哀 슬플 애	『슬프다, 불쌍히 여기다, 슬퍼하다, 슬픔 등』의 뜻을 가진다.
	금 문 / 소 전

상복을 입은 ⌂ 상주가 서러움에 겨워 울음이 나오는 입을 ㅂ 옷깃으로 가리고 슬피 우는 것을 표현

함자례 : 俵

艾 쑥 애	『쑥, 늙다, 다하다, 예쁘다 등』의 뜻을 가진다.
	소 전

베고 ╱ 베어도 ╲ 계속해서 자라나는 풀이 ₩₩ 쑥임을 표현

함자례 : 唉

愛 사랑 애	『사랑, 사랑하다, 자애, 그리워하다, 소중히 하다, 아끼다 등』의 뜻을 가진다.
	금 문 / 전 문

(金) 상대방을 몹시 귀여워하여 아끼고 보살피는 마음으로 ♡ 다정하게 속삭임이 ⌁ 사랑임을 표현

(篆) 두 사람이 마주 보고 서서 ⅏ 두 팔로 가슴을 ♨ 감싸 안고 포용하면서 ♡ 다정하게 속삭이는 것이 사랑임을 표현

함자례 : 曖, 僾

厄	『액, 재앙, 해치다, 고생하다 등』의 뜻을 가진다.
액 액	소 전 厄

절벽 厂 아래로 사람이 ㄹ 굴러떨어져 불행한 일을 당하였음을 표현
※ 사람이 낭떠러지인 절벽 위에 위태롭게 있는 것을 '危(위)'라 한다.

함자례(含字例) : 扼, 阨

也	『잇다, 또한, 다른, 어조사 등』의 뜻을 가진다.

	갑 골 문				금 문		소 전
잇기 야							

갑골문에서는 뱀 모양의 ৡ 자형이었으나, 금문 이후는 땅에서 자라나는 싹의 모양으로 ⽥ 변형되어 표현
  '토'를 뜻하는 '입곁'이 연음현상의 음운 변화에 의해 '잇기'로 훈이 되었고, 글 뜻은 주로 말을 잇거나
  종결형 어조사로 쓰여지고 있다.
다른 자와 결합 시는 '땅에서 자라나는 초목의 싹'으로 풀이함이 온당할 것으로 여겨진다.

함자례 : 施, 弛, 柂, 訑, 地, 池, 髢, 馳, 他

耶	『어조사, 그런가, 간사하다, 사특하다 등』의 뜻을 가진다.

	갑골문	금 문	소 전
어조사 야			

청각기관인 두 귀를 세워 ⻏ 경계해야 할 대상의 소리를 듣고 어찌해서 그러한 소리가 났는지를 알아냄을
  표현
  문장의 끝이나 중간에 어기(語氣) 조사로 주로 쓰이며, 의문, 반문, 추측, 감탄 등의 뜻을 나타낸다.

함자례 : 倻, 揶, 爺, 椰

夜	『밤, 한밤중, 쉬다 등』의 뜻을 가진다.

	갑골문	금 문		소 전
밤 야				

(甲) 사람이 ⼤ 양 겨드랑이 밑으로 팔짱을 끼고서 ⼘ 한가로이 시간을 보낼 수 있는 때가 밤임을 표현(= 亦)
(金) 사람이 ⼤ 겨드랑이에 팔짱을 끼듯 ⼘ 하늘의 달을 ⼣ 끼고 정취를 느낄 수 있는 시간이 밤임을 표현

함자례 : 液, 掖, 腋

野 들 야	『들, 시골, 성밖, 구역, 야생의, 거칠다 등』의 뜻을 가진다.

	갑골문	금 문	전 문	

(甲) 나무가 우거져 있는 땅이 들임을 표현

(인) 마을 사람들에게 곡식은 물론 땔감 등 많은 것을 제공해 주는 더 넓은 땅이 들임을 표현

※ 같은 뜻을 가진 '壄(들 야)'는 나무숲을 창으로 잘라 땅을 개간해서 만든 것이 들임을 나타내었다.

함자례(含字例) : 墅

叒 나무이 름 약	『나무의 이름』의 뜻을 가진다.

	소 전

손바닥을 여러 개 펼쳐 놓은 것처럼 잎이 넓적하게 생긴 나무를 표현

함자례 : 桑

弱 약할 약	『약하다, 쇠해지다, 잃다, 패하다 등』의 뜻을 가진다.

	소 전

강력한 활들도 오래 사용하여 그 수명이 다 되어 낡아지면 탄력이 떨어져 약하게 됨을 표현

함자례 : 溺, 蒻, 搦

若 같을 약 반야 야	『같다, 만약, 너, 이에, 반야 등』의 뜻을 가진다.

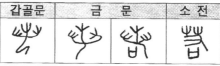

	갑골문	금 문		소 전

사람이 두 손으로 풀(약초)을 채취해 머리에 이고 와서 먹는 것을 표현

먹는 풀이 전에 먹었던 풀과 '같은' 풀인지, 아니면 '만약' 먹을 경우 어떻게 되는 풀인지 등에 대한 뜻을 나타내고 있다. - 같을 약, 만약 약

함자례 : 諾, 惹, 匿

約 맺을 약	『맺다, 약속하다, 묶다, 검소하게 하다, 아끼다 등』의 뜻을 가진다.

	금 문	소 전
	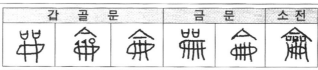	

뽑은 실을 🦴 실꾸리에 둥글게 말아 ⌇ 다발을 지어 묶어서 맺어 놓은 것을 표현

  물레질로 힘들여 뽑아낸 실을 아껴 사용하듯 생활 전반을 검소하고 절약하며 살아간다는 뜻도 갖고 있다.

함자례(含字例) : 葯

龠 피리 약	『피리』의 뜻을 가진다.

갑 골 문			금 문		소 전
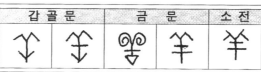					

(甲) 한 덩어리로 배열된 ⌂ 여러 개의 관을 ‖ 입으로 불면 ㅂㅂ 그 구멍을 통해 소리가 나는 관악기를 표현

(인) 둥근 대나무 관에 ⌂ 적정한 수의 구멍을 뚫어 ㅁㅁ 입으로 불면 조화로운 화음을 내는 피리를 표현

함자례 : 籥, 龥, 瀹, 顜

羊 양 양	『양, 상서롭다 등』의 뜻을 가진다.

갑골문		금 문	소 전

두 뿔이 있는 양의 머리를 정면에서 본 모양을 ⋔ 표현

다른 자와 결합시 '좋다, 무리, 상서롭다, 희생물 등'의 뜻을 가진다.

함자례 : 羌, 羖, 群, 羚, 祥, 詳, 庠, 鮮, 養, 洋, 痒, 佯, 群, 瓶, 羜

襄 도울 양	『돕다, 오르다, 이루다, 옮기다, 치우다, 장사지내다 등』의 뜻을 가진다.

갑골문		금 문		전 문	

(甲) 상주가 🦴 상복에 깃을 주렁주렁 달아서 ‖ 죄인처럼 입고 있는 모습을 표현

(篆) 죽은 사람의 시신을 눈만 ㅂㅂ 내놓고 각종 부장품을 넣은 뒤▨ 천으로 꽁꽁 묶어 ◇ 염을 해 둔 모습을 표현

  죽은 이의 시신을 옮겨 장사지내는 데 이웃 사람들이 와서 '도와준다'는 뜻을 나타내고 있다.

함자례 : 纕, 壤, 讓, 攘, 孃, 釀, 穰, 瀼, 禳, 饟

易 볕 양	『볕, 해, 양기, 낮, 하늘 등』의 뜻을 가진다.

	갑 골 문	금 문	소 전
	무 旱	우 昜	昜

(甲) 해가 □ 하늘에서 아래쪽인 ⊤ 대지를 향해 빛을 내리쬐는 형상으로 볕을 표현

(金) 해가 ◉ 하늘에서 아래쪽인 ⌐ 대지를 향해 강한 빛을 ⫽ 내리쬐는 형상으로 볕을 표현

※ '昜'과 결합하여 만들어지는 형성자는 모두 'ㅇ' 받침이 붙게 된다(예: 陽, 揚, 楊, 場, 腸, 暢, 湯 등)

함자례(含字例) : 陽, 揚, 楊, 場, 瘍, 敭, 煬, 錫, 暘, 闛, 腸, 暢, 湯, 蝪

羕 강이 길 양	『강이 길다』의 뜻을 가진다.

	소 전
	羕

양떼처럼 ⩊ 길게 늘어져 구불구불 이어져 흘러가는 ⫽ 강을 표현

함자례 : 樣, 漾

養 기를 양	『기르다, 먹이다, 수양하다, 봉양하다 등』의 뜻을 가진다.

	갑골문	금 문	전 문	
	養	養	羊攴	養

(甲) 손에 ⇗ 막대를 ｜ 들고 양떼를 ⩊ 치며 기름을 표현

(篆) 기르는 양을 ⩊ 잡아 맛있는 고기를 드시게 ⫯ 해서 어버이를 봉양하고 아이를 잘 기름을 표현

함자례 : 癢, 瀁

魚 물고기 어	『물고기 등』의 뜻을 가진다.

	갑골문	금 문	소 전	
	魚	魚	魚	魚

물고기의 입과 몸통, 꼬리의 모양을 표현

함자례 : 鰊, 鯨, 鯤, 鮛, 鮫, 魯, 鱧, 鯉, 鱗, 鰻, 魴, 鱉, 鰒, 鮒, 鯊, 鰭, 鯛, 鮮, 穌, 鰐, 鮟, 漁, 鰹, 鰲, 鮪, 鼀, 鮎, 鰍, 鱒, 鰭, 鰍, 鮀, 鮑, 鰕, 鰈 ......

今 구결자 어	『구결자(= 한문 문장에서 구두점을 찍을 곳에 붙이던 약호)』의 뜻을 가진다. <table><tr><td>소 전</td></tr><tr><td>ㅡ</td></tr></table> 새가 날개를 ⌒ 나란히 ⥽ 한 모습을 표현 함자례(含字例) : 於

於 어조사 어	『어조사, 탄식하다, 까마귀 등』의 뜻을 가진다. <table><tr><td colspan="2">금 문</td><td colspan="2">전 문</td></tr><tr><td>𣂑</td><td>𣂑</td><td>𣂑</td><td>於</td></tr></table> 암수컷 까마귀가 날개를 나란히 하여 날아가며 ⥽ 행동을 함께하는 짝인 새를 ⎰ 표현 　까마귀가 나란히 날아가며 '악악' 우는 데서 본래 감탄사로 '아아! 오!'의 뜻을 나타냈지만, 지금은 뜻이 　전의되어 주로 처소격 어조사(~에, ~에서)로 쓰인다. 다른 자와 결합시 '까마귀' 또는 '검다'의 뜻을 가진다. 함자례 : 閼, 瘀

御 거느릴 어	『거느리다, 다스리다, 거둥하다 등』의 뜻을 가진다. <table><tr><td colspan="3">갑 골 문</td><td colspan="2">금 문</td><td>소 전</td></tr><tr><td>𣂑</td><td>𣂑</td><td>𣂑</td><td>𣂑</td><td>𣂑</td><td>御</td></tr></table> 마부가 ⎰ 말고삐를 ⥽ 잡고 말을 제어하며 제왕(帝王)이 탄 수레를 몰아서 길을 彳 감을 표현 　제왕이 수레를 타고서 제신(諸臣)을 거느리고 거둥하는 데서 '거느리다'의 뜻과 함께 이런 순시 행사 역시 　제왕이 나라를 다스리는 일에 속하기에 '다스리다'는 뜻이 붙게 되었다고 한다. 함자례 : 禦

䇂 유쾌할 억	『유쾌하다』의 뜻을 가진다. <table><tr><td>금 문</td><td>소 전</td></tr><tr><td>䇂</td><td>䇂</td></tr></table> 말을 ⥽ 사리에 맞게 ⥽ 실감이 나게 하는 데서 기분이 유쾌함을 표현 함자례 : 檍, 意

'ㅇ'

意 가득할 억	『가득하다』의 뜻을 가진다.

소 전

기분이 좋아 유쾌한 마음이 가슴에 가득참을 표현
※ 후세에 와서 전서를 해서로 쓸 때 자형을 축약해서 '意'로 간략하게 쓰고 있다.

함자례(含字例) : 億(億), 憶, 檍(檍), 臆

言 말씀 언	『말씀, 말, 의견, 글, 허물, 알리다, 말하다 등』의 뜻을 가진다.

| 갑 골 문 | | 금 문 | | 소 전 |

혀를 들락날락 움직여서 ― 말하는 것을 표현
  '言'의 갑골문은 지사자(指事字)로 혀(舌) 위에 횡으로 한 획을 더해서(一) '혀를 내밀어 말하는' 것을 나타내었다.
※ 혀를 움직여 말하는 것을 '言'이라 하고, 양측이 만나 긴 이야기를 나누는 것을 '語(말씀 에)'라 한다고 한다.

함자례 : 訶, 諫, 譴, 訣, 謙, 警, 計, 誠, 課, 誇, 講, 謳, 詭, 謹, 記, 譏, 訥, 談, 譚, 讀, 諾, 諒, 論......

匽 눕힐 언	『눕히다, 쉬다 등』의 뜻을 가진다.

소 전

분쟁을 피해 먼 지방에 몸을 숨기고 편안하게(晏) 누워 쉬고 있는 모양을 표현

함자례 : 揠, 偃, 堰, 鰋

彦 선비 언	『선비, 훌륭한 사람 등』의 뜻을 가진다.

| 금 문 | 소 전 |

(金) 어떤 집안에 학식이나 무예의 솜씨가 뛰어난 사람으로 선비를 표현
(篆) 어떤 집안에 높은 덕을 갖추고 학식과 문장이 빛나는 사람으로 선비를 표현

함자례 : 顔

焉 어찌 언	『어찌, 어디, 보다, 이에, 이, 종결형 어조사 등』의 뜻을 가진다.

	금 문	소 전

철새들이 ℐ 어디론가 먼 곳으로 길을 떠나감을 ☟ 표현

  옛사람들은 하늘 높이 날아가는 철새 떼를 볼 때마다 새들의 귀숙지(歸宿地)를 알 수 없었으므로 의문을 가질 수밖에 없었는데 그 의문을 연유로 해서 생겨난 뜻이 '어찌, 어디'의 의문 부사와 의문대명사로 의미가 파생되어 현재 쓰이고 있다 한다.

함자례(含字例) : 嫣

放 나부낄 언	『나부끼다, 깃발』의 뜻을 가진다.

갑 골 문		금 문	소 전

부족이나 군대의 소속을 알리기 위해 장대에 높이 달아 올린 깃발이 바람에 나부끼는 ⚑ 모양을 표현

함자례 : 旗, 旂, 旅, 旋, 施, 旒, 斿, 族

臬 말뚝 얼	『말뚝, 기둥, 해시계 등』의 뜻을 가진다.

소 전

마소의 고삐를 ⛓ 맬 수 있게 나무 막대를 ✹ 땅에 박아 놓은 말뚝을 표현

함자례 : 鑈

厂 언덕 엄 기슭 한	『언덕, 굴바위, 기슭』의 뜻을 가진다.

갑골문	금 문	소 전

위쪽은 앞으로 튀어나오고 아래쪽은 움푹 들어간 모양으로 ⌐ 생긴 기슭이나 언덕을 표현

  상고시대에는 이처럼 생긴 굴바위를 주거지로 사용하였다.

함자례 : 厥, 厲, 反, 厓, 厓, 原, 厄, 仄, 厠, 厚

广 집 엄	『집, 마룻대 등』의 뜻을 가진다.

	소 전
	广

한쪽 벽면이 트인 개방형으로 된 폭이 넓은 건물을 广 표현

　주로 일하는 장소로서 가게나 관청 또는 창고와 같은 건물을 나타내고 있다.

함자례(含字例) : 康, 庚, 庫, 廓, 廣, 廠, 唐, 度, 廊, 廬, 廉, 廖, 廩, 庇, 磨, 廟, 龐, 府, 庇, 床, 庠, 序, 庶 .....

弇 덮을 엄	『덮다, 덮어씌우다, 깊다 등』의 뜻을 가진다.

금 문	소 전

두 손을 사용하여 같은 크기의 꼭 알맞는 뚜껑으로 그릇의 개구부를 덮음을 표현

함자례 : 揜, 渰

奄 문득 엄	『문득, 갑자기, 환관, 고자, 덮다, 가리다 등』의 뜻을 가진다.

금 문	소 전

남자의 생식기인 고환을 도려내는 고통을 번갯불로 표시하여 고자인 환관을 표현

　이런 일은 눈 깜짝할 사이에 '갑자기' 이루어지는 일임을 나타내었고, 또한 상처가 난 부위를 '덮다, 가리다'는 뜻으로 그 의미가 파생되었다.

함자례 : 庵, 菴, 唵, 掩, 淹, 俺, 閹

嚴 엄할 엄	『엄하다, 엄격하다, 혹독하다, 심하다, 엄숙하다 등』의 뜻을 가진다.

금 문		소 전

사람의 심지가 바위처럼 단단해지도록 체벌로 훈계를 할 때면 가혹할 정도로 지킬 기준을 요구해서 엄하게 함을 표현

※ 부연(敷衍)하면 '심성이 바위처럼 단단해서 변하지 않도록 체벌용 죽편을 손에 쥐고 가혹하게 훈육을 하는 엄한 모습'을 나타낸 것이다.

함자례 : 巖, 儼, 獵

厂	『굴바위, 기슭, 언덕』의 뜻을 가진다.		
굴바위 **엄**		금 문	소 전

방패를 세워 막아놓은 것처럼 언덕의 하부가 상부보다 안쪽으로 들어간 형상으로 생긴 기슭으로 굴바위
를 표현

함자례(含字例) : 岸, 婷

業	『업, 일, 직업, 학업, 기업, 공적, 일하다, 업으로 삼다 등』의 뜻을 가진다.				
업 **업**		금　문		전　문	

노복들이 철저한 감시하에 몸에 짐을 지거나 머리에 이는 거친 일을 힘들게 함을 표현
　이 일이 나중에 직업과 업종을 나타내는 뜻으로 확대되었다고 한다.

함자례 : 業

予	『나, 주다, 미리 등』의 뜻을 가진다.			
나 **여**		갑골문	금문	소전
			-	

베를 짤 때 위아래 날줄 사이 공간을 끊임없이 왕복해 오가며 씨실을 푸는 도구로 북을 표현
　베를 짤 때 실북을 좌우로 보내어 줌으로 '주다'의 뜻이 생겼고, 또한 뜻이 전의되어 '나'의 의미로 쓰인다.

함자례 : 序, 舒, 抒, 紓, 野, 豫, 預, 杼

余	『나, 나머지, 여분 등』의 뜻을 가진다.			
나 **여**		갑골문	금　문	소　전

나무 작지로 손잡이가 있도록 만들어진 지팡이를 표현
　나이를 먹으면 사람은 지팡이에 의지하므로 자신의 몸을 의지하는 지팡이로써 '나'를 나타내는 것으로
　뜻이 전의되었다.
　다른 자와 결합시 '지팡이'의 뜻을 가진다.

함자례 : 途, 稌, 涂, 斜, 徐, 絟, 叙, 餘, 畬, 艅, 除

女 여자 여	『여자, 딸, 너, 시집보내다 등』의 뜻을 가진다.

	갑 골 문		금 문		소 전
女 여자 여	㚢	㚬	中	㚬	㚬

여성이 무릎을 꿇고 양손을 모아 다소곳이 앉아있는 㚬 모양을 표현
　'女'자가 부수로 다른 자와 결합시 부정적인 의미를 갖는 경우가 있는데, 이는 남성 중심의 가부장적
　사회의 사고방식에서 비롯된 것이라 한다.

함자례(含字例) : 嫁, 奸, 姦, 姜, 姑, 嬌, 姣, 妒, 妗, 妓, 娜, 奴, 嫩, 娘, 孌, 姒, 婁, 娩, 妄, 妹, 媒, 姆, 妙,
　　　　　　媚, 妨, 婦, 妃, 婢, 妣, 嬪, 娑, 孀, 婚, 嬋, 姓, 娍, 嫂, 始, 媤, 娠, 娥, 安, 孃, 如, 汝, 妍 ……

黎 검을 여	『검다, 많다, 늙다, 무렵 등』의 뜻을 가진다.

	금 문	소 전
黎 검을 여	㮐	㮐

잘 익은 기장을 㮐 엎드려서 낫으로 ㇏ 수확하는 늙은이의 얼굴이 볕에 그을려 온통 검은 빛임을 표현(=
黧)

함자례 : 藜

如 같을 여	『같다, 미치다, 따르다, 마땅히 등』의 뜻을 가진다.

	갑 골 문	금 문	소 전
如 같을 여	㚿	㚿	㚿	㚿

남권 우위시대에 여성들은 㚬 집안의 어른이 말을 하면 ㅂ 오로지 수긍하며 하자는 대로 뜻을 같이하고
　따르는 것을 여성의 미덕으로 표현

함자례 : 挐, 恕, 絮, 茹, 洳

舁 마주들 여	『마주 들다, 메다 등』의 뜻을 가진다.

	소 전
舁 마주들 여	㓉

두 사람 이상이 손과 손으로 㓉 어떤 물체를 마주 듦을 표현

함자례 : 與, 鬨

與 줄 여	『주다, 더불다, 같이 하다, 함께 하다, 참여하다, 허락하다, 돕다 등』의 뜻을 가진다.

	금 문	금 문	전 문	전 문
	(금문)	(금문)	(전문)	(전문)

죽은 사람의 시신을 장사(葬事)하기 위해 같은 지역에 사는 많은 사람들이 더불어 함께 참여하여 상여를 메는 일을 도와줌을 표현

※ '与'는 '與'의 약자(略字)로, 여기서는 '시신'의 의미로 해석이 된다.

함자례(含字例) : 擧, 嶼, 鯢, 輿, 譽, 歟, 璵, 旟, 鴌, 譽

屰 거스를 역	『거스르다』의 뜻을 가진다.

	소 전
	(소전)

거꾸로 거슬러 있는 사람의 모습을 표현

함자례 : 欮, 朔, 逆

逆 거스릴 역	『거스르다, 거절하다, 어기다, 어긋나다 등』의 뜻을 가진다.

	갑 골 문	갑 골 문	금 문	금 문	소 전
	(갑골문)	(갑골문)	(금문)	(금문)	(소전)

사람이 왔던 길을 거꾸로 거슬러서 다시 돌아가는 것을 표현

함자례 : 縌

易 바꿀 역 쉬울 이	『바꾸다, 고치다, 어기다, 주역, 쉽다, 편안하다 등』의 뜻을 가진다.

	갑 골 문	갑 골 문	금 문	금 문	소 전
	(갑골문)	(갑골문)	(금문)	(금문)	(소전)

그릇 안에 있는 용액을 따르어 소유를 달리하는 다른 그릇에 바꾸어 담는 일은 쉬움을 표현

※ 다른 설로는 용기 속에 담겨 있는 저융점(低融點) 주석을 금형에 주입하여 다른 모양의 새로운 용기로 '바꾸어(변화시켜)' 주조하는 것은 '쉽게 다룰 수 있는 일이다'라고 해석하는 이도 있다.

함자례 : 賜, 錫, 裼, 暘, 場, 剔, 惕

亦 또 **역** 겨드랑이 **액**	『또, 역시, 겨드랑이 등』의 뜻을 가진다.			
	갑골문	금 문		소 전
	夾	夾	夾	夾

사람의 夾 어깻죽지 아래에 두 점을 八 표시하여 겨드랑이를 표현

  사람이 팔짱을 해서 겨드랑이에 끼었다 내리기를 반복하는 동작을 두고, 다른 사람이 볼 때는 또한 역시
버릇처럼 하는 행위로 보임에 따라 '또'와 '역시' 등의 뜻이 생겨난 것으로 보고 있다.

  (원뜻) 겨드랑이 액 → (바뀐 뜻) 또 역 → (대체자로) 腋 겨드랑이 액

함자례(含字例) : 跡, 迹, 奕

睪 엿볼 **역**	『엿보다, 기쁘하다 등』의 뜻을 가진다.	
		소 전
		睪

전쟁포로나 죄인을 체포하여 구금해 두고 幸 도망치지 못하게 감시하는 ⊂⊃ 상황을 엿봄으로 표현

※ 때로는 글자 모양이 비슷한 점을 근거로 하여 '睾(불알 고)'와 '皋(언덕 고)'로 차용되기도 한다.

함자례 : 斁, 釋, 驛, 譯, 繹, 憚, 嶧, 鐸, 澤, 擇

役 부릴 **역**	『부리다, 일하다, 일, 요역 등』의 뜻을 가진다.			
	갑 골 문	금 문	전 문	
	役	役	–	役	役

(甲) 도구를 들고 다그치며 役 노예인 사람을 役 일을 시켜 부리는 것을 표현

(篆) 길 등을 닦는 토목공사에 役 강제로 징발되어 요역(徭役)하는 사람들을 채찍을 들고 役 부림을 표현

함자례 : 筱

肰 개고기 **연**	『개고기, 그러하다』의 뜻을 가진다.	
		소 전
		肰

개를 犬 잡아서 얻은 고기를 肉 표현

함자례 : 然

然 그러할 연	『그러하다, 분명하다, 불타다, 그러나 등』의 뜻을 가진다.

	금 문	소 전

개고기를 불에 그슬려 구워서 먹을 때 불이 타는 모양을 표현

원래는 '불탄다'는 뜻이었으나, 고대(古代)에 개를 통째로 불에 그슬려 구워서 먹는 것은 당연한 일로 마땅히 '그러하다'는 의미로 그 뜻이 전의된 것이라 한다.

　(원뜻) 불탈 연 → (바뀐 뜻) 그러할 연 → (대체자로) 燃 탈 연

함자례(含字例) : 燃, 撚

延 끌며 걸을 연	『끌며 걷다』의 뜻을 가진다.

소 전
延

정복 전쟁에 끌려가 먼길을 쉼 없이 강행군(強行軍)해 가니 병사들이 피곤에 지쳐 힘겹게 옮기는 발걸음으로 발을 끌며 걷는 것을 표현

함자례 : 延

延 끌 연 늘일 연	『끌다, 늘이다, 더디다, 이끌다 등』의 뜻을 가진다.

갑 골 문	금 문	소 전

정복 전쟁을 하기 위해 쉼 없이 굽이진 먼길을 강행군하는 것은 병사들에게 몹시 피곤한 여정으로 따라서 군대의 이동은 더디어져 시간을 끌게 되고 공간적으로는 대열의 길이가 길게 늘어지는 것을 표현

함자례 : 筵, 挺, 涎, 梴, 誕

㳙 못 연	『못』의 뜻을 가진다.

갑골문	금 문	소 전
	-	

땅이 움푹한 곳에 물이 괴여 있는 못의 모양을 표현(= 困)

함자례 : 淵

淵 못 연	『못, 근원, 깊다 등』의 뜻을 가진다.

	갑골문	금 문	전 문

물이 흘러들어서 넓고 오목하게 팬 땅에 괴어 있는 곳으로 못을 표현

함자례(含字例) : 鸙

燕 제비 연	『제비, 잔치하다, 연나라 등』의 뜻을 가진다.

	갑골문	금 문	전 문
		-	

공중을 나는 제비의 모양을 표현

함자례 : 曣, 醼, 嬿

公 산속 늪 연	『산속의 늪, 공평하다 등』의 뜻을 가진다.

	금문	소전

산 골짜기 속에 생긴 웅덩이인 늪을 표현

이 늪은 산 골짜기의 물을 가리지 않고 공변되게 다 받아들인다는 뜻을 가지고 있다.

함자례 : 船, 沿, 鉛

次 침 연	『침, 점액 등』의 뜻을 가진다.

	소 전

입을 벌릴 때 입안에서 나오는 끈끈한 액체가 침임을 표현

함자례 : 盜, 羨

肙 장구벌레 연

『장구벌레, 요란하다 등』의 뜻을 가진다.

소 전

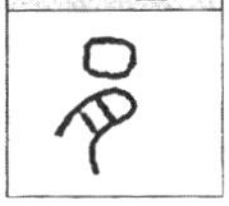

몸집에 비해 큰 입으로 온통 먹기만 하고 느릿하게 몸을 움직이는 유충으로 장구벌레 또는 누에를 표현

※ 유충이 먹이를 먹을 때 몸을 요란하게 움직이거나 요란한 소리를 낸다는 뜻도 갖고 있다.

다른 자와 결합시 유충의 몸집이 작은 데서 '작다'와 '누에' 등의 뜻을 가진다.

함자례(含字例) : 絹, 鵑, 狷, 睊, 娟, 捐, 涓, 蜎, 悁, 鞙, 駽

耎 가냘플 연

『가냘프다, 부드럽다 등』의 뜻을 가진다.

금 문		전 문	

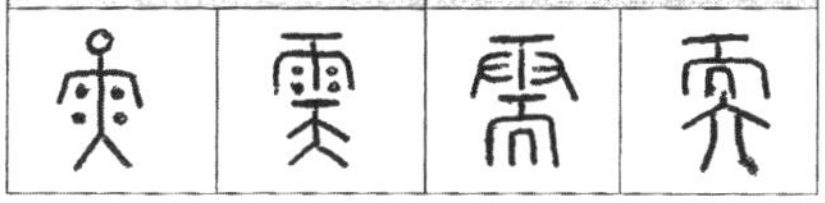

(金) 몸이 허약하여 식은 땀을 줄줄 흘릴 정도로 기력이 없는 상태로 가냘픈 모습을 표현

(篆) 왜소하게 생긴 사람의 수염이 바람에 부드럽게 날리는 모양으로 가냘프게 보임을 표현

함자례 : 堧, 陾

衍 넓을 연

『넓다, 넘치다, 펴다, 퍼지다』의 뜻을 가진다.

소 전

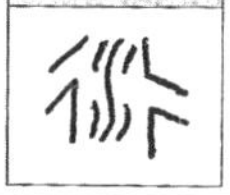

물줄기가 내에서 강으로, 강에서 바다로 더 멀리 흘러가 넓게 퍼져나감을 표현

함자례 : 愆

軟 연할 연

『연하다, 부드럽다, 연약하다, 변변치 못하다 등』의 뜻을 가진다.

소 전

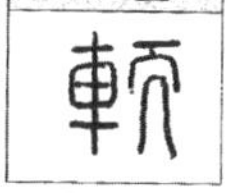

제왕이나 연로한 중신들이 타는 마차로 고르지 못한 노면을 갈 때 흔들림을 막기 위해 갖추어 놓은 방진(防震) 장치로 연하고 부드러움을 표현

탄성으로 편안한 주행이 되는 것처럼 제왕이나 중신의 관(棺)을 실은 '방진 마차(상여)'를 뜻하기도 한다(= 輀, 轜)

함자례 : 嫩

垔 막을 **열**	『막다, 막히다』의 뜻을 가진다.

	금 문	예 서
		垔

진흙 공예가가 부드러운 개흙으로 ⼟ 모양을 빚어서 햇볕에 ⊟ 늘어 말려 정형화하는 것을 표현
　부드러운 진흙으로 틈새나 구멍을 쉽게 메워 막을 수 있는 데서 '막다'의 뜻이 생긴 것으로 보고 있다.

함자례(含字例) : 捏, 陧, 涅

炎 불꽃 **염**	『불꽃, 더위, 덥다, 태우다 등』의 뜻을 가진다.

	금 문		소 전
	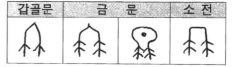		

'火'를 상하 겹친 방식으로 표기하여 활활 거세게 타오르는 炎 뜨거운 불꽃을 표현

함자례 : 談, 淡, 痰, 啖, 錟, 惔, 餤, 菼, 剡, 琰, 餤

冄 나아갈 **염**	『나아가다, 부드럽다, 드리워지다 등』의 뜻을 가진다.

	갑골문	금 문	소 전
	🙼	🙼	🙼 🙼

뺨 양쪽에 부드럽게 자란 수염이 冄 아래로 드리워져 있는 모양을 표현(= 冉)
　구레나루가 있는 경륜이 높은 분이 집단 전체의 목표를 향해 앞장서 '나아간다'는 뜻을 가진다.

함자례 : 㐭, 舟

染 물들일 **염**	『물들다, 적시다, 옮다, 더러워지다 등』의 뜻을 가진다.

	전 문

풀이나 나무에서 朩 채취한 염색 재료(잎과 열매 등)를 짓이겨서 추출한 물감에 氵 실이나 천을 넣어 적시는
　작업으로 九 물들임을 표현

함자례 : 㸐

猒 물릴 염	『물리다, 싫증이 나다 등』의 뜻을 가진다.

	금 문	소 전
	猒	猒

육식성 맹수가 큰 입과 날카로운 이빨로 사냥한 짐승을 뜯어서 실컷 먹고 나니 더이상 먹는 것이 싫증이 나 물린 상태임을 표현

함자례(含字例) : 厭

厭 싫어할 염	『싫어하다, 물리다, 누르다, 빠지다 등』의 뜻을 가진다.

	금 문	전 문	
	猒	猒	厭

육식성 맹수들은 산의 절벽 사이에서 먹이인 짐승을 잡아 양껏 충분히 먹은 뒤라서 많이 남아 있는 먹이에 대해 흥미를 잃어버린 상태로 먹는 것 자체를 싫어함을 표현

함자례 : 壓, 魘, 靨

枼 나뭇잎 엽	『나뭇잎』의 뜻을 가진다.

	갑골문	금 문	소 전
	枼	枼	枼

나무의 원줄기에서 뻗은 가지에 나뭇잎이 달린 모습을 표현

함자례 : 渫, 鍱, 葉, 蝶, 諜, 牒, 堞

葉 잎 엽	『잎, 장, 갈래 등』의 뜻을 가진다.

	갑골문	금 문	소 전
	葉	葉	葉

나무의 원줄기에서 뻗은 가지에 얇은 조각들의 나뭇잎이 달린 모습을 표현
나뭇가지에 셀 수 없이 많이 달린 나뭇잎을 나타내었다.

함자례 : 鰈

永 길 영	『길다, 멀다, 오래 끌다, 길이, 영원히 등』의 뜻을 가진다. 

강의 지류인 물줄기가 본류에 합쳐지면서 ⟫⟫ 끝없이 길게 멀리 흘러감을 표현

함자례(含字例) : 泳, 詠, 咏, 昶

英 꽃부리 영	『꽃부리, 명예, 영국, 뛰어나다 등』의 뜻을 가진다. | 금 문	소 전
𦰩	𦰩	

노랗게 선명하며 눈부시게 비취는 꽃송이의 ♥♥ 중심 부분으로 ㅐㅐ 꽃술(꽃부리)을 표현

※ '英'은 식물의 중심이 될만한 뛰어난 부분을, '雄'은 동물 중에 신령스런 기운을 가진 새를 뜻한다고 한다.

함자례 : 暎, 瑛, 煐, 渶, 霙, 鍈

盈 찰 영	『차다, 가득하다, 남다, 채우다 등』의 뜻을 가진다. 

물을 받은 욕조에 ⏖ 사람이 몸을 웅크려 들어가니 ⟩⟩ 욕조의 물이 가득 차게 됨을 표현

함자례 : 楹

朠 목치장 영	『목치장』의 뜻을 가진다. | 소 전
朠	
---	---

조개나 자개를 줄로 이어 꿰어서 朠 목치장을 함을 표현

함자례 : 嬰, 嬰

嬰 어린아 이 **영**	『어린아이, 갓난아이, 목에 걸다 등』의 뜻을 가진다. 소 전 

목에 조개 목걸이로 ⬚ 치장한 여자 ⬚ 어린아이를 표현

함자례(含字例) : 鸚, 嚶, 櫻, 纓, 瓔, 攖

嬴 찰 **영**	『차다, 가득차다, 짊어지다, 남다 등』의 뜻을 가진다. 금 문 / 소 전

많은 노를 저어서 가는 큰 배를 타고 ⬚ 출정한 싸움에서 이겨 전리품으로 미녀(여인)를 ⬚ 가득차게 싣고 돌아옴을 표현

함자례 : 瀛, 籯

榮 영화 **영**	『영화, 영예, 영광, 영광스럽다, 성하다 등』의 뜻을 가진다. 소 전

나무 전체에 ⬚ 화사한 꽃들이 빼곡하게 피어 ⬚ 그 꽃잎과 꽃술들이 눈부시게 빛나는 것을 표현
　나무에 아름답게 핀 꽃무리를, 지위가 높아 세상에 이름이 빛나는 사람의 '영화로움'으로 그 뜻을 나타내었다.
　※ '榮(영)'은 나무에 꽃이 핀 걸 일컫고, '華(화)'는 초본(草本)인 풀에 꽃이 핀 걸 일컫는다고 한다.

함자례 : 嶸, 濚

瑩 밝을 **영** 의혹할 **형**	『밝다, 맑다, 투명하다, 의혹하다, 옥돌』의 뜻을 가진다. 소 전

등잔대 위에 켜놓은 등불의 불빛에 ⬚ 비춰보는 옥이 ⬚ 밝고도 맑게 보임을 표현
　등불을 밝혀 불빛에 투영되는 ⬚ 옥을 보니 ⬚ 옥 속의 흠결이 있음을 알게 되어 의혹이 생겼다는 뜻도 갖고 있다. - 의혹할 형

함자례 : 澄

乂 벨 예	『베다, 깎다, 치료하다, 뛰어나다 등』의 뜻을 가진다.

	소 전
	乂

칼날로 풀을 좌우로 후리쳐서 乂 베는 것을 표현

※ 재덕(才德)이 1,000명 중에 뛰어난 사람을 '俊'이라 하고, 100명 중에 뛰어난 사람을 '乂'라고 한다.

함자례(含字例) : 艾, 㐅

叡 밝을 예	『밝다, 총명하다』의 뜻을 가진다.

금 문	소 전
(금문)	(소전)

고대 장례를 풍장(風葬)으로 행하던 시절 죽은 사람의 시신을 ㄴ 버리는 ㄱ 곳으로 두 산 사이에 있는 깊은
골짜기의 ◠ 낭떠러지 아래를 흐르는 하천을 巛 표현

이런 장례 의식을 통해 삶과 죽음에 대한 깨달음으로 지혜가 밝아진다는 데서 '밝다'의 뜻을 가진 것이라
한다.

함자례 : 叡

睿 슬기 예	『슬기, 총명하다, 사리에 밝다』의 뜻을 가진다.

금 문	전	문

고대 행해졌던 장례(葬禮) 제도로 망자의 시신을 ㅏ 천으로 감싼 뒤 ㅂ 높은 낭떠러지에서 계곡으로 ㅆ 던져
장사지내는 생명 종결 의식을 직접 눈으로 봄을 ㅂ 표현

장례 의식을 통해 삶과 죽음이 무상한 것임을 통찰해서 인생의 존재적 의의에 대한 깊은 깨달음으로 사람이
세상을 살아감에 갖게 되는 밝은 지혜가 '슬기'임을 나타낸 것이라 한다.

함자례 : 璿, 叡, 濬

埶 심을 예	『심다, 재주, 기예, 재주가 있다 등』의 뜻을 가진다.

갑골문	금 문	소전

허리를 굽힌 사람이 두 손으로 手 땅에 土 식물인 초목을 ㅛ 심고 흙을 북돋우어 주는 모습을 표현

함자례 : 褻, 嚉, 勢, 熱, 蓺, 藝

藝 재주 예	『재주, 기예, 심다, 재주가 있다 등』의 뜻을 가진다.
	소 전 藝
땅에 심겨있는 초목의 기운이 위로 올라와 云 잎이 나고 꽃이 피어 아리따운 재주를 피워냄을 표현	
함자례(含字例) : 藝	

惢 꽃술 예	『꽃술』의 뜻을 가진다.
	소 전 惢
심장의 가운데서 나오는 것이 마음이듯 식물의 꽃송이 한가운데서 나오는 것이 꽃술임을 표현(= 蕊)	
함자례 : 樂, 藥	

曳 끌 예	『끌다, 끌어당기다, 끌리다 등』의 뜻을 가진다.
	소 전 曳
두 손으로 물체에 단단히 고정된 줄이나 손잡이를 잡고 그 물체를 끌어당김을 표현	
함자례 : 洩, 紲	

軎 굴대 끝 예·세	『굴대 끝』의 뜻을 가진다.
	소 전 軎
수레의 바퀴가 빠지지 않도록 마감질을 한 굴대의 끝 머리 모양을 표현(= 軎)	
함자례 : 轊	

殹 앓는 소리 예	『앓는 소리』의 뜻을 가진다.

	금 문	소 전
	医殳	医殳

화살통을 메고🏹 쏘아 대는 격렬한 전장의 싸움에서 쌍방이 예리한 무기로 서로를 공격함을 ⟨ 표현
　이런 전쟁의 결과 필연적으로 있게 되는 현상으로 병기에 의해 심하게 자상(刺傷)을 입은 병사들이 그 고통
　에서 내는 신음소리를 '앓는 소리'로 뜻을 나타낸 것이라 한다.

함자례(含字例) : 翳, 鷖, 醫

裔 후손 예	『후손, 옷자락, 가선, 옷단 등』의 뜻을 가진다.

	금 문	전 문	
	裔	裔	裔

입은 옷의 衣 끝 부분으로써 옷자락, 가선, 옷단 등의 밝게 드러난 모양새를 보고 😊 어떤 민족의 후손인지
　가림을 표현

함자례 : 瀚

午 낮 오	『낮, 거스르다, 엇갈리다 등』의 뜻을 가진다.

	갑 골 문	금 문	소 전
	午	午	午	午

가로로 매듭이 있는 절구공이처럼 생긴 ⟨ 방망이(막대)를 광장 같은 곳에 세워 해그림자를 지게 해서 그
　그림자의 변화를 보고 시간을 알게 하는 것으로, 바로 그렇게 할 수 있는 때가 낮임을 표현
　본래 의미가 절굿공이이므로 절구질할 때 절구통과 부딪힘으로 인해 '거스르다, 엇갈리다'의 뜻이 있고,
　그 밖의 가차된 뜻으로 '일곱째 지지'와 함께 방위로는 해가 낮의 한가운데에 있는 '정남'의 뜻을 가진다.

함자례 : 旿, 忤, 杵, 許

吳 성씨 오	『성씨, 나라, 큰소리치다 등』의 뜻을 가진다.

	갑골문	금 문	소 전
	吳	吳	吳	吳

몸을 젖혀 큰소리로 노래하고 ㅁ 춤을 추며 흥을 돋우어 노는 사람을 大 표현

함자례 : 娛, 誤, 俁, 蜈, 簴

五	『다섯, 다섯 번 등』의 뜻을 가진다.			
다섯 오		갑골문	금문	소전
		X	X	X

(甲) 산가지로 1에서 4다음에 직관적인 방법으로 중간 수인 5를 'X'자의 엇갈리는 모양으로 표현

(金) 주역에 의한 수의 원리로 하늘과 ⌐ 땅의 ― 기운이 양과 음으로 교차되는 X 중심에 모였다 갈라진 상징의 수이며(X →X), 오행에 의한 만물의 구성 요소로 대표되는 극한수로 다섯을 표현
뒤에 약간의 자형 변화를 가져와서 '五'로 표기하고 있다.

함자례(含字例) : 吾, 伍

吾	『나, 우리, 글 읽는 소리 등』의 뜻을 가진다.	
나 오		

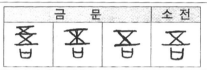

1) 반복적으로 번갈아 X 말을 하면서 ㅂ 상대방과 대화를 나누는 것을 표현
말을 하고 있는 사람이 바로 자기 자신인 나임을 나타내었다.

2) 하늘과 ⌐ 땅의 ― 기운이 서로 맞닿은 X 결과로 생겨나서 입으로 ㅂ 말하는 사람이 바로 나임을 표현

함자례 : 衙, 語, 圄, 敔, 齬, 悟, 梧, 晤, 俉, 珸

烏	『까마귀, 어찌, 탄식하다, 탄식하는 소리 등』의 뜻을 가진다.
까마귀 오	

까마귀의 모습을 표현
까마귀는 몸 전체가 검으므로 눈동자가 보이지 않기 때문에 새를 뜻하는 '鳥(조)'자에 눈을 나타내는 부분의 한 획을 줄여서 '烏'로 표기하였다.

함자례 : 嗚, 塢

奧	『깊다, 깊숙하다, 그윽하다, 흐리다 등』의 뜻을 가진다.	
깊을 오		소전
		奧

동굴 속으로 ∩ 짐승 발자국을 ※ 따라 사람이 두 손으로 더듬으며 깊숙이 들어감을 표현

함자례 : 墺

敖 거만할 오	『거만하다, 놀다, 희롱하다 등』의 뜻을 가진다.

	금 문		전 문	
	𣀈	𢾷	𢾷	𢾸

호신용 무기를 지니고 ⅃ 호방하게 어디에도 속박을 받지 않고 변방인 국경을 넘어 유람하며 ⅄ 노는 사람의 ㄫ 행동거지가 거만함을 표현

함자례(含字例) : 傲, 驁, 熬, 獒, 鰲, 謷, 贅

汚 더러울 오	『더럽다, 나쁘다, 욕되다, 더럽히다 등』의 뜻을 가진다.

	소 전
	汚

입으로 불어서 나팔(피리)을 연주할 때 ⅂ 침이 ⅍ 관 안으로 들어가 오염된 상태를 더러움으로 표현

함자례 : 雩

玉 구슬 옥	『구슬, 옥, 아름답다 등』의 뜻을 가진다.

	갑골문	금 문	소 전
	⪫	⪫	玉	玉

줄에 | 여러 개의 구슬을 ☰ 일정 간격으로 꿰어 놓은 모양을 표현

함자례 : 珏, 璧, 璽, 瑩, 鈺, 珏, 球, 玖, 珪, 瑾, 琦, 璣, 琪, 玲, 鈴, 弄, 瓏, 理, 璘, 琳, 珉, 玫, 班, 瑞, 璇, 瑄, 璿, 琇, 瑛, 玩, 玗, 頊, 瑗, 瑜, 玧, 珥, 璋, 全, 珠, 珍, 璨, 瓚, 琢, 瑕, 現, 玹, 環 ‥‥‥

獄 옥 옥	『감옥, 송사, 죄 등』의 뜻을 가진다.

	금 문	소 전
	𤝐	獄

옛날 백성 간에 분쟁이 있어 그 억울함을 관청에 호소하여 판결을 구할 때 당사자 간의 논쟁 𧦦 모습을 개들의 ⅀ 싸움으로 비유하여 표현

옳고 그름에 대한 판결이 나면 누군가는 반드시 죄인의 처지가 되어 옥에 갇히게 된다는 의미로 전의되어 '감옥'의 뜻이 생긴 거라 한다.

함자례 : 嶽

屋 집 옥	『집, 지붕, 장막 등』의 뜻을 가진다.
	<div align="center">전 문 屋 屋</div>

사람이 방에서 앉아 쉬거나 尸 누워서 잠을 자는 至 곳이 집임을 표현

함자례(含字例) : 握, 渥, 齷, 幄, 喔

沃 기름질 옥	『기름지다, 물대다, 성하다 등』의 뜻을 가진다.
	<div align="center">소 전 沃</div>

(篆) 어린아이가 夭 쑥쑥 자라나는 것처럼 적당한 습기가 있고 氺 영양물질이 많아 식물이 屮 잘 자라나는 땅으로 기름짐을 표현

함자례 : 鋈

昷 어질 온	『어질다, 온화하다』의 뜻을 가진다.
	<div align="center">갑골문 | 금문 | 소전 昷 | 昷 | 昷</div>

갑골문에서는 욕조에 └ 따뜻한 물로 ∷ 사람을 〉 목욕시키는 것을 나타내었으나, 금문 이후로는 그릇에 음식을 담아가 ⌣ 감옥의 죄수에게 囚 옥바라지하는 것을 나타내어 사람의 성품이 어짊을 표현

※ 갑골문에서부터 전서(篆書)까지는 '따뜻할 온(溫)'과 그 자형(字形)이 같다.

함자례 : 溫, 瑥, 縕, 媼, 慍, 瘟, 韫

縕 헌솜 온	『헌솜, 솜옷 등』의 뜻을 가진다.
	<div align="center">소 전 縕</div>

죄수에게 囚 음식으로 └ 온정을 주듯 몸을 따뜻하게 해서 추위를 막아주는 엉클어진 낡은 솜인 糸 헌솜을 표현

함자례 : 蘊

兀 우뚝할 올	『우뚝하다, 평평하다 등』의 뜻을 가진다.

	갑골문	금문	소전
	丆	丆	兀	丆

사람이 丿 머리를 ￣ 우뚝 들어올린 모습을 표현

함자례(含字例) : 杌, 抏, 元, 虺

邕 막힐 옹	『막히다, 막다, 화락하다, 화하다 등』의 뜻을 가진다.

	소전
	邕

마을 주변을 ㄷ 강물이 휘돌아서 흘러가고 있는 巛 지형으로 삼면이 막혀 있음을 표현
　지형적으로 고립된 곳이라 그 마을 사람끼리 서로 의지하며 화락하게 살고 있다는 뜻을 나타내고 있다. -
　화락할 옹

함자례 : 雝, 噰

雝 화락할 옹	『화락하다, 누그러지다 등』의 뜻을 가진다.

	소전
	雝

주변이 강물로 巛 둘러싸여 외부와의 접근이 단절된 지역에 ㄷ 새들이 隹 인간의 간섭을 받지 않고 자유롭게
　놀 수 있는 화락한 곳임을 표현

함자례 : 癰, 鷹, 灉

雍 화할 옹	『화하다, 기뻐하다, 돕다, 껴안다, 학교 등』의 뜻을 가진다.

	갑골문	금문	전 문
	雍	雍	雍	雍	雍

나는 새만이 隹 날아서 들어갈 수 있는 해자(江)로 巛 둘러싸여(껴안겨) 있는 지형의 도읍으로 ㅇ 사는 환경이
　화함을 표현

함자례 : 擁, 甕, 罋, 饔

268

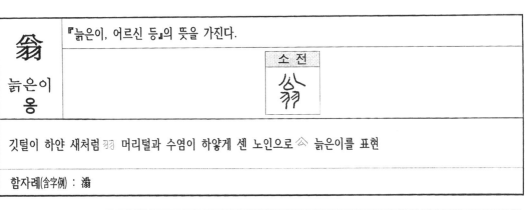

翁 늙은이 옹	『늙은이, 어르신 등』의 뜻을 가진다.
	소 전 翁

깃털이 하얀 새처럼 羽 머리털과 수염이 하얗게 센 노인으로 公 늙은이를 표현

함자례(含字例) : 滃

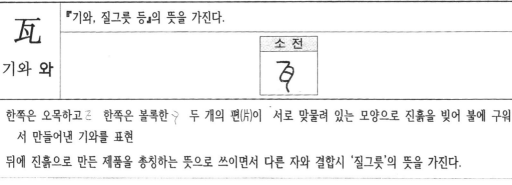

瓦 기와 와	『기와, 질그릇 등』의 뜻을 가진다.
	소 전 瓦

한쪽은 오목하고 乙 한쪽은 볼록한 𠃌 두 개의 편(片)이 서로 맞물려 있는 모양으로 진흙을 빚어 불에 구워서 만들어낸 기와를 표현

뒤에 진흙으로 만든 제품을 총칭하는 뜻으로 쓰이면서 다른 자와 결합시 '질그릇'의 뜻을 가진다.

함자례 : 甄, 甓, 瓶, 甕, 瓮, 瓷, 甌, 甃, 㼚

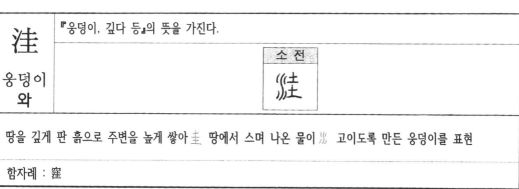

洼 웅덩이 와	『웅덩이, 깊다 등』의 뜻을 가진다.
	소 전 洼

땅을 깊게 판 흙으로 주변을 높게 쌓아 圭 땅에서 스며 나온 물이 水 고이도록 만든 웅덩이를 표현

함자례 : 窪

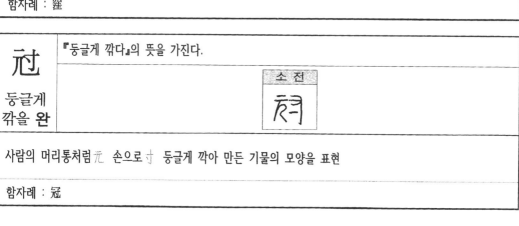

冘 둥글게 깎을 완	『둥글게 깎다』의 뜻을 가진다.
	소 전 冘

사람의 머리통처럼 兀 손으로 寸 둥글게 깎아 만든 기물의 모양을 표현

함자례 : 冠

269

完 완전할 완	『완전하다, 지켜서 보전하다, 둥글다, 튼튼하다』의 뜻을 가진다.
	소 전

재물 중에 으뜸인 둥근 모양의 진귀한 보배를 集 집 안에 ⌂ 비밀스럽게 숨겨놓아 훼손되는 것으로부터 완전하게 보전함을 표현

다른 자와 결합시 '둥글다'는 뜻 외에 보배를 잘 보전하는 것처럼 '전문적인 기능을 수행'함의 뜻을 나타낸다.

함자례(含字例) : 莞, 浣, 脘, 琓, 梡, 睕, 垸, 院, 睆, 皖

宛 완연할 완	『완연(모양이 서로 비슷)하다, 뚜렷하다, 동산, 언덕 등』의 뜻을 가진다.

갑골문	금 문	소 전
	-	

한 집에 ⌂ 사는 사람들로 ⫸ 생김새가 서로 같고 자태도 서로 비슷한 것으로 완연함을 표현

함자례 : 婉, 腕, 菀, 碗, 豌, 椀, 琬

曰 가로 **왈**	『가로되, 이르다, 일컫다, ~라 하다 등』의 뜻을 가진다.

갑골문		금 문		소 전

윗입술과 아랫입술을 ⊎ 구분하는 선이 가운데 들어 있고 윗입술 쪽에 짧은 횡선을 그어 ¯ 말하는 동작을 표현

함자례 : 書, 曺, 曹, 晉, 昌, 替

王 임금 **왕**	『임금, 으뜸, 왕 노릇하다, 왕으로 삼다 등』의 뜻을 가진다.

갑골문		금 문		소 전	

한쪽 면의 날이 널찍한 큰 도끼의 ⟁ 모양을 표현

고대(청동기 시대)에 지배자였던 '임금'은 절대적 권위를 나타내는 통치 수단으로 상징적인 큰 도끼를 갖고 있었다.

함자례 : 狂, 匡, 枉, 旺, 汪, 閏, 皇

往 갈 왕	『가다, 보내다, 향하다 등』의 뜻을 가진다.			
		갑골문	금 문	전 문

(甲) 현명한 군주가 ⚘ 몸을 의탁할 안락한 나라로 귀화하려 길을 떠나감을 표현
(篆) 사람이 땅을 딛고 천천히 걸어서 목적지를 향해 길을 감을 표현

함자례(含字例) : 眶

尢 절름발이 왕 더욱 우	『절름발이, 더욱, 오히려 등』의 뜻을 가진다.		
		갑골문	금문	소전

사람의 한쪽 다리가 굽어 길이가 어긋남으로 인하여 절면서 걸어가는 절름발이를 표현

함자례 : 尤

畏 두려워 할 외	『두려워하다, 꺼리다, 조심하다 등』의 뜻을 가진다.				
		갑 골 문		금 문	소 전

험상궂은 귀신 탈을 쓴 주술사(제사장)가 마력의 도구인 지팡이를 들고 춤을 추며 사악한 악령을 쫓아
내는 의식을 함을 표현
신과 소통을 관장하는 제사장은 사람들에게 경외와 공포의 대상임에서 '두려워하다'는 뜻을 가졌다고 한다.

함자례 : 猥, 偎

外 바깥 외	『바깥, 겉, 표면, 외국, 외가, 타향 등』의 뜻을 가진다.		
		갑 골 문	금 문	소전

기운이 동하는 아침에 점을 치는 것이 일반적인 관행이나 아침이 아닌 기운이 쇠하는 저녁에 점을 치는
것은 상례에 벗어난 예외인 경우로서 바깥이고 밖임을 표현
※ 대개 기운이 좋은 아침에 점을 치는 것이 상례이나 간혹 적이 침입해 올 때는 전쟁에 대한 점괘를 알아
보기 위해 불가피하게 저녁에 점을 치는 경우도 있었다 한다.

함자례 : 逃

皂 합할 요	『합하다』의 뜻을 가진다.

소 전

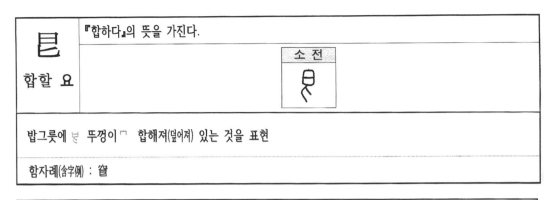

밥그릇에 ⿺ 뚜껑이 ⺆ 합해져(덮어져) 있는 것을 표현

함자례(含字例) : 皀

幺 작을 요	『작다, 어리다 등』의 뜻을 가진다.

갑골문	금 문	소 전
8	8	8

누에고치에서 뽑아낸 가느다란 생사를 꼰 8 모양으로 작음을 표현

다른 자와 결합시 '매우 가는 실' 또는 '극히 작음'의 뜻을 가진다.

함자례 : 鰦, 幼, 幽, 幻

么 작을 요 작을 마	『작다, 어리다, 잘다, 가늘다 등』의 뜻을 가진다.

금 문	소 전
8	⿱

한 올의 견사처럼 ⧼ 삼줄기에서 ⿇ 뽑아낸 한 가닥의 삼실로 가는 실의 모양을 표현(= 麽·麼)

실의 굵기가 아주 가늘어 보이는 데서 '작다, 어리다'의 뜻이 파생되어 나왔고, 또한 의문 어조사로 쓰이는 '麼(작을 마)'의 간체자이면서 '幺'의 속자이기도 하다.

함자례 : 麼

垚 높을 요	『높다』의 뜻을 가진다.

소 전
─

도기(陶器) 또는 도기의 원료인 점토 더미를 垚 차곡차곡 높게 쌓아 놓은 것을 표현

함자례 : 堯

272

堯 요임금 요	『요임금, 높다 등』의 뜻을 가진다.

	갑골문	금문	전 문
		-		

사람의 어깨 위에 도기(陶器)를 얹어 있는 모양으로 고대 중국 최초로 도기 만드는 것을 널리 보급한
수령이 요임금임을 표현

다른 자와 결합시 '높게 이르다'의 뜻을 가진다.

함자례(含字例) : 翹, 蟯, 撓, 饒, 僥, 繞, 橈, 嶢, 蕘, 磽, 曉, 曉, 驍, 嘵

要 요긴할 요	『요긴하다, 중요하다, 요약하다, 원하다, 요구하다 등』의 뜻을 가진다.

	갑골문	금문	소 전

(甲) 화창한 맑은 날에 여인을 불러 짝을 하여 놀면서 동석한 여인을 껴안는 것을 표현

(金) 두 팔에 껴안기는 여인의 눈을 강조하여 가장 매력적인 부위가 미목(美目)임을 표현

(篆) 팔에 안기는 여인의 허리가 가늘고 다리가 긴 모습으로 여인의 몸매를 우선시해서 한 표현

옛날 귀족이 하객을 접대할 때이면 하객의 곁에 모두 여자를 두고 술 시중을 들게 하였는데 이때 여자를
껴안고 노는 것이 일반적인 놀이 문화로 전파된 데서 '요긴하다, 원하다'의 뜻을 갖게 된 것이라 한다.

함자례 : 腰, 葽, 喓

缶 질그릇 요	『질그릇』의 뜻을 가진다.

	소 전

육장(肉醬)이나 술을 담을 수 있게 만든 주둥이가 좁은 항아리 모양의 질그릇을 표현

함자례 : 搖, 遙, 謠, 瑤, 徭

臽 퍼낼 요	『퍼내다, 확에서 퍼내다 등』의 뜻을 가진다.

	소 전

절구나 확에 곡식을 찧어 손으로 알곡을 퍼내는 것을 표현

함자례 : 稻, 蹈, 滔, 韜, 慆, 謟, 掐

夭 일찍 죽 을 요	『일찍 죽다, 굽히다, 어리다, 아름답다, 예쁘다 등』의 뜻을 가진다.

	갑골문	금 문	소 전
	夭	夭	夭

여린 소녀들이 고개를 갸웃하면서 동시에 두 팔을 흔들고 내저으며 夭 요염한 교태로 춤추는 모습을 표현
  본래는 어리고 예쁜 소녀들이 춤을 춘다는 뜻이었으나, 소전에서 춤을 추던 아이가 고개를 젖히고 있는
모습으로 자형의 변화를 가져오면서 '일찍 죽다'의 뜻으로 전의된 것으로 보고 있다.
  옛사람들은 손에 소품없이 추는 춤을 '夭(요)'라 했고, 소품을 갖추어 추는 춤을 '無(무)'라 했다.

함자례(含字例) : 笑, 飫, 沃, 妖, 歼, 奏, 吞

欲 하고자 할 욕	『하고자 하다, 장차 ~하려고 하다, 좋아하다, 욕심 등』의 뜻을 가진다.

	금 문	소 전
	欲 欲	欲

(金) 사람이 속으로人 내는 욕망이 깊고도 큰 골짜기와 谷 같아서 영원히 채워지지 않게 되는 탐심을 표현
(篆) 입을 드넓은 골짜기처럼 谷 벌리고 있는 欠 것은 사람이 하고자 하는 욕심과 식욕이 그처럼 크다는 것을 표현

함자례 : 慾

辱 욕될 욕	『욕되다, 더럽히다, 모욕당하다, 욕보이다, 수치 등』의 뜻을 가진다.

	금 문	소 전
	辱	辱

고대인들이 조개껍질로 된 도구를 들고 辰 밭을 개간 경작하며 부지런히 일하는 것을 표현
  부지런히 일한다는 자체에서 '욕되다'는 의미가 생겨났고, 이 욕됨 자체가 다시 역설적으로 뜻이 파생되어
자신을 '더럽히다, 모욕을 당하다' 등으로 그 의미가 확대되어 쓰이게 된 것으로 보고 있다.

함자례 : 耨, 褥, 縟, 嬬

嬬 게으를 욕	『게으르다』의 뜻을 가진다.

	소 전
	嬬

집안의 남자들은 채집 수렵 활동만 할 뿐 주거지 부근에서 짓는 농사일은 辱 여자들의 女 몫으로 미루고
게으름을 피움을 표현

함자례 : 薅

冗 쓸데없 을 용	『쓸데없다, 무익하다』의 뜻을 가진다.

	갑 골 문	금 문	소 전

사람이 ㇏ 하는 일 없이 집안에 ∩ 머물러 있는 것은 쓸데없는 짓으로 무익함을 표현(= 冗)

함자례(含字例) : 沉

冘 한가로 울 용	『한가롭다, 쓸데없다 등』의 뜻을 가진다.

	소 전

집안에서 ∩ 사람이 ㇏ 하는 일 없이 있으면서 한가롭게 시간을 보냄은 쓸데없는 것임을 표현(= 冘)

함자례 : 抌

容 얼굴 용	『얼굴, 모양, 용량, 담다, 용서하다, 용납하다 등』의 뜻을 가진다.

	갑골문	금 문	소 전

옛 조상들이 동굴 안에서 기거할 때 ∩ 물건을 담아 저장하는 용기를 ▯ 비치한 모습을 표현
  무슨 물건이든 동굴이 받아들여 저장할 수 있음에서 '받아들이다'가 원뜻이나, 정면에서 보이는 모양이
  마치 사람의 얼굴 모습과도 같아 '얼굴'의 뜻으로 확대 파생되었고, 또한 각자의 생각에 따라 얼굴 표정이
  담김은 물론 상대를 용납하여 주기도 함에서 '용서'의 뜻도 가진다고 한다.

함자례 : 溶, 鎔, 瑢, 蓉, 熔, 榕

龍 용 용	『용, 임금, 훌륭한 사람 등』의 뜻을 가진다.

	갑골문	금	문	소 전

머리에 난 뿔과 ꔣ 짝 벌린 입 ∂ 그리고 뱀처럼 꿈틀거리는 몸통을 ∫ 그려 상상의 동물인 용을 표현

함자례 : 龕, 籠, 聾, 壟, 瓏, 隴, 朧, 瀧, 龐, 襲, 寵

用	『쓰다, 부리다, 일하다, 등용하다 등』의 뜻을 가진다.						
쓸 용		갑 골 문				금 문	소 전
		出	用	甲	甲	用	用

대오리나 칡덩굴 등으로 엮어서 만든 바구니나 통발의 用 모양을 표현
이렇게 만들어진 도구를 일상생활에 씀으로써 '쓰다, 부리다'의 뜻을 가지게 된 것이라 한다.

함자례(含字例) : 甬

庸	『떳떳하다, 채용하다, 고용하다, 평범하다, 어리석다, 평소, 보통 등』의 뜻을 가진다.						
떳떳할 용		갑 골 문			금 문		소 전
		冒	胤	酋	曺	肅	肅

(甲) 추수한 곡식을 탈곡하여 ⅄ 보관시설(두지:斗庋)로 ㅂ 옮겨 저장하는 일에 인부로 고용되어 품을 파는
행위는 일상적이고 떳떳한 것임을 표현
(人) 집 안에서 广 손에 ⅄ 바구니로 用 하는 가사 노동에 고용된 인부로서 일하는 것은 보통 사람에겐 늘상
있을 수 있는 평범한 일임을 표현

함자례 : 傭 鏞 墉 鄘

甬	『길, 솟아 오르다 등』의 뜻을 가진다.		
길 용		금 문	소 전
		甬 甬	甬

통발에 用 갇힌 물고기가 머리를 내밀고 ⌒ 힘을 써 빠져나오는 형상을 표현
뜻이 가차되어 '길'의 뜻을 가진다.

함자례 : 誦, 勇, 踊, 涌, 俑, 埇, 痛, 通, 桶

涌	『물이 솟다, 솟아나다, 떠오르다 등』의 뜻을 가진다.	
물 솟을 용		소 전
		涌

통발에 갇힌 물고기가 ⌒ 힘을 써 통발을 用 빠져나오듯이 물이 ⅏ 땅에서 퐁퐁 솟아남을 표현

함자례 : 慂

276

勇 날랠 용	『날래다, 용감하다, 강하다, 용기가 있다, 용사 등』의 뜻을 가진다.

금 문	전 문

1) 힘센 장정이 무기를 ✕ 사용하여 ⊞ 싸울 때면 동작이 날래고 용감함을 표현
2) 통발 속에 ⊞ 갇힌 물고기가 빠져나오려고 ⌓ 있는 힘을 다해 ⌇ 날래게 움직임을 표현

함자례(含字例) : 湧, 踴

春 찧을 용	『곡식을 찧다, 절구질하다』의 뜻을 가진다.

갑 골 문			금 문		소 전

두 손으로 ⅄ 절굿공이를 ⸦ 쥐고 절구에 ∪ 든 곡식을 찧어 껍질을 벗김을 표현

함자례 : 舂

又 또 우	『또, 다시, 거듭하다 등』의 뜻을 가진다.

갑골문	금 문			소 전

남쪽 정면을 보고 섰을 때 몸의 서쪽 편에 있는 오른손으로 손가락 세 개로 ⅄ 다섯 손가락을 표현
 왼손에 비해 자주 쓰고 거듭해서 또 많이 사용함으로 해서 '또'라는 뜻이 파생되어 나왔다고 한다.

함자례 : 圣, 奴, 度, 反, 攴, 受, 夋, 叟, 叔, 友, 支, 叉, 隻, 取, 皮, 啟

于 어조사 우	『어조사, 행하다, 구하다, 굽다, 크다 등』의 뜻을 가진다.

갑골문		금 문	소 전

입으로 불어 음 높이의 높고 낮음으로 기복 있는 휘어진 소리를 ⌇ 낼 수 있는 악기(나팔이나 피리류)를 于 표현
 뜻이 가차되어 '어조사(~에서, ~에게 등)'로 주로 쓰이고 있다.
 ※ 같은 '우'의 음을 가진 '于、亏、亐'는 그 자형이 조금씩 다르기는 하지만, '어조사'로 역할을 함은 같다.

함자례 : 汙, 宇, 迂, 玗, 旴, 紆, 芋, 盂, 吁, 盱, 釪, 訏

'o'

亐 어조사 우 이지러질 휴	『어조사, 동작을 하다, 이지러지다, 부족하다』의 뜻을 가진다.

소 전

亐

있는 능력을 다해 취악기인 나팔을 불어 ☌ 연주를 ⎺ 하지만, 힘이 부족하여 소리가 다소 이지러짐을 표현
그 뜻이 가차되어 '어조사'로 주로 쓰이고 있다.

함자례(含字例) : 亏, 咢, 雩

宇 집 우	『집, 지붕, 처마, 하늘, 공간 등』의 뜻을 가진다.

지붕 양쪽으로⇑ 하늘을 향해 휘어서 나란히 뻗은, 관이 많은 악기인 생황처럼╤ 생긴 처마의 끝(서까레)을 표현
옛사람들은 대들보 위에 올려져 양쪽 옆으로 길게 뻗은 서까래를 '宇'라 했는데, 이는 수평적으로 무한히
펼쳐진 공간(우주의 집)을 비유적으로 나타낸 것이라 한다.

함자례 : 㝢

雨 비 우	『비, 비가 오다 등』의 뜻을 가진다.

하늘에 낀 구름 아래로 ⊓ 물방울이 뚝뚝 떨어지는 ⼩ 모양으로 비를 표현

함자례 : 霍, 靂, 零, 霑, 露, 雷, 霖, 霾, 朧, 霂, 霧, 雯, 雹, 雾, 霹, 雾, 霏, 霰, 霜, 雪, 霄, 需, 霛, 霙.....

右 오른 우	『오른쪽, 오른손, 서쪽, 높다, 돕다 등』의 뜻을 가진다.

갑골문	금 문	소 전

(甲) 정면을 남쪽으로 향할 때 몸의 서쪽에 위치하는 손으로 ⼓ 왼손과 마주보는 오른손을 표현
(金) 어떤 일을 할 때 곁에서 해주는 조언에 ⼐ 따라 일 처리에 주된 노릇을 하면서, 맞은편 손이 하는 일을
돕는 손이 ⼓ 오른쪽 손임을 표현

함자례 : 若, 佑, 祐

尤 더욱 우	『더욱, 허물, 과실, 원한, 탓하다 등』의 뜻을 가진다.			
		갑골문	금문	소전
		ᄾ	ᄾ	ᄿ

한 사람이 욕심을 부려 많은 부분의 음식(고기)을 두 손으로 ᄾ 독차지하여 평균치보다 더욱 많이 가짐을 표현
'又'가 두 개 교차해서 만들어진 자로, 원시 공동체 생활에서는 사람들이 각종 이익을 골고루 나눔이 원칙임에도 어떤 한 사람이 많은 부분을 독차지함으로 해서 그 자체가 '허물'과 '과실'이 되고, 다른 사람들의 '원한'을 사는 요인이 되었기에 그런 쪽으로 뜻이 전의되어 간 것이라 한다.

함자례(含字例) : 龙, 訧, 就

羽 깃 우	『깃, 날개, 새, 부채 등』의 뜻을 가진다.			
		갑골문	금문	전 문
		羽羽	仹仹	羽羽 羽

새의 날개를 이루는 두 깃 羽羽 모양을 표현

함자례 : 翰, 翻, 翎, 翏, 翻, 翡, 翔, 扇, 習, 翅, 翳, 翁, 翼, 翊, 翌, 翟, 翥, 翠, 翩, 翯, 栩, 翊, 珝, 翬

牛 소 우	『소 등』의 뜻을 가진다.			
		갑골문	금 문	소전
		牛	牛	牛 牛 牛

소의 머리를 정면에서 본 牛 모양을 표현

함자례 : 件, 牽, 牼, 告, 牯, 犢, 牢, 犁, 牟, 牡, 牧, 物, 牝, 牲, 犀, 犉, 牣, 牷, 特, 犠

憂 근심 우	『근심, 걱정, 괴로움, 근심하다, 애태우다 등』의 뜻을 가진다.			
		갑골문	금 문	소전

(甲) 사람이 두 손으로 ᄿ 얼굴을 가리고 무겁게 발걸음을 걸으며 ᄾ 근심에 빠진 모양을 표현
(篆) 신변에 생긴 근심거리로 인하여 머리와 ᄿ 가슴으로 ᄿ 깊은 사색을 하며 무겁게 걸어감을 ᄾ 표현

함자례 : 擾, 優, 慢, 穩

禹 성씨 우	『성씨, 임금, 하우씨, 벌레 등』의 뜻을 가진다.

금 문		전 문	

손으로 뱀(긴 벌레)을 잘 잡는 용감한 용사처럼 구불구불한 황하의 물길을 잘 잡아 다스린 사람을 표현
그러한 위대한 공적을 남긴 사람이 하나라의 '우임금'이었기에 '성씨'로 존속하게 된 것으로 추정된다.

함자례(含字例) : 瑀, 踽, 楀

雩 기우제 우	『기우제, 기우제를 지내다』의 뜻을 가진다.

갑골문	금 문	소 전

피리 주악(奏樂)에 맞춰 온 하천에 물이 가득 차게 하늘에서 비를 내려 달라고 기원하며 기우제를 지냄을 표현

함자례 : 樗

虞 염려할 우	『염려하다, 근심하다, 생각하다, 즐기다, 나라 이름 등』의 뜻을 가진다.

금 문		소 전

호랑이의 탈을 머리에 쓰고 노래하고 춤추며 유흥을 즐기는 일에 심취해 있으니 앞날이 염려되고 근심스러움을 표현

함자례 : 嘆

禺 긴꼬리 원숭이 우	『긴꼬리 원숭이, 땅의 이름 등』의 뜻을 가진다.

금 문	소 전

괴이하게 생긴 짐승의 가면을 손으로 쓴 모습으로, 그 같은 생김새를 하고 있는 짐승이 긴꼬리 원숭이임을 표현

함자례 : 顒, 遇, 愚, 偶, 寓, 隅, 禑, 嵎, 耦, 堣

耦	『나란히 가다, 짝짓다, 짝 등』의 뜻을 가진다.
나란히 갈 우	소전 耦

작업의 효율을 높이기 위해 농부 두 사람이 짝을 이뤄偶 협력하며 땅을 갈고 파종하는 작업을耒 동시에 나란히 해 나감을 표현

함자례(含字例) : 藕

友	『벗, 벗삼다, 사귀다, 사랑하다, 돕다 등』의 뜻을 가진다.
벗 우	

친구인 두 사람이 만나 손과⼇ 손을⼇ 맞잡고 정겨워하는 모습을 표현

함자례 : 愛

昱	『햇빛이 밝다, 빛나다』의 뜻을 가진다.
햇빛 밝 을 욱	소전 昱

태양이日 서 있는 사람의立 머리 위쪽인 하늘에서 빛을 내며 밝게 비춤을 표현

함자례 : 煜

彧	『문채, 문채가 나다, 무성하다 등』의 뜻을 가진다.
문채 욱	전 문 彧 彧

영토와 군사력을 가진 나라의或 강역을 나누는 경계선에 하천이巛 길게 흐르면서 아름다운 빛인 문채가 남을 표현

함자례 : 稶

云 이를 운	『이르다, 말하다, 이와 같다, 구름, 하늘 등』의 뜻을 가진다.

	갑골문	금문	전 문

수증기로 응겨 있는 기운이 위로 올라가 하늘에 이르러 구름이 됨을 표현

(원뜻) 구름 운 → (바뀐 뜻) 이를 운 → (대체자로) 雲 구름 운

함자례(含字例) : 藝, 雲, 芸, 耘, 沄, 䰟

雲 구름 운	『구름, 습기 등』의 뜻을 가진다.

전 문

수증기로 응겨있는 기운이 하늘 높이 이르러 비의 씨앗인 구름이 됨을 표현

함자례 : 曇, 澐, 蕓, 橒

鬱 답답할 울	『답답하다, 우울하다, 울창하다, 우거지다 등』의 뜻을 가진다.

갑골문	금	문	소 전

(甲) 초목이 무성하여 답답할 정도로 우거진 수풀에서 사람들이 서거나 고개를 숙여서 향초목을 찾아 채집함을 표현

(篆) 초목이 빽빽한 밀림에 모여 향초목을 채취하여 용기에 보관하였다가 집안의 항아리에 향신료가 들어있는 향주머니를 넣어 술을 담아 숙성시키므로 깊고 은은한 향이 남을 표현

함자례 : 欝

熊 곰 웅	『곰』의 뜻을 가진다.

갑골문	금	문	소 전

원래 곰의 뜻인 '能(능)'이 '능하다'는 뜻으로 바뀌게 되자 대체자로 다리 모양을 첨가해서 곰을 표현

함자례 : 羆

夗 누워 뒹굴 **원**	『누워 뒹굴다』의 뜻을 가진다.

	갑 골 문		금 문	소 전

1) 저녁이 ◊ 되면 사람이 ₹ 자기 위해 잠자리에 누워 뒹구는 모습을 표현
2) 잠자리에 누워 ₹ 몸을 반달처럼 ◊ 구부렸다 폈다 하며 뒹구는 것을 표현

함자례(含字例) : 宛, 怨, 苑

怨 원망할 **원**	『원망하다, 책망하다, 나무라다, 미워하다, 원수, 원한 등』의 뜻을 가진다.

	금 문	전 문	

강압적인 명령에 대해 완곡하고 우회적인 방식으로 불만의 감정을 나타내는 것으로 누워서 뒹굴며 ◊◊ 마음 속으로 ₩ 원망함을 표현

함자례 : 慈

元 으뜸 **원**	『으뜸, 시초, 우두머리, 첫째, 근본 등』의 뜻을 가진다.

	갑 골 문	금 문	소 전

사람의 신체 중에 ₹ 제일 위쪽에 있는 머리 부분을 ═ 강조한 것으로 머리가 으뜸임을 표현

함자례 : 完, 玩, 頑, 翫, 阮, 沅, 黿

原 언덕 **원** 근원 **원**	『언덕, 근원, 원래, 근본 등』의 뜻을 가진다.

	갑 골 문			금 문		소 전

언덕 ◊ 밑에서 솟아나는 샘물을 ◊ 표현
　언덕 밑에서 나는 샘물이 흐르고 흘러서 들판과 강과 바다로 가게 되는 물의 '근원'이 됨을 나타내었다.
　(원뜻) 근원 원 → (바뀐 뜻) 언덕 원 → (대체자로) 源 근원 원

함자례 : 願, 源, 愿, 嫄, 騵

員 인원 **원**	『인원, 수효, 동그라미, 둥글다 등』의 뜻을 가진다.		
	갑골문	금문	소전

다리를 가진 둥근 솥과 ⬚ 솥의 동그란 아가리 ⌒ 모양을 표현

  이 솥에 지은 밥으로 몇 명의 사람이 먹을 수 있는가? 여기에 기인해서 개별 '인원'의 뜻이 생겨났다고 한다.

  (원뜻) 둥글 원 → (바뀐 뜻) 인원 원 → (대체자로) 圓 둥글 원

함자례(含字例) : 損, 韻, 隕, 殞, 煩, 篔, 圓, 勛, 塤

爰 이에 **원** 당길 **원**	『이에, 곧, 당기다, 미치다 등』의 뜻을 가진다.		
	갑골문	금문	전문

위쪽 사람이 손으로 ㇏ 장대를／ 움켜쥐고 내려준 뒤 아래쪽 사람에게 손으로 ㇏ 잡게 하여 이에 끌어당겨

  올려(도와)주는 것을 표현

함자례 : 暖, 煖, 緩, 援, 媛, 瑗, 湲, 鍰, 諼

袁 옷 길 **원**	『옷이 길다, 치렁치렁한 모양』의 뜻을 가진다.		
	갑골문	금문	소전

둥근 옷깃에 ⌒ 옷의 길이는 발등을 덮을 정도로 길게 늘어지게 입는 ᵞ 옷으로 ⌂ 나들이옷을 표현

함자례 : 罳, 遠, 園, 猿, 轅

月 달 **월**	『달, 달빛, 세월, 한 달 등』의 뜻을 가진다.		
	갑골문	금문	소전

초승달 또는 반달의 모양을 표현

다른 자와 결합시 형성자의 부수자로 오른쪽 방(旁)으로 주로 표기된다(예: 期, 朗, 望). 반면 육달월(肉=月)은

  형성자의 부수자로 왼쪽 변(邊)으로 표기된다(예: 肝, 肛, 腹).

함자례 : 期, 萁, 朗, 朧, 明, 朦, 朏, 朔, 朝, 閒

粵 어조사 월	『어조사, 나라 이름』의 뜻을 가진다.		
		금 문	소 전
		粵	粵

(金) 흐르는 하천에 물이 가득 차도록 비가 내리기를 하늘에 기원함을 표현
(篆) 집안에 곡식을 가득 채울 수 있게 비를 내려달라고 음악을 연주하며 하늘에 기원함을 표현
그 뜻이 가차되어 '어조사'로서 뜻을 가진다.

함자례(含字例) : -

戉 도끼 월	『도끼』의 뜻을 가진다.			
		갑골문	금 문	소 전
		戉	戉	戉

고대 장수(將帥)가 사용했던 무기로 긴 자루에 가운데 구멍이 나 있는 둥글며 큰 날을 가진 도끼를 표현

함자례 : 越, 鉞

危 위태할 위	『위태하다, 위태롭다, 불안하다, 두려워하다, 높다 등』의 뜻을 가진다.					
		갑 골 문			금문	소 전
		危	危	危	危	危

(甲) 낭떠러지 아래로 돌이 굴러 떨어짐을 나타낸 것으로 위태로운 상황을 표현
(金) 사람이 높은 낭떠러지 위에서 떨어지거나 혹은 낭떠러지 아래에 있는 사람이 떨어지는 돌을 맞을까 두려워하고 걱정하는 위태로운 상황임을 표현

함자례 : 詭, 跪, 垝, 麂, 脆, 脆

委 맡길 위	『맡기다, 버리다, 자세하다, 시들다 등』의 뜻을 가진다.		
		갑골문	금 문	소 전
	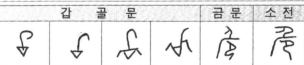	委	-	委

고대 모계사회 시대에 남자는 수렵 등의 거친 일을 하게 한 반면, 여성이 농작물 재배와 수확을 도맡아 하였음을 표현

함자례 : 倭, 矮, 魏, 萎, 緌

韋 둘레 **위** 가죽 **위**	『둘레, 가죽, 다룬 가죽, 부드럽다, 에워싸다 등』의 뜻을 가진다.

	갑 골 문		금 문	소 전
韋	𩂉	𩂉	韋	韋

병사들이 성의 둘레를 □ 엇갈리게 돌면서 𩂉 특정 지역을 지키는 모습을 표현

성의 둘레를 돌 듯 용기 안의 □ 가죽을 발로 어긋나게 밟아 𩂉 다루어서 무두질한다는 뜻도 갖고 있다.

함자례(含字例) : 韜, 韤, 韲, 韗, 偉, 衛, 違, 緯, 圍, 禕, 煒, 韠, 暐, 瑋, 葦, 闈, 韤, 韓, 諱

口 에워쌀 **위**	『에워싸다, 포위하다, 두르다 등』의 뜻을 가진다.

	금 문	소 전
口	○	口

사방을 빙 둘러싸고 있는 구역의 모양을 ○ 표현

어떤 범위를 에워쌈을 나타낸 것으로, 다른 자와 결합시 '성, 울타리, 자리, 국경선 등'의 뜻을 가진다.

함자례 : 固, 困, 國, 圈, 團, 圖, 囮, 囚, 圄, 圉, 園, 圓, 圜, 圍, 囿, 因, 圃

尉 벼슬 **위** 다리미 **울**	『벼슬, 편안히 하다, 위로하다, 다리미 등』의 뜻을 가진다.

	소 전
尉	尉

병을 앓고 있는 환자에게 ⼫ 가지런히 침을 주고 다리미로 𣥕 뜸을 들여 치료를 ⼐ 해 주는 사람으로서

벼슬을 표현

함자례 : 蔚, 慰

慰 위로할 **위**	『위로하다, 안심시키다, 위로』의 뜻을 가진다.

	소 전
慰	慰

벼슬아치인 의원이 앓고 있는 환자에게 가진 정성을 𢖽 다해 치료해주듯 尉 어려운 처지에 곤란을 겪고

있는 사람을 보살펴주고 위로해 주는 것을 표현

함자례 : 懸

爲 할 위	『하다, 위하다, 되다, 다스리다, 삼다, 배우다, 행위 등』의 뜻을 가진다.

코끼리 조련사가 코끼리(옆 모양)를 길들여 🐘 어떤 행위를 하게끔 하고 있음을 표현

함자례(含字例) : 僞, 蔿

胃 밥통 위	『밥통, 위장, 위, 마음 등』의 뜻을 가진다.

섭취한 음식물을 일시적으로 담아있는 주머니 ⊗ 모양의 신체기관으로 🍚 밥통인 위를 표현

함자례 : 謂, 渭, 蝟, 喟

魏 성씨 위	『성씨, 나라 이름, 높다, 빼어나다 등』의 뜻을 가진다.

높이 치솟은 큰 산에서 ⼭ 천지신명께 🍖 제사를 올리는 일을 맡고 있는 🐷 제사장인 사람을 표현(= 巍)
신분이 세습되는 사회에서 대를 이어 제사장의 직을 맡음으로 해서 그 직위 자체가 그 가계를 지칭하는
‘성씨’로 된 것으로 보고 있다.

함자례 : 巍

威 위엄 위	『위엄, 세력, 두려움, 형벌, 존엄하다 등』의 뜻을 가진다.

황실의 웃어른인 황태후가 🕯 생살권의 상징인 부월(斧鉞)을 갖고 🔨 대권으로 형벌을 다스리니 그 위의(威儀)가
천하 사람들을 두렵게 하는 위엄이 있음을 표현

함자례 : 葳

位 자리 위	『자리, 지위, 방위, (몇) 명, 자리잡다, 서다 등』의 뜻을 가진다.		
	갑골문	금 문	소 전
	《갑골문 이미지》	《금문 이미지》	《소전 이미지》

사람이 亻 서 있는 立 위치가 그 사람이 있는 자리이고, 또 그 사람의 지위가 됨을 표현

함자례(含字例) : 莅, 粒

尤 망설일 유	『망설이다, 머뭇거리다, 게으르다 등』의 뜻을 가진다.		
	갑골문	금 문	소 전
	《갑골문 이미지》	-	《소전 이미지》

목에 칼(항쇄)을 쓰고 凵 걸어가는 죄인으로 丿 따라가지 않으려고 미적대며 망설이는 것을 표현

함자례 : 尨, 沈, 枕, 忱, 耽, 眈

内 짐승 발 자국 유	『발자국, 짐승의 발자국』의 뜻을 가진다.				
	금 문		전 문		
	《금문 이미지》	《금문 이미지》	《전문 이미지》	《전문 이미지》	《전문 이미지》

손으로 又 뱀(벌레)을 虫 잡는 용사의 모습을 표현
　실제는 뱀을 잡는 용사의 모습이나, 훈(새김)은 뜻을 가차하여 '발자국'으로 표현하였다.

※ 부수 이름을 '발자국 유'라고 한 것은 잘못 붙여진 명칭(훈)이다. 그 이유는 글자(字)는 고대(周나라 때)에 製字되었으나, 부수명을 붙인 강희자전은 1716년 淸代에 만들어지면서 후한(後漢) 때 허신(許愼)이 『설문해자』에서 밝힌 '땅을 긁은 짐승의 발자국'이란 내용을 인용해서 붙여진 명칭이기 때문에 그러하다.

함자례 : 禹, 禺

臾 잠깐 유	『잠깐, 잠시 등』의 뜻을 가진다.		
	갑골문	금 문	소 전
	《갑골문 이미지》	《금문 이미지》	《소전 이미지》

어떤 사람을 人 두 손으로 들어서 臼 위로 올림을 표현
　손으로 들어서 올리는 시간 틈이 매우 짧은 동안으로 '잠깐'임을 나타내었다.

함자례 : 庾, 諛, 萸, 楡

庾 곳집 유	『곳집, 노적가리』의 뜻을 가진다.		
		소 전 	

두 손으로 사람을 들어서 올리듯 바닥에 깐 버팅개 위에 수확한 곡물을 낟가리를 쳐  임시로 보관하여
환적하는 용도로 사용하던 반개방형 건물로 ⌐ 간이 곡물 창고인 곳집을 표현

함자례(含字例) : 廩

酉 닭 유	『닭, 술, 술병』의 뜻을 가진다.

	갑골문	금문	소전

술병 또는 술을 담그는 단지의 🜂 모양을 표현 (= 卯)
　뜻이 가차되어 '열째 地支, 닭'의 뜻을 가지며, 다른 자와 결합시 '술'과 함께 '발효'의 뜻을 함유하고 있다.
　(원뜻) 술 유 → (바뀐 뜻) 닭 유 → (대체자로) 酒 술 주

함자례 : 酣, 釀, 酤, 酪, 醴, 酩, 醱, 配, 酸, 醒, 酬, 醇, 醨, 釀, 醮, 醖, 醹, 醫, 酌, 酢, 醬, 酊, 酲, 醍,
　　　　 酒, 酎, 醋, 醮, 醜, 酋, 醉, 醢, 醯, 醴, 酷, 酵, 酗

兪 대답할 유	『대답하다, 응답하다, 지나가다 등』의 뜻을 가진다.

	갑골문	금문	소전

길손이 나루에서 배가 ⟨⟨ 언제 떠느냐는 물음에 사공이 그에 맞아떨어지는 합당한 合 대답을 해 줌을 표현
다른 자와 결합시 '배를 타고 강을 건넌다'는 뜻을 가진다.

함자례 : 輸, 喩, 楡, 偸, 愈

愈 나을 유	『병이 낫다, 고치다, 유쾌하다 등』의 뜻을 가진다.	

	금문	소전

배를 타고 강을 건너간 ⅏ 것과 같은 개운한 마음으로 ♡ 병이 완전히 나아 완쾌된 상태임을 표현

함자례 : 癒

丝 작을 유	『작다, 미미하다』의 뜻을 가진다.

소 전

∞∞

명주실을 꼬아서 감아 놓은 작은 실꾸리나 수(繡)술 뭉치를∞∞ 표현

함자례(含字例) : 幾, 玆

幼 어릴 유	『어리다, 작다, 어린아이 등』의 뜻을 가진다.

갑골문	금 문	소 전
𢆶	𢆶	𢆶

한 가닥의 명주실처럼 ∞ 미미하고 연약한 힘을 가진 어린아이를 표현

함자례 : 拗, 窈, 呦, 黝

幽 그윽할 유	『그윽하다, 깊다, 멀다, 어둡다, 검다 등』의 뜻을 가진다.

갑 골 문	금 문	소 전
幽	幽	幽

수림으로 덮힌 깊은 산속에 ∪ 실낱처럼 보이는 남기(嵐氣)가 ∞∞ 아물아물 아른거리는 곳으로 주변이 어두워 그윽한 기분이 듦을 표현

함자례 : 黝

攸 바 유	『바, 곳, 장소, 처소, 이에 등』의 뜻을 가진다.

갑골문	금 문	소 전
攸	攸	攸

스승이 회초리를 들고 제자를 다그치며 등짝에서 땀이 흐를 정도로 엄히 가르치고 있는 것을 표현
사람의 인성을 가르쳐서 도리에 맞게 행하도록 하는 바에서 '바 유'라는 의미를 가진다 한다.

함자례 : 悠

| 斿
놀 유 | 『놀다, 깃발』의 뜻을 가진다.

금문 / 소전 표

아이들이 ♀ 깃발을 들고 ☼ 병정놀이를 하며 노는 것을 표현

함자례(含字例) : 遊, 游 |

| 柔
부드러
울 유 | 『부드럽다, 연약하다 등』의 뜻을 가진다.

소전 표

전국(戰國)시대의 병기로 창의 긴 자루는 재질이 질기면서 부드럽고 탄성이 뛰어난 나무로 ☼ 조립함을 표현

함자례 : 猱, 蹂, 揉 |

| 由
말미암
을 유 | 『말미암다, 쓰다, 따르다, 행하다, 꾀하다, 좇다 등』의 뜻을 가진다.

갑골문 / 금문 / 소전 표

(甲) 등잔 그릇에 기름을 담아 ⊔ 심지에 붙혀 놓은 불은 ◊ 기름을 씀으로 말미암아 계속해서 탐을 표현
　갑골문 자형을 각도를 달리해 두 가지 측면에서 보면, 하나는 기름을 그릇에 떨어뜨리는 것으로, 또
　하나는 기름을 담은 그릇에 심지를 꽂아 기름을 뽑아내게 하여 불을 켜놓은 것으로 볼 수 있다.
(인) 밭에서 ⊞ 농작물이 자라나 열매를 맺기 위해 패서 드러내는 홰기(이삭)를 ᛁ 표현
　다른 자와 결합시 '드러내다, 뽑아내다, 말미암다' 등의 뜻을 가진다.

함자례 : 袖, 岫, 油, 釉, 秞, 笛, 迪, 宙, 紬, 抽, 軸, 妯 |

| 有
있을 유 | 『있다, 존재하다, 많다, 가지다, 알다, 소유 등』의 뜻을 가진다.

갑골문 / 금문 / 소전 표

손에 ♉ 귀한 고깃덩이를 ⚸ 들고 있는 모양을 표현
　옛적 물자가 귀한 시절 손에 고깃덩이를 쥐고 있는 것만으로 가진 것이 많이 '있음'의 뜻을 나타내었다.

함자례 : 郁, 楠, 宥, 侑, 洧, 囿, 鮪, 賄, 看 |

維 벼리 유	『벼리, 밧줄, 오직, 생각하다, 매다 등』의 뜻을 가진다.

	금 문	소 전

날아가려는 새를  굳건하게 묶어 놓은 줄이 벼리임을 표현

함자례(含字例) : 羅, 灘

惟 생각할 유	『생각하다, 오직, 생각건대 등』의 뜻을 가진다.

	금 문	소 전
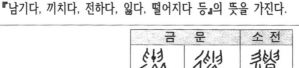		

새가 날아가듯이 마음속에 상상의 나래를 펼쳐 오직 사유로써 생각하는 것을 표현

함자례 : 䍜

遺 남길 유	『남기다, 끼치다, 전하다, 잃다, 떨어지다 등』의 뜻을 가진다.

	금 문	소 전

(金) 두 손으로 진귀한 물건을 들고 다른 사람에게 가서 선물을 전함(남김)을 표현

(인) 귀한 존재로 여겼던 자손과 재산을 남겨두고 선조들께서 돌아가신 것을 표현
    뜻이 확대되어 '귀한 물건을 남기다, 영향을 끼치다' 등의 의미를 갖게 되었다 한다.

함자례 : 墤

顄 부를 유	『부르다, 부르짖다』의 뜻을 가진다.

	소 전

머리로 사유해서 창작한 악곡을 피리로 연주하여 부름을 표현

함자례 : 籲

楢 화톳불 유	『화톳불』의 뜻을 가진다. 소 전 술을 酉 마시기 위해 둘러앉은 자리의 가운데에 나뭇단을 朩 모아놓고 화톳불을 피움을 표현 함자례(含字例) : 槱

肉 고기 육	『고기, 살, 몸 등』의 뜻을 가진다. | 갑골문	금 문	소 전 | |---|---|---| 잘라 놓은 고깃덩이의 모양으로 肉 살코기를 표현 다른 자와 결합시 육달월(肉=月)은 형성자의 부수자로 대개 왼쪽 변(邊)으로 표기되고, 신체의 기관을 가리킨다. 함자례 : 腐, 藏, 脚, 臚, 膈, 膏, 胱, 膿, 膽, 豚, 胴, 腎, 脊, 膜, 脢, 臕, 膊, 膀, 腹, 腑, 臂, 腓, 腺, 腥, 　　　　腎, 腋, 刖, 腕, 有, 臟, 腴, 膣, 脹, 膵, 腿, 膨, 脇, 膾

育 기를 육	『기르다, 자라다, 어리다 등』의 뜻을 가진다. | 갑골문	금문	전 문	| |---|---|---|---| 어머니의 몸에서 이 아이가 ㄊ 태어나는 모습을 표현 　그래서 낳은 아이를 '기른다'는 뜻을 가지게 되었다. 　'育'과 같은 동자로 '毓(기를 육)'이 있는데, 이는 산모의 母 몸에서 아이가 양수와 함께 㐬 태어남을 나타낸 것이다. 함자례 : 堉

允 진실로 윤	『진실로, 맏이, 미쁘다, 허락하다 등』의 뜻을 가진다. | 갑골문	금 문	소 전 | |---|---|---| 맏이인 자식이 우뚝 서서 ﻮ 어떤 일에 대해 어버이께 말씀드리는 厶 진실되고 믿음직한 모습을 표현 　그 말을 들은 부모는 맏이에게 동의의 표시로 고개를 끄덕여 '허락한다'는 뜻도 갖고 있다. 함자례 : 沇, 玧, 鈗, 阭, 狁

尹 다스릴 윤	『다스리다, 바로잡다, 성씨 등』의 뜻을 가진다.

	갑골문	금문	소전
尹			

지휘관이 손에 𝄒 지휘봉을 들고 ｜ 어떤 일을 지시·감독하며 다스리고 있는 모습을 표현

함자례(含字例) : 君, 伊, 爭

閏 윤달 윤	『윤달, 윤달이 들다 등』의 뜻을 가진다.

금 문		전 문

고대에는 초하루 삭일(朔日)이 되면 왕이 玊 종묘에 나아가 선조께 제사를 지내고 나라의 안녕을 고하는 고삭 지례(告朔之禮)를 행하였는데 평달이 아닌 윤달의 경우에는 불길한 달로 간주하여 종묘에 가지 않고 궁문 안에서 邸 예를 행하였음을 표현

함자례 : 潤

聿 붓 율	『붓 등』의 뜻을 가진다.

갑골문	금문	소전

손에 𝄒 잡고 있는 붓의 𝆏 모양을 표현
  때로는 배질을 하는 '상앗대' 또는 '노'를 뜻하기도 한다.

함자례 : 建, 肆, 書, 律, 畫, 津, 肇, 筆, 畵, 晝

矞 송곳질 할 율	『송곳질하다 등』의 뜻을 가진다.

소 전

창날처럼 뾰족하게 생긴 송곳으로 𝆏 뚫은 구멍을 통하여 밝은 빛이 𝄞 드러날 수 있게끔 송곳질함을 표현

함자례 : 橘, 燏, 繘, 驈, 譎, 鷸, 遹

294

栗 밤 율	『밤, 여물다, 엄숙하다 등』의 뜻을 가진다.

	갑골문	금문	전 문
栗			

나무의 ✳ 열매가 껍질(밤송이)로 덮여있는 것이 밤임을 표현

함자례(含字例) : 傈

戎 병장기 융	『병장기, 군사, 오랑캐, 싸움, 전쟁 등』의 뜻을 가진다.

	갑골문	금 문	소 전
戎			

방패와─ 장창의 병장기로 무장하고 있는 오랑캐의 병사를 표현

함자례 : 絨, 賊

融 녹을 융	『녹다, 융합하다』의 뜻을 가진다.

	갑골문	금 문	전 문
融			

(甲) 겨우내 꽁꽁 얼어붙어 있던 땅이 ⌂ 따스한 봄볕을 받아 수분이 증발하면서 녹는 현상을 표현
(篆) 광석을 도가니(솥) 안에 넣고 센 불을 때어 열을 가하니 용해되어 벌레가 움직이는 것처럼 기포가 올라오면서 본래의 형물이 녹아 용융 상태가 된 것을 표현

함자례 : 瀜

艮 돌아갈 은	『돌아가다, 의지하다』의 뜻을 가진다.

	갑 골 문					금 문		소 전
艮								

만삭(滿朔)으로 해산이 임박한 임산부가 산통을 느껴 불편한 거동으로 지지체에 의지하여 걸어서 돌아 감을 표현
'신(身)'과 반대로 된 자형으로, 가던 길을 그치고 '돌아간다'는 뜻을 에둘러서 나타내었다.

함자례 : 殷

殷 은나라 은	『은나라, 성하다, 많다, 부유하다, 바로잡다 등』의 뜻을 가진다.

	갑골문	금	문	소 전

(甲) 배가 불룩한 임산부의 몸을 진맥하여 진료하는 의술이 행하여지던 시대로 은나라를 표현
(金) 왕궁에서 임신한 황후를 위하여 안신(安身) 음악을 연주케 하여 마음의 안정과 태아의 무사 출생을
기리는 행사를 하는 국력이 성한 때로 은나라를 표현

함자례(含字例) : 慇, 澱

ㄴ 숨을 은	『숨다』의 뜻을 가진다.

	소 전

무릎을 굽히고 주변의 지형지물보다 자신의 몸을 낮추어 숨김을 표현
다른 자와 결합시 '무릎을 꿇은 낮은 자세로 어떤 일을 수행'하거나 또는 '젖가슴·빰 등'의 뜻을 나타낸다.

함자례 : 孔, 紝, 亂, 軋, 礼, 乳, 札, 扎

斦 모탕 은	『모탕』의 뜻을 가진다.

	소 전

상·하 두 개의 도끼날로 이루어진 작두를 표현
하날(下刃)은 지면의 받침대 위에 고정되어 있고, 윗날은 받침대의 고정핀과 연결된, 지렛대의 원리를 이용한
절단 도구인 '작두'가 원뜻이나, 그 뜻이 전의되어 두 날을 바치는 받침대 나무토막인 '모탕'으로 바뀌었다.

함자례 : 質

㥯 삼갈 은	『삼가다, 슬퍼하다 등』의 뜻을 가진다.

	소 전

속세의 혼란과 탐욕의 유혹을 벗어나기 위해 세상과 멀리 떨어진 곳에서 도구로 땅을 개간하여 생산한
것으로 자급자족하며 본심을 지키면서 삼가며 삶을 표현

함자례 : 穩, 隱, 檼

恩 은혜 은	『은혜, 인정, 혜택, 사랑하다, 감사히 여기다 등』의 뜻을 가진다.
	소 전 恩
	사람이 ㅅ 일정 공간에 ▢ 살아감에 따라 맺어지는 모든 인연에 대해 감사하는 마음이 ㅽ 은혜임을 표현
	함자례(含字例) : 蒽

狺 개 싸울 은	『개가 싸우다, 서로 물다』의 뜻을 가진다.
	소 전 狺
	개 두 마리가 ㅆㅎ 서로 물고 뜯으면서 싸우는 것을 표현(= 犾)
	함자례 : 獄

狺 개 성낼 은	『개가 성을 내다』의 뜻을 가진다.
	소 전 狺
	집을 찾아온 낯선 사람에게 ㅊ 개가 ㅊ 경계하는 자세로 으르렁대며 성을 냄을 표현
	함자례 : 憖, 嚚

乙 새 을	『새, 둘째, 둘째 천간, 굽다 등』의 뜻을 가진다.
	갑 골 문 / 금 문 / 소 전 乙 乙 乙 乙
	1) 굽은 앞가슴을 가진 새의 乙 모양을 표현 2) 사람이 무릎을 꿇고 허리를 굽혀 있는 乙 모양을 표현 다른 자와 결합시 '꿇어서 빌거나(예: 乾, 乞), 허리를 굽혀 움직이는 모양(예: 厄)'을 나타낸다.
	함자례 : 乾, 乞, 厄

音 소리 음	『소리, 말, 언어, 음악, 소식 등』의 뜻을 가진다.

	갑골문	금 문	소 전

입으로 말을 할 때면 말 속에 담고 있는 마음의 소리를 표현

   '言'과 '音'은 어원이 비슷하다. 뒤에 분화되어 갑골문에서 세 점을 찍어 '말한 내용을 내포'함을 표시했고,

   금문에 가서 '口'에 가로 1획을 더해 '曰'로 하여 '말한 것을 알리는 것'으로 '소리'의 뜻을 나타내었다.

   ※ 사람이 말하는 것으로 적을 수 있으면 '音'이라 하고, 그 밖에 나는 소리의 경우를 '聲(소리 성)'이라 한다.

함자례(含字例) : 竟, 韶, 暗, 闇, 騿, 韻, 意, 響, 護, 歆

秝 나란히 설 음	『나란히 서다 등』의 뜻을 가진다.

	금 문	소 전

여러 사람들이 나란히 줄을 지어 서 있는 모양을 표현

함자례 : 衆, 聚

坙 가까이 할 음	『가까이하다』의 뜻을 가진다.

	소 전

사람이 자기의 욕구를 충족시키기 위해 손으로 어떤 행위를 하여 대상을 가까이함을 표현

함자례 : 淫, 婬

淫 음란할 음	『음란하다, 탐하다, 지나치다, 사악하다, 어지럽히다 등』의 뜻을 가진다.

	소 전

사람이 이성(異性)에 대한 욕구를 좇는 행위를 하면서 방종한 성생활로 이어져 음란해짐을 표현

함자례 : 霪

陰 그늘 음	『그늘, 음, 음기, 세월, 어둠 등』의 뜻을 가진다.

	금 문	소 전
	夸	陰

습한 기운이 하늘로 올라가 만들어진 구름이 夸 산마루(언덕) 위에 夸 새덫 모양으로 ㅅ 높게 떠서 햇빛을 가리고 있으므로 인해 그 밑에 생겨나는 것이 그늘임을 표현(= 侌)

함자례(含字例) : 蔭

厰 험준할 음	『험준하다』의 뜻을 가진다.

소 전
厰

멧돼지와 같은 사나운 짐승을 夸 사냥할 수 있는 夸 산기슭으로 厂 땅의 지형이 험준함을 표현

함자례 : 嚴

邑 고을 읍	『고을, 마을, 도읍, 도성, 나라, 봉지 등』의 뜻을 가진다.

갑골문	금 문	소 전
邑	邑	邑

사방을 경계로 그은 일정 지역 안에 ㅁ 많은 사람이 夸 모여 사는 도시국가로 고을을 표현

다른 자와 결합시 우방(阝)으로 표기된다.

함자례 : 邕, 挹, 浥, 扈, 邯, 邛, 郭, 郊, 邱, 郡, 郤, 邪, 鄲, 都, 鄧, 鄘, 郎, 鄰, 邙, 邦, 部, 鄙, 邠, 邪, 邵, 郇, 鄂, 郢, 廊, 郵, 郁, 邸, 鄭, 邾, 邨, 鄒, 翱, 郃, 鄉, 邢

揖 읍할 읍	『읍하다, 사양하다, 모으다 등』의 뜻을 가진다.

소 전
揖

귀 目 가까이에 입을 ㅁ 모아 소곤거리듯, 두 손으로 ⅴ 손바닥을 감싸고 앞으로 밀며 몸을 약간 굽히면서 행하는 예(禮)로 읍하는 것을 표현

함자례 : 檝

鷹 매 응	『매, 송골매』의 뜻을 가진다.

소 전

집에서↗ 사람이 ✓ 훈련을 시켜 길들인 새로 ☝ 다른 새를 사냥하는 매를 표현

함자례(含字例) : 應, 膺, 鷹

衣 옷 의	『옷, 웃옷, 옷자락, 입다 등』의 뜻을 가진다.

갑골문	금 문	소 전

옷깃(고대와 동정)과 옷자락에 소매를 좌우로 하여 만든 웃옷으로 ✿ 옷깃을 여미어 입은 모양을 표현(= 衤)
다른 자와 결합시 '변(邊)'으로 쓰일 때는 '衤'로 표기된다.

함자례 : 袈, 褰, 褻, 袞, 裘, 衾, 袋, 裏, 裵, 袁, 袗, 裳, 褻, 襲, 哀, 襄, 裂, 裔, 褻, 依, 辰, 裝, 裁, 製,
衷, 褒, 褒, 褐, 褐, 祛, 桔, 袴, 裙, 襦, 襟, 衿, 衲, 袒, 褌, 裸, 襤, 褸, 裡, 襪, 袂, 襬, 褶 ......

宜 마땅할 의	『마땅하다, 마땅히 ~하여야 한다, 화목하다 등』의 뜻을 가진다.

갑 골 문		금 문			전 문	

정성껏 마련한 제수 음식을 차곡차곡 담아서 且 사당에서 ∩ 조상신께 제사를 지내는 것은 후손으로서
마땅히 해야 할 일임을 표현

함자례 : 誼

矣 어조사 의	『어조사』의 뜻을 가진다.

금 문	소 전

화살이 ↑ 이미 발사된 ⟲ 뜻을 나타낸 것으로 어떤 동작이 완성되었음을 표현
그 뜻이 '어조사'로 가차되어 문장의 종결형 어미로 쓰이고 있다.

함자례 : 埃

義 옳을 **의**	『옳다, 바르다, 착하다, 의리, 정의, 법도 등』의 뜻을 가진다.

	갑골문	금 문	소 전
	羛	羛	羛

출정 전(前)의 중대한 제사 의식으로 양을 羊 잡아 제물을 바치면서 전쟁의 길흉에 대한 점을 쳐 길조로 나오면
그 싸움에서 羛 적을 베고 죽이는 것은 도리에도 맞고 옳고 바른 일로 정의로운 것임을 표현

함자례(含字例) : 議, 儀, 蟻, 犧

医 의원 **의** 동개 **예**	『의원, 의사, 의술, 무당, 동개』의 뜻을 가진다.

	갑골문	금 문	소 전
	医	-	医

몸에 박힌 숨은 匚 화살을 矢 뽑아 치료하는 사람이 의원임을 표현
　환자를 치료할 수 있는 침을 矢 가방 匚 안에 갖고 다니는 사람이 의원임을 해석하기도 한다.
활과 화살을 矢 꽂아 넣어 등에 지도록 만든 통처럼 생긴 물건으로 匚 동개를 표현 - 동개 예

함자례 : 殹

豙 성나 털 일어날 **의**	『성나 털이 일어나다』의 뜻을 가진다.

	금 문	소 전
	豙	豙

야생 멧돼지를 豕 사냥하기 위해 화살이나 창으로 辛 찌르자 성이 난 돼지의 털이 바늘처럼 곤두섬을 표현

함자례 : 毅

意 뜻 **의**	『뜻, 생각, 사욕, 생각하다 등』의 뜻을 가진다.

	금 문	소 전
		意

마음 속에 心 있는 본뜻을 소리로 音 말해 보라는 의미로, 소리로써 音 자신의 마음에 心 담긴 의지를 말하
거나 생각하는 걸 표현

함자례 : 薏, 噫

301

疑

의심할 **의**

『의심하다, 헛갈리다, 미혹되다, 두려워하다, 머뭇거리다, 비기다 등』의 뜻을 가진다.

갑골문		금문	소전

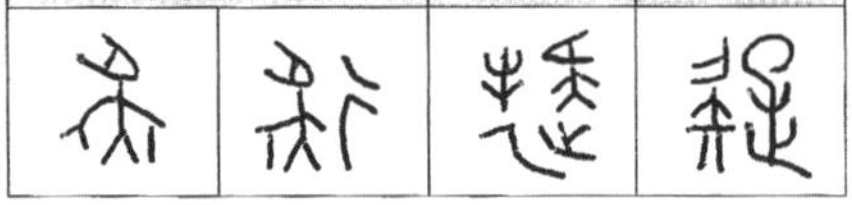

길을 가는 행인이 지팡이를 짚고 네거리 길목에서 어느 방향으로 가야할지 갈 바를 알지 못해 헛갈린 상태로 의심하며 머뭇거림을 표현

※ 파자식 설명으로 길을 가는 사람에게 갑자기 흉기를 들이대니 깜짝 놀라 입을 벌린 모양으로 의심이 가는 사람을 멈춰 세운다는 뜻으로 할 수 있다.

함자례(含字例) : 礙, 凝, 擬, 嶷, 薿, 癡

耳

귀 **이**

『귀, 듣다, ~뿐이다 등』의 뜻을 가진다.

갑골문		금문		소전

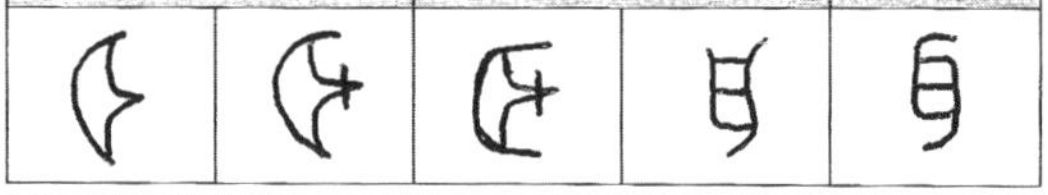

사람의 귀 모양을 표현

함자례 : 耿, 聒, 聃, 聆, 聾, 聊, 聞, 弭, 聘, 聶, 聲, 耶, 聯, 茸, 聳, 餌, 珥, 刵, 職, 咠, 聰, 取, 恥, 耽

而

수염 **이**
말이을 **이**

『수염, 구렛나루, 너, 뿐, 어조사(말을 잇는) 등』의 뜻을 가진다.

갑골문		금문		소전

턱에 수염이 나 드리워진 모양을 표현
그 뜻이 가차되어 말을 이어주는 '접속조사'나 인칭대명사인 '너'의 의미로 쓰인다.

함자례 : 耐, 耑, 需, 耎

以

써 **이**

『~써, ~에 따라, ~ 때문에, ~까닭에, ~하여 등』의 뜻을 가진다.

갑골문		금문	전문	

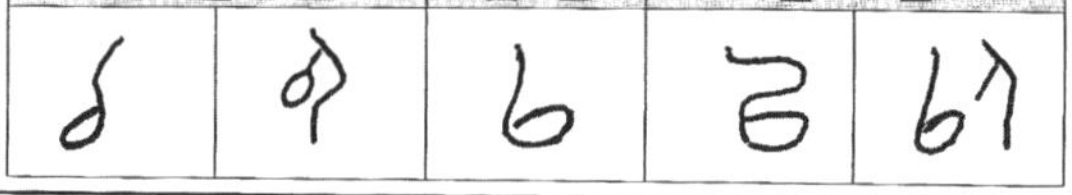

배 속의 태아는 엄마와 연결된 탯줄로써 육체와 정신이 전해짐을 표현(= 已)
태아는 엄마와의 사이에 연결 통로인 탯줄이 있음으로써 생장할 수 있음을 나타내고 있다.

함자례 : 似, 姒, 苡

㠯 써 이	『~써, ~에 따라, ~ 때문에, ~까닭에, ~하여 등』의 뜻을 가진다.

	갑골문	금 문	소 전
	δ	6	딘

'以'의 고자(古字)로, 배 속에 잉태해 있는 태아는 δ 엄마와 ？ 연결된 탯줄로써 ╱ 육체와 정신이 전해짐을
　표현(= 以)
　　태아는 엄마와의 사이에 연결 통로인 탯줄이 있음으로써 생장할 수 있음을 나타내고 있다.

함자례(含字例) : 耜, 苢

二 두 이	『둘, 둘째, 버금 등』의 뜻을 가진다.

	갑골문	금 문	소 전
	二	二	二

나무막대 또는 주살(활의 오늬에 줄을 매어 쏘는 화살) 두 개로 二 '이(2)'를 표현(= 弍)
　　역(易)에 의하면 위는 하늘, 아래는 땅으로 두 개의 극을 뜻하기도 하고, 다른 자와 결합시는 '똑같다,
　가지런하다'의 뜻을 갖기도 한다.

함자례 : 亟, 亘, 些, 五, 仁, 竺, 互

㐶 종족이 름 이	『종족 이름』의 뜻을 가진다.

	소 전
	－

풀이 자라나는 ꝓ 지역을 근거지로 하여 살아가는 부류인 사람들의 人 종족을 표현

함자례 : 迆, 拖, 陁

異 다를 이	『다르다, 달리하다, 괴이하다, 기이하다, 다른 등』의 뜻을 가진다.

	갑 골 문		금 문		소 전
	異	異	異	異	異

사람이 두 손으로 ﾂ 괴이한 탈을 ⊞ 쓰고 있으니 안 쓴 사람과는 다르게 보임을 표현
　※ 자형에서 '田'은 가면의 탈을 뜻하며, '異'는 '㠯(다를 이)'와 같은 동자(同字)이다.

함자례 : 翼, 糞, 戴, 翼

夷 오랑캐 이	『오랑캐, 동방 종족, 평탄하다, 안온하다 등』의 뜻을 가진다. | 갑골문	금 문	소 전
夷	夷	夷	
---	---

(甲) 화살에 ↑ 새끼줄을 ㄹ 묶어 놓은 것을 표현
　　활도 夷 잘 쏘면서 방목한 짐승을 밧줄을 ㄹ 이용해 잡는데 능숙한 민족으로 동방의 종족을 나타내었다.
(篆) 사람이 ↑ 큰 활을 ㄹ 갖고 있는 모양으로 활을 잘 쏘는 동방에 사는 종족을 표현

함자례(含字例) : 姨, 痍, 羡, 洟, 桋

已 이미 이	『이미, 벌써, 너무, 매우, 그치다, 말다, 끝나다』의 뜻을 가진다. | 금 문
已	
---	---

머리를 위로 한 갓 태어난 영아(嬰兒)의 모습으로 已 태아가 이미 어머니의 몸 밖으로 태어난 상태임을 표현
※ 머리가 아래로 향한 '厶(㠯)'과는 자형이 서로 반대되는 자이다.

함자례 : 妃

隶 미칠 이 종 례(예)	『미치다, 종』의 뜻을 가진다. | 금 문	전 문
隶	隶 隶	

1) 달아나는 짐승을 쫓아가 그 꼬리에 隶 손이 ⺕ 미친 상태로, 즉 짐승을 추적하여 붙잡은 것을 표현
2) 승리를 기원했던 ※ 전쟁에서 이겨, 달아나는 병사를 포로로 체포해서 잡아와 隶 종으로 삼음을 표현

함자례 : 隸, 逮, 棣

㇏ 흐를 이	『흐르다』의 뜻을 가진다. | 소 전
㇏	
---	---

왼쪽에서 오른쪽으로 흘려 내리그은 ㇏ 것을 표현

함자례 : 丈

爾	『너, 그, 뿐 등』의 뜻을 가진다.			
너 이		갑골문	금 문	소 전
		爾	爾	爾	爾

단거리용으로 많은 화살을 메겨서 한꺼번에 쏠 수 있는 활을 爾 표현

 古한자의 인칭 유래를 보면 고대인의 자기 중심적 의식을 구현함을 볼 수 있는데, 얼굴의 정중앙인 코(鼻)를 '자신(제1인칭)'이라 했고, 얼굴 아래쪽의 턱수염(而)을 '너(제2인칭)'라 했으며, 신체의 맨 아래쪽인 발(之)을 '그(제3인칭)'라 했다. 마찬가지로 위력적인 무기인 큰 창(我)을 '나(제1인칭)'라 했고, 단거리용으로 많은 화살을 메겨서 동시에 쏠 수 있는 활(爾)을 '너(제2인칭)'라 했다. 뜻이 가차되어 '너'로 쓰이고 있다.

함자례(含字例) : 彌 璽 邇

尔	『너, 그, 뿐 등』의 뜻을 가진다.	
너 이		소 전
		−

'爾'의 속자(俗字)로 쓰여진 글자로서 너를 표현

(인) 지위가 낮거나 몸집이 작은 小 사람이 ⌒ 상대인 너였음을 표현(= 尒)

함자례 : 你

臣	『젖, 턱, 아름답다』의 뜻을 가진다.			
젖 이		갑골문	금 문	소 전
		ß	ß	b	b

여인의 풍만하고 아름다운 가슴의 ß 모양을 표현

함자례 : 頤, 配, 姬

配	『아름답다, 성장하다, 화락하다 등』의 뜻을 가진다.	
아름다 울 이		소 전
		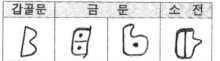

여인이 아이를 안고 젖을 먹이는 모습으로 아름다움을 표현

함자례 : 熙

移 옮길 이	『옮기다, 옮겨 심다, 바꾸다, 미치다 등』의 뜻을 가진다.

	전 문
	移 移

빽빽하게 밀집해 있는 移 볏모(모종)를 ♀ 나누어서 다른 곳으로 옮겨심는 것을 표현(= 迻)

인구가 너무 많음으로 인하여 생겨나는 '이주(옮김)'의 뜻으로 그 의미가 확대되었다.

함자례(含字例) : 誃

翼 날개 익	『날개, 도움, 법칙 등』의 뜻을 가진다.

금 문		전 문	
翼	翼	翼	翼

어깻등에 날개 달린 옷을 입고 翼 날개깃을 치며 翼 도움닫기를 하여 ✕✕ 공중으로 날려고 시도하는 것을 표현

고대인들이 공중으로 비상(飛翔)하려고 했던 꿈과 갈망이 '날개'란 뜻으로 그 의미가 변하여 쓰여지고 있다.

이런 점에서 보면 '翼(날개 익)'과 '冀(바랄 기)'는 본래 그 자원(字源)이 같은 것이라 한다.

함자례 : 瀷

翌 다음날 익	『다음날, 이튿날, 날개, 돕다 등』의 뜻을 가진다.

	소 전
	翌

날이 밝자 닭이 일어서서 ⚎ 깃으로 翌 해를 치고 우니 새날인 다음날임을 표현

함자례 : 熤

益 더할 익	『더하다, 이롭다, 유익하다, 돕다 등』의 뜻을 가진다.

갑골문	금 문	소 전
益	益	益

그릇에 ⊌ 물을 ∷ 따루어 (기존에 있는 것에) 더하여 담음을 표현

함자례 : 鎰, 隘, 縊, 謚, 溢, 鎰

306

弋 주살 익	『주살, 말뚝, 사냥하다, 잡다 등』의 뜻을 가진다.				
		갑 골 문		금문	소전

나무로 만든 갈고리 모양의 짧은 작살이나 화살 끝에 ↑ 줄을 매어 ▽ 쏘아 살을 맞은 사냥물이 도망을 쳐도 줄을 따라가면 쉽게 찾을 수 있도록 한 주살(줄살→주살)을 표현

함자례(含字例) : 代, 式, 貳, 忒

人 사람 인	『사람, 딴 사람, 백성, 인격 등』의 뜻을 가진다.		
		갑골문	금 문	소 전

서 있는 사람의 ↑ 옆 모습을 표현

다른 자와 결합시 부수로 쓰일 때는 '亻'이 되고, 글자의 머리로 표기될 때에는 '人·亽'로 표기되며, 뜻은 사람의 모습, 행동 또는 성품과 관련된 것을 나타낸다.

함자례 : 介, 企, 仐, 囚, 臥, 从, 仄, 假, 佳, 價, 伽, 個, 健, 件, 傑, 儉, 偈, 傾, 係, 价, 供, 傀, 僑, 俱, 仇, 倦, 僅, 但, 代, 倒, 例, 像, 倫, 悔, 俛, 伴, 傍, 倣, 倍, 俳, 伯, 伐, 僻, 倂, 保, 伏, 僕 ......

儿 어진 사 람 인	『어진 사람, 아이, 아기 등』의 뜻을 가진다.		
		갑골문	금 문	소 전

우뚝 서 걷는 사람의 ↑ 모습을 표현

※ '人'을 다른 글자 밑에 받침으로 쓰는 자형으로, '무언가를 행한다'는 뜻을 갖고 있다.

함자례 : 見, 竟, 光, 克, 免, 兒, 先, 兒, 尭, 兀, 宄, 允, 充, 兌, 兄, 兇

廴 길게 걸 을 인	『길게 걷다 등』의 뜻을 가진다.	
		소 전

시원하게 뻗은 길을 亻 따라 발걸음을 멀리 떼어 걸어감을 乁 표현

※ '行'의 좌변인 彳(조금 걸을 척)'의 변형자(變形字)로 큰길을 따라 보폭을 길게 떼어 걷는 것을 나타내었다.

함자례 : 建, 延, 廷, 廻

垔 막을 인	『막다, 흙을 쌓다 등』의 뜻을 가진다.

포대 주머니에 ⊗ 진흙을 담아 ± 쌓아 올려 만든 구조물 꼭대기에 덮개를 설치하여 막아 놓은 것을 표현
이런 시설물로는 주로 흙을 높게 쌓아 만든 굴뚝이나 제방을 나타내고 있다.

함자례(含字例) : 甄, 煙, 湮, 禋, 陻, 闉

刃 칼날 인	『칼날, 칼, 베다 등』의 뜻을 가진다.

소 전
𠚣

지사자(指事字)로 '칼 도(刀)'의 刀 안쪽에 한 점을 찍어 丶 한쪽만 있는 칼날을 표현

함자례 : 劒, 忍, 靭, 仞, 切, 訒, 韌

忍 참을 인	『참다, 잔인하다, 차마 못하다, 참음 등』의 뜻을 가진다.

금 문	소 전
𢛈	忍

심장을 ♡ 칼로 ⼑ 도려내는 극형은 너무나 잔인해서 인간으로서는 차마 하지 못할 행위임을 표현
비유법으로 심장을 칼로 도려내는 듯한 마음의 상처와 고통이 있지만 무던히 참아내는 것에서 '참는다'는
뜻이 생긴 것으로 보고 있다.

함자례 : 認

因 인할 인	『인하다, 말미암다, 의지하다, 따르다, 인연, 유래, 원인』의 뜻을 가진다.

갑골문	금 문	소 전
因	因	因

바닥의 습기를 막기 위해 자리를 깔고 ▢ 그 위에 사람이 ⼤ 앉거나 누워있는 모습을 표현
바닥의 습기로 인한 신체 건강의 손상을 막거나 완화하기 위해 자리 위에 있는 모습으로, 뒤에 뜻이 파생
되어 어떤 결과를 초래하는 대는 반드시 어떤 연유가 있으므로 '인하여' 생기게 됨을 나타내고 있다.

함자례 : 烟, 恩, 姻, 咽, 茵, 絪, 駰

寅 범 인	『범, 셋째 지지, 동료, 당기다, 나아가다, 크다 등』의 뜻을 가진다.

	갑골문		금문		소전

(甲) 과녁 표적을 ⌒ 향해 날아가 관통을 한 화살을 ↥ 표현
(篆) 집안에서 ⌂ 과녁을 ⟿ 향하여 연습으로 활을 쏘는 ⟓ 사람을 표현
　　뜻이 가차되어 '셋째 地支, 범'의 뜻을 가진다.

함자례(含字例) : 演, 縯, 夤

引 끌 인	『끌다, 당기다, 이끌다 늘이다, 퍼지다 등』의 뜻을 가진다.

	갑골문		금문	소전

궁수(弓手)가 활대에 ⟨ 시위를 걸어서 손으로 ↳ 팽팽하게 끌어당김을 표현
　　옛사람들은 활시위에 화살을 메겨 끌어당김을 '引(인)', 활시위를 당겨 화살을 쏘는 것을 '射(사)'라 했다.

함자례 : 矧, 靭, 蚓

仁 어질 인	『어질다, 사랑하다, 불쌍히 여기다, 어진 이, 씨 등』의 뜻을 가진다.

	갑골문	금 문	전		문

모든 사람을 ⟩ 가지런하게 똑같이 ⊐ 대하는 너그러운 마음이 어진 것임을 표현
　　수많은 사람들의 千 마음속에 心 내재되어 있는 본성은 어질고 착한 것임을 나타내는 '忎(어질 인)'과 같은 자이다.

함자례 : 芢

一 한 일	『하나, 첫째, 한결같은, 같다 등』의 뜻을 가진다.

	갑골문	금 문	소 전
	一	一	一

나무 막대 또는 주살(활의 오늬에 줄을 매어 쏘는 화살) 한 개로 一 '일(1)'을 표현(= 弌)

함자례 : 百, 上, 天, 下

日	『날, 해, 낮, 햇볕 등』의 뜻을 가진다.				
날 일		갑 골 문		금 문	소 전
		⊖ ⊙	⊖	⊡	日

둥근 해와 그 주위로 퍼져나가는 빛을 표현

하루 중 해가 떠 있는 시간 동안인 '날'의 의미를 가진다.

함자례(含字例) : 間, 戾, 景, 曝, 昆, 暖, 旦, 莫, 明, 晩, 暝, 暮, 昴, 昳, 旻, 晒, 昺, 普, 暑, 晢, 星, 晟, 昭,
旬, 昇, 是, 時, 晨, 晏, 暗, 昂, 昜, 曖, 易, 暎, 曜, 旰, 旭, 昱, 昨, 早, 昌, 昶, 晴, 春, 暴 ……

佾	『춤 줄, 떨리다』의 뜻을 가진다.	
춤 줄 일 떨릴 홀		소 전
		佾

몸의 팔을 벌리고 춤을 출 때 대오(隊伍)를 맞추어 늘어선 줄을 표현

함자례 : 佾

壹	『한, 하나, 오직, 전일하다 등』의 뜻을 가진다.		
한 일		금 문	소 전
		壹	壹

오직 신을 기리는 제사에만 썼던 제기로써 전용(專用) 술병을 표현

신을 칭송하는 제사 한 곳에만 이 술병을 사용한 데서 '전일'과 '하나'의 뜻이 생겨났다고 한다.

함자례 : 噎, 懿, 饐

壬	『북방, 아홉째 천간, 크다』의 뜻을 가진다.				
북방 임		갑 골 문		금 문	소 전
		工 工	工	壬	壬

총명한 재치로 교묘하게 도구를 사용하여 능숙하게 맡은 일을 처리함을 표현

뜻이 가차되어 '북방'과 '아홉째 천간'의 뜻을 가진다.

함자례 : 任, 妊, 衽

任 맡길 임	『맡기다, 능하다, 잘하다, 임신하다, 맡다 등』의 뜻을 가진다.			
		갑골문	금문	소전
		𝖨𝖾	𝖨工	𝖺王	𝖺王

어떤 사람에게 𝖾 도구를 활용하여 工 그 일을 책임지고 하도록 맡김을 표현

함자례(含字例) : 賃, 姙, 恁, 荏, 袵

入 들 입	『들다, 간여하다, 빠지다 등』의 뜻을 가진다.			
		갑골문	금 문	소 전
		∧	∧	∩	∩

건물로 들어가는 입구의 ∧ 모양을 표현

함자례 : 內, 全

孕 아이밸 잉	『아이를 배다, 품다, 분만하다』의 뜻을 가진다.			
		갑 골 문		금문	소 전
				-	

성숙한 여인의 몸안에 태아인 아이를 배었음을 표현

함자례 : 㜱

'굿'

임금의 뜻을 가진 자자(字字) 중 갑골문의 형상 속에는
그 당시 임금의 모습 내지 행한 노릇이 그대로
글자의 모양에 담겨져 있다.

- 帝(제) : 하늘에 제사를 지내는 일을 천자가 주관하여 행한 데서 '帝'라 하고
- 王(왕) : 싸움에서 큰도끼를 손에 들고 절대적 권위를 행사하는 지도자를 "王"이라 하며
- 君(군) : 천하를 덕과 문치로 다스린 지혜로운 수령을 '君'이라 하고
- 皇(황) : 머리에 금관을 쓴 가장 높은 왕을 '황'이라 했다.

9. 『ㅈ』부

<table>
<tr><td rowspan="2">自
스스로
자</td><td colspan="7">『스스로, 몸소, 자기, 저절로, ~부터, 코 등』의 뜻을 가진다.</td></tr>
<tr><td colspan="2">갑골문</td><td colspan="2">금 문</td><td colspan="2">소 전</td></tr>
</table>

사람의 코를 앞에서 본 모양을 ☆ 표현

코로부터 자기 스스로 숨을 쉬므로 해서 '스스로, 자기, 몸소, 저절로'의 뜻을 가진다.

(원뜻) 코 비 → (바뀐 뜻) 스스로 자 → (대체字로) 鼻 코 비

함자례(含字例) : 息, 臭, 臭

<table>
<tr><td rowspan="2">子
아들 자</td><td colspan="7">『아들, 자식, 남자, 열매, 이자 등』의 뜻을 가진다.</td></tr>
<tr><td colspan="3">갑 골 문</td><td colspan="2">금 문</td><td>소 전</td></tr>
</table>

두 팔을 벌린 채 강보에 싸여 있는 아이의 ♀ 모습을 표현

뜻이 가차되어 '첫째 지지'의 뜻을 가지며, 아들보다 광의의 의미인 모든 '자식'의 뜻을 지니고 있다.

함자례 : 季, 孤, 孔, 孥, 孟, 孚, 孫, 孺, 孕, 李, 字, 仔, 孜, 籽, 存, 孛, 學, 孩, 子, 好, 孝

<table>
<tr><td rowspan="2">咨
물을 자</td><td colspan="2">『묻다, 상의하다, 꾀하다』의 뜻을 가진다.</td></tr>
<tr><td>금 문</td><td>소 전</td></tr>
</table>

의구심이 가거나 논의할 부분에 대해 침을 튀길 정도로 말을 하며 물어보는 것을 표현

함자례 : 諮

<table>
<tr><td rowspan="2">恣
방자할
자</td><td>『방자하다, 마음대로, 제멋대로, 방종하다 등』의 뜻을 가진다.</td></tr>
<tr><td>소 전</td></tr>
</table>

자신의 욕망(감정)에 사로잡혀 침을 튀기며 거침없이 말하는 사람으로 마음 씀이 방자하고 제멋대로 임을 표현

함자례 : 懿

兹

이 자

『이, 이에, 검다, 흐리다, 무성하다 등』의 뜻을 가진다.

소 전
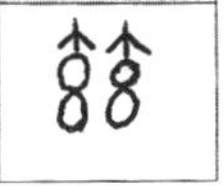

여러 개의 바늘에 실을 꿸 때 바늘귀가 흐려지고 까무잡잡해져 이에 검게 보임을 표현

※ 글자의 모양이 유사한 점을 근거로 하여 '玆(무성할 자)'로 통용되기도 한다.

함자례(含字例) : 滋, 慈

玆

무성할 자

『무성하다, 이곳, 이 등』의 뜻을 가진다.

갑골문	금 문	소 전
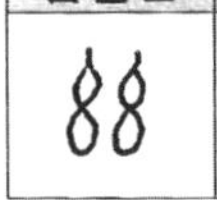	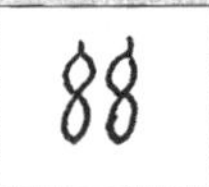	

실낱같은 초목의 싹들이 여기저기서 왕성하게 자라나 무성해짐을 표현(= 兹)

함자례 : 磁, 嵫

慈

사랑할 자

『사랑하다, 사랑, 어머니, 자비 등』의 뜻을 가진다.

금 문	소 전
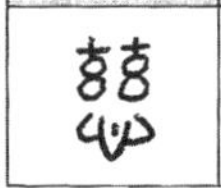	

(金) 바늘에 실을 꿰고 꿰어 자식들의 옷을 짓는 어머니의 자애로운 마음으로 사랑을 표현

(인) 초목이 무성하게 자라나는 것처럼 마음속에서 자연스럽게 우러나오는 어머니의 자식에 대한 끝도 갓도 없는 무조건적인 깊은 사랑을 표현

함자례 : 嬨

字

글자 자

『글자, 자, 기르다, 낳다 등』의 뜻을 가진다.

금 문	소 전

집에서 아이들이 계속해서 태어나 길러지는 것처럼 기존의 문자(文字)들을 결합시켜 새로운 글자들이 생겨남을 표현

함자례 : 芓, 牸

者 놈 자	『놈, 것, 곳, 장소 등』의 뜻을 가진다.			
		갑골문	금 문	소 전

솥 안에 ⌣ 푸성귀와 고깃덩이를 넣고 얽기 설기 얽히게 하여 ※ 삶아서 조리한 음식을 표현
　　고대 씨족 단위로 모여 불을 피워놓고 둘러앉아 솥에 ⌣ 요리한 음식을 ※ 먹으면서 얘기를 나누는
무리라는 데서 구성원인 '놈'이라는 뜻을 가진다.
　　원래는 삶는다는 뜻을 가지며, 다른 자와 결합시 '서로 얽혀 있는', '가마솥', '무리' 등의 뜻을 나타낸다.
　　(원뜻) 삶을 자 → (바뀐 뜻) 놈 자 → (대체자로) 煮 삶을 자

함자례(含字例) : 都, 堵, 屠, 睹, 賭, 覩, 闍, 瘏, 奢, 煮, 署, 暑, 緒, 楮, 著, 豬, 箸, 猪, 楮, 渚, 諸

朿 가시 자	『가시, 묶다, 매다 등』의 뜻을 가진다.					
		갑 골 문			금문	소 전

나뭇가지에 ※ 온통 가시가 ✤ 나 있는 모양을 표현

함자례 : 棘, 刺, 棗, 策

𣎵 그칠 자	『그치다, 마치다』의 뜻을 가진다.		
		금 문	소 전

초목의 ⁂ 꼭대기에 족쇄를 ⌒ 채웠다는 뜻으로, 초목이 자랄 대로 다 자라 성장을 마쳐 그친 상태임을 표현
※ '𣎵'는 클 대로 다 자란 초목이고, '未'는 아직 다 크지 않은 상태로 자라고 있는 나무임을 뜻한다.

함자례 : 姊

刺 찌를 자	『찌르다, 끊다, 헐뜯다, 꾸짖다 등』의 뜻을 가진다.			
		갑골문	금 문	소 전

가시 모양처럼 ✤ 뾰족하게 생긴 날카로운 칼날로 ♪ 찌르는 것을 표현

함자례 : 莿

炙 구울 자	『굽다, 고기구이 등』의 뜻을 가진다.

	금 문	소 전
	𤈇	𤈇

생선이나 날고기를 ✐ 불 위에 火 올려 놓고 굽는 것을 표현

함자례(含字例) : 燔

藉 깔 자	『깔다, 깔개, 자리, 짓밟다 등』의 뜻을 가진다.

	갑골문	금 문	소 전
	𦫵	𦫳	藉

옛적 농부(황제)가 무논에서 물결을 일으키며 쟁기질로 논바닥을 짓밟는(갈아엎는) 일을 할 때 🝌 잠깐 쉬는
동안 깔고 앉는 풀로 만든 艸 자리로 깔개를 표현

그 후 농사를 지은 수확물로 제사를 지낼 때 공물을 바치는 사람이 땅에 무릎을 꿇을 때 쓰는 깔개로
까지 사용 용도가 확대되면서 다용도로 쓰여지는 '깔개'로서의 뜻을 가지게 되었으며, 갑골문에서부터
전서(篆書)까지는 '짓밟을 적(耤)'자와 그 자형(字形)이 같다.

함자례 : 躤

勺 구기 작	『구기, 잔, 잔질하다 등』의 뜻을 가진다.

	갑 골 문		금 문	소 전
	𠃊	𠃊	𠃌	𠃌	勺

술과 같은 액체를 ○ 뜰 수 있는 동그란 국자모양으로 𠃌 생긴 구기를 표현

함자례 : 約, 酌, 灼, 釣, 构, 豹

爵 벼슬 작	『벼슬, 작위, 술, 술잔, 참새, 주다, 마시다 등』의 뜻을 가진다.

	갑 골 문		금 문			소 전

위로 솟은 우산 모양의 작은 기둥과 세 발에 손잡이가 달린 참새 부리처럼 생긴 술잔의 🜚 모양을 표현
벼슬을 하면 군주인 임금이 작위를 내릴 때 술을 따루어 마셨던 술잔에서 '벼슬'이라는 뜻이 생겼다고 한다.

원래는 참새 부리처럼 생긴 술잔 모양이었으나, 뒤에 자형이 많이 바뀌어 소전에서는 의관을 갖춘 사람
이 🜚 손에 🝑 향기로운 술잔을 🝒 드는 형상으로 자형이 변화되었다.

함자례 : 嚼

作	『짓다, 만들다, 일하다, 행하다, 일어나다, 일으키다 등』의 뜻을 가진다.

	갑 골 문				금문	소전

지을 **작**

사람이 🖊 천을 잘라서 🖊 바느질을 하여 옷을 지음을 표현

함자례(含字例) : 怎

雀	『참새, 뛰다』의 뜻을 가진다.

참새 **작**

갑골문	금 문	소 전

몸집이 작은 🖊 새가 🖊 참새임을 표현

함자례 : 嶉

孱	『잔약하다, 신음하다, 삼가다 등』의 뜻을 가진다.

잔약할
잔

갑골문	금 문	소 전

여인이 🖊 한 번에 많은 쌍둥이 자식을 🖊 낳아서 기르니 젖이 부족하여 영양이 좋지 않아 건강이 몹시
나빠져 잔약해짐을 표현

함자례 : 潺, 僝

戔	『나머지, 해치다, 적다, 쌓다 등』의 뜻을 가진다.

나머지 잔
적을 **전**

갑골문	금문	소전

이익을 빼앗기 위한 싸움에 무력으로 맞서 악랄하고 무자비한 살상으로 상대방을 죽이듯 창질로 물체를
잘라 해치게 되면 🖊 결국은 조각이 나 적어져서 나머지 잔해로 남아 쌓이게 됨을 표현

함자례 : 殘, 棧, 盞, 錢, 箋, 餞, 賤, 踐, 淺, 俴

叔 뼈 추릴 잔	『뼈를 추리다』의 뜻을 가진다.					
		갑 골 문			금 문	소 전

손에 잡은 ⟋ 고기를 먹으면서 뼈를 발라 ⟋ 추려냄을 표현

함자례(含字例) : 粲, 餐, 盤

先 비녀 잠	『비녀, 꽂다 등』의 뜻을 가진다.		
		금 문	소 전

여성이 ⟋ 머리에 꽂아 두발(頭髮) 모양을 고정하는 장신구로 ⟋ 비녀를 표현

함자례 : 姞

岑 봉우리 잠	『봉우리』의 뜻을 가진다.	
		소 전

새를 잡는 덫 모양으로 ⟋ 완만하게 생긴 산의 ⟋ 봉우리를 표현

함자례 : 珱, 涔

帀 두를 잡	『두르다, 빙 두르다, 두루, 널리』의 뜻을 가진다.			
		갑골문	금 문	소 전

용맹무쌍함의 위용을 드러내기 위해 맹수인 호표(虎豹)의 꼬리로 장식한 장수를 상징하는 깃발을 ⟋ 표현
장수의 큰 깃발을 중심으로 군사들이 빙 둘러 대오를 갖추는 데서 '두르다'의 뜻을 가진 것으로 보고 있다.

함자례 : 師, 迊

320

卡 지킬 잡	『지키다, 꼭 끼이다 등』의 뜻을 가진다.

<table>
<tr><td rowspan="2">卡
지킬 잡</td><td>『지키다, 꼭 끼이다 등』의 뜻을 가진다.</td></tr>
<tr><td>소 전
（그림）</td></tr>
<tr><td colspan="2">위 ⌐ 아래를 ⌐ 같게 하여 균형이 지켜지게 함을 표현</td></tr>
<tr><td colspan="2">함자례(含字例) : 胙</td></tr>
</table>

<table>
<tr><td rowspan="2">雜
섞일 잡</td><td>『섞이다, 어수선하다, 꾸미다, 모이다 등』의 뜻을 가진다.</td></tr>
<tr><td>소 전
（그림）</td></tr>
<tr><td colspan="2">각기 다른 색깔의 깃털(羽)을 ◌ 가진 많은 새들이 ◌ 나무숲에 ◌ 모여서 어수선하게 섞여 앉아 있는 것을 표현</td></tr>
<tr><td colspan="2">함자례 : 儺</td></tr>
</table>

<table>
<tr><td rowspan="2">長
길 장</td><td>『길다, 어른, 나아가다, 자라다, 늙다, 우두머리 등』의 뜻을 가진다.</td></tr>
<tr><td>
갑 골 문		금 문	전 문	
（그림）	（그림）	（그림）	（그림）	（그림）
</td></tr>
<tr><td colspan="2">길게 자란 머리칼을 흩날리며 ◌ 지팡이를 짚고 있는 노인의 ◌ 모습을 표현
　머리칼이 기니까 '길 장', 노인이니까 '어른 장', 집안의 가장이니까 '우두머리 장'이 된다.
다른 자와 결합시는 '镸'으로도 표기된다(예: 髟).</td></tr>
<tr><td colspan="2">함자례 : 帳, 張, 帳, 萇, 粻, 脹, 悵, 鬺, 肆, 套, 髟</td></tr>
</table>

<table>
<tr><td rowspan="2">丈
어른 장</td><td>『어른, 남자, 장인, 길이, 장』의 뜻을 가진다.</td></tr>
<tr><td>소 전
（그림）</td></tr>
<tr><td colspan="2">손에 ⌐ 지팡이를 ⌐ 잡고 땅을 짚으며 다니는 성인 남자의 경칭(敬稱)으로 어른을 표현
※ 이러한 지팡이가 길이를 재는 도구로 사용되었는데 이때 한 장(丈)의 길이는 10척(尺)에 해당한다.</td></tr>
<tr><td colspan="2">함자례 : 杖, 仗</td></tr>
</table>

爿	『나뭇조각, 널조각, 평상 등』의 뜻을 가진다.		
		갑골문	금 문	소 전
나뭇조각 장		爿	-	爿

통나무(木)를 가운데로 쪼개면 쪼갠 면이 오른쪽인 爿 나뭇조각을 표현
　다른 자와 결합시 '침상, 탁자 또는 나뭇조각(뭇판)'의 뜻을 나타낸다.

함자례(含字例) : 狀, 牀, 將, 壯, 牆, 戕, 牂, 斨

壯	『장하다, 굳세다, 씩씩하다, 젊다, 성하다 등』의 뜻을 가진다.		
		금 문		소 전
장할 장		壯	壯	壯

침상(寢牀)에서 爿 꼿꼿이 서 있는 士 모양을 통찰해 표현
　즉, 소년이 자라 사춘기(청년기)에 접어들면 깊은 잠에 빠지면서 몸에 자연 발기가 일어나는 현상을 표현한
　것으로, 이때가 되면 왕성한 정력이 생겨나서 기개가 씩씩해지고, 굳세고, 장해짐을 에둘러서 나타내었다.

함자례 : 莊, 裝, 奘

莊	『엄하다, 씩씩하다, 풀이 성하다, 장중하다, 꾸미다, 전장, 영지 등』의 뜻을 가진다.		
		금 문		소 전
엄할 장		莊	莊	莊

(金) 제왕이나 고관 귀족을 매장한 무덤의 도굴을 막기 위해 릉 위에 풀과 나무를 심어 감추는 방법으로
　관리하고 지키는 사람들이 퍼져 사는 촌락으로 邑 영지를 표현
　능(陵)을 꾸민 자리에 풀이 무성하고 수림이 우거진 겉모습으로 '엄하고 장중함'의 뜻을 나타낸다고 한다.
(篆) 당차고 씩씩하게 커가는 청년처럼 壯 너른 들인 전장의 땅에서 곡물들이 艸 성하게 자라나는 모양을
　표현

함자례 : 粧

庄	『전장(田莊), 엄하다, 영지 등』의 뜻을 가진다.		
		금 문		소 전
전장 장		庄	庄	庄

제왕 등의 능을 수호하기 위해 옮겨온 사람들이 퍼져 살며 형성된 취락에서 邑 부쳐 먹는 땅인 전장을 표현
　금문과 전문의 자형이 '莊'과 같으며, 능을 수호하며 부쳐 먹는 영지의 땅으로 '전장'을 나타내었다.

함자례 : 粧, 桩

將 장수 장	『장수, 장차, 문득, 나아가다, 가지다, 행하다, 받들다, 지키다 등』의 뜻을 가진다.

	갑골문	금 문	소 전

전장(戰場)에서 부상을 입고 병상에 ⨎ 있는 병사에게 육장과 고기 등의 ⚘ 맛있는 영양 음식을 제공하여 몸을 보양토록 보살펴주는 ⩗ 이가 군대를 이끄는 장수임을 표현

장수의 따뜻한 후덕(厚德)에 감복한 모든 병사는 장차 전장터로 나아가 군령을 받든다는 뜻을 가진다.

함자례(含字例) : 獎, 蔣, 漿, 醬, 鱂

章 글 장	『글, 문장, 악곡의 단락, 본보기, 조목 등』의 뜻을 가진다.

금 문				소 전

조각칼(刻刀)로 ⚘ 원·방형의 나무나 돌의 단면에 ◯ 성명, 칭호 등의 상징적인 문자를 새긴 다음 붉은 인주를 묻혀 문서나 서화 작품의 끝자리에 낙관하여 개인 특유의 지위나 신분을 나타내는 표식으로 글을 표현

문서 또는 작품의 말미에 낙관하여 끝맺음의 방법을 쓴 것이 차용되어, 생각이나 감정을 글로 표현하여 끝맺은 한 단락을 '장(문장)'이라 하고, 악곡을 이루어 음악이 끝나는 단위인 한 단락을 '악곡의 단락'으로 그 뜻이 확대되었다고 한다.

함자례 : 障, 璋, 獐, 瘴, 樟, 漳, 彰

匠 장인 장	『장인, 기술자, 가르침』의 뜻을 가진다.

	소 전

작업에 필요한 공구를 ⚘ 상자에 ⊏ 담아 전문적인 일을 하는 기술자가 장인임을 표현

함자례 : 趏

臧 착할 장	『착하다, 좋다, 감추다, 숨다, 곳집 등』의 뜻을 가진다.

	갑골문	금 문	소 전

(甲) 전쟁 포로로 잡혀온 사람의 눈을 ⚘ 찔러 ⚘ 멀게 한 뒤 길을 들이니 착해짐을 표현

(篆) 전쟁 포로로 잡혀온 적국 신하인 사람을 ⚘ 나무 곳집에 ⚘ 가두어 병장기로 ⚘ 지키며 회유하니 동화되어 착하게 됨을 표현

함자례 : 藏

藏	『감추다, 숨다, 곳간 등』의 뜻을 가진다.
감출 장	 **금문 / 소전**

전쟁의 포로로 잡혀온 적국 인사를 회유하여 신하로 전향한 사람을  관련국 사신의 눈에 뜨이지 않게 풀숲 같은 곳에 ⱳ 깊이 숨겨 감춤을 표현

함자례(含字例) : 臟, 欌

掌	『손바닥, 솜씨, 맡다 등』의 뜻을 가진다.
손바닥 장	 **금문 / 소전**

다섯 손가락이 ⱳ 팔작집의 지붕처럼 짝 펼쳐진 모양인 ⻗ 손바닥을 표현
※ 손가락을 말면 주먹(拳)이 되고, 손가락을 펼치면 손바닥(掌)이 된다.

함자례 : 撐

再	『두, 두 번, 거듭, 다시, 두 번 하다 등』의 뜻을 가진다.
두 재	 **갑　골　문 / 금문 / 소전**

통발 또는 바구니가 겹친 모양으로 같은 것이 하나 더 있는 ⻘ 둘인 모습을 표현
통발을 사용한 다음 다시 거듭 사용해서 물고기를 잡을 수 있다는 뜻을 나타내었다.

함자례 : 沬

戈	『해치다, 다치다, 상하게 하다』의 뜻을 가진다.
해칠 재	 **갑골문 / 금문 / 소전**

침입한 외적(外敵)이 집에서 살고 있는 거주민에게 ⱳ 창날을 휘둘러 ⻘ 해치는 것을 표현
창날을 휘둘러 대상을 해치는 데서 연유하여 다른 자와 결합시 대체로 '자르다'의 뜻을 가진다.

함자례 : 藏, 哉, 載, 裁, 栽, 戴, 截

324

宰 재상 재	『재상, 우두머리, 주재자, 다스리다 등』의 뜻을 가진다.				
		갑 골 문		금 문	소 전

(甲) 고대 가문들은 요리, 직조, 도살 등의 일을 하는 노비를 宰 집안에 ⌂ 두었는데, 이런 노비의 일을 관리하고 주재하는 가신(家臣)으로서 기량을 가진 우두머리 노복을 표현

춘추시대 경대부의 가신과 채읍의 장관도 모두 '宰'라 하며, 조정 백관의 우두머리 신하를 '宰'라 했다.

(인) 사법 권력을 宰 가진 관청에서 ⌂ 죄인에 대한 생사의 명운을 결정하는 주재자로 재상을 표현

함자례(含字例) : 滓, 縡, 榇

才 재주 재	『재주, 근본, 기본, 바탕, 겨우, 조금 등』의 뜻을 가진다.				
		갑 골 문		금 문	소 전

기둥과 ♀ 대들보를 ─ 세우고 집을 짓는 사람이 가진 근본이 되는 기술과 능력을 재주로 표현

함자례 : 材, 財, 豺

災 재앙 재	『재앙, 화재, 재앙을 내리다 등』의 뜻을 가진다.					
		갑 골 문			금 문	전 문
					-	

큰 화재로 灬 집이 ⌂ 소실(消失)되었거나 홍수가)) 나서 집이 宇 떠내려간 상태로 불과 홍수로 인한 재난을 당한 것이 재앙임을 표현(= 灾)

함자례 : 遂

在 있을 재	『있다, 존재하다, 곳, 장소, ~에 등』의 뜻을 가진다.			
		금 문		소 전
	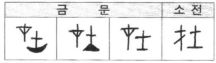			

특정 공간에 의지해서 살 수 있는 집과 才 사는 사람(선비)을 土 나타내어 세상에 존재해 있음을 표현
'在'는 정착하여 있다는 뜻으로 공간적으로 어떤 자리를 차지하고 있음을 강조하고, '存'은 대를 잇는다는 뜻으로 시간적으로 연속됨을 강조한다.

함자례 : 恠

爭 다툴 쟁	『다투다, 논쟁하다, 간하다, 싸움 등』의 뜻을 가진다.			
		갑골문	금문	소전
		(그림)	(그림)	(그림)

(甲) 그릇에 담긴 음식을 ∪ 서로 많이 떠먹으려고 다투는 모양을 표현
(金) 큰 힘을 부릴 수 있는 권력을 두고 두 사람이 서로 차지하려고 다투는 모양을 표현
다른 자와 결합시 격하게 '부딪힌다'는 뜻을 내포하고 있다.

함자례(含字例) : 諍, 箏, 錚, 淨, 靜

宁 뜰 저	『뜰, 우두커니 서다, 저장하다, 모으다 등』의 뜻을 가진다.				
		갑골문		금문		소전
		(그림)	(그림)	(그림)	(그림)	(그림)

(甲) 옥패 등의 귀중품을 − 넣어 보관하고 저장하는 궤의 모양을 표현
  뜻이 전의(轉義)되어 '뜰'의 의미로 쓰인다.
(인) 튼튼한 기둥을 똑바로 세운 위에 ⊤ 정자를 지은 곳이 뜰임을 표현

함자례 : 貯, 苧, 佇, 紵, 羚

氐 근본 저	『근본』의 뜻을 가진다.		
		금문	소전
		(그림) (그림)	(그림)

땅 속으로 뻗어내린 나무뿌리의 아래 부분으로 그 밑바닥이 ― 존립의 근본이 됨을 표현

함자례 : 低, 底, 抵, 邸, 舐, 疷, 瓵, 砥, 坻, 祗, 蚳, 鴟

著 나타날 저 붙을 착	『나타나다, 드러나다, 짓다, 쌓다, 세우다, 붙다, 입다, 신다 등』의 뜻을 가진다.			
		금문	전	문
		(그림)	(그림)	(그림) (그림)

솥에 ⊔ 고기 등의 여러 재료를 얼기설기 넣어 ※ 푹 끓여서 만든 음식을 먹으려고 식사 도구를 든 사람들이 모습을 드러내 나타남을 표현
차린 음식의 취식은 시문(詩文)을 먼저 짓는 식의 순으로 먹게끔 정한 데서 글을 '짓다'의 뜻이 생긴 것으로 추정이 될 뿐이다.

함자례 : 躇

326

沮 막을 저	『막다, 새다 등』의 뜻을 가진다.

	갑골문	금문	소전

홍수의 ⫽ 범람을 방지하기 위해 제방 둑을 높이 쌓아 올려 ⧺ 물을 막음을 표현

함자례(含字例) : 菹

赤 붉을 적	『붉다, 벌거벗다, 멸하다 등』의 뜻을 가진다.

	갑골문	금문	소전

죄인인 사형수를 ⫶ 장작더미 위에 세우고 활활 타오르는 불을 질러 ⫷ 형을 집행하는 것을 표현
그 비치는 불빛을 붉은색으로 나타내었다.

함자례 : 赧, 赦, 螫, 赭, 赬, 烁, 赫

翟 꿩 적	『꿩, 깃옷 등』의 뜻을 가진다.

	갑골문		금문	소전

화려한 빛깔의 몸통과 넓은 날개깃을 ⫸ 가진 새로 ⫶ 꿩을 표현

함자례 : 櫂, 躍, 曜, 耀, 燿, 趯, 簺, 濯, 擢

耤 짓밟을 적	『짓밟다, 범하다, 업신여기다, 친경하다, 적전 등』의 뜻을 가진다.

	갑골문	금문	소전

농부가 무논에서 물결을 일으키며 ⫶ 쟁기질을 하여 ⫹ 논바닥을 갈아엎어 짓밟는 것을 표현
고대에 백성들이 많은 땅에 농사지을 것을 장려하고 또 수범을 보이기 위해 옛 황제들은 적전(籍田)에서
친히 밭을 갈고 씨를 뿌려 몸소 농사를 짓는 '친경'을 하였다고 한다.

함자례 : 藉, 籍

糴 쌀 살 적	『쌀을 사다』의 뜻을 가진다.

<table>
<tr><td></td><td align="center">소 전</td></tr>
<tr><td></td><td align="center">糴</td></tr>
</table>

풍년이 들면, 관청에서 물가 안정을 위해 신속하게 翟 식량을 米 대량으로 사들이는 入 것을 표현(= 糴)
　고대 관청에서 식량 가격의 안정을 위한 수단으로, 풍년이 들면 곡식을 싸게 사들여 비축하는 것을 '糴(적)'
　이라 하고, 반대로 흉년이 들 때이면 곡식을 싸게 내어 팔아 사회 안정을 유지하는 것을 '糶(조)'라 했다.

함자례(含字例) : 糶

狄 오랑캐 적	『북쪽 오랑캐』의 뜻을 가진다.

갑골문	금　　　문			소 전
㹠	㹜	㹜	㹜	㹜

(甲) 사냥개를 犭 데리고 사냥을 해서 살아가는 북방에 사는 민족으로 火 오랑캐를 표현
(金) 살아가는데 사냥을 할 수 있는 짐승과 犭 불을 火 필수로 하는 추운 지역에 사는 북쪽 오랑캐를 표현

함자례 : 荻 逖

啻 밑동 적	『밑동, 뿌리, 물방울, 화하다 등』의 뜻을 가진다.

금　　문		소 전
啻	啻	啻

최고의 권위를 가진 황제가 帝 내리는 칙령이니 口 , 식물에 비유하면 뿌리인 밑동이 되고, 물일 때는 물의
　근원인 물방울이 됨을 표현
다른 자와 결합시 '근본, 황제 등'의 뜻을 가진다.

함자례 : 適, 敵, 摘, 滴, 嫡, 謫, 鏑, 蹢

適 맞을 적	『맞다, 마땅하다, 가다, 즐기다, 마침, 본처 등』의 뜻을 가진다.

금 문	소 전
適	適

고대 제후국에서 최고의 인재 기준에 따라 선발된 관리 중에 황명(皇命)에 啻 맞는 마땅한 자를 천거하여
　중앙조정으로 가게 辶 명을 받들어 행함을 표현

함자례 : 擿

的 과녁 적	『과녁, 진실, 목표, 연밥 등』의 뜻을 가진다. 전 문 明로 明로

해처럼 밝은 바탕에 ⊖ (둥근) 선을 그려 넣어서 ⅔ 명백하고 분명하게 보이도록 한 목표물로- 과녁을 표현

함자례(含字例) : 芍

田 밭 전	『밭, 경작지, 사냥, 밭을 갈다 등』의 뜻을 가진다. 갑 골 문 / 금 문 / 소 전 ⊞ ⊞ ⊞ ⊞ ⊞

넓은 벌판에 □ 경계를 그어서 ╫ 각자의 것을 구분 표시한 삶의 터전으로 밭을 표현

다른 자와 결합시 '사냥, 둥근 모양, 중심' 등의 뜻을 가진다.

※ '田'의 자형이 들어간 자 중 초성이 'ㄹ'로 발음되는 경우는 '田'이 아니라 '畾(밭갈피 뢰)'를 축약한 자형
이다.(예: 雷, 累, 澡)

함자례 : 畎, 界, 畇, 男, 畓, 當, 略, 苗, 畔, 番, 毘, 毗, 奮, 留, 甸, 佃, 畑, 畋, 町, 疇, 畯, 畛, 畜, 畫

全 온전 전	『온전하다, 흠이 없다, 온전히 등』의 뜻을 가진다. 갑골문 / 금 / 문 / 소 전 全 全 全 全 全 全

(金) 무덤 속에 ∧ 순장하는 사람과 ╱╲ 함께 옥을 ㅇ 넣어 ╲ 온전하게 부장하였음을 표현

(篆) 녹인 쇳물을 거푸집 성형틀에 ∧ 부어 만들어 낸 ⊥ 물건이 온전한 상태임을 표현

함자례 : 銓, 栓, 詮, 佺, 荃, 筌, 痊

奠 정할 전	『(터를) 정하다, 제사지내다, 바치다, 제사 등』의 뜻을 가진다. 갑골문 / 금 문 / 소 전 酉 酉 酉 奠

새로운 건물을 짓도록 정한 터 위에 ━ 술을 뿌리고 지신(地神)과 조상신께 제사를 지내어 ㅡ 새집이 완성된
후의 안정과 행복을 기원함을 표현

※ '奠'은 '鄭(정)'의 본자(本字)로 갑골문에서는 그 자형이 같다.

함자례 : 鄭

前	『앞, 먼저, 미리, 미래, 사전에, 앞서다, 나아가다, 가위, 자르다 등』의 뜻을 가진다.				
		갑골문	금문	전	문
앞 전					

(甲) 사람이 걸어서 길을 가듯 배를 타고 다른 곳으로 가기 위해 나아가는 방향이 앞쪽임을 표현

(篆) 사람이 걸어서 길을 가듯 배를 타고 물 위를 지나가니 가위로 천을 자르는 것처럼 수면이 갈라지며 앞으로 나아감을 표현

함자례(含字例) : 煎, 剪, 翦, 箭

叀	『삼가다, 조심하다, 오로지』의 뜻을 가진다.			
		갑골문	금문	소전
삼갈 전				

실을 잣기 위해 물레질로 방추(가락)를 돌릴 때는 허튼 생각과 잡념을 삼가고 정신을 집중해서 함을 표현

함자례 : 專, 惠

專	『오로지, 오직, 마음대로 등』의 뜻을 가진다.			
		갑골문	금문	소전
오로지 전				

손으로 물레질을 하여 방추(가락)를 돌려 실을 자을 때는 오로지 정신을 집중해서 한 방향으로 일정하게 돌려 실을 잣음을 표현

함자례 : 團, 傳, 漙, 蓴, 傳, 轉, 塼

珡	『펴다, 벌리다, 살피다』의 뜻을 가진다.		
		금문	소전
펼 전		II	

생활에 이로운 도구들을 만들어서 쭉 늘여 II 펼쳐 놓은 것을 표현

함자례 : 屜

330

展 펼 전	『펴다, 늘이다, 구르다, 베풀다 등』의 뜻을 가진다.		
	금문	전문	
	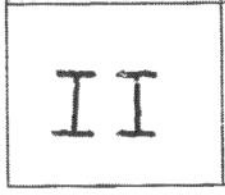	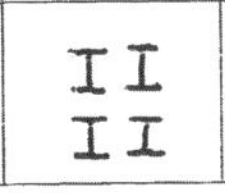	

존귀한 사람이 붉은 비단옷을 갖춰 입고 활짝 펼친 상태로 누워 있는 모습을 표현(= 㞡)

※ '㠭'은 '펼치다'의 뜻인 '펼 전'이고, '𧜵'과 '襄'은 같은 자로 '붉은 비단옷 전'이다.

함자례(含字例) : 輾

殿 전각 전	『전각, 궁궐, 큰 집 등』의 뜻을 가진다.
	소전
	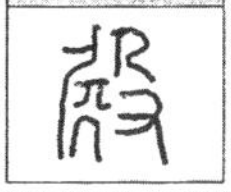

궁궐에서 임금이 높은 보좌에 앉아 신하들과 국사를 논하여 정사를 다스려 나가는 장소로 높은 건물의 전각을 표현

함자례 : 臀, 澱

廛 가게 전	『가게, 점방, 터 등』의 뜻을 가진다.
	소전

관청에서 상인에게 임대한 저잣거리 점포로, 한쪽 면이 트인 옆으로 길게 지어진 건물 안에서 여러 개의 구획(땅)으로 나누어 장사를 하는 가게를 표현

함자례 : 纏, 瀍

顚 엎드러질 전 이마 전	『엎드러지다, 거꾸로 하다, 넘어지다, 이마, 정수리 등』의 뜻을 가진다.
	소전

점치는 정인(貞人)이 무릎을 땅에 꿇고 이마를 조아리며 신물(神物) 제기인 청동솥의 제사상에 반복적으로 엎드러져 절함을 표현

땅에 이마를 조아리며 거듭 엎드려 절을 함에서 머리가 아래 방향인 땅으로 '거꾸로 하다'의 뜻과 함께 머리가 땅에 닿다 에서 '넘어지다'의 뜻으로까지 파생되어 나온 것으로 보고 있다.

함자례 : 巓

典 법 전	『법, 책, 법전, 경전 등』의 뜻을 가진다.

	갑 골 문		금 문		소 전

죽간인 ＃ 책을 양 손으로 ＼／ 받들고 있는 모습을 표현

국가를 통치하는 제도나 법령이 쓰여져 있는 매우 중요한 책으로 '법'을 나타낸 것이다.

함자례(含字例) : 腆, 琠

孨 삼갈 전	『삼가다, 가련하다, 나약하다』의 뜻을 가진다.

	갑골문	금 문	소 전

한 번에 많은 다둥이를 낳아 기르므로 해서 生 생모의 젖이 부족하여 유아들이 영양실조로 나약함을 벗어

나지 못하니 삼가야 할 일임을 표현(= 孱)

함자례 : 孱

雋 살찐 고기 전 영특할 준	『살찐 고기, 새가 살찌다, 영특하다 등』의 뜻을 가진다.

	금 문		소 전	예 서	해 서	

사냥꾼이 풀숲이나 둥지에 ∽ 있는 새를 ⅋ 화살을 쏘아 Y 잡은 것으로, 잡힌 새가 토실하게 살쪘음을 표현

영특한 사냥꾼이 활을 쏘아 잡은 새가 살이 통통하게 찐 상태임을 나타내었다(= 雋). - 영특할 준

함자례 : 携

節 마디 절	『마디, 관절, 예절, 절개, 계절, 절기, 항목, 절약하다 등』의 뜻을 가진다.

	금 문	소 전

고대(古代)에 대나무를 ∿ 잘라 만든 식기로 음식을 담아 밥을 먹었던 그릇은 ⅋ 대나무의 마디마디를 밑바닥

으로 하였음을 표현

대나무의 마디처럼 한 해의 마디마디는 춘하추동 사계절로 되어 있으니까 '계절 절, 절기 절'이 되고,

끼니때 한 그릇의 통(筒)밥을 먹음으로써 절약하게 되니까 '절약할 절'의 뜻을 가진다.

함자례 : 癤, 櫛

折 꺾을 **절**	『꺾다, 꺾이다, 결단하다, 자르다 등』의 뜻을 가진다.

	갑골문	금문	전 문	

나무에 ✳ 도끼질로 ↱ 동강을 내어 꺾어 부러뜨린 것을 표현

함자례(含字例) : 誓, 逝, 浙, 晢, 晰, 哲

卩 병부 **절**	『병부, 신표 등』의 뜻을 가진다.

	갑골문	금문	소 전

사람이 무릎을 꿇고 있는 ⸙ 모습으로, 지방관을 임명할 때 부복을 한 신임 관리에게 병부를 주는 것을
표현(= 㔾)

다른 자와 결합시 뜻인 '병부(兵符 : 왕이 지방관에게 명하여 군대를 동원하게 할 때 지방관이 진위를 확인하기 위하여 쪼개진 두 쪽을 맞춰
보는 나무패)'와는 관계가 없고, 사람이 '부복을 하고 있는' 모습으로 의미를 나타내고 있다.

함자례 : 却, 卻, 叩, 卷, 犯, 氾, 卸, 卲, 卬, 厄, 夗, 危, 印, 卽

切 끊을 **절** 온통 **체**	『끊다, 베다, 정성스럽다, 적절하다, 절박하다, 온통, 모두 등』의 뜻을 가진다.

	갑골문	금문	소 전

가로로 놓인 물체를 ─ 아래 방향으로 힘을 가해 칼로 丨 잘라 끊음을 표현

칼로 자름을 명확히 하는 뜻에서 금문에 와서 '刀'를 추가하였고, 물체를 베거나 자르는 일을 할 때는
'정성'을 다해서 하게 되며, 그렇게 할 경우 모든 걸 다 자를 수 있다는 데서 '온통'의 뜻을 가진다고 한다.

함자례 : 窃

沾 젖을 **점**	『젖다, 적시다, 더하다 등』의 뜻을 가진다.

	소 전

전쟁 때에 적국의 땅을 점령해 들어가듯이 ⼐ 물이 〰 스며들어 흠뻑(온통) 적셔 들어감을 표현

함자례 : 霑

占 점칠 점	『점치다, 차지하다, 점령하다, 점 등』의 뜻을 가진다.			
		갑골문	금문	소전
		占	占	-	占

거북의 등껍질(龜甲)이나 짐승의 뼈(獸骨)에 구멍을 낸 다음 불에 구워서 그 갈라진 금의 형태를 卜 보고 미래의 일을 말로 口 풀이해 점치는 것을 표현

점괘에 나온 대로 다른 나라를 공격해서 그 나라를 점령을 하게 되니까 '차지할 점, 점령할 점'이 된다.

함자례(含字例) : 拈, 店, 點, 点, 粘, 帖, 鮎, 玷, 覘, 坫, 站, 沾, 貼, 帖, 砧

店 가게 점	『가게, 전방, 여관, 객잔 등』의 뜻을 가진다.	
		소전
		-

객사 등의 반개방형으로 된 건물 안에 广 물건을 차릴 수 있는 점대(坫台)를 놓고 占 그 위에 술 단지와 각종 상품을 진열해서 파는 가게를 표현

※ 점을 보러오는 사람이 많은 장소다 보니 술과 음식을 먹게 되고 숙박을 하게 되는 '가게'가 생겼다고 한다.

함자례 : 踮

亭 정자 정	『정자 등』의 뜻을 가진다.			
		갑골문	금문	소전
		亭	亭	亭

우뚝 높이 세운 단단한 기둥 丁 위에 꼭대기는 뾰족하고 벽이 없는 상태로 지은 간이 건축물로 京 햇빛을 가리고 비를 막을 수 있는 정자를 표현

함자례 : 停, 渟, 薴

鼎 솥 정	『솥, 점괘, 대치하다 등』의 뜻을 가진다.			
		갑골문		금문	소전
		鼎	鼎	鼎	鼎

발이 있고 두 귀가 달린 음식을 달이는 도구로 鼎 상·주(商·周)시대 황궁 제사 때에 썼던 청동 솥을 표현

※ 둥근 솥(圓鼎)은 세 개의 발이 있고 , 사각 솥(方鼎)은 네 개의 발이 있다.

함자례 : 負, 員, 貞, 則, 敗, 鼐, 鼏

貞 곧을 정	『곧다, 지조가 굳다, 마음이 곧바르다, 점치다, 정조 등』의 뜻을 가진다.			
		갑골문	금문	소전

나라를 다스리는 중차대한 국사 일을 점을 쳐 정할 때 신성한 솥에 음식을 마련하여 貝 제사를 지내며 점을
치는 ㅏ 정인(貞人:제사장)의 마음이 지극히 곧고 바름을 표현

함자례(含字例) : 楨, 偵, 楨, 幀, 湞, 䪴

正 바를 정	『바르다, 정당하다, 올바르다, 바로잡다, 다스리다, 정사 등』의 뜻을 가진다.				
		갑골문	금문		소전

신의와 도덕을 잃은 패덕(悖德)한 군주가 다스리는 나라를 ▢ 정벌하여 바로잡음은 ✔ 정당한 행위로써 바
른 것임을 표현

(원뜻) 적을 치러갈 정 → (바뀐 뜻) 바를 정 → (대체자로) 征 칠 정

함자례 : 政, 整, 征, 柾, 炡, 娗, 鉦, 症, 是

政 정사 정	『정사, 구실, 세금 등』의 뜻을 가진다.			
		갑골문	금문	소전

(甲) 무력을 사용해 정복한 지역을 ▢ 강권(强權)으로 다스려 ⟍ 정사를 행함을 표현
　결국은 나라가 흥하고 백성들이 잘살 수 있도록 바른 길을 ᴛ 가게끔 잘 이끌고 다스리는 攴 것이 정사이다.

함자례 : 㲪

壬 우뚝 설 정	『우뚝 서다, 빼어나다』의 뜻을 가진다.				
		갑 골 문		금문	소전

사람(제왕)이 ⟋ 높게 쌓은 제단에 ∘ 올라 제사나 기도 의식을 거행하며 우뚝 서 있는 빼어난 모습을 표현

함자례 : 聖, 呈, 뭘

335

<table>
<tr><td rowspan="2">

呈
드릴 정
</td><td colspan="6">『드리다, 웃사람에게 드리다 등』의 뜻을 가진다.</td></tr>
</table>

	갑 골 문		금 문	소 전
呈	🔾	🔾	🔾	-	🔾

맡은 일을 수행하는 중에 수령이나 상관에게 ⚲ 말로 아뢰면서 ▢ 물건 등을 드림을 표현

함자례(含字例) : 郢, 逞, 程, 桯, 醒, 珵, 裎, 鋥

丁
장정 정

『장정, 일꾼, 고무래, 정, 넷째 천간 등』의 뜻을 가진다.

갑 골 문			금 문				소 전
●	│	▢	┳	↑	✛	▢	↑

정련하기 전 쇳덩이(구리덩이)의 ● 모양으로, 쇠로 된 못처럼 그런 단단한 몸을 지닌 남자로 장정을 표현
뜻이 가차되어 '넷째 천간'과 함께, 자형인 글꼴이 고무래를 닮았다 해서 '고무래'의 뜻도 갖고 있다.
다른 자와 결합시 '못(기둥)처럼 똑바르다, 단단하다, 바로잡다'의 뜻을 가진다.

함자례 : 宁, 頂, 亭, 訂, 汀, 町, 釘, 玎, 酊, 打

井
우물 정

『우물, 우물 난간, 정전 등』의 뜻을 가진다.

갑골문	금 문	소 전
井	井	井	井

깊이 판 샘에 돌을 쌓아올린 뒤 그 위에 나무로 짠 방틀(난간)을 설치해 놓은 井 우물을 표현

함자례 : 耕, 穽, 阱

定
정할 정

『정하다, 정해지다, 바로잡다, 다스리다, 편안하다, 안정되다 등』의 뜻을 가진다.

갑골문	금 문	소 전
定	定	定

패덕한 군주가 다스리는 나라를 쳐서 질서를 바로잡듯  집안의 ∩ 잘못된 폐습을 버리고 새로운 가풍을
정하여 다스려 나가니 집안이 안정되고 편안해짐을 표현

함자례 : 錠, 碇, 淀, 綻

廷 조정 정	『조정, 관아, 뜰 등』의 뜻을 가진다.

	갑골문		금		문		소전

지대(址臺)를 높여 비스듬히 조성한 섬돌과 정청(正廳)이 있는 뜰을 ♢ 꼿꼿한 자세로 사람들이 다니며 ⸯ 집무를 보는 곳이 조정임을 표현

함자례(含字例) : 庭, 挺, 艇, 珽, 霆, 涏, 鋌, 梃, 綎

鄭 나라 정	『나라 이름, 성씨』의 뜻을 가진다.

갑골문	금 문	소 전

(甲) 새로운 건물을 짓도록 정한 터 위에 ─ 술을 뿌리고 지신(地神)과 조상신께 제사를 지내어 酉 새집이 완성된 후의 안정과 행복을 기원함을 표현(= 奠)

(金·篆) 제후국으로 봉지를 받아 새로운 성읍을 ⎡ 건설하며 지신과 선조님께 술을 올려 奠 제사를 지냄을 표현

※ 鄭나라는 주(周)나라 선왕(宣王)의 아우 우(友: 桓公)를 시조로 하여 지금의 중국 섬서성과 하남성 일원에 세운 나라이다.

함자례 : 擲

靜 고요할 정	『고요하다, 깨끗하다, 쉬다』의 뜻을 가진다.

금 문	소 전

사람이 있는 힘을 다해 다투는 것처럼 ⚎ 우물 안에 靑 쌓인 오염 침전물을 휘저어 말끔히 퍼내고 나면 물이 맑아짐과 동시에 고요해짐을 표현

함자례 : 瀞

齊 가지런 할 제	『가지런하다, 단정하다, 다스리다 등』의 뜻을 가진다.

갑골문	금 문	소 전

곡물(밀·보리 등)의 이삭들이 한꺼번에 가지런히 패어있는 ⋔ 모양을 표현

함자례 : 齋, 齎, 濟, 劑, 霽, 臍, 蹄, 薺, 隮, 藉, 噴, 懠, 蠐

制 절제할 제	『절제하다, 억제하다, 마름질하다, 짓다, 만들다, 법도 등』의 뜻을 가진다.

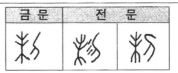

금 문	전 문

(金) 나무가 ✻ 아무렇게나 자라지 못하도록 전지 가위로 ✄ 가지를 잘라 ∨ 일정 수형(樹形)을 유지하게끔 절제 또는 마름질을 함을 표현

(인) 소의 ♯ 가죽을 ⫟ 가위로 ⫰ 잘라 마름질하여 갑옷을 만듦을 표현

함자례(含字例) : 製, 掣

弟 아우 제	『아우, 제자, 순서, 차례, 공경하다, 공손하다』의 뜻을 가진다.

갑골문	금 문	소 전

손잡이 부분의 쥐는 힘을 높여 주기 위해 창(戈/戟)의 자루를 ↓ 질기고 부드러운 줄로 위에서 아래로 차례차례 감아 ∂ 주는 것을 표현

이 줄을 위쪽에서 아래로 감는 데서 아래인 '아우'의 뜻과 함께, 차례차례 순서대로 감아주는 데서 '차례'란 뜻이 생겨났으며, 그리고 아우는 형을 공경하기 때문에 '공손'함의 뜻을 아울러 가진다고 한다.

(원뜻) 차례 제 → (바뀐 뜻) 아우 제 → (대체자로) 第 차례 제

함자례 : 梯, 悌, 稊, 鵜, 娣, 涕, 剃

諸 모두 제	『모두, 모든, 여러, 말을 하다, ~에, ~에서 등』의 뜻을 가진다.

소 전

어떤 문제에 대해 구성원인 모든 사람이 ⁑ 참여하여 자유롭게 질문하고 토론하는 ⁂ 것을 표현

함자례 : 儲, 藷

除 덜 제	『덜다, 면제하다, 버리다, 제외하다, 나누다 등』의 뜻을 가진다.

소 전

사람이 지팡이를 ⳾ 짚고 언덕을 ⫝ 올라가니 쉽게 올라갈 수 있어 힘을 덜게 됨을 표현

함자례 : 篨

祭 제사 제	『제사, 제사를 지내다, 사귀다 등』의 뜻을 가진다.

	갑 골 문			금 문	소 전

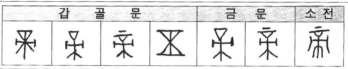

(甲) 소와 양 등의 희생물을 잡아 피가 떨어지는 신선한 고기를 조상신께 바치는 의식으로 제사를 표현
(篆) 제사상에 손으로 고기를 차려놓고 조상신께 공경을 다해 제사를 지냄을 표현

함자례(含字例) : 際, 察, 蔡

帝 임금 제	『임금, 천자 등』의 뜻을 가진다.

하늘에 제사를 지낼 때 제수를 올려놓는 제상(祭床)의 모양을 표현
　하늘에 제사를 지내는 일은 천자가 행한 것이 연원이 되어 '임금'의 뜻을 갖는다고 한다.

함자례 : 啻, 蹄, 啼, 諦, 締, 遆, 禘, 揥, 蒂

爪 손톱 조	『손톱, 긁다, 움켜잡다 등』의 뜻을 가진다.

움켜쥔 손이 아래쪽으로 향한 모양으로 손으로 물체를 잡는 것을 표현 (= 叉)
　뜻이 파생되어 손·발가락의 손발톱과 동물 발가락의 날카롭고 구부러진 발톱으로 그 의미가 확대되었다.
다른 자와 결합시 '손, 쥐다, 가지다, 긁다 등'의 뜻을 가진다.

함자례 : 抓, 爬

鳥 새 조	『새 등』의 뜻을 가진다.

새가 앉아 있는 것을 옆에서 본 모양을 표현

함자례 : 㫰, 鴲, 鵑, 鵰, 鷄, 鴰, 鶴, 鶤, 鳩, 鷗, 嶋, 鷥, 驚, 鳴, 鶩, 鷦, 鵨, 鳳, 鳧, 鵬, 鶉, 鷹, 鴉, 鵝, 鴈, 鴨, 蔦, 鴌, 驪, 鴦, 鳩, 鵲, 鳶, 鴼, 鷹, 鵲, 鵜, 蔦, 鴿, 鷟, 雛, 鷲, 鴟, 鶴 ......

條 가지 조	『가지, 조목, 조리, 법규 등』의 뜻을 가진다.			
		갑골문	금문	소전
		🜲	🜲	-	🜲

(甲) 깊이 파인 도랑에 가지가 달린 통나무로 ╎ 다리를 놓아 그 위를 걸어서 ⋀ 건너감을 표현
　　통나무 가지를 이치와 조리에 맞게 밟고 지나가야 하는 데서 '가지, 조리' 등으로 뜻이 생겨났다고 한다.
(인) 스승이 제자에게 ⟋ 진땀이 날 정도로 ╎ 학문을 가르치면서 ╌ 나무에 ✗ 난 가지처럼 잘못인 점을
　　조목조목 말하여 일깨워줌을 표현

함자례(含字例) : 篠, 鰷, 蓧, 滌

兆 조짐 조	『조짐, 조, 점괘, 점치다 등』의 뜻을 가진다.				
		갑골문	금문	전	문
		⋀ 🜲	-	🜲	🜲

거북의 등껍질(龜甲)이나 짐승의 뼈(獸骨)로 점을 치기 위해 불에 구울 때 터져 갈라지는 🜲 잔금의 모양을 표현
　그 잔금의 갈라진 모양을 보고 미래의 일에 대해 점을 쳤기 때문에 '조짐'의 뜻이 생겼고, 그 금이 헤아릴
　수 없을 정도로 많은 데서 엄청 많은 수(數)인 '조'의 의미를 가진다.

함자례 : 桃, 挑, 跳, 逃, 咷, 洮, 鼗, 靴, 恌, 姚, 朓, 窕, 晁, 佻, 旐

弔 조상할 조 이를 적	『조상하다, 조문하다, 위로하다, 이르다, 다다르다 등』의 뜻을 가진다.			
		갑골문	금문	소전
		🜲	🜲	🜲	🜲

사람이 ⟋ 목숨을 다하여 죽음에 이르면 염포(殮布: 가늘고 긴 천)로 시신을 묶어 🜲 염습을 하게 되고 그런 다음
죽은 이를 조상하기 위하여 조문객 이르고 상주를 위로하게 됨을 표현(= 吊)

함자례 : 銱

早 이를 조	『이르다, 일찍, 이른 아침 등』의 뜻을 가진다.			
		갑골문	금문	소전
		🜲	🜲	🜲

초원 🜲 위로 해가 ⬭ 갓 떠오르는 때이니 그때가 하루 중에 이른 아침임을 표현

함자례 : 草

曹 무리 조	『무리, 짝, 관청, 조나라, 소송의 당사자 등』의 뜻을 가진다.

	갑 골 문		금 문	전 문	
	𣜩	𣜩	𣜩	𣜩	𣜩

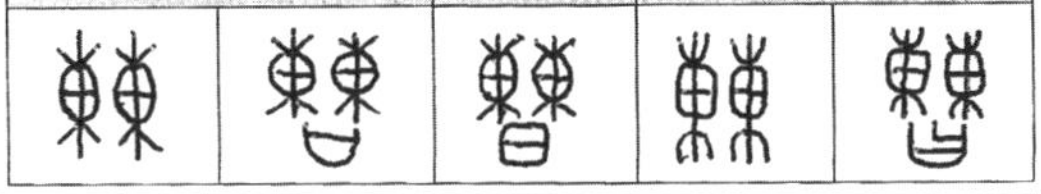

행낭을 가지고 여행을 하다 두 사람 이상이 𣜩 우연히 만나 인사를 나누고 ㅂ 짝 또는 무리를 이룸을 표현
두 무리로 𣜩 짝을 이룬 사람들이 행한 일을 두고 서로 자기 행위가 옳다고 주장을 ㅂ 하여 관아에 시비를
가리는 소송을 제기함으로써 니 편 내 편의 '당사자'가 되는 뜻도 가지고 있다.

함자례(含字例) : 遭, 槽, 糟, 漕, 螬

朝 아침 조	『아침, 조정, 정사, 정사를 펴다 등』의 뜻을 가진다.

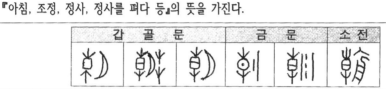

	갑 골 문			금 문		소 전
	𣇉	𣇉	𣇉	𣇉	𣇉	𣇉

날을 밝히는 해는 �日 아직 풀숲에서 𣇉 뜨지를 않았고, 하현(下弦)의 새벽달은) 그때까지 서쪽 하늘가에 남아
있는 때로 이른 아침임을 표현

함자례 : 廟, 潮, 嘲

蚤 벼룩 조	『벼룩』의 뜻을 가진다.

갑골문	금 문	전 문	
𢁕	-	𧑓	𧑓

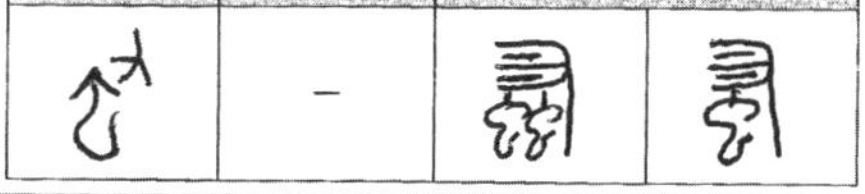

물리면 그 부위가 몹시 가려워지는 흡혈 기생충으로 𢁕 통통 튀는 힘이 있어 손으로 때려서 잡는 𣎜 벌레
인 벼룩을 표현

함자례 : 騷, 搔, 瘙, 慅

刁 조두 조	『조두, 바라』의 뜻을 가진다.

소 전
𠃌

구리로 만든 냄비와 𠃌 유사하게 생긴 한 말들이 그릇인 조두를 표현

함자례 : 艻

皁 하인 조	『하인, 검다, 쥐엄나무 등』의 뜻을 가진다.

	해서(楷書)
	草　皁

(楷) 빨래를 할 때 又→十 검은 열매껍질 속에 든 하얀 알갱이를 ++ 이용해서 얼룩을 지우고 세탁물을 깨끗하게 白 할 수 있는 쥐엄나무를 표현
　　빨래와 같은 험한 일을 하는 사람은 주로 하인들이었으므로 그 뜻이 '하인'으로 파생된 것으로 추정된다.(= 皀)
(印) 주인에게 모든 사실을 十 아뢰는 白 사람이 하인임을 표현

함자례(含字例) : 啤

罩 어리 조	『어리, 새장』의 뜻을 가진다.

	소 전
	罩

새를 🐦 기르는 새장으로 그물망처럼 얽어 만든 ⊠ 어리를 표현(= 罩)

함자례 : 羅

喿 울 조 울 소	『울다, 떠들썩하다 등』의 뜻을 가진다.

금 문	소 전
喿	喿

나무 ✻ 위에 많은 새들이 🐦 모여 조잘조잘 시끄럽게 울고 있음을 표현

함자례 : 操, 燥, 躁, 繰, 懆, 璪, 澡

澡 씻을 조	『씻다, 빨다, 깨끗이 하다 등』의 뜻을 가진다.

	소 전
	澡

나무 ✻ 위에 앉아 있는 새들이 🐦 비를 🌧 맞아 몸의 먼지와 티끌이 깨끗이 씻겨진 모습을 표현

함자례 : 藻

造	『짓다, 만들다, 이루다, 성취하다, 조작하다 등』의 뜻을 가진다.
지을 조	<table><tr><td colspan="4">금 문</td><td colspan="2">전 문</td></tr><tr><td colspan="6">(금문/전문 자형)</td></tr></table>

(金) 집을 짓고 ⌂ 배를 건조할 때 舟 아무 탈 없이 일이 순조롭게 진전되기를 신에게 기도하여 고한 告 후에 기물을 짓고 만드는 것을 표현

(인) 소가 牛 쟁기를 끌고 '음매'하며 울면서 口 지나가니 辶 밭에 이랑이 만들어짐을 표현

함자례(含字例) : 慥

助	『돕다, 거들다, 이롭다, 도움 등』의 뜻을 가진다.
도울 조	<table><tr><td>금문</td><td>소전</td></tr><tr><td colspan="2">(자형)</td></tr></table>

조상신께 제사를 지낼 때 제물을 且 장만하여 올리는 일에 여러 사람들이 와서 힘을 모아 力 도움을 표현

함자례 : 鋤, 勗, 筯

祖	『조상, 할아버지, 선조 등』의 뜻을 가진다.
조상 조	<table><tr><td colspan="3">갑 골 문</td><td colspan="2">금 문</td><td>소 전</td></tr><tr><td colspan="6">(자형)</td></tr></table>

조상이신 할아버지 신께 제사를 示 지낼 때 제물을 거듭거듭 쌓아서 且 정성을 다하여 모심을 표현

함자례 : 葅

足	『발, 그치다, 가다, 족하다, 넉넉하다, 채우다 등』의 뜻을 가진다.
발 족	<table><tr><td>갑골문</td><td>금문</td><td>소전</td></tr><tr><td colspan="3">(자형)</td></tr></table>

정복 전쟁에서 승리하고 성읍(城邑)을 口 향해 발로 걸어서 止 돌아옴을 표현
　정복 전쟁에서 이김으로써 싸움을 '그침'은 물론 그 결과에 '만족함'과 동시 전리품으로 '넉넉함'의 뜻을 함께 갖고 있으며, 다른 자와 결합시는 '움직이는 동작'의 의미를 나타낸다.

함자례 : 距, 踺, 跨, 踩, 踏, 跆, 跳, 跋, 路, 躍, 踊, 踰, 蹂, 跡, 蹟, 躁, 踪, 跌, 蹉, 捉, 齪, 踐, 促, 齪......

族 겨레 족	『겨레, 친족, 무리 등』의 뜻을 가진다.			
		갑골문	금문	소전

한 깃발 ✐ 아래에 모여 함께 사냥하고 적과 싸우는 🏹 같은 종족으로 ㅂ 이루어진 무리로 겨레를 표현

함자례(含字例) : 簇, 嗾, 鏃

尊 높을 존	『높다, 공경하다, 높이다, 중히 여기다, 어른, 술그릇 등』의 뜻을 가진다.				
		갑골문	금 문		소 전

향긋하게 잘 익어 맛이 일품인 술을 🍶 윗사람께 두 손으로 🙌 공손히 받들어 바치면서 높이 공경함을 표현
(원뜻) 술통 준 → (바뀐 뜻) 높을 존 → (대체자로) 樽 술통 준

함자례 : 遵, 樽, 蹲, 噂, 鱒

存 있을 존	『있다, 존재하다, 살아 있다, 보존하다 등』의 뜻을 가진다.		
		금 문	소 전

땅에서 초목이 새로이 자라나는 것처럼 🌱 집안에 대를 이어갈 아이가 ♀ 태어나 존재하고 있음을 표현
※ '存'은 대를 이어간다는 시간적 의미를 강조하고, '在'는 땅에 정착하여 있다는 공간적 의미를 강조한다.

함자례 : 荐

卒 군사 졸	『군사, 병졸, 마치다, 죽다, 끝내다, 갑자기, 마침내 등』의 뜻을 가진다.			
		갑골문	금문	소전

X자 문양이 새겨진 ※ 옷을 입고 있는 🥋 하급 군사로 병졸을 표현
 이 병졸들이 전쟁을 하다 죽게 되어 마침내 목숨을 마치게 되니 '마치다, 끝내다'의 뜻도 가지고 있다.

함자례 : 碎, 晬, 粹, 猝, 崒, 唪, 萃, 悴, 膵, 瘁, 醉, 翠

344

宗
마루 **종**

『마루, 으뜸, 제사, 조상, 사당, 제사하다 등』의 뜻을 가진다.

갑골문			금문	소전

한 문중의 조상신을 모시는 제단을 갖춘 집으로 사당을 표현
이러한 사당은 집안의 모든 일을 가장 먼저 고하는 곳으로 후손들이 매우 높이 모셨기 때문에 으뜸인 '마루'라는 뜻을 가진다.
※ 마루 : 여러 사물의 첫째, 어떤 일의 근원, 근본을 말한다.

함자례(含字例) : 崇, 綜, 踪, 琮, 淙, 悰, 棕, 倧

㚇
오므릴 **종**

『오므리다, 말굴레』의 뜻을 가진다.

소전
–

1) 가슴에 문신을 한 흉악한 사람이 가까이 다가오니 마음이 오므라들어 위축된 상태임을 표현
2) 말의 머리에 씌운 굴레의 모양을 표현 - 말굴레 종

함자례 : 椶, 鬷

從
좇을 **종**

『좇다, 따르다, 나아가다, 모시다, 일하다, 방종하다 등』의 뜻을 가진다.

갑골문	금문	소전
		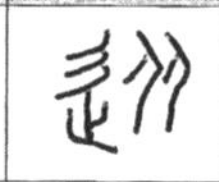

길거리에서 앞사람을 뒷사람이 따라 좇아감을 표현

함자례 : 聳, 縱, 慫, 蹤, 樅, 豵, 瑽

終
마칠 **종**

『마치다, 끝내다, 죽다, 다하다, 끝, 마지막, 마침내 등』의 뜻을 가진다.

갑골문	금문	전문	
	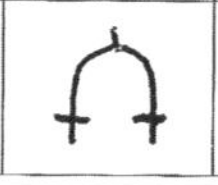		

새끼에 매듭을 지어 사실을 기록하는 일이 한 해의 끝인 얼음이 어는 겨울이 되면 1년이란 기간의 주기를 마침을 표현

함자례 : 蔠

坐 앉을 **좌**	『앉다, 무릎을 꿇다, 자리 등』의 뜻을 가진다. 전 문 坐 坐

땅 위에 土 두 사람이 人人 마주하여 앉아 있는 모습을 표현

함자례(含字例) : 座, 挫, 脞

左 왼쪽 **좌**	『왼쪽, 곁, 돕다 등』의 뜻을 가진다. 갑골문 금 문 소전 ナ 左 左 左

(甲) 정면을 남쪽으로 향할 때 몸의 동쪽에 위치하는 손으로 ナ 오른손과 마주보는 왼손을 표현
(金) 장인이 늘 쓰는 공구로 규구(規矩) 등은 工 주로 왼손으로 ナ 잡고 일을 하거나 돕는 동작을 하는 데서
   의미를 두어 왼쪽으로 표현

함자례 : 佐

罪 허물 **죄**	『허물, 죄, 잘못, 죄인, 재앙, 죄를 주다 등』의 뜻을 가진다. 소 전 罪

어긋나게 그릇된 非 행위를 한 사람을 법망으로 罒 잡아들여 허물인 죄를 범함을 표현
 ※ 훈이 같은 자로 '辠(죄 : 허물 죄)'는 코를 베는 형벌이다.

함자례 : 嶵

走 달릴 **주**	『달리다, 걷다, 달아나다, 나아가다, 가다, 떠나가다 등』의 뜻을 가진다. 금 문 소전 走 走 走

사람이 발로 땅을 박참과 동시에 두 팔을 힘차게 흔들며 走 달려가는 모양을 표현

함자례 : 赳, 起, 徒, 赴, 越, 趯, 趙, 超, 趣, 趣

丶 점 주	『점, 심지 등』의 뜻을 가진다.

	소 전
	丶

지사자(指事字)로 한 획의 점을 찍은 것을 표현
다른 자와 결합시 1)심지(예: 主)와 2)끈·줄(예: 犬, 玉, 弋, 甫) 3)어떤 사물의 특정부분(예: 求, 刃, 凡, 兔), 4)같은 자가
하나 더 있다(예: 灻=犬犬)는 등의 뜻을 가진다.

함자례(含字例) : 主

主 주인 주	『주인, 임금, 우두머리 등』의 뜻을 가진다.

갑 골 문			금 문		소 전
燊	㞢	㞢	㞢	宔	㞢

등잔대 위의 ᅩ 켜놓은 심지 불꽃을 ˚ 표현
　이 불꽃은 핵심의 의미를 가져서 집의 주인이나 나라의 우두머리인 임금 또는 일의 중심의 뜻을 가진다.
　※ 한편, 네모난 구멍을 뚫고 ◇ 기둥을 ∦ 끼운 형상으로 대들보를 받치는 '중심 기둥'이라 보는 설도 있다.

함자례 : 注, 往, 住, 柱, 註, 駐, 炷, 姓

注 부을 주	『붓다, 물을 대다, 흐르다, 주를 달다 등』의 뜻을 가진다.

금 문	소 전
㳷	㳷

등잔에 ᅩ 기름을 ∦ 채우듯이 용기(容器)에 물과 같은 액체를 부어서 넣음을 표현

함자례 : 霆

舟 배 주	『배, 싣다 등』의 뜻을 가진다.

갑골문	금	문	소 전
月	月	月	月

여러 개의 목재를 덧대어 길게 네모진 모양으로 ◁ 만든 거룻배를 표현
　다른 자와 결합시 배처럼 물건을 담아 옮기는 넓은 '쟁반, 소반'을 뜻할 때도 있다.

함자례 : 舡, 舶, 般, 盤, 舫, 艀, 船, 艘, 艅, 艤, 艇, 俞, 輈, 艙, 舵, 航, 舷

347

周 두루 주	『두루, 골고루, 널리, 둘레, 주나라, 돌다, 두루 미치다 등』의 뜻을 가진다.

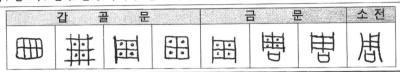

일정 영역의 영토 안에서 종횡으로 구획 분할한 땅을 ▦ 다소 독립적인 지위를 가진 제후들에게 봉지(封地)로 나누어 주어 전권(全權)으로 다스리게 한 ㅂ 제도를 표현

혈연관계에 있는 이들 제후들에게는 왕실을 종가로 받들며 공납과 군역 의무를 부담하게 하였으니 왕인 천자의 지배력이 제후국에 '두루, 널리' 미쳤음을 나타낸 것이다.

함자례(含字例) : 調, 彫, 淍, 雕, 稠, 蜩, 週, 綢, 裯, 倜

奏 아뢸 주	『아뢰다, 여쭈다, 바치다, 연주하다 등』의 뜻을 가진다.

제관이 읍(揖)하고 두 손으로 🖐 진귀한 농작물을 🌿 제물로 받들어 신에게 바치면서 연유를 아뢰는 모습을 표현

제물을 바칠 때 엄숙한 분위기 속에서 관악기와 🎵 타악기로 🎵 음악을 연주함에서 '연주하다'의 뜻도 가진다.

함자례 : 湊, 輳

朱 붉을 주	『붉다, 연지, 적토 등』의 뜻을 가진다.

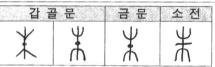

나무둥치를 ※ 연장(톱)으로 자르면 • 잘린 면에서 보이는 목심의 색깔이 붉음을 표현

다른 자와 결합시 '자르다(베다)'와 '붉다'의 뜻을 가진다.

함자례 : 殊, 洙, 銖, 茱, 珠, 株, 誅, 姝, 侏, 蛛, 邾, 味

州 고을 주	『고을, 마을, 섬, 나라 등』의 뜻을 가진다.

갑골문	금문	소전
〳〴〵	〳◦〵	〱〱〱

강물이 흘러가면서 〳〴〵 하류 지역에 퇴적물이 쌓여 형성된 섬을 ◦ 표현

이 섬은 하안(河岸)에 있는 땅과는 떨어져 독립된 실체로 있는 것처럼, 영토를 인위적으로 획정한 뒤 섬과 같이 일단의 행정구역으로서 상대적인 독립성이 갖추어진 '고을'을 의미하는 뜻으로 바뀌었다.

(원뜻) 섬 주 → (바뀐 뜻) 고을 주 → (대체자로) 洲 섬 주

함자례 : 酬, 洲

壴 악기이 름 주	『악기의 이름』의 뜻을 가진다.

	갑 골 문				금 문	소 전

화려한 장식이 있는 ⍦ 북(악기)을 받침대 위에 세워놓은 ⍦ 모양을 표현

함자례(含字例) : 嘉, 鼓, 尌, 彭, 喜

尌 하인 주 세울 수	『하인, 종, 세우다』의 뜻을 가진다.

	소 전

화분에 ⍦ 나무나 풀의 당체(當體)가 되는 어린 모종을 ⍦ 심어 가꾸는 일을 하는 ⍕ 사람이 하인임을 표현
화분에 나무를 심어 관리하는 일련의 동작은 묘목의 최종 성장의 결과를 추구해서 세워진 목표를 향해
간다는 데서 '세운다'는 뜻을 가지기도 한다. - 세울 수

함자례 : 樹, 廚, 澍

廚 부엌 주	『부엌, 주방 등』의 뜻을 가진다.

	전 문		

1) 반개방형 건물 안에 ⍦ 여러 층의 선반(살강)을 세워 그릇 등을 분류 보관하는 ⍦ 조리 전용실로 ⍧ 부엌을 표현
2) 연기가 잘 빠져나가게 반개방형 구조로 된 집안에서 ⍦ 하인들이 ⍦ 음식을 요리하는 곳이 부엌임을 표현

함자례 : 幮

冑 투구 주	『투구』의 뜻을 가진다.

	갑골문	금 문	전 문	

머리에 쓰는 투구를 ⍦ 눈썹까지 눌러 쓴 ⍦ 모양을 표현

함자례 : 䯱

胄	『자손, 핏줄, 혈통 등』의 뜻을 가진다.
자손 **주**	소 전 胄

신체의 몸을 ◈ 연유로 해서 ◈ 그 핏줄이 무한히 이어지는 생명체로 자손을 표현

함자례(含字例) : 稕

竹	『대, 죽간, 대쪽 등』의 뜻을 가진다.
대 **죽**	

갑골문	금문	전 문		
𣏟	𣏟	𣏟	𣏟	𣏟

한 쌍의 대나무 잎으로 대를 표현

다른 자와 결합시 '책, 죽간, 장부 등'의 뜻을 가진다.

함자례 : 竿, 簡, 箇, 箱, 管, 筐, 簋, 簀, 筠, 菌, 筋, 箕, 筆, 答, 篤, 等, 籃, 簾, 籠, 籬, 笠, 笒, 箔, 筏,
簟, 符, 簿, 篚, 篩, 簑, 算, 笙, 笑, 簫, 篠, 筍, 箴, 籍, 籛, 篆, 箭, 筌, 笛, 節, 第, 纂, 簒 .....

粥	『죽, 죽을 먹다』의 뜻을 가진다.
죽 **죽** 팔 **육**	

금문	소전
鬻	鬻

쌀을 ⺬ 세발 냄비 솥에 ⺬ 넣고 가열(加熱)하여 죽을 끓일 때 김이 나는 모양을 표현

　김이 나는 모양(ℓ→ 弜)을 나타내어 죽을 끓일 때 나는 솥의 열기를 강조했고, 소전에 '鬻'이였던 자형이

예서에 와서는 '粥'으로 간략화되었다.

함자례 : 鬻

夋	『천천히 걷는 모양, 걷다』의 뜻을 가진다.
천천히 걷 는 모양 **준**	

금문	소전
夋	夋

훤칠한 높은 키에 다리가 길며 당차고 늠름하게 생긴 사람이 ◈ 기품있게 천천히 걷는 ◈ 모양을 표현

다른 자와 결합시 '높고 우뚝하다, 빼어나다 등'의 뜻을 가진다.

함자례 : 唆, 梭, 酸, 悛, 俊, 竣, 駿, 埈, 浚, 峻, 晙, 皴, 逡, 狻

俊 준걸 준	『준걸, 뛰어나다, 좋다, 높다 등』의 뜻을 가진다.
	소 전
	『역영 이미지』

우뚝한 키에 훤칠하게 잘생긴 모습으로 늠름하게 걸어가는 재주와 슬기가 뛰어난 사람으로 준걸을 표현

함자례(含字例) : 餕

隼 송골매 준	『송골매』의 뜻을 가진다.
	소 전
	『역영 이미지』

새를 사냥하기 위해 길들어진 새로 사냥꾼의 손 위에 앉아 있는 + 송골매를 표현

함자례 : 準

雋 영특할 준 새 살찔 전	『영특하다, 뛰어나다, 살찐 고기, 새가 살찌다 등』의 뜻을 가진다.
	전 문
	『역영 이미지』

활을 쏘아 새 사냥을 잘하는 영특하고 뛰어난 사람을 표현
  영특한 사냥꾼이 활을 쏘아 잡은 새가 살이 많이 찐 상태임을 나타내었다. - 새 살찔 전

함자례 : 鐫, 僬, 寯

中 가운데 중	『가운데, 안, 마음, 중심, 중도, 맞다, 적중하다 등』의 뜻을 가진다.
	갑 골 문				금 문		소 전

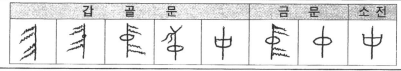

(甲) 방책으로 둘러친 군영(軍營) 안의 한가운데에 세워 놓은 깃대에 펄럭이는 깃발을 표현
(篆) 물체의 한가운데를 막대로 꿰뚫어 놓은 모양을 표현

함자례 : 仲, 忠, 衷, 沖

重 무거울 중	『무겁다, 소중하다, 거듭하다, 거듭, 중복, 짐, 중량 등』의 뜻을 가진다.		

갑골문	금 문	소전

소중한 물건이 든 무거운 짐보따리를 ⚹ 등에 멘 사람이 ⼈ 길을 가고 있는 것으로 무거움을 표현

　수확철에 들판에서 집으로 거두어들이는 곡물은 등짐으로 똑같은 길을 거듭해서 오가며 져 옮기는 데서 '중복, 거듭'의 의미가 생겨난 것으로 추정한다.

함자례(含字例) : 動, 董, 種, 鍾, 踵, 腫, 薰, 衝, 睡

卽 곧 즉	『곧, 이제, 혹은, 가까이하다 등』의 뜻을 가진다.		

갑 골 문	금문	소전

사람이 무릎을 꿇고 앉아 ⺀ 밥그릇에 담긴 김이 모락모락 나는 향기로운 하얀 쌀밥을 ⾎ 가까이해서 막(곧) 먹으려고 하는 참임을 표현

함자례 : 喞

烝 김오를 증	『김이 오르다, 찌다 등』의 뜻을 가진다.	

금　　　문	소전

솥에 ⾖ 쌀을 ⾇ 앉혀 물을 붓고 불을 때어서 ⽕ 끓이니 김이 오름을 표현

함자례 : 蒸

曾 일찍 증	『일찍, 겹치다, 더하다, 거듭, 포개다 등』의 뜻을 가진다.		

갑골문	금 문	소전

물을 부은 솥 위에 시루를 올려 ⊕ 음식을 층층이 겹치게 앉혀서 불을 때어 찌니 김이 올라가는 ⼉ 모양을 표현

　시루에 쪄서 만든 음식으로 공양을 드리기 위해 아침 일찍 만드는 데서 '일찍'의 뜻이 생겨났다고 한다.

　(원뜻) 시루 증 → (바뀐 뜻) 일찍 증 → (대체자로) 甑 시루 증

함자례 : 僧, 增, 憎, 贈, 甑, 繒, 璔, 層

之

갈 지

『가다, 쓰다, 이르다, 어조사 등』의 뜻을 가진다.

갑 골 문		금 문	소 전

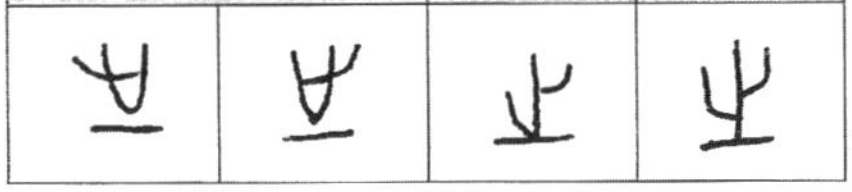

땅 위로 ─ 발걸음을 내딛는 모양을 표현

땅 위를 밟으며 어디론가 간다는 뜻을 나타내었다.

함자례(含字例) : 芝, 乏

旨

뜻 지

『뜻, 맛, 조서, 맛있는 음식, 맛이 있다 등』의 뜻을 가진다.

갑골문	금 문	소 전

숟가락으로 음식을 떠서 입 안에 넣고 맛보는 것을 표현

맛볼만한 음식을 입 안에 넣고 맛보듯 다른 사람이 쓴 글을 읽거나 말을 들어보고서 그 뜻을 깊이 음미하여 이해하게 되는 데에서 '뜻'과 '조서(=성지: 聖旨)'로까지 그 의미가 파생되었다고 한다.

함자례 : 嘗, 詣, 指, 脂

支

지탱할 지

『지탱하다, 갈리다, 유지하다, 가지, 괴다 등』의 뜻을 가진다.

전 문	

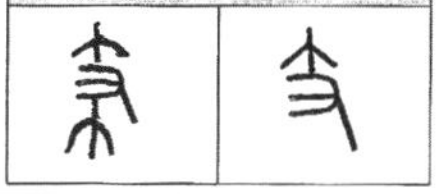

가지가 있는 나무지팡이를 손으로 잡고서 몸을 지탱하고 있는 모양을 표현

다른 자와 결합시 '가지, 갈래, 갈라지다'의 뜻을 가진다.

함자례 : 鼓, 頍, 技, 岐, 妓, 跂, 歧, 忮, 伎, 翅, 枝, 肢

止

그칠 지

『그치다, 그만두다, 멈추다, 억제하다, 머무르다, 없애다 등』의 뜻을 가진다.

갑 골 문		금 문	소 전

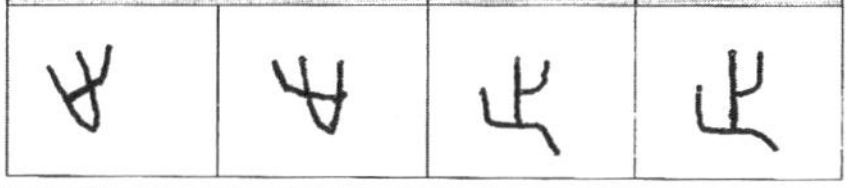

발로 땅을 딛고 서 있는 모양을 표현

다른 자와 결합시 '발, 멈추다, 그치다, 걸어가다'의 의미를 가진다.

함자례 : 肯, 歧, 歷, 武, 步, 歲, 此, 祉, 址, 趾, 沚, 芷

至 이를 **지** 덜렁대는 모양 **질**	『이르다, 미치다, 지극하다, 덜렁대는 모양 등』의 뜻을 가진다.

	갑골문	금 문		전 문	
	(그림)	(그림)	(그림)	(그림)	(그림)

1) 화살이 ∲ 목표물에 ▬ 떨어져 꽂혀 있는 모양으로 이른 것을 표현

   목표물에 꽂힌 화살이 진동에 의해 '덜렁대는 모양'을 뜻하기도 한다.

2) 사람이 집으로 돌아와 바닥에 ▬ 드러누워 다리를 꼬고 ∲ 쉬고 있는 것을 표현

   '至'의 갑골문을 보면 '夨'의 거꾸로 된 자형에서 '누워 있는 사람'으로 보고 풀이한 내용이다.

함자례(含字例) : 臺, 到, 室, 屋, 臻, 姪, 窒, 輊, 桎, 侄, 蛭, 盩, 垤, 絰, 銍, 挃, 致, 咥

只 다만 **지** 외짝 **척**	『다만, 뿐, 겨우, 오직, 외짝, 하나, 척 등』의 뜻을 가진다.

	소 전
	(그림)

어쩔 수 없이 자신도 모르게 탄식이 ㅂ 나오는 八 것을 표현

   어쩔 수 없이 다만 탄식을 할 뿐임에서 '다만'이란 뜻 등으로 파생되었고, 현재 '외짝, 하나'로의 같은 뜻을
   가진 '只'와 '隻(척)'은 본래는 전혀 다른 개념으로 '只'는 탄식을, '隻'은 개별적인 수량을 나타낸다고 한다.

함자례 : 枳, 咫

志 뜻 **지**	『뜻, 마음, 본심, 기록, 기록하다 등』의 뜻을 가진다.

	전 문	
	(그림)	(그림)

(金) 무슨 일을 하려 할 때 이미 마음이 ⟳ 가서 ⟱ 정해진 것이 뜻임을 표현

(인) 사람의 ⊥ 마음속에 心 있는 뜻을 나타낸 것으로, 사람이 추구하는 바가 바로 뜻이 됨을 표현

함자례 : 誌, 鋕

知 알 **지**	『알다, 알리다, 나타나다, 주관하다, 지식, 앎 등』의 뜻을 가진다.

	갑골문	금 문	소 전
	(그림)	(그림)	(그림)

옛날에는 무기를 쓰고 干 활을 당겨서 쏘는 것은 ↑ 성년자의 기본상식이고 중요한 경험이 되었으므로
   사냥과 전투의 경험을 통하여 알게 된 지식을 말로써 ㅂ 전수시켜 줌을 표현

함자례 : 智, 蜘, 踟, 痴

354

遲 더딜 지	『더디다, 늦다, 느리다 등』의 뜻을 가진다.
	소 전 （소전 자형）
무소가 （그림） 느린 걸음으로 걸어가는 것으로 （그림） 더딤을 표현	
함자례(含字例) : 穉	

辰 다스릴 **직** 무두질할 **년**	『다스리다, 무두질하다』의 뜻을 가진다.
	소 전 （소전 자형）
손으로 （그림） 몸을 （그림） 주물리듯 대상물을 매만지고 다스려서 부드럽게 만듦을 표현	
함자례 : 報	

直 곧을 직	『곧다, 바르다, 부정이 없다 등』의 뜻을 가진다.

갑골문	금 문	소 전
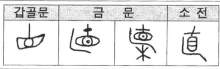		

(甲) 눈의 （그림） 시선을 대상 초점에 집중시키고 　정면으로 곧게 바라봄을 표현

(篆) 시선을 （그림） 초점에 집중시켜 반복해 보면서 ＋ 굽은 것을 버리고 바른 것을 찾아 └ 곧게 봄을 표현

함자례 : 悳, 殖, 埴, 稙, 矗, 置, 値

辰 별 **진** 때 **신**	『별, 때, 새벽 등』의 뜻을 가진다.

갑 골 문	금 문	소 전

하늘의 별자리를 집안에 새겨 기록해 둔 것을 보고 조개껍데기로 만든 농구기를 들고 （그림） 일을 하러 감을 표현
뜻이 가차되어 '별'과 '때'와 '다섯째 지지'의 뜻을 가진다.

즉 특정시기 농사철의 별자리를 집안에 새겨 두고는 하늘에 나타난 별자리와 집안에 새겨둔 별자리를
맞추어 보고 그 모양이 일치되면 '농사철'의 주기로 파악하여 조개로 만든 농기구를 들고 들에 일을 하러
감에 따라, 그래서 그 때가 '때 신'이 된 것이고, 또 원래는 '辰'이 '조개'의 뜻이었으나 이런 관계성으로
'별'이란 뜻으로 전의되어 다섯째 지지의 '별 진'이 된 것으로 보는 설이 있다.

다른 자와 결합시 '조개'나 '재물'의 뜻을 나타내기도 한다(예: 脣, 唇, 賑).

함자례 : 農, 脣, 晨, 蜃, 宸, 娠, 辱, 振, 震, 賑, 唇, 桭

参 숱 많고 검을 진	『숲이 많고 검다, 머리털이 검고 윤기있는 모양』의 뜻을 가진다.

소 전

『숲이 많고 검다, 머리털이 검고 윤기있는 모양』의 뜻을 가진다.

사람의 몸에 가지런히 난 터럭이 검고 윤기가 남을 표현

다른 자와 결합시 '반짝이는 빛이 나다, 윤기나다, 가지런하다'의 뜻을 가진다.

함자례(含字例) : 蓼, 珍, 診, 軫, 疹, 袗, 唸, 袗, 紾

盡 다할 진	『다하다, 완수하다, 다 없어지다, 사라지다, 죽다, 모든, 전부 등』의 뜻을 가진다.

갑골문	금문	소 전

화로 속의 불씨를 부젓가락으로 휘저으면 불씨가 꺼져 다하여 없어지게 됨을 표현

함자례 : 燼, 蓋, 贐, 璶

進 나아갈 진	『나아가다, 힘쓰다, 오르다, 더하다, 선물 등』의 뜻을 가진다.

갑골문	금문	소 전

새가 날아서 갈 때에는 앞으로만 나아감을 표현

함자례 : 暹, 璡

眞 참 진	『참, 진리, 진실, 참으로, 진실하다, 참되다 등』의 뜻을 가진다.

갑골문	금 문	전 문	

신물(神物) 제기인 신성(神聖)한 청동솥 앞에서 제사를 지내며 점을 쳐 진언하는 정인(貞人)의 말은 본성 그대로 참되고 진실함을 표현

함자례 : 愼, 顚, 塡, 鎭

356

晉 나아갈 진 진나라 진	『나아가다, 사이에 끼우다, 꽂다, 억누르다, 진나라 등』의 뜻을 가진다.

	갑골문	금문	소전

1) 많은 화살을 🏹 화살통에 🗓 꽂은 모양으로 상관의 명에 의해 직위를 받고 목적지로 나아감을 표현
2) 신하들이 🏹 군주 앞에 나아가서 배알하며 칭송하니 🗓 군주가 그들을 귀히 여겨 등급을 올려줌을 표현
※ '晉'은 군주 또는 상급자가 자질을 인정해주어 등급이 오르는 것(수동)을 뜻한다고 한다.

함자례(含字例) : 搢, 戩, 縉, 瑨

秦 진나라 진	『진나라, 벼의 이름』의 뜻을 가진다.

	갑골문		금문		소전

절구 방망이를 🔨 두 손으로 잡고 🙌 곡식을 🌾🌾 탈곡하거나 찧는 모습을 표현
그 뜻이 가차되어 곡식농사가 성했던 지역의 나라로 '진나라'를 나타내었다.

함자례 : 湊, 臻, 榛, 蓁, 螓

塵 티끌 진	『티끌, 세속, 때묻다, 더럽히다 등』의 뜻을 가진다.

	갑골문		금문	전 문	
			-		

사슴🦌 떼가 달려 지나가니 티끌인 흙먼지가 ⊥ 보얗게 일어남을 표현

함자례 : 鏖

陳 베풀 진	『베풀다, 늘어놓다, 방비하다, 묵다, 방비, 진나라 등』의 뜻을 가진다.

	금 문			소전

군사적 방어를 위한 진을 치기 위해 높은 언덕 위에 ⨡ 방어벽으로 흙을 담아 만든 포대들을 ⚹ 늘어 쌓아
베풀어 놓은 것을 표현

함자례 : 敶

陣 진칠 진	『진을 치다, 무리, 싸움, 전쟁 등』의 뜻을 가진다.

<table>
<tr><td>소 전</td></tr>
<tr><td>陣</td></tr>
</table>

전쟁을 치를 때 은폐하기 좋은 언덕 지형의 $\langle$ 뒤에 부대의 대형을 $\langle$ 배치해서 진을 침을 표현

함자례(含字例) : 陳

窒 막힐 질	『막히다, 멈추다, 메이다, 가득 차다 등』의 뜻을 가진다.

동굴에 $\langle$ 들어가서 끝에 이르게 되면 $\langle$ 그 끝이 막혀 있음을 표현

함자례 : 膣

疾 병 질	『병, 질병, 아픔, 흠, 괴로움, 빨리, 앓다 등』의 뜻을 가진다.

<table>
<tr><td>갑골문</td><td>금 문</td><td>소 전</td></tr>
<tr><td>疾</td><td>疾</td><td>疾</td></tr>
</table>

화살을 $\langle$ 맞아 부상을 입은 사람이 $\langle$ 자리에 누워 병을 앓고 있음을 표현
    화살이 날아가는 것처럼 빠른 속도로 확산 전염되는 병인 '질병'의 뜻도 가지고 있다.

함자례 : 嫉, 蒺

叱 꾸짖을 질	『꾸짖다, 욕하다, 소리치다 등』의 뜻을 가진다.

<table>
<tr><td>소 전</td></tr>
<tr><td>叱</td></tr>
</table>

베어 버림에 $\langle$ 탄식하는 소리를 내며 $\langle$ 뼛속까지 분개하여 상대에 대해 책망하고 소리쳐 욕함을 표현

함자례 : 呧

戜 날카로울 질	『날카롭다』의 뜻을 가진다.

	소 전
	戜

마주 보고 작업하는 대장장이가 ⿱ 먹임소리를 내며 ⼞ 불에 달군 쇠를 두드리고 담금질하여 만든 병장기 (창검)의 날이 ⼽ 아주 날카로움을 표현(= 戜)

함자례(含字例) : 鐵, 職

質 바탕 질	『바탕, 본질, 품질, 성질, 모양, 질박하다 등』의 뜻을 가진다.

금 문		소 전
質	質	質

무력으로 위협해서 ⿰ 요인(要人)을 ⿰ 납치하여 저당 인질로 삼고 이를 바탕으로 몸값을 ⿰ 요구함을 표현
　요인을 저당잡은 것을 바탕으로 인질의 몸값을 재물로 요구한 데서 '바탕'의 뜻이 생겼고, 납치의 목적이
　재물의 요구가 본질이고, 요구의 내용도 솔직하여 소박하다는 뜻으로까지 의미가 파생된 것으로 보여진다.

함자례 : 瓆, 礩, 懫

朕 나 짐	『나, 짐, 조짐』의 뜻을 가진다.

갑골문	금 문	소 전
朕	朕	朕

(甲) 삿대질을 하여 ⿰ 배를 ⿰ 나가게 하고 가는 방향을 조정하며 배를 모는 사공이 나임을 표현
(篆) 배에 ⿰ 올라 횃불을 ⿰ 밝히고 삿대질로 ⿰ 배를 모는 사람이 나임을 표현
　사공이 한 척의 배를 모는 것처럼 천하 일국이라는 큰 배를 움직여 가는 사람이 황제인 데서 '짐'이란
　뜻과 국가 경영의 변화를 오게 하는 데서 '조짐'이란 뜻이 나왔다고 한다.

함자례 : 縢

亼 삼합 집	『삼합 : 세 가지가 어울려 딱 들어맞음』의 뜻을 가진다.

갑골문	금 문	소 전
A	-	A

세 변이 서로 만나는 A 모양을 표현
다른 자와 결합시 그릇의 뚜껑(예: 食, 合, 會) 또는 관청의 집(예: 令, 侖, 命, 倉, 僉)의 의미를 나타낸다.

함자례 : 令, 侖, 命, 僉, 合, 會

咠 소곤거 릴 집	『소곤거리다, 귓속말』의 뜻을 가진다.

소 전

咠

귀 ╡ 가까이에 입을 ╘ 모아서 나지막이 말하는 것으로 소곤거림을 표현

다른 자와 결합시 '귓속말, 모으다' 등의 뜻을 가진다.

함자례(含字例) : 揖, 葺, 楫, 輯, 緝, 戢

戢 거둘 집	『거두다, 그치다, 편안하게 하다 등』의 뜻을 가진다.

소 전

戢

윗선으로부터 받은 엄명을 귓속말로 ╡ 전하여 병기를 ╪ 거두고 하던 과업을 그치게 함을 표현

함자례 : 濈

集 모을 집	『모으다, 모이다, 편안히 하다, 가지런히 하다 등』의 뜻을 가진다.

갑골문		금 문		전 문	

나무에 ╪ 많은 새들이 ╳ 날아들어 모여 있음을 표현

함자례 : 潗, 鏶

執 잡을 집	『잡다, 가지다, 처리하다, 사귀다, 벗 등』의 뜻을 가진다.

갑골문	금 문	소 전

범죄 용의자를 붙잡아 두 손에 ╳ 수갑(족쇄)을 채워 ╒ 정식으로 구금(拘禁)한 것을 표현

함자례 : 墊, 摯, 贄, 縶, 蟄

徵 부를 징	『부르다, 징집하다, 소집하다, 징계하다, 증명하다, 조짐, 효험 등』의 뜻을 가진다.

갑골문	금 문	전 문

(甲) 긴 머리 긴 수염에 단아한 인품을 갖추고 초야에 머물러 있는 슬기로운 현인을 조정에서 중용하기 위해 왕명으로 부르니 나아감을 표현

(篆) 긴 머리 차림으로 우뚝 서 있는 장정을 거리로 불러내어 왕명으로 징집을 행하는 것을 표현 징집에 불응할 때는 반드시 벌을 주는 징계를 하여 국법의 효험을 살려 나가게 하였다.

함자례(含字例) : 懲, 澂

고대인들은 부족 또는 연맹사회에서 선구적인 문명의 업적을
이룬 이들을 수령이라 공경하여 부른다.
중국 역사에서 그렇게 불리는 수령으로는

- 炎帝(염제) : 최초로 산에 불을 질러 밭을 만드는 것을 널리 보급한 수령이고
- 黃帝(황제) : 최초로 활을 쏘아 무예를 익히는 것을 널리 보급한 수령이며
- 华(화) : 최초로 씨를 뿌려 작물을 재배하는 것을 널리 보급한 수령이고
- 夏(하) : 최초로 밭을 갈아 농사짓는 법을 널리 보급한 수령이며
- 堯(요) : 최초로 질그릇 만드는 것을 널리 보급한 이가 요임금이고
- 舜(순) : 최초로 음식을 익혀서 먹도록 제도적으로 널리 시행한 이가 순임금이며
- 鯀(곤) : 최초로 물고기 잡는 법을 널리 보급한 수령이 곤이고
- 禹(우) : 최초로 뱀처럼 굽이진 물길을 다스리는 법을 널리 편 이가 우임금이다.

10. 『 ㅊ 』부

且 또 차	『또, 우선, 장차, 공경하다, 도마 등』의 뜻을 가진다.

	갑 골 문			금 문			소 전

사당이나 신전에서 도마 위에 제물을 거듭거듭 쌓아 올려 🔺 차려 놓은 것으로 또를 표현

함자례(含字例) : 査, 宜, 沮, 詛, 狙, 咀, 姐, 苴, 麤, 疽, 雎, 砠, 罝, 助, 祖, 組, 租, 粗, 阻, 俎, 徂, 岨

差 다를 차	『다르다, 어긋나다, 견주다, 가리다, 차별, 다름 등』의 뜻을 가진다.

	금 문	소 전

같은 종류의 곡물일지라도 이삭의 🌾 크기를 손에 든 자로 재어보니 그 크기가 다 다르고 차이가 나 어긋남을 표현

함자례 : 傞, 嗟, 磋, 蹉, 嵯, 瑳, 瘥

次 버금 차	『버금, 둘째, 다음에, 차례 등』의 뜻을 가진다.

	갑 골 문	금 문	소 전

몸 상태가 좋지 않은 사람이 손을 들어 입을 가리고 재치기를 하니 침방울이 날리는 모양을 표현
재치기를 하여 침방울을 튀기는 것은 '좋지 않고, 나쁘며, 질이 낮다'는 의미를 가짐에서 으뜸이 아닌 그 다음으로 '버금'이란 뜻이 생겨났고, 나아가 '다음, 차례'의 순 등으로 그 뜻이 파생된 것이라 한다.

함자례 : 資, 姿, 恣, 咨, 瓷, 茨, 粢, 佽

此 이 차	『이, 이곳, 이것, 이에, 이와 같은』의 뜻을 가진다.

	갑 골 문	금 문	소 전

사람이 길을 가다 어떤 연유로 가지를 못하고 멈추어 있는 모습을 표현
사람들은 자기들이 현재 멈추어 있는 곳을 이곳이라 칭한 데서 '이'라는 뜻이 생겨 대명사로 쓰인다고 한다.

함자례 : 些, 柴, 紫, 雌, 疵, 訾, 貲, 泚, 玼, 佌, 觜, 呰

叉 갈래 차 비녀 채	『갈래, 가닥, 작살, 찌르다, 깍지를 끼다, 엇갈리다, 비녀 등』의 뜻을 가진다.

	갑골문		금문	전문	

알곡 또는 알갱이 더미 속으로⊟ 손가락을 뻗어 ⋎ 찔러 넣을 때 사이가 벌어지면서 갈래지는 것을 표현
찌를 때 벌어진 손가락 모양이 작살과 같은 데서 '작살'의 뜻이 생겼고, 물건을 덜어 오기 위해 양손을
교차해 깍지를 끼는 데서 '엇갈리다'의 뜻과 함께, 머리칼에 찌르는(꽂는) 도구로써 '비녀'의 뜻도 갖고 있다.

함자례(含字例) : 叉, 釵

芔 무성할 착	『풀이 무성하다』의 뜻을 가진다.

금 문		소 전

예리한 끝을 가진 무기의 많은 날 모양처럼 ⍦ 생긴 풀들이 서로 다투듯이 무성하게 자라난 모습을 표현

함자례 : 叢

㲋 짐승이 름 착	『짐승 이름』의 뜻을 가진다.

소 전

머리는 토끼 같고 ⬡ 다리는 사슴처럼 ⟨⟩ 잘 달리는 푸른색을 띤 짐승을 표현

함자례 : 龗

着 붙을 착 나타날 저	『붙다, 입다, 다다르다, 나타나다, 드러나다, 분명해지다, 짓다 등』의 뜻을 가진다.

금 문		전 문	

(金) 솥에 ⊟ 고기 등의 여러 재료를 넣고 ⋇ 푹 끓여서 ⌄ 만든 음식을 먹으려고 식사 도구를 ⋀⋀ 든 사람
들이 모습을 드러내 바짝 붙음을 표현
사람이 먹을 음식에 바짝 붙는다는 뜻이 파생되어 '입다. 쓰다, 신다 등'으로 전의된 것으로 보며, 다른 한편
'著(나타날 저)'의 속자로서, 본래의 글자인 '著'를 초서로 날려쓴 글씨가 '着'자의 모양으로 바뀌어져 있는
것을 후세 사람이 이를 다시 해서로 고쳐 쓰면서 '着'으로 쓰게 되어 현재의 자형으로 고착되었다 한다.
(인) 축제와 같은 행사 때 양의 ⍦ 탈을 뒤집어쓰고 ⼃ 눈만 ⊟ 내어놓고 있는 모습을 표현
양의 탈을 뒤집어쓰니 '붙을 착'이 되고, 끝난 뒤에 탈을 벗으니 본래 모습이 드러나 '나타날 저'가 된다.

함자례 : 擂

辵 쉬엄쉬엄 갈 **착**	『쉬엄쉬엄 가다, 달리다, 뛰어넘다 등』의 뜻을 가진다.

	갑골문	금 문	소 전
	辵	-	辵

사거리의 길을 辵 가다 멈추고 가다 멈추고 止 하는 것처럼 쉬엄쉬엄 걸어가는 것을 표현(= 辵)

다른 자와 결합시 '앞으로 나아가거나 오고 감'의 의미를 나타내며, '辵'를 쉽게 쓴 것이 '辶'이다.

함자례(含字例) : 迦, 邁, 法, 遣, 逕, 過, 适, 迋, 述, 遵, 達, 近, 洒, 達, 逞, 道, 途, 逃, 逗, 遁, 遜, 邏, 逞, 遨, 邁, 迷, 迫, 返, 逢, 邊, 逢, 迸, 逝, 選, 遑, 遡, 遭, 速, 遜, 送, 遂, 邃, 隨, 巡, 迹, 迅 .....

窄 좁을 **착**	『좁다, 곤궁하다, 군색하다 등』의 뜻을 가진다.

	소 전
	-

사람의 힘으로 파서 급작스레 만든 穴 헐거지인 동굴이다 乍 보니 안이 비좁고 협소한 곳임을 표현

함자례 : 搾

粲 정미 **찬**	『정미, 밥, 또렷하다, 깨끗하다, 밝다 등』의 뜻을 가진다.

	전	문
	粲	粲

고기를 먹으면서 손으로 又 뼈를 歹 가려내듯이 쌀 중에 쓸지 않은 벼알을 모두 가려내어 깨끗하게 정제된 쌀인 米 정미를 표현

이러한 정미로 지어 익힌 하얀 쌀밥이기에 눈부시게 빛이 난다는 뜻을 지니기도 한다.

함자례 : 燦, 璨, 澯

贊 도울 **찬**	『돕다, 칭찬하다, 나아가다, 알리다, 이끌다 등』의 뜻을 가진다.

	소 전
	贊

여러 사람이 재물을 貝 가지고 나아가서 兟 좋은 일에 뜻을 같이하며 도와줌을 표현

함자례 : 讚, 鑽, 瓚, 纘, 囋

察 살필 **찰**	『살피다, 알다, 조사하다 등』의 뜻을 가진다.
	소전 察

조상 신을 모신 사당에서 ⌒ 제사를 祭 지내기에 앞서 격식에 맞게 다 차려졌는지를 빠짐없이 챙기면서 살펴봄을 표현

함자례(含字例) : 擦

毚 약은 토 끼 **참**	『약은 토끼, 약삭빠르다 등』의 뜻을 가진다.
	소전 毚

두 마리의 토끼로 중첩 표기한 것은 毚 토끼가 많다는 뜻으로, 안전을 기하기 위해 토끼들은 보통 때에 몸을 피할 수 있는 많은 굴을 만들어 놓는 약삭빠르고 약은 짐승임을 표현

함자례 : 纔, 讒

朁 일찍이 **참**	『일찍이, 곧, 이에』의 뜻을 가진다.

갑골문	금 문		전 문	
朁	朁	朁	朁	朁

사람이 ⅂ 뒤돌아서서 명령 등을 전달하는 체계에 따라 다음 사람에게 ⅂ 말하여 ⊔ 전하는 모습을 표현
명령을 전해 듣자마자 '곧' 바로 '일찍이' 지체 없이 전달하는 것에서 그 뜻이 파생되어 나온 것으로 보고 있다.

함자례 : 潛, 蠶, 簪, 僭, 譖, 憯

斬 벨 **참**	『베다, 끊다, 다하다, 매우, 심히 등』의 뜻을 가진다.
	소전 斬

중죄인을 수레에 車 가두어 싣고 형장으로 압송하여 사람들이 보는 앞에서 도끼류의 날로 斤 신체를 토막 내어 베어서 죽이는 참형을 표현

함자례 : 暫, 漸, 慙, 塹

	『참여하다, 관여하다, 헤아리다, 살피다, 셋, 별의 이름, 인삼 등』의 뜻을 가진다.

참여할 **참**
석 **삼**

수염과 머리털이 흩날리는 박식한 노인(점성술사)이 ⚲ 천체 도구를 ⌄ 통해 하늘을 올려다보며 반짝이는 별들을 ⚘ 관측할 때 관계인들이 경외심으로 경건하게 입장하여 참여함을 표현

나중에 항법 좌표를 쉽게 안내해 주는 별인 오리온자리의 삼성(三星) 별을 뜻하여 '셋'이란 의미로도 쓰이고, 또한 자형의 모양이 빨간 열매에 뿌리는 사람처럼 생긴 식물과 같다 하여 '인삼'이란 뜻도 갖고 있다.

함자례(含字例) : 蔘, 渗, 慘

刅	『다치다, 비롯하다, 상처를 입다 등』의 뜻을 가진다.

다칠 **창**

금 문	소 전
刅	刅

칼날에 ⼑ 베이어 양쪽으로 살이 벌어져 丶丶 다친 상처를 표현

살이 베여(나눠져) 상처를 입은 것은 칼날에서 비롯된 것이므로 '비롯하다'의 뜻도 가진다.

함자례 : 㓤

倉	『곳집, 창고, 선창, 푸르다 등』의 뜻을 가진다.

곳집 **창**

갑 골 문	금 문	소 전
倉	倉	倉	倉

지붕이 ⌒ 있고 외짝문에 ⼙ 물품을 보관할 수 있는 공간을 ⼌ 가진 곳집을 표현

함자례 : 創, 蒼, 滄, 槍, 瘡, 愴, 艙, 搶, 蹌, 鶬, 瑲

敞	『시원하다, 높다, 탁 트이다, 드러나다 등』의 뜻을 가진다.

시원할
창

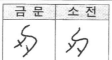

높은 지대에 지어진 집의 지붕에 ⻍ 설치된 천정창을 활짝 열어 ⼽ 공기를 통하게 하니 시원해짐을 표현

함자례 : 廠

昌	『창성하다, 아름답다, 착하다, 어지럽다, 기쁨, 경사 등』의 뜻을 가진다.				
		금		문	소 전

어떤 사안에 대해 큰소리로▽ 팔과 손을 사용한 격정적인 동작을 곁들인 주장과 호소로서 거듭거듭

사람들을 설득하여 강하게 추진해 나가니 창성하게 됨을 표현

반복적인 큰소리로 제의하여 다른 사람들을 설득해서 어떤 주장을 강하게 밀고 나감을 나타내었다.

함자례(含字例) : 唱, 倡, 娼, 猖, 菖

囱	『창, 굴뚝, 바쁘다 등』의 뜻을 가진다.		
창 창 **바쁠 총**	갑골문	금 문	소 전
	◔	⊕	⊗

1) 지붕으로 나 있는 천창(天窓)으로 외곽 테두리와 ○ 그 안에 교차해서 보이는 창살을 ∽ 표현

　유목민의 가옥 구조처럼 실내에 있는 연기가 빨리 빠져나가게 만든 천창을 나타낸 것이다.

2) 머리 안에□ 발이 있어 ∡ 생각이 막 바삐 움직이는 것을 표현 - 바쁠 총

함자례 : 窗, 悤

鬯	『울창주, 울금향, 울창하다 등』의 뜻을 가진다.					
울창주 **창**	갑 골 문			금 문		소 전

단지 안에 곡식과 울금향(튤립)을 넣어 발효시켜 만든 술로 울창주를 표현

함자례 : 鬱

采	『풍채, 캐다, 벼슬, 채집하다, 나물 등』의 뜻을 가진다.		
풍채 채	갑골문	금 문	소 전

나무에 ✽ 난 새순이나 익은 열매를 채집하는 것을 표현

　나무에는 잎과 열매가 풍성하듯이 사람이 가진 게 많고 머리에 든 게 많은 사람이 '풍채'가 난다는

　의미로 그 뜻이 전의되었다고 한다.

　(원뜻) 딸 채 → (바뀐 뜻) 풍채 채 → (대체字로) 採 캘 채

함자례 : 採, 彩, 菜, 綵, 埰, 宋

冊 책 책	『책, 문서, 칙서 등』의 뜻을 가진다.			
		갑 골 문	금 문	소 전
		冊	冊	冊

죽간을 줄로 엮어 만들어 놓은 책을 冊 표현

함자례(含字例) : 珊, 刪, 柵

責 꾸짖을 책 빚 채	『꾸짖다, 나무라다, 받아내다, 재촉하다. 권하다, 책임, 빌리다, 빚 등』의 뜻을 가진다.			
		갑골문	금 문	소 전
		責	責	責

빌려간 돈을 貝 갚으라고 채근(採根)하며 가시나무와 같이 찌르는 朿 말로 제 때에 갚지 않은 것을 꾸짖으며
책임지고 갚을 것을 재촉함을 표현

빌려간 돈에 대한 진 빚은 반드시 갚아야 할 책임이 있으므로 그 뜻이 '책임'과 '의무'로까지 확장되었다.

다른 자와 결합시 '빚을 진 사람' 또는 '돈을 받아 쌓아 놓은 모양'으로 그 뜻을 가진다.

함자례 : 積, 績, 蹟, 勣, 漬, 債, 簀

敕 채찍질할 책 칙서 칙	『채찍질하다, 조서, 칙서, 꾸짖다 등』의 뜻을 가진다.	
		소 전
		敕

가시가 ㅂ 있는 나뭇가지로 朿 채찍질을 攴 함을 표현

함자례 : 敕

策 채찍 책 꾀 책	『채찍, 채찍질하다, 대쪽, 꾀, 계책, 지팡이, 지팡이 짚다 등』의 뜻을 가진다.		
		금 문	소 전
		策	策

가시로 찌르듯 朿 말을 자극하여 내달리게 재촉하는데 쓰는 대쪽으로 竹 만든 채찍(회초리)을 표현
자기 말이 앞서 내달리게 채찍질로 자극하는 것과 같이 상대방과의 대결에서 이기기 위해 술수를 쓰는
것이 '꾀'이고 '계책'이란 뜻으로까지 전의(轉義)되어 그 의미가 확대되었다.

함자례 : 摤

妻 아내 처	『아내, 아내로 삼다 등』의 뜻을 가진다.			
		갑골문	금 문	소 전
		𢼸	-	𡜀

손으로 𦥑 머리를 틀어올려 비녀를 지른 ᛁ 여인으로 𢆶 아내를 표현

함자례(含字例) : 棲, 捿, 悽, 凄, 萋

處 곳 처	『곳, 지위, 살다, 거주하다, 휴식하다 등』의 뜻을 가진다.			
		금 문		소 전
	𠀾	𠀾	𤞤	𧆨

호환(虎患)을 막으려 범을 𠂹 잡기 위한 일환으로 포획꾼이 몸을 굽혀 𠂆 땅에 찍힌 발자국을 따라가서 ᛁ 범이
가 있는 곳을 알아냄을 표현

함자례 : 據

彳 조금 걸 을 척	『조금 걷다, 발걸음 등』의 뜻을 가진다.	
		소 전
		彳

종횡으로 시원하게 뻗은 사거리 길(行)의 좌측에 해당하는 통로로 彳 사람이 잠시 걸을 수 있는 길을 표현
다른 자와 결합시 '걸어가다, 진행'의 뜻을 나타낸다.

함자례 : 徑, 待, 德, 徒, 得, 徠, 微, 彷, 徘, 復, 彿, 徙, 徐, 循, 徇, 御, 役, 往, 徼, 徭, 律, 征, 徂, 從,
徵, 徹, 徧, 彼, 行, 徯, 徨, 徊, 後, 徽, 很

尺 자 척	『자, 길이, 법, 재다 등』의 뜻을 가진다.			
		갑골문	금 문	소 전
		𡱂	尺	尺

사람의 발목 부위에서부터 무릎 관절까지의 𡱂 종아리 ᛋ 구간을 1척의 길이로 표현
다른 자와 결합시 '자, 재다'의 뜻을 가진다.
※ 1尺 = 10寸 : 옛날 1尺은 22.5cm(大尺) 또는 18cm(小尺)이고, 현재 1尺은 30.3cm이다 → 1마(碼)는 90cm이다.

함자례 : 咫, 尽

372

脊 등마루 척	『등마루, 등골뼈 등』의 뜻을 가진다.

	갑골문	금		문		소 전
	脊	𣐁	𣐁	𣐁	脊	脊

척추뼈를 중심으로 ↑ 양쪽이 갈비뼈로 ⊢ 연결, 대칭되게 이루어진 신체 부위인 ⩗ 등마루를 표현(= 𣍲)

함자례(含字例) : 瘠, 踖

戚 친척 척	『친척, 겨레, 가깝다, 친하다, 근심하다, 성내다 등』의 뜻을 가진다.

	금 문	소 전
	𢦴	戚	戚

한 콩대에서 나온 많은 콩알처럼 ⽶ 한 배에 뿌리를 둔 씨족 구성원이 전체의 안녕과 공존을 위해 무기를 들고 ⽧ 적이 쳐들어올 것을 근심하며 서로 뭉쳐 싸우는 것이 친척이고 겨레임을 표현

함자례 : 蹙, 慽, 慼, 顣

斥 물리칠 척	『물리치다, 내쫓다, 엿보다 등』의 뜻을 가진다.

	금 문	소 전
	庐	斥

침입한 적이나 사람을 집 밖으로 ⼴ 내쫓아 ⽧ 물리침을 표현(= 㡿)

함자례 : 訴, 坼, 柝

隻 외짝 척	『외짝, 하나, 척(배를 세는 단위)』의 뜻을 가진다.

	소 전

손에 ⇒ 새 한 마리를 ⾫ 잡고 있는 모습을 표현
　전(轉)하여 '외짝' 또는 '하나'의 뜻이 되었다.

함자례 : 雙, 嬰, 蒦

陟 오를 척	『오르다, 등극하다, 승진하다 등』의 뜻을 가진다.

	금문	소전
	陟	陟

언덕을 ß 걸어서 ⏶ 올라감을 표현

함자례(含字例) : 騭

千 일천 천	『일천, 밭두둑, 여러 번』의 뜻을 가진다.

	갑골문	금문	소전
	千	千	千	千

사람이 ⏃ 쉬지 않고 계속해 걸어가는 모습을 종아리 부위에 가로획을 하나 그어 — 나타내었고, 걸음을 많이 걷는 데에서 그 수로 일천을 표현

고대에는 가로로 그은 획이 하나(千)이면 일천, 둘(千)이면 이천, 셋(千)이면 삼천으로 표기하였다.

함자례 : 秊, 阡, 仟

薦 천거할 천	『천거하다, 올리다, 우거지다, 자리, 제사의 이름 등』의 뜻을 가진다.

	금문	소전
	薦	薦	薦

신묘한 지혜를 가진 동물인 해태가  덤불 속에 ⸾⸾ 숨어 있는 모습을 표현

이처럼 숨어 있는 인재를 조정에 추천하는, 즉 초야에 묻혀 있는 인재를 등용토록 조정에 '천거한다'는 뜻을 나타내었다.

함자례 : 藨

泉 샘 천	『샘, 지하수 등』의 뜻을 가진다.

	갑골문	금문	소전
	泉	泉	泉	泉	泉

땅속에서 ⏉ 물이 솟아나와 ⦙ 흐르는 곳이 샘임을 표현

함자례 : 線, 腺, 原

川 내 천	『내, 하천, 들판 등』의 뜻을 가진다.				
		갑 골 문		금 문	소 전
		〈〈〈 〈〈〈 〉〉〉		〉〉〉	〉〉〉

양쪽 가장자리 사이로 〈〈 큰 줄기의 물이 흘러가는 〉 하천(내) 모양을 표현

함자례(含字例) : 順, 馴, 釧, 玔, 訓

天 하늘 천	『하늘, 자연, 천체, 임금, 운명 등』의 뜻을 가진다.						
		갑 골 문				금 문	소 전
		夨 夨 夭 夭				夭 天	兲

사람의 ㅊ 머리 위에 있는 끝없이 펼쳐진 ▭ 우주의 창궁(蒼穹)으로 하늘을 표현
  사물의 꼭대기로 가장 높은 부분이 '天'임을 나타내었다.

함자례 : 昊

遷 옮길 천	『옮기다, 떠나가다, 추방하다, 바꾸다, 올라가다, 천도 등』의 뜻을 가진다.		
		금 문	소 전
		𦎟	𨊙

사람들이 ㄹ 짐보따리인 행낭을 ◈ 챙겨 ◈ 길을 떠나 ㅊ 새로운 도읍지로 옮겨감을 표현

함자례 : 韆

穿 뚫을 천	『뚫다, 꿰뚫다, 통과하다, 실을 꿰다, 구멍 등』의 뜻을 가진다.	
		소 전
		穿

쥐가 날카로운 이빨로 ㅁ 벽체 등을 갉아서 그들이 다닐 수 있는 구멍을 ㅅ 뚫은 것을 표현

함자례 : 瑏

舛	『어그러지다, 틀리다, 어지럽다 등』의 뜻을 가진다.		
어그러질 천		금 문	소 전
		舛	舛

두 발의 방향을 서로 어긋나게 해서 서 있거나 걷는舛 모양으로 어그러져 있음을 표현

함자례(含字例) : 桀, 舜, 舞, 舜

㪠	『거두다, 철저하다』의 뜻을 가진다.				
거둘 철		갑골문	금 문	전 문	
		㪠	㪠	㪠	㪠

진흙을 구워서 만든 큰 솥으로, 행사 때 조리 도구로 쓴 솥을 鬲 깨끗이 정리하여 攴 거두어들임을 표현
원래 갑골문에서는 자형 중 '育'은 '育'이 아니고 '鬲'이었으나 소전에 와서 변으로 '彳'이 더해지면서
'鬲'부분이 '育'으로 자형이 변화되었다.

함자례 : 撤, 澈, 徹, 轍

屮	『싹이 나다, 싹트다, 왼손 등』의 뜻을 가진다.			
싹 날 철		갑골문	금 문	소 전
		屮	屮	屮

1) 땅에서 초목이 싹터 잎과 줄기가 돋아나는 屮 모양을 표현
2) 왼쪽 손의 屮 모양을 표현 - 왼손 좌

함자례 : 屯, 艸, 出, 蚩

叕	『잇닿아 있다, 철하다』의 뜻을 가진다.		
연할 철		소 전	예 서
		叕	叕

한 땀 한 땀 많은 수작업으로 자잘한 천 조각을 叕 잇닿아 연결해 꿰매어서)(옷을 짓는 것을 표현

함자례 : 綴, 輟, 掇, 啜, 惙, 蝃

僉 다 첨	『다, 모두, 여러, 보좌하다, 공정하다 등』의 뜻을 가진다. 소 전 僉

관청에서 $\frown$ 여러 사람들이 $\land\land$ 어떤 일에 대해 모두 다 관여하여 각자의 의견을 말한 뒤 $\square\square$ 공론으로 결정하여 집행함을 표현

다른 자와 결합시 '관청'의 뜻을 가진다.

함자례(含字例) : 歛, 檢, 劍, 儉, 劒, 瞼, 臉, 憸, 斂, 殮, 簽, 險, 驗, 獫

尖 뾰족할 첨	『뾰족하다, 날카롭다, 꼭대기 등』의 뜻을 가진다. 소 전 尖

형체의 하단은 굵고 크며 大 위로 갈수록 정점을 향해 가늘어지는 小 모양으로 끝이 뾰족함을 표현

함자례 : 尜

忝 더럽힐 첨	『더럽히다, 욕보이다, 욕, 수치 등』의 뜻을 가진다. 소 전

하늘로부터 부여받은(태어날 때부터 가지고 있는) 天 소박하고 민감한 기본양심을 心 저버리는 것은 자신을 더럽히고 선조를 욕보이는 일임을 표현

함자례 : 添, 舔

  다할 첨	『다하다, 끊다, 찌르다』의 뜻을 가진다. 소 전

적들을 $\nearrow\!\nearrow$ 창으로 쳐서 단번에 끊어 죽이는 것으로 싸움에서 이기기 위해 온 힘을 다함을 표현

함자례 : 纖

沾 더할 첨 젖을 점	『더하다, 첨가하다, 젖다, 적시다 등』의 뜻을 가진다.

소 전

沾

홍수 등으로 물이 ⅲ 밀고 들어와 占 더하여지니 일대(一帶)가 잠기어 물체들이 젖게 됨을 표현

함자례(含字例) : 霑

𠂤 우러러 볼 첨	『우러러보다, 위태롭다』의 뜻을 가진다.

소 전

𠂤

높은 벼랑 厂 위에 있는 사람을 𠂤 밑에서 우러러봄을 표현

함자례 : 危, 詹

詹 이를 첨 두꺼비 섬	『이르다, 도달하다, 바라보다, 두려워하다, 두꺼비 등』의 뜻을 가진다.

전 문

(篆) 초병이 𠂤 부락민이 거주하는 동굴 위에서 八 먼 곳을 바라보며 경계근무를 할 때 쳐들어오는 적이 있으면 그 즉시 아래를 향해 경보(警報)하여 ⅷ 적이 이름을 알리는 것을 표현

(인) 벼랑의 언덕처럼 𠂤 생긴 턱밑을 계속 움직이며 八 사람이 말하는 言 것처럼 보이는 동물이 두꺼비임을 표현 - 두꺼비 섬

함자례 : 擔, 膽, 澹, 憺, 蟾, 贍, 瞻, 襜, 簷

妾 첩 첩	『첩, 여자 아이』의 뜻을 가진다.

갑골문	금 문	소 전

전쟁의 포로인 노예로 ▽ 잡혀 온 여자를 ♀ 몸종으로 옆에 두어 관계를 이룬 데서 첩을 표현
※ 고대는 전쟁의 포로로 잡아온 여자들의 ♀ 이마에 문신을 새겨 辛 첩이나 종으로 삼았다고 한다.

함자례 : 接

耴 귀뿌리 첩	『귀뿌리』의 뜻을 가진다. 소 전 耴
빰에 붙은 ⟨ 귀의 ⊟ 부위가 귀뿌리임을 표현	
함자례(含字例) : 輒	

捷 빠를 첩 이길 첩	『빠르다, 이기다, 이루다, 노획물, 빨리 등』의 뜻을 가진다. 금 문 / 전 문
전쟁터에서 병사들이 손에 ⟨ 창검을 ⟨ 들고 휘두르며⟨ 재빠른 동작으로 나가고 물러나는 ⟨ 작전을 기민하게 펼쳐 싸움에서 이긴 것을 표현	
함자례 : 捷	

靑 푸를 청	『푸르다, 젊다, 푸른빛 등』의 뜻을 가진다. 갑골문 / 금 문 / 소 전
습기가 가득한 우물가에 ⊟ 자라나 있는 풀의 색깔이 ⟨ 푸르름을 표현 ※ 광산에서 ⊟ 채굴해 나온⟨ 광석의 색깔이 푸른빛으로 '푸르름'을 뜻한다고 주장하는 설도 있다. 다른 자와 결합시 '청결하다', '푸르다' 등의 뜻을 가진다.	
함자례 : 猜, 精, 靖, 情, 靜, 睛, 靚, 倩, 淸, 晴, 請, 菁, 鯖, 淸	

聽 들을 청	『듣다, 허락하다, 살피다 등』의 뜻을 가진다. 갑 골 문 / 금 문 / 소 전
(甲) 여러 사람이 하는 말을⟨ 귀로 ⟨ 듣는 것을 표현	
(인) 꼿꼿이 서서 ⟨ 마음을⟨ 곧게 ⟨ 하여 상대가 말하는 소리를 귀담아⟨ 들음을 표현	
함자례 : 廳	

替 바꿀 체	『바꾸다, 쇠퇴하다, 폐하다, 멸망하다 등』의 뜻을 가진다.

	금 문		전 문		

경계 보초를 서는 두 사람 간에 ⁊⁊ 서로 암호를 주고 받으면서 ㅂ 교대하여 근무자를 바꾸는 것을 표현

함자례(含字例) : 潛, 僭

寠 꼭지 체	『꼭지, 넘어지다, 잡아끌어 못가게 하다』의 뜻을 가진다.

소 전
─

남의 밭에 ⊞ 들어가서 과일(꼭지)을 따 서리를 해 달아나는 사람을 ㅊ 달려가서 ⹊ 잡고서는 달아나지 못하게 끌어잡고 있음을 표현

함자례 : 嚏, 懘

艸 풀 초	『풀, 잡초 등』의 뜻을 가진다.

갑골문	금 문	소 전

땅 위에 많은 풀이 나 있는 ψ 모양을 표현(= ++)

다른 자와 결합시 식물을 대표해서 '풀, 잎, 꽃, 버섯, 열매 등'의 의미를 가진다.

함자례 : 苟, 葛, 薑, 蓋, 芥, 蘭, 莖, 苦, 藥, 菓, 藿, 菊, 葵, 菌, 蘭, 茶, 苟, 董, 藤, 蘿, 落, 藍, 萊, 蘆, 蓼, 菱, 莫, 幕, 蔓, 茫, 莽, 萌, 蔑, 暮, 募, 茅, 蒙, 苗, 貌, 墓, 茂, 蕉, 薇, 薄, 芳, 蕃, 藩 .....

楚 초나라 초 회초리 초	『초나라, 회초리, 우거진 모양, 매질하다 등』의 뜻을 가진다.

갑 골 문		금 문	소 전

우거진 초목 ⸙ 사이로 사람들이 오가며 ⼁ 풍족하게 살고 있는 중국 서남지역의 땅으로 ㅁ 초나라를 표현

중국 서남지역에 자생하는 관목(灌木) 중에 이삭 모양의 보라색 작은 꽃이 피는 가시를 가진 나무의 ⸙ 줄기로 종아리를 ⾜ 치는 회초리를 만들어 쓴 데서 '회초리'의 뜻도 가진다고 한다.

함자례 : 礎

焦 탈 초	『타다, 그을리다, 태우다, 초조하다, 안달하다 등』의 뜻을 가진다.

	갑골문	금문	소전

고대에는 산을 불태우는 방식으로 짐승을 몰아 사냥하므로 인하여 산에 사는 새들은 🐦 새끼가 있는 제집이
불에 타 🔥 그을릴까 봐 지져대며 초조해하는 것을 표현

함자례(含字例) : 樵, 憔, 蕉, 礁, 醮, 譙

肖 닮을 초 꺼질 소	『닮다, 모양이 같다, 본받다, 꺼지다, 쇠하다, 흩어지다, 작다 등』의 뜻을 가진다.

	금문	소전
	🜁	🜂

1) 신생아의 작은 🜂 몸이 ✦ 부모를 닮았음을 표현

2) 고깃덩이를 ✦ 모래알처럼 🜂 잘게 작게 자르면 그 모양이 같아져 닮아짐을 표현

   고깃덩이를 작게작게 자르고 자르면 그 자체가 없어져서 종국에는 흩어져 사라지게 되는 것을 나타내었다.

다른 자와 결합시 '작게 하다, 자잘하다, 잘게 잘게 나누다'의 뜻을 가진다.

함자례 : 削, 屑, 消, 宵, 銷, 霄, 蛸, 逍, 趙, 哨, 稍, 梢, 硝, 悄, 誚

招 부를 초	『부르다, 묶다, 구하다 등』의 뜻을 가진다.

	갑 골 문		금 문	전 문	
	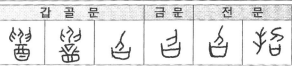				

(甲) 술 단지의 술을 🍶 구기로 勺 떠서 ✦ 나누어 마시기 위해 누군가를 부름을 표현(= 召)

(篆) 사람을 목소리로 부르듯이 🤚 손으로 ✦ 손짓을 해서 오도록 부름을 표현

함자례 : 翻

蜀 애벌레 촉	『애벌레, 나방의 유충, 촉나라 등』의 뜻을 가진다.

	갑 골 문		금 문	소 전

큰 눈에 👁 길쭉한 몸을 가진 🐛 나방의 유충으로 고치를 짓기 전의 누에 애벌레를 표현

   뜻이 확대되어 지상, 수중의 모든 애벌레를 지칭하며, 지명으로 누에를 잘 길렀던 잠총씨(蠶叢氏)가 개국한
중국 서남쪽의 '촉(蜀)' 지역을 나타낸다.

함자례 : 鐲, 獨, 屬, 觸, 燭, 濁, 躅, 蠋

彳 자축거 릴 촉	『자축거리다, 멈추다』의 뜻을 가진다.
	소 전

사거리 가로(街路)의 한쪽 길로써 彳 상대적으로 좁은 길이다 보니 자축거리며 걷는 모양을 표현

함자례(含字例) : 行

寸 마디 촌	『마디, 촌수, 마음, 조금, 작다 등』의 뜻을 가진다.
	소 전

손목에서 寸 손가락 한 마디쯤 길이에 있는 맥박까지의 ㇏ 거리를 마디로 표현
　맥박은 규칙적으로 뛰니 '규칙·법도'의 뜻을 가지며, 법도에 따라 마디를 따지는 촌수의 뜻도 가진다.
다른 자와 결합시 '손, 법도, 헤아리다'의 뜻을 가진다.

함자례 : 耐, 對, 封, 付, 射, 守, 尌, 尉, 專, 尋, 紂, 酎, 村, 忖, 討

村 마을 촌	『마을, 시골, 촌스럽다 등』의 뜻을 가진다.	
	소 전	예 서
		村

(篆) 싹이 돋아나 자리잡고 屯 자라듯이 사람들이 彡 모여 살고있는 ○ 곳이 마을임을 표현(= 邨)
(인) 손을 寸 모아 사람들의 안녕을 비는 당산나무가 木 있는 곳에 있게 되는 것이 마을임을 표현

함자례 : 澍

悤 바쁠 총	『바쁘다, 급하다, 총명하다, 밝다 등』의 뜻을 가진다.				
	갑골문	금	문		소 전

(甲) 방망이로 丨 심장을 ♥ 찧는 것처럼 심장 박동이 마구 콩닥콩닥 뛰어 마음이 급해지고 바빠짐을 표현
(篆) 천창 구멍으로 囪 채광 통풍이 잘 되는 것처럼 마음의 心 문이 열려 있어 생각이 밝고 총명함을 표현
※ '당황해 마음이 조급해진다'는 갑골문의 '悤'자는 선진(先秦)시대에 이미 고서에서 사라졌는데, 후대 사람들이 동음자인
　悤과 悤(cong : 마음이 열려 있고 생각이 명료함)으로 가차해 씀으로써 의미가 전혀 연관되지 않은 자형으로 대체되었다고 한다.

함자례 : 總, 聰, 蔥, 摠, 憁, 驄

冢 무덤 총	『무덤, 산꼭대기, 언덕, 크다 등』의 뜻을 가진다.

금 문	소 전

(金) 죽은 사람의 유체(遺體)를 천 등으로 싸서 평지의 땅에 동물 등을 부장(副葬)하여 묻은 뒤 큰 흙 더미로 봉분을 아주 높게 조성하여 만든 묘비가 없는 간이(簡易)한 무덤을 표현

묘비가 없어 누구의 무덤인지는 알 수 없으나 중요한 유물의 출토로 사료적 가치가 있는 무덤을 '총'이라 한다.

함자례(含字例) : 塚

| 崔
높을 최 | 『높다, 높고 크다, 성씨』의 뜻을 가진다. |

금 문	소 전

나는 새도 날아서 넘지 못할 정도로 산의 형세가 높음을 표현

함자례 : 催, 摧

| 最
가장 최 | 『가장, 으뜸, 최상, 중요한 일, 모으다 등』의 뜻을 가진다. |

소 전

전쟁에서 적군과 싸워 취하는 전과물 중에서 가장 큰 공과는 투구를 쓰고 있는 적장과 싸워 그 목(귀)을 베어오는 사람이 최고의 공로자로 으뜸임을 표현

함자례 : 撮, 嘬

| 芻
꼴 추 | 『꼴, 짚, 기르다』의 뜻을 가진다. |

갑골문	금 문	소 전

기르는 가축에게 먹일 풀을 손으로 잡고 낫으로 베어 다발로 뭉쳐 놓은  꼴을 표현

함자례 : 趨, 鄒, 雛, 皺, 縐, 騶

酋 우두머 리 추	『우두머리, 추장, 오래된 술, 익다, 이루다, 뛰어나다 등』의 뜻을 가진다.

금 문	소 전

오래된 잘 익은 술을 ᅟ 부락민에게 나누어주는 ハ 일을 담당했던 이로 마을의 존장인 우두머리를 표현
　　술은 음식의 정수(精髓)로 음식이 귀했던 먼 옛날에는 덕망이 높은 존장만이 음식을 분배할 자격을 가지고
　　있었다 한다.

함자례(含字例) : 猶, 猷, 輶, 楢, 蝤, 奠, 尊, 遒

帚 비 추	『빗자루, 대싸리, 쓸다 등다』의 뜻을 가진다.

갑골문	금 문	소 전

대나 싸리의 잔가지를 묶어서 만든 ᅟ 빗자루를 세워둔 모양을 표현

함자례 : 歸, 婦, 埽

秋 가을 추	『가을, 때, 세월, 여물다, 시름겹다 등』의 뜻을 가진다.

갑　골　문	금 문	전　문

메뚜기의 특징인 더듬이와 입, 몸통, 날개, 다리를 그린 상형자로, 그 계절을 상징하는 대표 곤충(메뚜기)으로
가을을 표현
　　어떤 갑골문은 메뚜기의 폐해를 막기 위해 추수가 끝난 들에 볏짚으로 불을 놓아 메뚜기의 알을 태워 방제
　　하는 것을 나타내었고, 그리고 전문에서는 방제 작업과 동시에 거북이를 잡는 계절이 가을임을 나타내었다.

함자례 : 愁, 楸, 鰍, 湫, 萩, 鶖, 鶩

隹 새 추	『새 등』의 뜻을 가진다.

갑 골 문	금　　　문	소 전
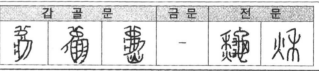		

목이 짧고 배가 불룩한 새의 ᅟ 모습을 표현

함자례 : 崔, 雞, 雇, 霍, 瞿, 雛, 難, 雜, 離, 雖, 售, 誰, 雅, 雄, 唯, 維, 惟, 雌, 雀, 雜, 睢, 翟, 隽, 截,
　　　　雕, 准, 雋, 隼, 進, 集, 隻, 焦, 崔, 推, 錐, 雛, 萑, 椎, 雎, 稚, 娷, 堆, 崔, 淮, 獲

384

萑 풀 많을 추	『풀이 많다』의 뜻을 가진다.				
		갑 골 문		금 문	소 전
		※※※ ※※ ※※※		-	萑

많은 새들이 🐦 모여서 서식할 정도로 풀이※※ 많은 지역임을 표현

함자례(含字例) : 舊

推 밀 추	『밀다, 추천하다, 헤아리다, 추측하다, 꾸짖다 등』의 뜻을 가진다.	
		소 전
		推

옛적 사냥 또는 통신의 수단으로 썼던 새인 매와 비둘기는 손으로 🖐 새를 잡고 밀어서 날려 보냈음을 표현

다리에 밀서(密書) 쪽지를 묶은 새가 목적지에 잘 도착했을 것이라고 미루어 추측함으로 해서 '추측'의 뜻도 가진다.

함자례 : 稚

抽 뽑을 추	『뽑다, 빼다, 없애다 등』의 뜻을 가진다.		
		전 문	
		擂 揉 抽	

1) 작물이 밀식된 곳에 그 일부를 뽑거나 솎아서 🖐 영양분과 공간을 좋게 하여 남은 농작물이 🌾 열매를 잘 맺도록 한 것을 표현
2) 작물의 이삭 줄기인 홰기를 🌾 손으로🖐 뽑아서 없애는 작업을 하는 것을 표현

함자례 : 菗

逐 쫓을 축	『쫓다, 뒤쫓다, 도망가다, 달리다, 다투다, 따르다 등』의 뜻을 가진다.			
		갑골문	금 문	소 전

야생의 돼지를 🐗 잡기 위해 달아나는 🐾 돼지를 쫓음을 표현

함자례 : 遂

丑 소 축 수갑 추	『소, 둘째 지지, 수갑 등』의 뜻을 가진다.			

(甲) 손가락을 ∈ 굽혀 움직이는 丶 동작을 나타낸 것으로 어떤 물건을 움켜잡거나 묶고 비트는 것을 표현
소띠로 지칭되는 둘째 지지로 쓰이면서 뜻이 가차되어 '소'의 뜻을 가진다.

(金) 손을 ∋ 쓰지 못하도록 빗장을 질러서 ∕ 묶어 놓은 수갑을 표현 - 수갑 추

다른 자와 결합시 '잡다, 묶다'의 뜻을 가진다.

함자례(含字例) : 紐, 杻, 鈕, 狃, 忸

豕 발 얽은 돼 지 걸음 축	『발 얽은 돼지의 걸음』의 뜻을 가진다.	
		소 전
		豕

거세 또는 제단의 희생물로 올리기로 한 돼지로 豕 두 발이 얽힌 채 丶 뒤뚱이며 걷는 형상을 표현

함자례 : 冢, 琢, 啄, 椓

麼 닥칠 축	『닥치다, 긴박하다, 재촉하다, 찡그리다, 쫓다 등』의 뜻을 가진다.	
		소 전

친척인 혈족들이 뭉쳐 삶의 터전을 지켜갈 때 戚 약탈자 무리들이 갑자기 들이닥쳐 足 자행하는 공격을
받게 되니 아주 긴박한 상황임을 표현

함자례 : 襀

畜 짐승 축 기를 휵	『짐승, 가축, 쌓다, 쌓이다, 기르다, 먹이다 등』의 뜻을 가진다.					
	갑 골 문		금 문		전 문	
	畜	畜	畜	畜	畜	畜

소와 양 등 길들여진 짐승을 울타리 안에 ○ 밧줄로 묶어 놓고 ♀ 풀이나 곡식을 ♨ 주어 가정에서 육식을
필요로 할 때를 대비하여 기름을 표현

함자례 : 蓄

386

筑 악기이 름 축	『악기 이름, 쌓다, 건축물』의 뜻을 가진다.
	소 전 

1) 속이 비고 마디가 있는 대나무로 ⑪ 울림이 있는 공명상자를 만들어 ⑪ 두드려 소리를 내는 타악기를 표현
2) 장인이 ⑪ 엎드려서 공구로 ⑪ 대나무를 ⑪ 잘라 집의 골조를 짜가며 쌓고 있는 것을 표현

함자례(含字例) : 築, 箏

春 봄 춘	『봄, 동쪽, 젊은 나이 등』의 뜻을 가진다.

	갑 골 문			금 문	소 전

겨울이 지난 후 돌아온 햇빛으로 ⑪ 대지의 기온이 따뜻해지니 온갖 초목의 ⑪ 씨가 뿌리를 내리고 싹을 틔우는 ⑪ 계절로 봄을 표현(= 萅)

함자례 : 椿, 蠢, 賰, 瑃

出 날 출	『나다, 태어나다, 나가다, 떠나다, 드러내다, 내쫓다, 버리다 등』의 뜻을 가진다.

	갑 골 문			금 문	소 전

주거지인 움집이나 동굴에서 ⑪ 걸어서 ⑪ 밖으로 나감을 표현

함자례 : 屈, 朏, 詘, 拙, 茁, 黜

术 차조 출	『차조』의 뜻을 가진다.

	갑 골 문		금 문	소 전

붓 모양으로 생긴 곡물 이삭으로 차조를 ⑪ 표현
　차조의 이삭 모양이 붓의 생김새와 같아 다른 자와 결합시 '(붓으로) 글을 쓰거나 짓는다'는 뜻을 가진다.

함자례 : 術, 述, 鉥, 怵

虫	『벌레, 벌레의 총칭 등』의 뜻을 가진다.						
벌레 충 벌레 훼			갑 골 문			금 문	소 전

뱀이 몸을 사린 🐍 모양을 표현(= 虺·蟲)

뜻이 전이되어 미물인 '벌레'를 총칭하고 있다.

함자례(含字例) : 蝎, 蚰, 蚣, 螺, 蛟, 蛋, 蟶, 蟠, 蝀, 螺, 蠵, 螂, 蠸, 蛉, 蠻, 蜈, 蚊, 蜜, 蟠, 蚌, 蜂, 蜉, 蜚, 蠟, 蛇, 螯, 蟬, 蟾, 蛸, 虽, 蟀, 虱, 蝕, 蠅, 蜃, 蟋, 蛾, 蛙, 蝸, 蜎, 蚋, 蜈, 蟯, 蜻, 蟠, 融 ……

充	『채우다, 가득 차다, 기르다 등』의 뜻을 가진다.	
찰 충		소 전

어머니의 뱃속에서 산도를 儿 따라 태어나기 위해 머리를 아래로 하고 있는 아이가 🔼 배를 가득 채우고 있음을 표현

함자례 : 銃, 琉, 統

贅	『혹, 군더더기, 데릴사위, 회유하다 등』의 뜻을 가진다.	
혹 췌		소 전

먼 곳을 유람할 때 쓰이는 🔨 노잣돈으로 화폐인 무거운 조개껍데기를 貝 들고 다녀야 했으니 필요품이기는 하나 여행자에게는 혹과 같은 존재임을 표현

함자례 : 嚼

萃	『모으다, 도달하다, 기다리다 등』의 뜻을 가진다.	
모을 췌		금 문 / 소 전

전쟁에 병력을 동원하기 위해 병사(卉T)들을 🔼 징집하여 풀밭인 초원의 🌿 일정 장소에 모으는 것을 표현

함자례 : 膵

臭 냄새 **취**	『냄새, 몹시, 더럽다 등』의 뜻을 가진다.

	갑골문	금문	소전
	𤤸	𤤸	𦡁

개는𤠣 예민한 코로𦣻 냄새를 잘 맡음을 표현

함자례(含字例) : 糗, 嗅

取 취할 **취**	『취하다, 가지다, 장가들다 등』의 뜻을 가진다.

	갑골문	금문	소전
	𠂤	𠂤	𠂤

고대 전쟁에서 전공(戰功)을 평가하는 근거로 병사가 죽인 적의 귀를 𦣻 잘라서 손에 ㅋ 취한 것을 표현

함자례 : 叢, 最, 棸, 緅, 趣, 聚, 娶, 諏

聚 모을 **취**	『모으다, 거두어들이다, 함께 하다, 무리, 마을 등』의 뜻을 가진다.

	금문	소전
	𦥑	𦥑

1) 전쟁에서 승리하여 죽인 적군의 귀를 𢦏 절취한 𦣻 후 본진(本陣)으로 병사의 무리들이 𣥏 모여듦을 표현
2) 전쟁에서 죽인 적의 귀를 모으듯 백성들에게 𣥏 강권을 행사하여 재물을 착취해 𦣻 모으는 것을 표현

함자례 : 鄹, 驟

就 나아갈 **취**	『나아가다, 이루다, 좋다, 마치다, 따르다, 잘 등』의 뜻을 가진다.

	금문	소전
	𩰫	𩰫

(金) 고층 건물의 지붕 위에서 𩰫 손을 바삐 움직이는 것은 𦥑 짓던 건축물이 완성됨을 나타낸 것으로 이렇게
　　목적한 일을 이루어 마치므로 해서 한 단계 앞으로 나아감을 표현
(인) 높은 집이 즐비하게 있는 도읍지로 京 사람이 일을 보려 더욱 힘차게 걸어서 尢 나아감을 표현

함자례 : 蹴, 鷲

吹 불 취	『불다, 부추기다, 관악기, 바람이 불다, 바람 등』의 뜻을 가진다.

	갑 골 문		금 문	소 전
吹				

숨을 깊이 들이마신 후 입으로 公 공기를 뿜어내며 ㅂ 부는 것을 표현
　숨을 내뿜는 것과 같이 자연의 공간에 그처럼 바람이 부는 것을 뜻하기도 한다.

함자례(含字例) : 炊

仄 기울 측	『기울다, 뒤척이다, 협소하다, 곁, 옆 등』의 뜻을 가진다.

전 문	

절벽의 벼랑으로 厂 난 좁은 길을 사람이 벽 쪽으로 머리(몸)를 기울이고 大 조심해서 걷는 모습을 표현

함자례 : 昃

昃 기울 측	『(해가) 기울다, 쏠리다』의 뜻을 가진다.

갑 골 문		금 문	소 전

해가 日 서쪽으로 지니 사람의 그림자가 大 석양빛에 비스듬히 기울어짐을 표현(= 仄)

함자례 : 冥

畟 밭갈 측	『밭갈다, 보습이 날카롭다』의 뜻을 가진다.

갑골문	금문	전	문	

(甲) 옛날 농부들은 밭을 갈아 곡식을 파종하고 모를 내는 大 계절이면 곡식신에게 풍년을 기원하는 제사
　의식을 行 행하였음을 표현
(篆) 덥수룩한 꼴을 한 농부가 田 파종을 위해 짐승이 끄는 쟁기를 잡고 따라가면서 大 밭을 갊을 표현(= 稷)
　이때 땅을 가르는 보습의 날이 날카로운 형상인 데서 '날카롭다'는 뜻을 가진다고 한다.

함자례 : 謖, 稷

390

甾	『꿩, 액체를 담는 그릇, 재앙, 해치다』의 뜻을 가진다.					
꿩 치 재앙 재		갑골문		금 문		전 문

(甲) 술독 안에 술지게미를 거르는 바구니를 넣어둔 모양으로 ⊎ 액체를 담는 그릇을 표현
(人) 홍수로 ⦀ 큰물을 담아 재앙을 입은 밭으로 ⊞ 방치되고 있는 묵정밭(甾)을 표현
　　홍수의 재앙을 입어 작물이 유실된 밭에 꿩이 와서 놀게 되니 '꿩'의 뜻을 가지게 된 것으로 추정된다.

함자례(含字例) : 緇, 菑, 輜, 淄, 錙

齒	『이, 치아, 나이, 연령, 나란히 서다 등』의 뜻을 가진다.		
이 치		갑골문	금 문	소 전

입안에 위아래로 마주 보며 가지런히 나 있는 앞 이빨을 표현
※ 금문에서 위쪽에 '止'를 더한 자형은 윗턱은 멈춰 있어 움직이지 않는 것을 뜻하기 위해 붙인 것이라
　하며, 물건을 물거나 씹을 때는 아래턱니가 움직인다는 뜻을 나타낸 것이라 한다.

함자례 : 齡, 齧, 齷, 齰, 齟, 齪, 齕

夂	『뒤져 오다 등』의 뜻을 가진다.		
뒤져올 치		갑골문	금 문	소 전

발이 아래로 향한 ⋀ 모양으로 발걸음을 느리게 띄면서 뒤처져 오는 것을 표현
다른 자와 결합시 자형(字形)의 '머리부'로 쓰이고 있다.

함자례 : 各, 夆, 夅, 夅

蚩	『어리석다, 얕보다, 비웃다, 추하다 등』의 뜻을 가진다.					
어리석을 치		갑 골 문			금 문	소 전

뱀이 도처에 늘여있는 지역의 길을 가다 얕보는 마음으로 조심하지 않아 독사를 ⟲ 밟는 것은 ⟳ 어리석은
　행임을 표현

함자례 : 嗤

黹	『바느질하다, 수놓다 등』의 뜻을 가진다.

바느질
할 치

	갑 골 문			금 문	전 문	

(甲) 견직물에 회돌이 문양의 자수를 놓고 ⧈ 가장자리에 꾸밈새로 술을 짜서 다는 ⸬ 등 바느질함을 표현
(인) 해진 옷을 ⌂ 꿰매듯 천을 대칭되게 마주하여 ⌃⌃⌃ 바느질함을 표현

함자례(含字例) : 黼, 黻

豸	『발이 없는 벌레(짐승), 해태, 웅크리고 노려보다 등』의 뜻을 가진다.

벌레 치

갑골문	금문	전 문	

큰 입에 날카로운 이빨과 ⊃ 네 발을 가진 긴 몸집에 꼬리를 가진 ⧈ 맹수가 먹잇감을 노려봄을 표현
고양잇과 맹수들은 걸을 때 발톱을 숨기고 걸음으로 해서 '발이 없는 벌레(짐승)'라는 훈을 가진다고 한다.

함자례 : 狠, 貍, 貆, 貉, 貚, 貌, 貓, 豺, 貂, 豹, 貙

巵	『잔, 술잔 등』의 뜻을 가진다.

잔 치

전 문	

산에서 나는 귀하고 값진 옥을 ⌐ 다듬어서 만든 그릇으로 술을 따라 마시는 ⧖ 작은 술잔을 표현

함자례 : 梔

廌	『해태』의 뜻을 가진다.

해태 치

소 전

사슴처럼 머리에는 외뿔이 나 있고 ⧈ 몸통은 말과 비슷한 생김새에 ⧈ 비늘로 덮여있는 상상속의 상서러운
동물인 해태를 표현
※ 해태 : 시비와 선악을 판단하여 안다고 하는 상상의 동물이라 한다.

함자례 : 薦

392

致 이를 치	『이르다, 도달하다, 다하다, 이루다 등』의 뜻을 가진다.

	금 문	소 전
	𣃔	𣃔

사람이 걸어 가서 𣃔 목적지에 도달하여 𠃊 이르렀음을 표현

※ '至'가 부수이고, '夊(뒤쳐올 치)'가 글자의 '방'으로 쓰일 때는 가끔 '攵(칠 복)'으로 표기되는 경우가 있다.

함자례(含字例) : 緻

治 다스릴 치	『다스리다, 고치다, 익히다, 돕다 등』의 뜻을 가진다.

	소 전
	治

1) 일정지역에 ㅂ 물길을 내고 토석으로 제방을 쌓아서 ㅌ 물을 巛 잘 흐르게 하여 홍수를 다스렸음을 표현

2) 산도를 ㅂ 따라 아이가 ㅌ 태어나듯 제방을 쌓고 물길을 巛 소통시켜 홍수를 다스려 나감을 표현

함자례 : 箛

則 법칙 칙 곧 즉	『법칙, 준칙, 본보기로 삼다, 본받다, 곧, 만일 등』의 뜻을 가진다.

	갑골문	금 문	소 전
	鼎刀	鼎刀	貝刀

제사용 신물(神物)인 청동의 솥에 鼎 날카로운 도구로 刀 국가의 제도나 법령을 새겨 놓은 것을 표현

나라의 제정법이니 '법칙'이 되고, 그 제정법이 곧 시행되니 '곧 즉'이 된다.

※ 기물을 만드는 주조 틀에 글씨를 새긴 刂 다음 청동의 금속을 녹여 부어서 솥貝 등을 제작함으로써 그 기물의 표면에 양각 또는 음각으로 나타난 古文이 종정문(鐘鼎文)이다.

함자례 : 側, 測, 惻, 厠, 廁

勅 칙서 칙	『칙서, 조서, 신칙하다, 꾸짖다, 삼가다 등』의 뜻을 가진다.

	금 문	소 전

있는 힘을 다해 丿 가시로 찌르듯 束 도사(道士)가 주문(呪文)으로 귀신을 쫓아내는데 쓰는 명령으로 꾸짖고

경계함을 표현(= 敕)

그 뜻이 전의되어 '칙서, 조서, 신칙하다'의 의미를 가진다고 한다.

함자례 : 鶒

亲 친할 친	『친하다, 가깝다, 사랑하다, 어버이, 친척 등』의 뜻을 가진다.

	금 문	전 문	

죄수가 몸(나무로 표현)에 ✶ 생채기(刺字)를 ☯ 당하고 옥에 갇혀 있는 것을 표현
   감옥에 갇혀 있는 가족을 면회하여 보살피고 옥바라지를 해주는 것으로 친한 관계임을 나타낸 것이다.

함자례(含字例) : 新, 親

親 친할 친	『친하다, 가깝다, 사랑하다, 어버이, 친척 등』의 뜻을 가진다.

	금 문	소 전

감옥에 갇혀 있는 가족을 ⟁ 면회하여 보살피고 ⟁ 옥바라지를 해주듯, 늘 곁에서 친히 자식을 돌봐주고
   사랑해 주는 이가 어버이임을 표현

함자례 : 櫬

漆 옻 칠	『옻, 옻나무, 검은 칠, 옻칠하다 등』의 뜻을 가진다.

	갑골문	금 문	소 전

생옻나무 ✶ 껍질에 각도로 흠집(생채기)을 ⌒ 내어 홈을 따라 떨어지는 수액을 ⫶ 채취한 게 옻임을 표현

함자례 : 膝, 漆

七 일곱 칠	『일곱, 일곱 번 등』의 뜻을 가진다.

	갑골문	금 문	소 전
	＋	＋	㇎

(甲) 가로획은 ― 전체, 모든 것을 나타내고, 세로획은 ｜ 전체를 잘라 분할한다는 뜻으로, 자형이 '十(열 십)'과
   같아지자 세로획을 굴곡지게 변형시켜 ㇈ 현재 자형으로 되었으며, 그 뜻이 파생되어 숫자 '일곱'을 표현
   (원뜻) 자를 절 → (바뀐 뜻) 일곱 칠 → (대체字로) 切 끊을 절
다른 자와 결합시 '자르다'의 뜻을 가진다.

함자례 : 切

394

寻 스며들 **침**	『스며들다, 조금씩 나아가다』의 뜻을 가진다.			
		갑골문	금문	전 문
			-	

손에 빗자루를 들고 일정 공간을 쓸어 들어가듯 침투해 스며들어 감을 표현

함자례(含字例) : 侵, 浸

侵 침노할 **침**	『침노하다, 엄습하다 등』의 뜻을 가진다.			
		갑골문	금문	전 문

(甲) 타인의 영역에 느닷없이 침입하여 소를 채찍으로 몰아 재물을 강탈해 감을 표현
(篆) 사람이 손에 빗자루를 들고 조금씩 쓸어들어가듯 타인의 영역을 침입해 들어감을 표현

함자례 : 寢, 寢

兓 날카로울 **침**	『날카롭다』의 뜻을 가진다.		
		금 문	소 전

명령 등의 전달 체계에 따라 뒤돌아서서 다음 사람에게 지체 없이 말하여 전하는 모양을 표현(= 朁)
뜻이 가차되어 '날카롭다'는 의미를 가진다고 한다.

함자례 : 朁

沈 잠길 **침** 성씨 **심**	『잠기다, 가라앉다, 빠지다, 성씨 등』의 뜻을 가진다.			
		갑골문	금문	소 전

(甲) 가축을 희생물로 삼아 강이나 호수를 다스리는 수신(水神)께 제물로 바치니 물속에 가라앉아 잠김을 표현
(金) 죄인을 희생물로 하여 수신께 제물로 바치니 결국은 물속에 가라앉아 잠기는 것을 표현
갑골문에서는 소나 양을 희생물로 했으나, 금문 이후는 중죄인(大)을 희생물로 대체했음을 나타낸다.

함자례 : 霃

爯

들 **칭**

『들다』의 뜻을 가진다.

갑 골 문		금 문		소 전
爯	爯	爯	爯	爯

(甲) 물속에 담가놓은 통발을 爯 손으로 들어 올려 爫 물고기잡이를 반복하는 것이 뜻대로 됨을 표현

　※ 갑골문에서 '爯'는 爯 통발로 물고기잡이를 반복하는 것이 마음이 원하는 대로 됨을 나타내고 있다.

(인) 물고기가 들어있는 통발을 爯 손으로 들어 올리듯이 爫 무게를 다는 물건을 저울의 고리에 걸고 추를
저울대에 건 뒤 양쪽을 들어 올려 수평이 되게끔 무게를 맞춰 닮을 표현

함자례(含字例) : 稱

' ㅋ '

고대 냉병기 시대에 군인들이 사용했던 무기로
군에서의 계급과 지위를 나타내는데

- 兵(병) : 최일선에서 작은 도끼를 들고 싸우는 사람을 이르고

- 土(사) : 장군 곁에서 큰 도끼를 휘두르며 경계 호위하는 높은 사람을 이르며

- 王(왕) : 특별히 큰 도끼로 무장하여 휘두르는 위엄 있고 용맹스러운 수령을 '왕'이라 하였다.

11. 『ㅋ』부

夬 터놓을 쾌	『터놓다, 정하다, 깍지 등』의 뜻을 가진다.

	갑 골 문		금 문	전 문	

(甲) 한쪽이 이지러진 옥환(玉環)을 ∪ 손으로 ╋ 건네주니 다른 한 사람이 손을 ∧ 내밀어 받는 모습으로, 이별할 때 정의(情誼)로 주는 물건(佩物)인 옥환의 한쪽이 터놓여 있는 모양새를 표현

※ 고대 왕과 귀족들이 이별을 고할 때는 이지러진 고리 모양의 패옥을 선물로 주며 서로를 소중히 여기고 다시 만날 것을 기대했다고 한다.

화살을 쏠 때 손가락 보호를 위해 끼는 '깍지'도 한쪽이 터진 모양에서 그 뜻을 갖게 되었다고 한다.

(人) 죄인에게 ★ 씌운 칼(형틀: 夬)의 한쪽을 벗겨 ㄱ 터놓은 모양을 표현

다른 자와 결합시 '이별' 또는 '한쪽이 터여 있는'의 뜻을 가진다.

함자례(含字例) : 猷, 決, 缺, 訣, 抉, 袂, 快

快 쾌할 쾌	『쾌하다, 상쾌하다, 시원하다, 빠르다 등』의 뜻을 가진다.

	소 전

마음속에 쌓여있던 답답한 감정이나 생각이 ∤ 터진 제방으로 물이 뿜어져 나오듯이 夬 왕창 터져 나가고 나니 속이 후련하고 상쾌해짐을 표현

함자례 : 筷

' ㅌ '

갑골문 형태로 보는 옛 조상의 행복관으로

- '幸(행)'은 제왕이 주신 것으로 죽을 즈음에 용서를 받고 사는 것이고
- '福(복)'은 하늘이 주는 것으로 신이 도와주어 풍족하고 평안한 것을 뜻한다.

복의 유형으로는

- 福(복) : 신에게 술을 바치고 섬기면 얻어지게 되는 복을 말하고
- 祉(지) : 신에게 다가가는 노력을 해서 하늘로부터 받게 되는 복을 말하며
- 祺(기) : 신이 가려서 주는 길한 복을 말하고
- 祐(우) : 신의 가호로 도움을 받는 복을 말하며
- 禧(희) : 신을 기쁘게 하면 내려지게 되는 복을 말한다.

12. 『ㅌ』부

它 다를 타 뱀 사	『다르다, 그것, 뱀 등』의 뜻을 가진다.

	갑 골 문			금 문			소 전

머리가 뾰족하고 ♢ 긴 몸에 발이 없는 ↄ 파충류로 뱀을 표현
  옛사람들의 눈에 뱀은 인간과는 적대적인 사악한 존재로 여겨 '다르다'는 뜻이 생겨난 것으로 추정하고 있다.
다른 자와 결합시 뱀의 모양처럼 '굽어 있다'는 뜻을 가진다.

함자례(含字例) : 蛇, 陀, 駝, 舵, 佗, 沱, 鮀, 紽

朵 늘어질 타	『늘어지다, 움직이다, 흔들다 등』의 뜻을 가진다.

소 전

나무 ✹ 위에 아리따운 여인이 ⌒ 올라가 있는 것처럼 나뭇가지에 크고 화사한 꽃이 곱게 피어 아래로
늘어져 흔들리는 모양을 표현

함자례 : 挆

妥 온당할 타	『온당하다, 마땅하다, 평온하다, 편안하다 등』의 뜻을 가진다.

	갑골문	금 문	소 전

남존여비 사상이 팽배했던 봉건시대에는 남성이 ⟍ 여성을 ⟁ 지배하는 것은 이치로 보아 마땅하고 온당한
일임을 표현

함자례 : 餒, 綏

打 칠 타	『치다, 때리다, 말하다, 세다 등』의 뜻을 가진다.

소 전

손에 ✹ 망치를 들고 못을 ⟁ 때려 박듯이 도구를 들고 어떤 물체를 내려침을 표현

함자례 : 朾

乇 부탁할 탁	『부탁하다, 풀잎』의 뜻을 가진다.

	갑골문	금문	소전
	ナ	ナ	乇

손 ━ 바닥을 ╯ 위로 향하도록 하여 힘을 써 물건을 들어올림을 표현

  손바닥 위로 들어 올린 물건을 상대에게 건네면서 어떤 일을 '부탁한다'는 의미로 뜻이 전의되었다.

함자례(含字例) : 乇, 托, 託, 宅

卓 높을 탁	『높다, 높이 세우다, 뛰어나다, 탁자 등』의 뜻을 가진다.

	갑골문	금문	소전
	卓	卓	卓

포획용 그물로 ❤ 장정을 ╮ 생포해서 징발하는 사람으로 그 능력이 높고 뛰어남을 표현

함자례 : 悼, 掉, 棹, 綽, 罩, 倬, 晫

呑 삼킬 탄	『삼키다』의 뜻을 가진다.

	소전
	呑

고개를 뒤로 젖혀 하늘을 ☴ 향해 입을 ▽ 벌린 뒤 음식을 넣고 씹어서 삼킴을 표현(= 呑)

함자례 : 捃

炭 숯 탄	『숯, 숯불, 재 등』의 뜻을 가진다.

	금문	소전
	炭	炭

산속의 ⛰ 벼랑 아래에서 ⌐ 베어진 나무를 숯가마에 넣고 불을 지펴 🔥 구워낸 숯을 표현

함자례 : 淡

404

羽 힘차게 날 **탑**	『힘차게 날다』의 뜻을 가진다. **소 전** ― 머리에 쓰개를 쓴 ⊡ 모양을 한 새가 날개짓을 ㉾ 힘차게 하여 날아가는 것을 표현 함자례(含字例) : 楊, 揚

湯 끓일 **탕**	『끓이다, 목욕하다, 끓인 물, 온천 등』의 뜻을 가진다. **금 문**	**소 전** 끓인물 모양	湯 모양 작렬하며 내리쬐는 뜨거운 햇볕과 ⊜ 같이 천연 온천에서 끓는 물이 ⑾ 솟아나는 것을 표현 함자례 : 蕩, 盪, 簜

宕 방탕할 **탕**	『방탕하다, 호탕하다, 방종하다 등』의 뜻을 가진다. **갑골문**	**금 문**	**소 전** 계곡의 너럭바위를 ⊡ 집을 ⌒ 삼을 만큼 지나치게 술자리를 즐기며 방탕하게 노는 것을 표현 함자례 : 碭

兌 바꿀 **태** 기쁠 **열**	『바꾸다, 기쁘다, 날카롭다 등』의 뜻을 가진다. **갑골문**	**금 문**	**소 전** 사람이 서서 ㇒ 입가에 ㅂ 주름이 질 정도로 ⌒ 크게 웃는 모습으로 기뻐함을 표현(= 悅) 　사람이 ㇒ 기쁨을 느껴 입을 ㅂ 크게 벌려 웃다가도 ⌒ 금새 얼굴 표정이 바뀌는 것에서 '바꾸다'의 뜻을 가지며, 그러다가 사람이 성을 낼 때에는 얼굴의 형상이 일그러져 날카로운 모습으로 변하는 데서 '날카롭다'는 의미로까지 그 뜻이 파생되었다. 함자례 : 稅, 帨, 說, 悅, 閱, 銳, 脫, 梲

'E'

405

台 별 태 기뻐할 이	『별, 기뻐하다, 나, 자기, 대, 돈대 등』의 뜻을 가진다.

	금 문	소 전
	년	년

1) 어머니 배 속에 ㅂ 있는 아이의 ㅇ 모습으로, 생겨날 때 별의 신성한 기운을 받아 생겨났음을 표현
   또 기다리던 아이가 생겨났으므로 기뻐할 일이고, 그렇게 해서 태어난 아이가 바로 자신인 나이기도
   함을 나타내었다 - 기뻐할 이, 나 이
2) 일정한 구획을 ㅁ 토석으로 단을 ㅅ 쌓아서 대를 만든 것을 표현 - 대 대, 돈대 대

함자례(含字例) : 始, 枲, 治, 怡, 貽, 飴, 詒, 治, 殆, 怠, 胎, 颱, 跆, 笞, 苔, 邰, 迨

太 클 태	『크다, 심하다, 처음, 첫째, 매우 등』의 뜻을 가진다.

금 문	소 전
太	太

큰 것 중에서도 大 최고인 - 것으로 특별히 크고 뛰어나게 큰 것임을 표현
※ 'ヽ'는 지사 부호로 '大'의 최고 정도(程度)인 극대 또는 무한대를 나타내며, 세상에 하나 밖에 없는 것을
   나타낼 때 주로 쓴다.

함자례 : 汰, 駄

泰 클 태 편안할 태	『크다, 심하다, 편안하다 등』의 뜻을 가진다.

금 문	전 문	
太	大	中

제천(祭天) 행사에 앞서 제주인 제사장을 大 물로 목욕재계를 시키는 것을 표현
   제천행사는 하늘에 대해 정성과 공경을 다해 받드는 일로 이런 의식은 나라가 주관하는 큰 행사로 나라가
   태평하고 백성들이 편안하기를 기원하는 데 목적을 두었다고 한다.

함자례 : 溙

宅 집 택 댁 댁	『집, 댁, 구덩이, 살다, 무덤, 자리잡다 등』의 뜻을 가진다.

갑 골 문		금 문		소 전
宋	宅	宋	宅	宅

집의 기둥, 대들보 등의 골조를 ∩ 손으로 들어올려 ㅓ 세워서 지은 집을 표현

함자례 : 侂, 咤, 詫

擇 가릴 택	『가리다, 고르다, 구분하다, 선택하다 등』의 뜻을 가진다.

	금 문	소 전
	𦀹 𦀹	擇

죄지은 사람들을 형틀에 붙들어 묶어 놓고 𦀹 지켜보며 𦀹 그가 한 행위 중 무엇이 잘못이고 무엇이 죄가 되는지 하나하나 가려서 구별해 𦀹 냄을 표현

함자례(含字例) : 擇

撑 버틸 탱	『버티다, 버팀목』의 뜻을 가진다.

	소 전
	-

국가 존립의 상징인 관청(궁궐)을 𦀹 적으로부터 지켜내기 위해 관군민이 합심하여 이를 𦀹 악물고 응전(應戰)하여 버텨내는 것을 표현

함자례 : 撑

土 흙 토	『흙, 땅, 국토, 장소, 지방 등』의 뜻을 가진다.

	갑 골 문			금 문	소 전
	𦀹	𦀹	𦀹	𦀹	土

땅 위에 있는 흙덩이의 𦀹 모양을 표현

다른 자와 결합시 흙 외에 '사람'으로 뜻도 가진다(예: 街, 赤, 達, 去 등).

함자례 : 壑, 坎, 堪, 壋, 坑, 堅, 境, 垌, 坤, 壙, 壞, 垢, 坵, 均, 圻, 埼, 壇, 塘, 坐, 坮, 塗, 堵, 墩, 杜, 釐, 釐, 壘, 埋, 墓, 坊, 培, 壁, 堡, 埠, 墳, 塞, 生, 墅, 塑, 塾, 埴, 垂, 壓, 埃, 壤, 堰, 域 .....

兎 토끼 토	『토끼』의 뜻을 가진다.

	갑 골 문		금 문		소 전
	𦀹	𦀹	𦀹	𦀹	𦀹

토끼(귀, 낯, 다리, 꼬리)의 모양을 표현

함자례 : 寃

討 칠 토	『치다, 정벌하다, 다스리다 등』의 뜻을 가진다. 금 문 / 소 전

어떤 나라에서 규범을 어기는 일을 자행했을 때 패자(霸者)의 위치에 있는 나라의 제후가 그 불의(不義)의 행위에 대해 잘못을 성토(聲討)하고 무력으로 쳐서 정의를 바로 세워 다스려 나감을 표현

함자례(含字例) : 罸

通 통할 통	『통하다, 통과하다, 알리다, 알다, 내왕하다 등』의 뜻을 가진다. 갑골문 / 금 문 / 소 전

갇혀 있던 물고기가 통발이 풀려 밖으로 빠져 달아나듯이 사람이 장애물에서 빠져나와 뻥 뚫린 길을 곧장 걸어서 통과함을 표현

함자례 : 樋

統 거느릴 통	『거느리다, 합치다, 계통, 줄기 등』의 뜻을 가진다. 소 전

아이를 낳아서 대를 이어가는 것처럼 고치를 켜 실을 뽑을 때 가닥가닥을 끊이지 않고 실 끝에서 실을 정리하여 묶은 것을 합사(合絲)를 하여 하나의 계통으로 쭉 이어지게 거느림을 표현

함자례 : 蓵

頹 무너질 퇴	『무너지다, 기울다, 쇠퇴하다, 쓰러지다 등』의 뜻을 가진다. 소 전

머리숱이 전혀 없는 민 머리 처럼 땅 위에 초목이 전혀 없는 언덕 지형의 경우 비가 오면 사태가 져 무너져내림을 표현

함자례 : 㥆

退 물러날 퇴	『물러나다, 물리치다, 사양하다, 떨어뜨리다, 쇠하다 등』의 뜻을 가진다.

	갑골문	금문	전문

(甲) 먼 길을 가야할 사람이 밥을 든든하게 먹고 길을 떠나기 위해 물러나옴을 표현(= 退)

(인) 눈을 크게 뜨고 서 있던 사람이 주변을 살피면서 뒷걸음질하여 물러남을 표현

함자례(含字例) : 腿, 褪

𠂤 쌓을 퇴	『쌓다, 언덕, 흙무더기』의 뜻을 가진다.

소 전

흙무더기가 여러 층으로 겹쳐 쌓여서 이루어진 언덕을 표현

함자례 : 阜, 師, 帥, 追

套 씌울 투	『씌우다, 덮개, 씌우개, 버릇 등』의 뜻을 가진다.

소 전
숙

겉모양은 속의 물체와 비슷하지만 속 물체보다 더 크고 길며 속의 것을 감쌀 수 있게 가죽 등 부드러운 재질로 만든 보호용 덮개를 씌워 놓은 것을 표현
보호용 덮개를 씌워 늘상 있게 하니 일상의 버릇이 되었다는 뜻도 아울러 갖고 있다.

함자례 : 籞

特 특별할 특	『특별하다, 뛰어나다, 수소, 수컷, 특히 등』의 뜻을 가진다.

금문	소전

관청(廟: 묘회)에서 신에게 제사를 지낼 때 바치는 제물로 생김새는 물론 뿔과 몸의 빛깔이 완벽한 수소만을 사용한 데서 특별함을 표현
오로지 제사를 지낼 때 제물로 바치는 데 쓰이는 특별한 수송아지를 '特'이라 한다.

함자례 : 螜

'표'

가죽의 가공 정도에 따라 구분하는 내용으로

- 皮(피) : 짐승의 몸에서 갓 벗겨낸 털이 붙어 있는 '생가죽'을 뜻하고
- 革(혁) : 겉 털을 모두 제거하여 종전의 모습이 남아 있지 않은 '순수 가죽'을 뜻하며
- 韋(위) : 순수 가죽을 화학적 처리 후 두 발로 어긋나게 밟아 기름기를 완전히 제거하여
  부드럽게 만든 '무두질한 가죽'을 뜻한다.

13. 『ㅍ』부

派 갈래 파	『갈래, 흐르다, 갈라지다 등』의 뜻을 가진다.
	소 전 (전서 이미지)
하천 또는 강의 물줄기가 갈라져서 흐르는 것을 표현	
함자례(含字例) : 脈, 霢, 派	

朮 삼베 파	『삼베』의 뜻을 가진다.
	소 전 (전서 이미지)
삼 껍질을 벗겨 삼실 타래를 만들어 놓은 것을 표현	
함자례 : 麻, 痲	

巴 땅이름 파	『땅이름, 꼬리, 뱀 등』의 뜻을 가진다.

갑 골 문			금 문	전 문	
(이미지)	(이미지)	(이미지)	-	(이미지)	(이미지)

옛적 중국 서남의 고산 지방에서 긴팔로 더위잡으며 산을 잘 타는 사람들이 살던 지역으로 '파' 땅을 표현
그 뜻이 가차되어 '꼬리'라는 뜻도 가지며, 다른 자와 결합시 '팔을 앞으로 내밀고 꿇은 사람'의 뜻을
지니고 있다.

함자례 : 肥, 把, 芭, 琶, 爬, 杷, 豝

皅 꽃힐 파	『꽃이 희다』의 뜻을 가진다.
	소 전 -
팔을 내밀고 꿇어앉은 사람이 서역인(西域人)으로 그 얼굴빛이 하얀 것처럼 꽃의 색깔이 힘을 표현	
함자례 : 葩	

413

波 물결 **파**	『물결, 파도, 수류, 눈빛, 주름, 방죽 등』의 뜻을 가진다.

금 문	소 전
𣲷	𣲷

바람이 불어주니 물의 𣲷 껍질(표면)이 갈라져서 皮 파도인 물결이 일어남을 표현

함자례(含字例) : 婆

罷 마칠 **파**	『마치다, 그만두다, 놓치다, 방면하다, 물러가다 등』의 뜻을 가진다.

소 전
𦋽

포획 틀인 그물에 🔲 갇힌 곰이 🐻 그물을 찢고 빠져 달아났음을 표현
　결국 곰이 그물을 찢고 달아남으로써 포획하는 일을 마치게 됨을 나타낸 것이다.

함자례 : 擺

叵 어려울 **파**	『어렵다, 불가하다, 드디어, 자못』의 뜻을 가진다.

소 전
叵

'可'를 반대로 쓴 지사 자형으로 叵 그 뜻은 행하기가 불가하고 통용되기 어려움을 표현
　※ 자형 모양이 반대로 쓰인 자로는 '可'의 반대로 '叵'가 있고, '司'의 반대로 '后'가 있다.

함자례 : 區

判 판단할 **판**	『판단하다, 판결하다, 가르다, 나누다, 판단 등』의 뜻을 가진다.

소 전
判

잡은 소를 반으로 半 공평하게 나눈 것과 같이, 사건의 진실한 실체를 알아내기 위해 쪼개고 刂 쪼개서
　올바르게 판단함을 표현

함자례 : 鴛

八

여덟 **팔**

『여덟, 나누다 등』의 뜻을 가진다.

갑골문	금 문	소 전
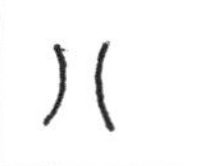		

서로 등지고 있는 두 개의 굽은 선으로)(물체가 두 부분으로 나누어진 모양을 표현

세분화할 필요가 있는 극한의 수로, 수를 한계까지 세고 나서 거기서 잘라 나눔을 나타낸 것이라고 한다. 다른 자와 결합시 '나누다, 분리하다, 구별하다'의 뜻을 가진다.

함자례(含字例) : 公, 分, 关, 㕣, 肖, 酋, 兑, 兮

貝

조개 **패**

『조개, 돈, 재화, 보화, 비단 등』의 뜻을 가진다.

갑골문	금 문		소 전

입을 벌리고 있는 조개의 모양을 표현

고대에는 특수한 조개를 화폐로 사용하였기에, 다른 자와 결합시 '화폐, 재물 등'의 뜻을 가진다.

함자례 : 賈, 賡, 貢, 貫, 購, 貴, 貸, 賭, 賂, 賚, 買, 貿, 賠, 寶, 賦, 賻, 責, 費, 賓, 貧, 賜, 賞, 贍 ......

孛

살별 **패**

『살별, 혜성, 빛이 환히 나는 모양』의 뜻을 가진다.

갑골문	금 문	전 문	

(甲) 어린아이가 초목의 새싹과도 같이 폭발적으로 왕성하게 자라는 것을 표현

그 뜻이 가차되어 '살별'로 쓰여지고 있다.

(인) 아이가 子 일어나서 힘껏 달려가는 움직임이 빠르게 날아가는 살별(혜성)과 같음을 표현

함자례 : 勃, 浡, 悖

敗

패할 **패**

『패하다, 지다, 무너지다, 깨어지다, 썩다 등』의 뜻을 가진다.

갑 골 문		금 문	소 전

전쟁에서 이긴 나라의 군대가 패배한 나라의 보배로운 값진 물건과 지존을 상징하는 제기인 솥을 파괴함으로써 한 나라가 완전히 망해 패한 것을 표현

함자례 : 闝

彭 성씨 팽	『성씨, 북치는 소리 등』의 뜻을 가진다.

	갑골문	금 문	소 전
	彭	彭	彭

북을 치니 진동으로 소리가 울려 퍼짐을 표현

  오래도록 정교한 북을 만들고 관리하는 일을 업으로 삼으므로 해서 그 일 자체가 한 가계를 상징하는 성씨로 화한 것이 아닌가 추정해 볼 수 있다.

함자례(含字例) : 膨, 澎

烹 삶을 팽	『삶다』의 뜻을 가진다.

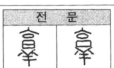

(篆) 사당에 모신 조상신이 향유할 제물로 양고기를 바치기 위해 솥에 불을 때어 삶음을 표현
(인) 조상신이 향유할 제물을 솥에 안치고 불을 때어 삶음을 표현

함자례 : 醇

片 조각 편	『조각, 쪽, 쪼개다 등』의 뜻을 가진다.

	갑골문	금 문	소 전
	片	-	片

통나무를 쪼갤 때 쪼개진 면이 왼쪽인 나뭇조각을 표현
다른 자와 결합시 '가공된 목재나 작게 조각낸 나무판'의 뜻을 나타낸다.

함자례 : 牘, 牓, 牖, 牋, 牖, 牒, 版, 牌

扁 납작할 편·변	『납작하다, 작다, 좁다, 현판, 편액, 두루, 널리 등』의 뜻을 가진다.

	금 문	소 전
	扁	扁

출입하는 문의 문미(門楣) 위쪽에 호주의 성명이나 아호를 나타내어 걸어놓은 작고 납작한 편액을 표현

함자례 : 偏, 篇, 編, 遍, 騙, 翩, 徧, 褊, 諞

416

平 평평할 평	『평평하다, 고르다, 평안하다, 평정하다 등』의 뜻을 가진다.

	금 문	소 전
	至	琴

나팔을 불어서 至 나오는 음조가 八 길고 안정되며 기복 변화가 없이 평평하고 무사 평안하며 경계하는 느낌이 없는 평탄한 소리를 표현

함자례(含字例) : 秤, 伻, 評, 坪, 苹, 枰

泙 물소리 평	『물소리』의 뜻을 가진다.

	소 전
	泙

입으로 부는 나팔소리의 琴 음이 평평하게 나는 것과 같이 시냇물이 ﹏ 끊임없이 흘러가면서 고르게 내는 물소리를 표현

함자례 : 萍

㡀 해진 옷 폐	『해진 옷, 옷이 해진 모양』의 뜻을 가진다.

	갑골문	금 문	소 전
	㡀	柴	㡀

천으로 된 옷이 巾 오래되어 너무 낡아서 찢어진 데 八 또 찢어져 八 해진 것을 표현

함자례 : 敝

敝 해질 폐	『해지다, 깨지다, 버리다 등』의 뜻을 가진다.

	갑골문	금 문	소 전
	㡀攵	㡀攵	-	㡀攵

오랫동안 입은 낡은 옷을 巾 빨래하거나 다듬이질할 때 방망이로 두드리니 攵 삭은 천이 되어서 손을 보면 볼수록 더욱 해지는 것을 표현

함자례 : 瞥, 鼈, 鷩, 繺, 撇, 弊, 蔽, 幣, 斃

417

帗 화폐 폐 두를 잡	『화폐, 비단, 폐백, 두르다』의 뜻을 가진다.

<table>
<tr><td></td><td>소 전</td></tr>
<tr><td></td><td>帗</td></tr>
</table>

옛날에 고급 사은품이나 폐백으로 쓰인 정교하게 수놓은 특수 ⌐ 비단인 천을 帗 돈 대신 거래 수단인 화폐로 사용하였음을 표현

함자례(含字例) : 絮

廢 폐할 폐	『폐하다, 버리다, 부서지다, 그치다, 무너지다, 쇠퇴하다 등』의 뜻을 가진다.

<table>
<tr><td></td><td>소 전</td></tr>
<tr><td></td><td>廢</td></tr>
</table>

활을 쏘고 弓 창으로 찌르며 戈 앞으로 공격해 가는 癶 전쟁의 과정에서 나타난 폐해로 사람들이 죽고 집과 시설들이 广 완전 파괴되어 버려진(폐해진) 상태를 표현

함자례 : 籛

勹 쌀 포	『싸다』의 뜻을 가진다.

갑 골 문		금 문		소 전
勹	勹	勹	勹	勹

사람이 몸을 구부리고 두 팔로 勹 감싸 안는 모양을 표현

함자례 : 句, 旬, 勾, 匊, 勻, 匐, 匐, 勺, 甸, 包, 匈

包 쌀 포	『싸다, 감싸다, 포용하다, 아이를 배다, 꾸러미, 보따리 등』의 뜻을 가진다.

갑 골 문		금 문		소 전
包	包	包	包	包

뱃속의 태아를 巳 태막으로 둥글게 ◇ 감싸고 있는 모양을 표현

함자례 : 雹, 抱, 飽, 泡, 胞, 砲, 庖, 鮑, 袍, 苞, 匏, 咆, 疱, 炮, 炰

布 펼 포 보시 보	『펴다, 베풀다, 벌이다, 베, 보시』의 뜻을 가진다.

	금 문	소 전
	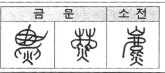	

손에 잡은 막대로✍ 베를✿ 가로질러 걸쳐 들고서 길게 펼침을 표현

함자례(含字例) : 怖, 佈, 希

麃 큰 사슴 포	『큰사슴, 고라니, 김을 매다』의 뜻을 가진다.

불꽃(불똥)이 ⚡ 바람에 날리는 것처럼 빠르게 내달리는 짐승인🦌 큰 사슴을 표현
　큰사슴(고라니)이 지나가며 곡식의 순을 뜯어먹은 자리가 김을 맨 것과 같이 깨끗해진다는 뜻도 가진다.

함자례 : 鑣, 儦, 瀌

匍 길 포	『기다, 기어가다, 갈다, 문지르다』의 뜻을 가진다.

사람의 몸을🤚 통발처럼 둥글게 만 상태로✍ 땅에 바짝 붙여 기어감을 표현

함자례(含字例) : 葡

浦 개 포	『개, 물가, 포구, 바닷가 등』의 뜻을 가진다.

	소 전

물고기를 잡기 위해 그물 통발을🪤 설치하는 곳이 밀물과 썰물이 ∭ 드나드는 갯가나 바닷가임을 표현

함자례 : 蒲

暴 사나울 폭·포	『사납다, 난폭하다, 해치다, 쬐다, 햇볕에 말리다, 드러나다 등』의 뜻을 가진다.

	갑골문	금 문	전 문

(甲) 사슴(짐승) 가죽을  사납게 내리쬐는 햇볕에 ㅂ 드러내어 널어서 말림을 표현

(金) 양식으로 쓸 보리를 오래도록 보존하기 위해 내리쬐는 햇볕에 ㅁ 널어서 말림을 표현

(篆) 짐승의 가죽이나 양식으로 쓸 곡물을 오래도록 보존하기 위해 사납게 내리쬐는 햇볕에 ㅁ 드러내어 말림을 표현

(원뜻) 햇볕에 쬘 폭 → (바뀐 뜻) 사나울 폭 → (대체字로) 曝 쬘 폭

함자례 : 㿺, 爆, 曝, 瀑

髟 늘어질 표	『(머리털이) 늘어지다, 말갈기 등』의 뜻을 가진다.

소 전

길게 자란 머리카락을 늘어뜨리고 있는 모양을 표현

함자례(含字例) : 髻, 髠, 鬆, 髢, 髦, 髮, 髮, 鬚, 鬍, 髯, 鬢, 髭

猋 개 달리는 모양 표	『개 달리는 모양, 달리다』의 뜻을 가진다.

소 전

개가 무리지어 달리는 모양을 표현

함자례 : 飇, 飆

表 겉 표	『겉, 거죽, 바깥, 표, 모범, 푯말, 표지 등』의 뜻을 가진다.

갑골문	금 문	전 문

털이 있는 가죽으로 지은 옷으로 털갗이 겉(바깥쪽)으로 가게 만든 모양을 표현

함자례 : 俵

票 表 표	『표, 증표, 쪽지, 불똥, 가볍게 타오르는 모양, 빠르다 등』의 뜻을 가진다.

	소 전
	票

(篆) 세차게 타는 불꽃이 火 일렁이며 불똥과 함께 솟구쳐 오르니 ― 정수리(얼굴)에 囟 와닿는 뜨거운 열기를 두 손으로 廾 가리는 모양을 표현

불꽃이 불똥을 일으키며 가볍게 타오르는 모양을 나타낸 것이나, 그 뒤에 뜻이 전의되고 변이되어 얇은 종이조각인 '표'와 '쪽지'라는 의미로 바뀌었다고 한다.

(인) 제탁 兀 위에 점괘가 쓰여져 있는 쪽지가 ― 덮여져 襾 있음을 표현

함자례 : 標, 飄, 漂, 剽, 瓢, 慓, 摽, 嘌, 驃

品 물건 품	『물건, 물품, 등급, 품위, 종류, 온갖 등』의 뜻을 가진다.

갑골문		금 문		소전
品	品	品	品	品

1) 여러 사람이 모여 어떤 물건의 좋고 나쁨에 대한 의견을 서로 나누어 品 등급을 말하는 것을 표현

2) 여러 가지 물건이 함께 놓여있거나 차곡차곡 쌓아 놓은 品 많은 물품의 모양을 표현

여기서 물건이라는 뜻이 일반 물품의 '종류'나, 직위의 '등급' 등으로까지 확대·파생되어 간 것이라 한다.

함자례(含字例) : 區, 臨, 嵒

稟 여쭐 품 곳집 름	『여쭈다, 아뢰다, 주다, 삼가다, 곳집 등』의 뜻을 가진다.

갑골문	금 문	소 전
稟	稟	稟

곳간에 ∧ 보관하고 있는 곡식의 ◊◊ 양을 하인이 헤아려서 주인께 아뢰어 올림을 표현

지붕과 ─ 보관시설을 回 갖춘 것으로 곡식을 禾 저장하는 시설이 '곳집'이기도 하다.

함자례 : 凜, 廩, 懍

風 바람 풍	『바람, 바람불다, 풍자하다, 움직이다 등』의 뜻을 가진다.

	전 문	
風	風	風

1) 지상의 기운이 공중으로 올라와 ꜥꜥ 큰 붕새(조류)를 几 날 수 있게 해주는 공기의 흐름이 ꜥꜥ 바람임을 표현

2) 공기의 흐름이 돛에 ꜥ 와 닿으니 그 표면이 벌레처럼 ꜥ 꿈틀거리며 배를 가게 하는 힘이 바람임을 표현

함자례 : 嵐, 颯, 颲, 颼, 飆, 颶, 飈, 楓, 諷

豊	『풍년, 풍년이 들다, 풍성하다, 예도, 굽 높은 그릇 등』의 뜻을 가진다.					
풍년 **풍** 굽높은그릇 **례**		갑 골 문		금 문	전 문	
		豊	豊	豊	豊	豊

풍년이 들어 논밭 등에서 생산한 온갖 산물로 만든 제물을  제기에  풍성하게 올려 조상과 신령님께

   제사를 지내며 예물을 바치는 것을 표현

원래는 신께 제사를 지낼 때 진귀한 제물을  진설하는 제기인 '굽 높은 그릇'에  담아 응당 자손으로서

   해야 할 '예도'를 다하는 뜻을 나타낸 것이라 한다. - 예도 례, 굽 높은 그릇 례

   (원뜻) 예도 례 → (바뀐 뜻) 풍년 풍 → (대체자로) 禮 예도 례

함자례 : 醴, 鱧, 艶, 禮, 澧, 體

皮	『가죽, 껍질, 표면, 갈라지다, 벗기다 등』의 뜻을 가진다.				
가죽 **피**		갑골문	금 문	전 문	
		𠬶	𠬶	皮	皮 皮

1) 상고시대 죄수들이 ⌒ 비명을 지르며 ∪ 산 채로 껍질(연조직)이 벗겨지는 ⼚ 혹형을 받음을 표현

2) 갓 잡은 동물에게서 ⼙ 손으로 ⼒ 벗겨낸 겉가죽을 표현

다른 자와 결합시 '가죽, 껍질, 겉, 갈라지다 등'의 뜻을 가진다.

함자례(含字例) : 皺, 波, 破, 頗, 坡, 婆, 被, 彼, 疲, 披, 跛, 陂, 詖

筆	『붓, 글씨, 필기구, 글자를 쓰다 등』의 뜻을 가진다.			
붓 **필**		갑골문	금 문	전 문
		聿	聿	筆 筆

대나무를 ⺮ 재료로 해서 만든 붓을 ⼈ 손에 ⼔ 잡고 글씨를 씀을 표현

함자례 : 潷

必	『반드시, 틀림없이, 오로지, 이루어내다 등』의 뜻을 가진다.		
반드시 **필**		금 문	소 전
		必 必	必

창이나 화살과 같은 병장기는 ⼘ 손쉽고 재빠르게 사용하기 위해 그 종류의 유형별로 구분해서 ⼃⼁ 반드시

   보관 관리해야 함을 표현

함자례 : 宓, 祕, 毖, 秘, 閟, 泌, 泌, 苾, 秘, 鈊, 佖, 珌, 飶, 怭, 駜

422

匹 짝 필	『짝, 짝짓다, 혼자, 필, 맞서다 등』의 뜻을 가진다.		
		금 문	소 전
		𠤲 𠤳	匹

(金) 나오고 들어간 부위가 서로 꼭 들어맞는 양쪽의 돌로 𠤲 짝짓기를 하여 쌓은 석조(石造)를 표현
　여기서 뜻이 확대되어 남녀 간에 서로 '짝'이란 뜻으로 '짝짓다'의 의미가 생겨났고, 다른 한편 뜻이
　역설적으로 파생되어 '짝을 이루지 못했다'에서 '단독. 혼자'의 뜻을 갖게 되었으며, 이에 근거하여 노새,
　말과 비단 등의 개개의 수량을 나타내는 수사로 '필'의 뜻으로도 의미가 확대되어 쓰이고 있다 한다.
(인) 긴 천을 양쪽 끝에서부터 나누어 八 반씩 말아 짝을 지어 상자에 匸 보관한 데서 짝으로 표현

함자례 : 甚

畢 마칠 필	『마치다, 끝내다, 다하다, 빠르다, 그물, 마침내, 모두 등』의 뜻을 가진다.			
		갑골문	금 문	소 전
		畢	畢 畢	畢

1) 농사를 끝낸 논에서 田 봄철에 무논에 풀어놓았던 물고기를 떠는 그물로 𢆡 다 잡아들이면 한 해의 일이
　모두 마쳐지는 것을 표현
2) 댓살로 만든 그물모양의 덮개로 땅 위에 새덫을 田 설치하여 날짐승을 잡는 𢆡 것을 표현
　날짐승의 사냥은 주로 농사일을 마치고 난 뒤에 함으로 해서 '마침'의 뜻을 가진 것으로 보는 설이다.

함자례(含字例) : 韠, 蹕

乏 모자랄 핍	『모자라다, 부족하다, 가난하다, 떨어지다, 피곤하다 등』의 뜻을 가진다.		
		금 문	소 전
		乏	乏

약탈을 해 오는 전쟁에 나가 屮 싸움에서 져 丿 노획물 없이 빈손으로 돌아오니 먹을 것이 모자라 가난하게
　살게 됨을 표현(= 正, 乏)
※ 패덕한 군주를 치러가는 '정(正)'의 전쟁과는 반대되는 자형(乏)으로 출정 자체가 당위성이 없는 싸움으로
　보는 것이다.

함자례 : 泛, 貶

'흥'

숫자를 제자(製字)할 때 각 숫자에 합당한 현상을 당겨와서 근거로 하였는데, 그 실제를 보면

- 十(십) : 일의 한 단락을 완결했다는 사실을 끈에 매듭을 지어 기록한 것으로 '十'을 표현했고
- 百(백) : 혀와 입으로 계속해서 말을 엄청 많이 하는 걸로 '百'을 표현했으며
- 千(천) ; 사람이 쉬지 않고 끊임없이 걸음을 많이 걷는 걸로 '千'을 표현했고
- 萬(만) : 산 계곡의 돌벼랑에 대량으로 퍼져 살고 있는 맹독을 가진 전갈로 '萬'을 표현했으며
- 億(억) : 사람이 마음적으로 끝도 갓도 없이 무한히 동경하며 살아가는 데서 '億'을 표현했다.

◆ 數의 단위(만 단위로 증가) :

一(일) → 萬(만) → 億(억) → 兆(조) → 京(경) → 垓(해) → 秭(자) → 穰(양) → 溝(구) → 澗(간) → 正(정) → 載(재) → 極(극) → 恒河沙(항하사) → 阿僧祇(아승기) → 那由他(나유타) → 不可思議(불가사의) → 無量大數(무량대수 : 10^{68})

◆ 小數 단위(1/10 단위로 감소) :

一(일) → 割(할) → 分(푼) → 厘(리) → 毛(모) → 忽(홀) → 微(미) → 纖(섬) → 沙(사) → 塵(진) → 埃(애) → 渺(묘) → 漠(막) → 模糊(모호) → 逡巡(준순) → 須臾(수유) → 瞬息(순식) → 彈指(탄지) → 刹那(찰나) → 六德(육덕) → 虛空(허공) → 淸淨(청정 : 10^{-22})

14.『 ㅎ 』부

下 아래 하	『아래, 밑, 낮다, 뒤, 내리다, 손아래, 백성 등』의 뜻을 가진다.

	갑골문		금 문		전 문	
	⌒	⌒	=	下	丁	下

어떤 기준선보다 ⌒ 낮은 위치의 − 것을 아래로 표현

함자례(含字例) : 芐, 吓

夏 여름 하	『여름, 하나라, 중국 등』의 뜻을 가진다.

	갑골문		금 문			소 전
	𤴝	𤴝	𤰇	𦥑	𦥑	𠀇

(甲) 해가 ⌒ 머리 위에서 직사광선을 내리쬐면 농부가 ≬ 머리를 써 ▷ 생계를 생각하는 계절로 여름을 표현
(金) 태양이 ◎ 북반구로 회귀하니 사람들은 천체를 관측하여 농사에 이용하는 ☀ 한편, 손으로 땅을 가꾸고 ≬ 발로 농기구를 끌며 ⍦ 철에 맞게 농사일을 하는 매우 바쁜 계절이 여름임을 표현

함자례 : 廈, 厦

寏 틈 하	『틈, 틈새』의 뜻을 가진다.

	금 문		소 전
	𡨄	𡨄	𡨄

사람이 ⅃ 집 안에서 ⌒ 풀더미를 깔고 덮고 가려서 ⸶⸶ 틈새로 들어오는 한기를 막음을 표현
  차가운 공기가 새어 들어올 정도로 벽체나 문틀에 '틈새'가 나 있는 상태를 나타낸 것이다.

함자례 : 騫, 蹇, 褰, 寋, 寒, 賽, 寨, 寒

河 내 하	『내, 강, 물, 황하 등』의 뜻을 가진다.

	갑골문		금 문		소 전
	河	河	河	河	河

배가 없이는 건널 수 없기에 그래서 배를 불러 ⌐ 건너야 하는 큰 강으로 ⌇ 중국 북쪽에서 가장 큰 대천인 황하를 표현

함자례 : 菏

何 어찌 하	『어찌, 어느, 어떤, 무엇, 나무라다 등』의 뜻을 가진다.			
	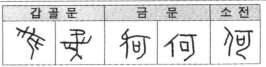			
	갑골문		금문	소전

(甲) 유랑자가 ⚲ 막대기에 짐을 걸어 어깨에 메고 ⚹ 어디론가 가는 모습을 표현
　　유랑민이 앞으로 어찌 살아야 할지, 무엇을 하며 살아야 할지에서 '어찌, 무엇' 등의 뜻이 파생되어
　　나왔다고 한다.
(인) 인간은 亻 옳은 可 것으로 무엇이, 얼마나, 어찌 되는지 그 가치를 가늠한다는 데서 '어찌'의 뜻을 가짐을
　　표현
　　(원뜻) (짐)멜 하 → (바뀐 뜻) 어찌 하 → (대체자로) 荷 멜 하

함자례(含字例) : 荷, 呵

虐 사나울 학	『사납다, 모지다, 혹독하다, 해치다 등』의 뜻을 가진다.			

	갑골문		금문	전 문

입을 크게 벌린 사나운 호랑이가 🐾 발톱으로 살아 있는 사람을 亻 공격하여 해치는(잡아먹는) 내용을 표현

함자례 : 謔, 瘧

叡 골 학	『골, 골짜기, 도랑, 구렁, 해자 등』의 뜻을 가진다.	

	전 문	

죽은 사람의 시신을 ⺆ 절벽인 낭떠러지로 던져 ⺄ 풍장(風葬)을 지내던 깊은 계곡으로 回 골짜기를 표현
　　매장 풍속이 생기기 이전 상고시대는 망자의 유해를 절벽에 던져 처리했다고 한다. 시신을 깊은 계곡에
　　던져 풍장을 치르던 것을 '墜(추)'라 하고, 던져서 장례를 행하던 장소로 깊은 계곡을 '壑(학)'이라 한다.

함자례 : 壑

學 배울 학	『배우다, 공부하다, 흉내내다, 학생, 학문』의 뜻을 가진다.			
	갑골문		금문	소전

아이가 ⼦ 집에서 ⌒ 두 손을 움직여 🤲 나무를 다듬거나 실로 천을 짜는 ⼳ 방법을 익혀 스스로 세상 사는
　　법을 배우고 있음을 표현

함자례 : 斅

罕 드물 한	『드물다, 희소하다, 그물 등』의 뜻을 가진다. 소 전

그물망과 ⋒ 긴 막대 끝에 U자형의 쇠를 꽂은 창(작살)으로 ⴑ 좀처럼 보기 드문 희귀하고 기이한 먹잇감을 사냥한 것을 표현

함자례(含字例) : 浮

翰 편지 한	『편지, 글, 날개, 붓, 깃털 등』의 뜻을 가진다.

갑골문	금 문	전 문	

전장으로 행군해 가는 부대의 ⸀ 깃대에 아름다운 깃털로⸀ 장식한 깃발이 바람에 날리는⸀ 모양을 표현
세월의 흐름에 따라 그 뜻이 바뀌어 '깃발에 장식한 깃털'에서 '장군의 투구에 꽂은 깃털'로, 또 '붓'으로
'글과 편지'로 차츰차츰 뜻이 전의되어 간 것이라 한다.

함자례 : 瀚

旱 가물 한	『가물다, 사납다, 가뭄 등』의 뜻을 가진다. 소 전 旱

맑은 날이 계속되어 해가 ⊟ 비를 막고 ⴑ 있음으로 인해 가물게 됨을 표현

함자례 : 桿, 稈, 悍, 睅

閑 한가할 한	『한가하다, 막다, 가로막다, 한정하다, 관심이 없다 등』의 뜻을 가진다.

금 문	소 전

(金) 방문과 ⴒⴓ 침상 사이에 시야를 가리는 나무 가리개를 ⋇ 세워 침실 안의 사생활을 보호해 줌으로써
　　한가하게 자유를 누릴 수 있음을 표현
(인) 출입문에 ⴒⴓ 차단 목책을 ⽊ 설치하여 사람들의 왕래를 막고 있으니 그로 인해 안이 한가하게 됨을 표현

함자례 : 瀾

閒 한가할 한	『한가하다』의 뜻을 가진다.

	금 문		소 전
	閒	閒	閒

방문 사이로 閒 하늘에 떠 있는 달을 月 바라보며 자유롭게 여가를 즐기고 있는 상태로 한가함을 표현

함자례(含字例) : 瞷, 蕑, 僴

漢 한나라 한	『한나라, 한수, 은하수, 사나이 등』의 뜻을 가진다.

	금 문		전 문	
	漢	漢	漢	漢

고대 중원 황제가 黃 지배 통치했던 영토의 범위로서 서쪽 경계로 삼은 강으로 川 양쯔강의 큰 지류인 한수(漢水)를 표현

고대 중국 서북 민족이 황제 통치하에 있던 중원 민족을 일컫는 칭호를 '한(漢)'이라 하였고, 기원전 202년 유방이 중원에서 개창한 왕조의 나라 이름이 '漢'이기도 하다.

함자례 : 灘

刐 벨 할	『베다, 끊어버리다, 가르다 등』의 뜻을 가진다.

	소 전
	刐

(篆) '割(벨 할)'의 본자로, 범법행위를 한 자신에게 불리한 진술이나 증언을 하지 못하도록 사람들을 잡아다가 칼로 刀 혀를 베어 버리는 舌 악행을 표현

(인) 합쳐져서 合 한 덩어리로 된 물건을 칼로 刂 베어 자르거나 나눔을 표현

함자례 : 剳

臽 함정 함	『함정, 구덩이』의 뜻을 가진다.

	갑 골 문		금 문	소 전

사람이 人 함정인 구덩이(허방다리)에 凵 빠져 있음을 표현

함자례 : 歆, 萏, 窞, 閻, 焰, 燄, 諂, 陷

含 머금을 **함**	『머금다, 품다, 싸다, 참다 등』의 뜻을 가진다.

새가 덫 안에 갇혀 있듯 음식을 입안에 ㅂ 넣은 상태로 씹거나 삼키지를 않고 머금고 있음을 표현

함자례(含字例) : 頷

函 함 **함**	『함, 상자, 갑옷, 편지 등』의 뜻을 가진다.

(甲) 화살을 ⚊ 넣어 들고 다닐 수 있게 만든 통인 ♡ 함을 표현

(인) 나무로 만든 상자 안에 ㄴ 담긴 내용물과 ✕ 뚜껑의 ― 모습을 표현

함자례 : 涵, 菡

咸 다 **함**	『다, 모두, 소금기가 있다 등』의 뜻을 가진다.

전장터에서 군사들이 창검의 무기를 ⫟ 들고 적진을 향해 쳐들어가면서 산천이 떠나갈 듯이 다 함께 큰
　소리로 ㅂ 함성을 지름을 표현
　(원뜻) 고함지를 함 → (바뀐 뜻) 다 함 → (대체자로) 喊 고함지를 함

함자례 : 感, 減, 减, 憾, 箴, 鍼, 脅, 鹹, 緘, 喊, 諴

鬫 범소리 **함** 바라볼 **감**	『범의 소리, 고함치다, 바라보다, 엿보다』의 뜻을 가진다.

1) 사나운 동물인 敢 범 두 마리가 맞붙어 맹렬하게 싸우면서 鬥 내지르는 소리인 '범의 소리 함(鬫)'자를
　이체자로 달리 표현

2) 높은 곳을 두려워하지 않고 대담하게 敢 큰 문을 가진 고층 건물 위에 門 서서 아래를 향해 바라봄을
　표현 – 바라볼 감

함자례 : 䁚

合 합할 합	『합하다, 모으다, 만나다, 적합하다, 홉 등』의 뜻을 가진다.

	갑골문	금 문	소 전
	合	合	合

그릇의 규격에 ㅂ 꼭 맞는 뚜껑을 ⌒ 덮어 합쳐진 모양을 표현

함자례(含字例) : 龕, 跲, 給, 拿, 答, 拾, 盒, 哈, 閤, 蛤, 冾, 恰, 洽, 翕

盍 덮을 합	『덮다, 합하다, 어찌 아니하다 등』의 뜻을 가진다.

	금 문	소 전
	盍	盍

음식(물건)을 담은 그릇에 ⁂ 뚜껑이 ⌒ 덮혀져 있음을 표현
뚜껑이 있는데도 어찌 아니 덮는가에서 '어찌 아니하다'의 뜻이 생겼다고 한다.

함자례 : 蓋, 饁, 闔, 嗑

亢 높을 항	『높다, 극진히 하다, 겨루다, 목 등』의 뜻을 가진다.

	갑골문	금 문	소 전
	大	大	大	亢

두 다리를 고정한 채 ∧ 목을 길게 ▉고 ⧊ 우뚝 서 있는 사람을 표현
목은 신체의 높은 부위에 있기 때문에 '높다'는 의미를 가진다.

함자례 : 坑, 秔, 抗, 航, 沆, 杭, 伉, 頏, 炕

巷 거리 항	『거리, 문밖 등』의 뜻을 가진다.

	전 문
	巷 巷

여러 고을(圭→巴)의 ⁂ 사람들이 함께 하는 곳으로 ⁑ 다 같이 이용하며 왕래하는 광장 같은 거리를 표현
※ '巷'의 거리는 고을과 고을 사이에 있는 거리(圭)로 사람들이 모여 함께 할 수 있는 광장 같은 거리를
　말하고, '街(가)'의 거리는 네 갈래로 난 큰길로 보통 넓고 곧은 길을 말한다고 한다.

함자례 : 港

亥 돼지 해	『돼지, 열 두째 지지』의 뜻을 가진다.

갑골문			금 문		소 전
丆	彐	彐	豕	帀	夯

수퇘지의 彐 생식기를 칼로 그어 제거를 해서 卜 거세된 돼지임을 표현

함자례(含字例) : 刻, 該, 駭, 咳, 骸, 孩, 垓, 陔, 核, 劾

解 풀 해	『풀다, 깨닫다, 통달하다 등』의 뜻을 가진다.

갑골문	금문	소 전

소의 뿔을 칼로 발라 내듯이 소의 각 부위의 살과 뼈를 완전히 분리해서 풀어 해치는 것을 표현

함자례 : 懈, 邂, 蟹

奚 종 해 어찌 해	『종, 어찌, 어디, 무슨, 무엇 등』의 뜻을 가진다.

갑골문		금 문		소 전

밧줄에 묶인 채 업신여김과 조롱을 당하며 끌려가는 사람으로 전쟁의 포로나 여자 노예(종)를 표현
어느 집의 계집종이 '어디서, 무엇 때문에, 무슨 일로, 어찌해서' 끌려가는가 등등의 궁금증을 사람들이
가지는 데서 그러한 뜻을 갖게 된 자(字)로 보고 있다.

함자례 : 鷄, 溪, 雞, 磎, 谿, 蹊, 傒, 徯

害 해할 해	『해하다, 거리끼다, 해롭다, 방해하다, 해, 재앙 등』의 뜻을 가진다.

갑골문		금	문		소 전

악행을 행한 자가 상대방이나 목격자가 그에 대한 진술이나 증언을 하지 못하도록 혀를 잘라 해함을 표현
※ 갑골문에 입안의 혀를 줄로 묶은 모양에서, 금문에 와서는 횡선을 넣어 자름을 나타내고 있다.

함자례 : 割, 轄, 瞎, 豁

鱻 과감할 해	『과감하다』의 뜻을 가진다.						
		갑 골 문		금 문	전		문

육고기나 해산물 등을 요리할 때 비린내를 없애기 위해 부수 재료로 부추 같은 채소를 과감히 넣는 것을 표현

함자례(含字例) : 鱻

行 다닐 행	『다니다, 행하다, 유행하다, 돌다, 길, 일 등』의 뜻을 가진다.			
		갑 골 문	금 문	소 전

네 방향으로 통하는 사거리의 모양을 표현

이 사거리는 사람이나 마차들이 다니는 길이므로 '다니다'의 뜻을 가지며, 다른 자와 결합시 '가다, 행하다'의 의미를 나타낸다.

함자례 : 街, 衍, 衢, 衞, 衕, 衍, 衛, 衝, 銜, 桁, 荇, 衒, 衡, 珩

幸 다행 행	『다행, 행복, 운이 좋은, 요행, 다행히, 바라다 등』의 뜻을 가진다.				
		갑 골 문		금 문	소 전

중죄를 지은 사형수가 탈옥하는 것을 막기 위하여 손발에 채우는 형구로 수갑 또는 차꼬의 모양을 표현

사형수가 죽음 직전에 왕명으로 죄를 용서받아 풀려나게 되니 천만 '다행'으로 '운이 좋은' 것을 뜻한다.

※ 옛사람의 행복관으로, '幸'은 제왕이 주신 것으로 죽을 즈음에 용서를 받고 사는 것이고, '福'은 하늘이 주는 것으로, 신이 도와주어 풍족하고 평안한 것이다.

함자례 : 睾, 報, 圉, 睪, 執, 倖, 悻

杏 살구 행	『살구, 살구나무』의 뜻을 가진다.			
		갑골문	금 문	소 전
			-	

한입에 쏙 들어갈 수 있는 크기로 맛있는 나무 열매가 살구임을 표현

함자례 : 茖

434

享 누릴 향	『누리다, 드리다, 제사지내다, 흠향하다, 마땅하다, 제사 등』의 뜻을 가진다.

	갑골문		금문		전문	

조상신을 모신 높은 사당에서 익힌 제물을 올리고 제사를 드리면 ☖ 조상신께서 돌봐주신 덕분으로 복을 누리게 됨을 표현

조상신께 올린 제사 음식을 나누어 먹으면 후손들이 화합해서 복을 누린다는 뜻을 나타내고 있다.

함자례(含字例) : 郭, 敦, 惇, 焞, 孰, 淳, 醇, 錞, 鶉, 諄, 竴, 埻, 啍

向 향할 향	『향하다, 나아가다, 길 잡다, 누리다, 지난번 등』의 뜻을 가진다.

	갑 골 문			금문	소전

1) 집 안의 ⌂ 통풍과 함께 햇빛의 채광을 위해 태양을 향하는 쪽으로 낸 창문을 ㅂ 표현
2) 목적하는 장소의 건물로 ⌂ 가기 위해 그 시설의 입구를 ㅂ 향하여 나아감을 표현

함자례 : 嚮, 餉, 珦, 泂

香 향기 향	『향기, 향, 향기롭다 등』의 뜻을 가진다.

	갑 골 문				금문	소전

1) 쌀, 밀 등의 곡식으로 ❋ 요리한 김이 모락모락 나는 ｜｜ 음식을 먹을 때 ㅂ 느끼는 향긋한 냄새를 표현
2) 솥에 ㅂ 쌀(곡식)을 앉혀 ❋ 밥을 지을 때 밥이 익어가면서 구수하게 풍겨내는 ｜｜ 냄새로 향기를 표현

함자례 : 馥, 馝, 馨

鄉 시골 향	『시골, 마을, 고향, 접대, 메아리 등』의 뜻을 가진다.

	갑골문		금문	소전

시골 고향의 잔치집에서 밥상을 ⎍ 앞에 두고 여러 사람이 ⸾⸾ 옹기종기 모여 앉아 음식을 먹는 것을 표현
(원뜻) 잔치할 향 → (바뀐 뜻) 시골 향 → (대체字로) 饗 잔치할 향

함자례 : 響

許 허락할 허	『허락하다, 승낙하다, 약속하다, 들어주다, 나아가다 등』의 뜻을 가진다.

	금 문	소 전

절굿공이가 아래위로 움직이는 것처럼 상대방이 말을 할 때 고개를 끄덕여서 어떤 행위를 하는 것에
　허락함을 표현

※ '許'는 동의, 찬성하는 것으로 상대방에게 무언가를 할 수 있는 권한을 주는 것이고, '諾'은 접수, 순종
　하는 것으로 상대방의 요구에 따라 무언가를 할 것에 동의하는 것을 말한다.

함자례(含字例) : 譃

虛 빌 허	『비다, 헛되다, 공허하다, 살다, 구멍, 틈 등』의 뜻을 가진다.

	금 문	소 전

(金) 예리한 발톱을 가진 범들이 우글거리며 사는 곳이기에 인가가 하나도 없는 텅빈 지역임을 표현
(人) 크게 벌린 범의 아가리처럼 깊게 파놓은 함정으로 속이 텅빈 구덩이를 표현

함자례 : 噓, 戱

憲 법 헌	『법, 본보기, 가르침, 관청, 명령 등』의 뜻을 가진다.

	금 문	소 전

(金) 범법자의 죄질에 따라 혀와 눈과 심장을 자르고 도려내는 극형을 본보기로 보이면서 만민을
　겁박하여 복종하게 했던 고대 국가의 최고 법령으로 법을 표현
(人) 백성을 해치는 해악들을 살펴서 보호해 주려는 국가의 의지를 담고 있는 규정이 법임을 표현

함자례 : 櫶, 憓

獻 드릴 헌	『드리다, 바치다, 올리다, 권하다, 바치는 물건 등』의 뜻을 가진다.

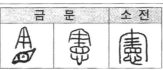

갑 골 문			금 문		소 전

범의 벌린 입처럼 아가리가 넓은 솥에 개고기를 삶아서 신에게 바치고 제사를 지냄을 표현

함자례 : 瓛

軒 난간 헌	『난간, 집, 추녀, 수레, 들창 등』의 뜻을 가진다.

	수레의 車 가장자리에 사람이 떨어지지 않도록 방패처럼 干 둘레를 쳐 놓은 것이 난간이고, 햇볕을 가리기 위해 수레 車 채를 길게 쳐서 햇볕을 막는 干 것이 추녀임을 표현
	함자례(含字例) : 揱

革 가죽 혁	『가죽, 갑옷, 피부, 고치다 등』의 뜻을 가진다.
	생가죽의 ⺀ 겉 털을 모두 뽑아 제거하여 ⺆ 다듬어진 것으로 이전 모습이 남아있지 않은 순수 가죽을 표현
	함자례 : 韀, 鞏, 㮾, 鞃, 鞠, 鞘, 鞁, 勒, 靬, 鞌, 鞞, 鞍, 鞅, 靭, 靮, 鞾, 鞭, 靷, 鞙, 鞋, 靴

赫 빛날 혁 꾸짖을 하	『빛나다, 드러나다, 성대하다, 꾸짖다』의 뜻을 가진다.
	사람을 大大 희생물로 하여 불사르는 기우제 행사에 큰불 두 개를 나란히 놓아놓은 ⺀⺀ 불빛이 진홍색으로 빛남을 표현 　억울하게 소신(燒身)을 당하는 사람이 자신의 헛된 죽음에 대해 행사 주관자에 크게 '꾸짖는다'는 의미도 있는 듯하다. - 꾸짖을 하
	함자례 : 㜝, 嚇

現 나타날 현	『나타나다, 드러나다, 실제, 현재 등』의 뜻을 가진다.
	옥을 王 갈고 닦으면 아름다운 무늬와 빛깔이 드러나 보이는 見 것을 표현
	함자례 : 嫘

玄 검을 현	『검다, 오묘하다, 멀다 등』의 뜻을 가진다.		
	갑골문	금 문	소 전
	8	8	𤣡

바늘에 ⌐ 실을 꿰어 8 늘어뜨려 놓았거나, 높은 곳에 ⌐ 매달린 실 끝이 작아서 8 잘 안 보이는 것을 표현
높은 곳에 매달린 가는 실을 볼 때나 또는 바늘귀에 실을 꿸 때처럼 가물가물 거무스름하여 잘 보이지 않는
'한 가닥의 실'이 원뜻이나, 그 형체를 쉽게 알아볼 수 없는 데서 '어둡고, 신비롭고, 검붉은색'으로 그 뜻이
전의되어 간 것이라 한다.
다른 자와 결합시 줄을 '매어 놓다, 꿰다'라는 의미를 지닌다.

함자례(含字例) : 牽, 玆, 畜, 絃, 炫, 鉉, 弦, 泫, 眩, 昡, 舷, 怰, 玹, 衒

㬎 드러날 현	『드러나다, 밝다 등』의 뜻을 가진다.		
	갑골문	금 문	소 전
	𤔔	𤔔	㬎

따뜻한 물에 불린 고치에서 뽑아낸 명주실을 햇볕에 드러내 말릴 때 명주실이 𢇇 햇빛에 ▭ 반사되어 밝게
드러남을 표현

함자례 : 濕, 隰, 顯

臤 어질 현 굳을 견	『어질다, 굳다』의 뜻을 가진다.		
	갑골문	금 문	소 전
	𦥑	𦥑	臤

겸양의 재덕을 갖춘 관리가 ⊕ 인재와 재정을 잘 관리하여 백성들을 보호하고 돌보는 행위가 ⤻ 어진 것이 됨을 표현
또한 장수인 성주가 ⊕ 성채를 철통같이 방어하여 ⤻ 적들을 굳게 지켜낸다는 뜻도 갖고 있다. - 굳을 견

함자례 : 堅, 緊, 堅, 豎, 腎, 賢

賢 어질 현	『어질다, 현명하다, 좋다, 착하다, 어진 이 등』의 뜻을 가진다.			
	갑골문	금 문		소 전
	𦥑	𦥑	賢	賢

관리가 백성들이 살아가는 형편이나 정세를 면밀히 살펴서 ⊕ 때때로 그 실정에 맞는 합당한 조치를 취하
고 ⤻ 필요에 따라서는 재화를 𧴪 풀어 구휼(救恤)함이 어진 행임을 표현

함자례 : 鑙

縣	『고을, 현, 매달다, 걸다 등』의 뜻을 가진다.		
		금 문	소 전
고을 현			

관아의 문 앞에 효수된 죄수의 머리를 거꾸로 하여 줄로 매달아 놓은 모습을 표현

원래는 중죄를 범한 자의 목을 베어 '매단다'는 뜻이었으나, 진시황이 전국을 통일한 후 황제의 권한 강화를 위한 군현제의 실시로 지방 고을인 군현에 황제가 직접 관리를 파견하여 다스리는 제도의 시행으로 그 의미가 전의되어 '고을'의 뜻으로 바뀌게 된 것이라 한다.

(원뜻) 매달 현 → (바뀐 뜻) 고을 현 → (대체자로) 懸 매달 현

함자례(含字例) : 懸

頁	『머리, 목 등』의 뜻을 가진다.		
	갑골문	금 문	소 전
머리 혈			

사람의 신체 중에 눈과 머리 부분을 강조하여 머리로 표현

※ '頁'은 머리끝 쪽부터 가슴 위쪽 쇄골뼈에 이르는 구간에 있는 '머리' 부분을 가리킨다.

함자례 : 傾, 頃, 頸, 潁, 顧, 顆, 灌, 傾, 頬, 頷, 頓, 頭, 領, 類, 頒, 煩, 頻, 顤, 碩, 頌, 須, 順, 顎, 顔...

血	『피, 골육, 피칠하다 등』의 뜻을 가진다.			
	갑골문	금 문		소 전
피 혈				

희생물을 죽일 때 그릇에 떨어지는 따뜻한 선홍색의 체액으로 피를 표현

천제(天祭)를 지낼 때 희생물인 짐승의 피를 그릇에 받는 데서 유래하였다고 한다.

함자례 : 舝, 衆, 洫, 恤, 衁

穴	『구멍, 굴, 동굴, 구덩이, 움집 등』의 뜻을 가진다.		
	갑골문	금 문	소 전
구멍 혈			

고대 주거형태인 동굴집이나 반지하 움집에 드나들 수 있도록 파놓은 출입구의 구멍 모양을 표현

다른 자와 결합시 '구멍, 동굴, 움집 등'의 뜻을 가진다.

함자례 :  空, 兗, 窘, 窟, 窮, 穹, 窺, 竅, 窩, 突, 竇, 窶, 窗, 窪, 窯, 窈, 窸, 竊, 穿, 究, 竈, 窒, 窄, 竄...

孑 외로울 혈	『외롭다, 작다, 홀로 등』의 뜻을 가진다.
	소 전 孑

오른 팔이 없는 불구인 어린아이임에도 孑 돌봐줄 사람이 없어 외로움을 겪는 것을 표현

함자례(含字例) : 孤

絜 헤아릴 혈	『헤아리다, 재다, 묶다 등』의 뜻을 가진다.
	소 전 絜

(篆) 식물(삼대)의 줄기에서 丯 갓 뽑아낸 실을 糸 칼로 刀 다듬으며 한올한올 헤아리는 것을 표현

(인) 사람이 등을 구부리고 勹 아직 물들이지 않은 흰 실을 素 한올한올 헤아리고 있음을 표현

함자례 : 潔

夾 낄 협	『끼다, 좁다, 가깝다 등』의 뜻을 가진다.
	갑골문 / 금 문 / 소 전

한 사람이 大 두 어린아이를 亻 양 겨드랑이에 끼고 있는 모습을 표현

함자례 : 挾, 峽, 狹, 俠, 浹, 陜, 鋏, 莢, 頰

劦 합할 협	『합하다』의 뜻을 가진다.
	소 전 劦

여러 사람이 힘을 끌어모아 劦 한곳에 집중하도록 합함을 표현

함자례 : 脅, 脇, 恊

脅 위협할 협	『위협하다, 으르다, 꾸짖다, 겨드랑이, 옆구리 등』의 뜻을 가진다.

	소 전
	劦肉

많은 사람들의 힘이 단체로劦 어떤 사람의 몸에肉 가해져 요구사항을 받아들이도록 위협하는 것을 표현

함자례(含字例) : 㗊

亨 형통할 형	『형통하다, 통달하다, 제사 지내다, 제사 등』의 뜻을 가진다.

갑 골 문		금 문		전 문	
亯	亯	亯	亯	亯	亯

조상신을 모신 종묘 또는 사당에 제물을 차려 제례를 올리면亯 조상의 음덕으로 모든 일이 잘 풀리어
형통하게 됨을 표현

※ '享(드릴 향)·亨(형통할 형)·亯(삶을 팽 ; '亨'의 古字)'은 같은 자로 갑골문과 금문 그리고 전서(篆書)에서 그 자형이
똑같다.

함자례 : 烹, 享

兄 맏 형	『맏이, 형 등』의 뜻을 가진다.

갑 골 문		금 문		소 전
兄	兄	兄	兄	兄

제사를 지낼 때 무릎을 꿇고兄 신에게 뜻을 고하는口 역할을 맡은 사람이 맏이임을 표현

함자례 : 呪, 祝, 柷, 況

夐 멀 형	『멀다, 아득하다, 바라보는 모양 등』의 뜻을 가진다.

	소 전
	夐

멀리 있는 산의 동굴로穴 옥을 캐려 간 남편을 향해 아내가 아득히 먼 그곳을 눈으로目 바라보는
모양을 표현

함자례 : 夐, 瓊

形 형상 형	『형상, 모양, 얼굴, 몸, 거푸집, 나타나다, 바르다 등』의 뜻을 가진다.

	전	문	

(篆) 광산의 구덩이(갱구)에서 开 캐낸 단사(丹沙)를 土 곱게 갈아서 얼굴에 바르니 광채로 彡 형상이 드러남을 표현
(인) 일정한 모양의 격자형 틀을 开 바닥에 깔고 같은 무늬의 彡 모양을 그려냄을 표현

함자례(含字例) : 鋞

刑 형벌 형	『형벌, 법, 꼴, 벌하다, 본받다, 다스리다 등』의 뜻을 가진다.

	금	문	소 전
	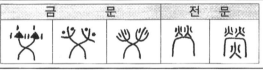		

죄인을 압송할 때나 가두어 두기 위한 기구인 나무 우리와 开 죄인을 베어 죽이는 칼의 刂 모양을 표현
죄인을 다스리는 두 개의 대표적인 형구로 '형벌'의 뜻을 나타내었다.

함자례 : 型, 荊

燊 등불 형	『등불, 빛나다, 비치다, 현혹하다』의 뜻을 가진다.

	금		문	전	문

빽빽하게 늘어선 꽃대에 꽃 피어난 꽃봉오리와 꽃술의 색깔이 밝고 눈부시게 빛나는 것을 표현(= 熒)
다발을 지어서 피어있는 꽃떨기의 꽃잎과 꽃술의 색채가 밝게 빛나는 것이 마치 대갓집 안팎에
환하게 켜놓은 등불(熒)과도 같다는 의미로 전의되어 그 뜻이 '등불'로 된 것이다.

함자례 : 橪, 熒, 勞, 鷟, 榮, 營, 塋, 瑩, 縈, 螢, 熒, 鑾, 縈

鎣 줄 형	『줄』의 뜻을 가진다.

	소 전

단단한 강철로 金 된 줄칼로 다른 쇠붙이를 쓿으면 쇳가루가 깎여져 꽃술의 꽃가루처럼 반짝이게 하는
도구로 줄을 표현

함자례 : 鎣

惠 은혜 혜	『은혜, 사랑, 베풀다 등』의 뜻을 가진다.

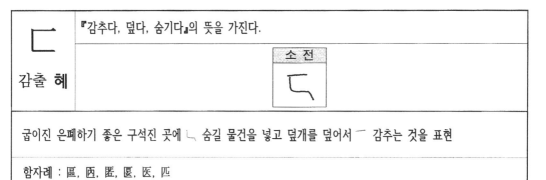

여인이 고된 길쌈질을 하여 🌱 가족들을 위한 옷을 마련하는 것처럼 집안일을 통해 끝없이 사랑을 베푸는
온유한 마음이 🫀 은혜임을 표현

함자례(含字例) : 穗, 蕙, 憓, 譓

匸 감출 혜	『감추다, 덮다, 숨기다』의 뜻을 가진다.
	소 전 乚

굽이진 은폐하기 좋은 구석진 곳에 乚 숨길 물건을 넣고 덮개를 덮어서 ⌐ 감추는 것을 표현

함자례 : 區, 㐌, 匿, 匷, 医, 匹

兮 어조사 혜	『감탄 어조사』의 뜻을 가진다.
	갑골문 / 금 문 / 소 전

나팔을 불 때 제대로 된 음이 나오지를 않고 ⊤ 그냥 '쉬(유유)'하는 약한 소리가 〉〉 남을 표현
뜻이 가차되어 '어조사'로 쓰인다.

함자례 : 盻

盇 작은 쟁 반 혜	『작은 쟁반』의 뜻을 가진다.
	소 전

나팔의 주둥이처럼 벌어진 모양으로 생긴 〉〈 조그만 그릇으로 🫙 작은 쟁반을 표현

함자례 : 謐

彗 살별 혜	『살별, 혜성, 빗자루, 쓸다 등』의 뜻을 가진다.
	소 전 彗

손에 쥔 ⇗ 길쭉하게 생긴 대빗자루(왕개사리)처럼 ⸜⸜ 긴 꼬리를 달고서 하늘을 날아가는 살별을 표현

함자례(含字例) : 嘒, 慧, 嚖

慧 지혜 혜	『지혜, 슬기롭다, 슬기, 교활하다, 깨달음 등』의 뜻을 가진다.
	소 전 慧

손에 ⇗ 빗자루를 ⸜⸜ 들고 비질을 하듯 마음에 ⸜⸜ 비질을 쉼없이 해서 수양(修養)으로 생기는 것이 지혜
임을 표현

함자례 : 懳

戶 집 호	『집, 지게, 구멍, 출입구, 사람 등』의 뜻을 가진다.

갑골문	금 문	소 전
日	戾	戶

집의 방 안으로 들어갈 때 여는 외짝 문을 ⌐ 표현
　마루와 방 사이에 있는 지게문을 뜻하지만 집과 사람을 지칭할 때도 있다.

함자례 : 肩, 启, 雇, 戾, 房, 扉, 戹, 扇, 所, 戹, 戾, 扁, 扈

号 이름 호	『이름, 부호, 번호, 부르짖다 등』의 뜻을 가진다.

금 문		소 전
号	号	号

적이나 맹수 등이 침입하는 긴박한 상황이 발생하면 관악기인 나팔을 ⸜ 불어 ⸜ 부족에게 경계와 대처
　신호를 보냄을 표현
　부족원에 경계 신호를 보낸다는 원뜻에서 대상을 구별해 부르는 호칭인 '이름' 등으로 그 뜻이 파생되었다.

함자례 : 號, 鴞

444

乎 어조사 호	『어조사, 그런가 등』의 뜻을 가진다.
	<table><tr><td>갑골문</td><td>금 문</td><td>소 전</td></tr><tr><td>乎</td><td>乎</td><td>乎</td><td>乎</td></tr></table>

입으로 부는 악기인 나팔 또는 태평소를 연주해서 길게 소리를 내는 乎 모습을 표현
　그 뜻이 가차되어 어조사로 '그런가'라는 등의 의미를 가진다.

함자례(含字例) : 呼, 庠

互 서로 호	『서로, 번갈아 들다』의 뜻을 가진다.
	<table><tr><td>소 전</td></tr><tr><td>互</td></tr></table>

대나무로 만든 얼레에 꼬아서 만든 실을 서로 교차되게 양쪽을 번갈아 옮겨가며 고르게 감는 걸 표현

함자례 : 互, 恆

胡 오랑캐 호	『오랑캐, 턱밑살, 어찌, 수염 등』의 뜻을 가진다.
	<table><tr><td>금 문</td><td>소 전</td></tr><tr><td>胡</td><td>胡</td></tr></table>

오래된 고깃덩이로 소나 돼지의 턱밑살처럼 늘어지게 몸이 살찐 사람이 오랑캐임을 표현

함자례 : 湖, 糊, 蝴, 瑚, 葫

豪 호걸 호	『호걸, 사치, 우두머리, 크다, 뛰어나다, 굳세다 등』의 뜻을 가진다.
	<table><tr><td>갑골문</td><td>금 문</td><td colspan="2">전 문</td></tr><tr><td>豪</td><td>-</td><td>豪</td><td>豪</td></tr></table>

(甲) 화살촉과 같은 거칠고 단단한 긴 털로 몸을 덮고 땅굴에 사는 설치동물인 호저(豪猪)를 표현
(篆) 위협을 받거나 격투를 할 때 단단하고 뾰족하게 자란 긴 털을 세우는 큰 멧돼지의 모습을 표현
　무리를 이끌고 다니는 우두머리 멧돼지를 뛰어난 '호걸'로 비유하여 뜻을 나타내었다.

함자례 : 濠, 壕

虍 호피 무 늬 호	『호피 무늬, 범』의 뜻을 가진다.

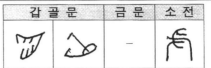

	갑골문	금문	소전

날카로운 이빨을 드러내 보이는 범의 아가리(머리 부위)를 옆에서 본 모양을 표현

범의 머리 부위에 있는 독특한 문양인 '호피 무늬'를 적시하여 '범'이라는 뜻 전체를 나타내고 있다.

다른 자와 결합시 '범' 또는 '아가리를 크게 벌리고 있는'의 의미를 가진다.

함자례(含字例) : 㿭, 虔, 慮, 盧, 虜, 膚, 虞, 處, 虐, 虛, 虎

虎 범 호	『범, 호랑이, 용맹스럽다』의 뜻을 가진다.

	갑골문	금문	전 문		

크게 벌린 입에 머리가 크고 다리와 꼬리가 있는 범을 세워서 그린 모양을 표현

범을 한자어로 표기한 것이 '호랑(虎狼)'이다.

함자례 : 虤, 虒, 彪, 虩, 號, 琥, 㹠

雐 새 이름 호	『새 이름』의 뜻을 가진다.

	소 전

범의 무늬처럼 알록달록 고운 깃털을 가진 새를 표현

함자례 : 虧

虖 울부짖 을 호	『울부짖다』의 뜻을 가진다.

	금문	소전

태평소나 나팔로 길게 소리를 내듯 범이 길게 울부짖음을 표현

함자례 : 嘑

446

浩 넓을 호	『넓다, 광대하다, 크다 등』의 뜻을 가진다. 소 전 대홍수로 인한 재앙이 없기를 하늘에 기원하는 제사를 지내면서 신령님께 백성들의 처지를 고하여 노여움을 거두어 주기를 간절히 바람을 표현(= 澔) 하늘에 닿을 듯한 홍수는 그 형상이 한없이 넓고 끝이 없어 사람들을 경악(驚愕)하게 하는 데서 '넓다'는 뜻을 가진 것이라 한다. 함자례(含字例) : 澔

皓 흴 호	『희다, 깨끗하다, 환하다, 밝다, 하늘 등』의 뜻을 가진다. 소 전 맑은 하늘에서 햇빛(태양)이 가없이 넓게 비추니 온천지가 하얗게 밝음을 표현(= 皜) 함자례(含字例) : 澔

扈 따를 호	『따르다』의 뜻을 가진다. 전 문 한 고을에 있는 여러 서민들의 집이 만호후인 제후를 따름을 표현 함자례 : 熇

號 이름 호	『이름, 부호, 번호, 부르짖다 등』의 뜻을 가진다. 소 전 범이 큰소리로 울부짖듯이 매우 큰소리로 어떤 대상을 부르는 호칭이 이름임을 표현 함자례 : 饕

昊 하늘 호	『하늘, 여름 하늘』의 뜻을 가진다.

<table>
<tr><td></td><td colspan="2" align="center">금 문 | 소 전</td></tr>
</table>

	금 문	소 전
	昊	昊

사람의 ★ 머리 위인 ― 하늘에서 강렬한 땡볕이 ▯ 내리쬐는 여름철의 하늘을 표현

함자례 : 淏

毫 터럭 호	『터럭, 가는 털, 붓 등』의 뜻을 가진다.

	소 전
	毫

동물의 몸에 길고 높게 자란 ☆ 가는 털인 ↯ 터럭을 표현

함자례 : 撽

顥 클 호	『크다, 넓다』의 뜻을 가진다.

	소 전
	顥

해가 떠서 빛을 비추는 것과 같이 ⬚ 사람의 머리 뒤편에서 ⬚ 광선을 비추니 그로 인해 생겨나는 그림자가 크고 넓음을 표현

함자례 : 灝

蒿 쑥 호	『쑥, 짚』의 뜻을 가진다.

	소 전
	蒿

높은 건물처럼 ⬚ 다른 풀에 비해 높게 자라나는 식물로 ⬚ 쑥을 표현

함자례 : 犒

或 혹시 혹 나라 역	『혹시, 또, 어떤, 의심하다, 나라 등』의 뜻을 가진다.

	갑골문	금 문	소 전
	旺	㦱	或	或

어떤 경우 혹시라도 있을지 모를 적의 침입에 대비해서 무장을 ⼽ 하고 사방을 옹벽으로 구축한 성읍(城邑) 나라를 ⼞ 지키는 것을 표현

함자례(含字例) : 國, 域, 閾, 淢, 緎, 棫, 罭, 彧, 稶, 惑

昏 어두울 혼	『어둡다, 날이 저물다, 장가들다, 미혹되다 등』의 뜻을 가진다.

	갑 골 문	금 문	소 전
	杳	杳	-	昏

해가 ⽇ 나무뿌리 ⽊ 밑인 땅속으로 들어가 지니 날이 저물어 어두워짐을 표현

함자례 : 瘖, 婚, 惛

昏 어두울 혼	『어둡다, 날이 저물다, 장가들다, 미혹되다 등』의 뜻을 가진다.

	소 전
	昬

해가 지평선 밑으로 들어가 황혼이 들면 ⽇ 사람이 실명(失明)하여 앞이 안 보이는 것처럼 ⺆ 날이 어두워짐을 표현

함자례 : 緡

忽 갑자기 홀	『갑자기, 문득, 소홀히 하다 등』의 뜻을 가진다.

	금문	소 전

자기에게 장애가 되는 사물을 순식간에 칼로 베어버리듯 ⼅ 숙고나 배려함이 없이 마음을 ⼼ 소홀히 해서 갑자기 행동함을 표현
  갑작스레 일을 벌일 만큼 상대라는 대상을 마음에 두지 않고 중시하지 않음의 부정의 뜻을 갖고 있다.

함자례 : 惚

弘 클 홍	『크다, 넓다, 높다, 널리 등』의 뜻을 가진다.

	갑골문	금 문	소 전
	弓	弓	弘

활(활시위)은 弓 강하고 탄성이 커서 힘껏 당겨 ㄥ 쏘게 되면 화살이 날아가는 사정거리가 멀고 그 범위도 넓음을 표현

함자례(含字例) : 軓, 泓, 宖

紅 붉을 홍	『붉다, 빨개지다, 붉은빛, 주홍 등』의 뜻을 가진다.

	금 문	소 전
	紅	紅

흰 실을 가공 염색하여 붉은색의 실로 糸 만들었음을 工 표현

함자례 : 葒

火 불 화	『불, 타다, 화재 등』의 뜻을 가진다.

갑 골 문		금 문		소 전

활활 타오르는 불꽃을 표현

함자례 : 炬, 灵, 耿, 焖, 灺, 烓, 灸, 爛, 煖, 煆, 燃, 焞, 炯, 燈, 烙, 爛, 煉, 燎, 爐, 燐, 灭, 煤, 炊, 焙,
烦, 燔, 炳, 烽, 燧, 焚, 煽, 熯, 剡, 燒, 炤, 燧, 熠, 熄, 爐, 煬, 煙, 燃, 烟, 炎, 焰, 燁, 爆 ......

化 될 화	『되다, 화하다, 교화하다, 죽다, 가르침, 교화 등』의 뜻을 가진다.

	갑골문	금 문	소 전
	化	化	化

사람이 태어나 살았을 때는 서서 활동을 하다 ? 늙으면 노화로 죽게 되는 ㄣ 인생의 변화해 가는 모습을 표현

함자례 : 吡, 訛, 花, 貨, 靴

花 꽃 **화**	『꽃, 꽃이 피다 등』의 뜻을 가진다.

	갑골문	금문	전 문			
	(그림)	(그림)	(그림)	(그림)	(그림)	(그림)

(甲) 나무의 가지에 🌿 화려한 꽃들이 🌸 가득 피어 있는 모습을 표현(= 華)

(인) 풀이나 나무의 싹이 ⺿ 돋아나 변화를 거듭하며 자라나서 化 줄기와 가지 등에 피는 꽃을 표현

함자례 : 椛

華 빛날 **화**	『빛나다, 화려하다, 사치하다, 호화롭다, 꽃, 중국 등』의 뜻을 가진다.

	갑골문	금문	소 전
	(그림)	(그림)	(그림)

(甲) 나무의 가지에 🌿 화려한 꽃들이 🌸 가득 피어 빛나는 모습을 표현(= 花)

(篆) 음악(관악기)을 연주하여 ☞ 축하하는 자리에 화려한 꽃들로 ※ 호화롭게 장식하여 빛나게 함을 표현

※ 최초로 씨앗을 심어 채집을 보급한 수령(首領)이 '華'이고, 농경 생산을 널리 보급한 수령은 '夏'이다.

함자례 : 燁, 曄, 爗, 韠, 嬅, 樺, 譁

禾 벼 **화**	『벼, 모, 곡식 등』의 뜻을 가진다.

	갑골문		금 문		소 전
	(그림)	(그림)	(그림)	(그림)	(그림)

벼가 익어 고개를 숙이고 있는 🌾 모양을 표현

함자례(含字例) : 稼, 稈, 秸, 秔, 秬, 季, 稽, 稿, 科, 秊, 穠, 稻, 稌, 禿, 稂, 穆, 稜, 利, 秣, 穋, 糜, 秉, 秘, 秕, 秠, 私, 穡, 黍, 稅, 穌, 秀, 穗, 穟, 秧, 穫, 穢, 穩, 稺, 委, 秞, 移, 稔, 稀, 穧, 積, 程......

和 화할 **화**	『화하다, 화목하다, 온화하다, 화해하다, 같다, 화답하다 등』의 뜻을 가진다.

	갑골문	금 문		소 전
	(그림)	(그림)	(그림)	(그림)

풍성하게 수확한 곡식으로 🌾 음식을 만들어 먹으면서 함께 한 사람끼리 악기의 연주에 따라 🎵 노래를 부르며 즐기는 화한 모습을 표현

함자례 : 俰

'ㅎ'

畵 그림 화 그을 획	『그림, 그리다, 긋다, 구분하다, 계획하다, 피하다 등』의 뜻을 가진다.				
	갑골문	금		문	소 전

손에 ⇒ 붓을 ⼈ 들고 봉토 영역의 ⊞ 경계를 그렸는데 □ 그 경계를 그리고 보니 그림이 되었음을 표현(= 畵)
가죽이나 천으로 된 도면에 봉지(封地)의 경계를 ⊞ 붓으로 그어 그린다는 ⾡ 것에서 의미가 파생되어
'그림'의 뜻과 함께 '구분하다, 계획하다' 등의 뜻도 가지고 있다.

함자례(含字例) : 劃

矍 두리번 거릴 확	『놀라 두리번 거리는 모양』의 뜻을 가진다.
	소 전

사람이 살금살금 다가가 손으로 ⇒ 새를 ⾫ 잡으려 하니 새가 두 눈을 ⼌⼌ 동그랗게 뜨고 크게 놀라 두리번
거리는 모양을 표현

함자례 : 攫, 擭

蒦 자 확	『자, 재다』의 뜻을 가진다.			
	갑골문	금 문	소 전

부엉이와 같이 귀깃이 있는 ⼛⼛ 야행성 조류로 낮에는 잠만 자는 새에게 ⾫ 다가가 손으로 ⇒ 잡는 것을 표현
실수를 하지 않고 새를 단번에 잡기 위해서는 그 거리를 '자'로 잰 듯이 미리 잘 재어야 한다는 뜻을 갖고
있다.

함자례 : 護, 濩, 穫, 擭, 穫, 獲, 臛

丸 둥글 환	『둥글다, 둥글게 하다, 방울, 알, 알약 등』의 뜻을 가진다.		
	금 문	소 전

사람이 손에 ⾡ 갖고 놀 수 있는 둥근 모양의 작은 공(玉·옥)을 • 표현
부드러운 물체를 손가락으로 주물러 작은 공 모양으로 둥글게 만든다는 뜻으로 전의(轉義)되었다.

함자례 : 執, 熱, 埶, 紈, 芄

452

奐 빛날 **환**	『빛나다, 성대하다, 빛나는 모양 등』의 뜻을 가진다.
	<table><tr><th colspan="3">금 문</th><th>소 전</th></tr><tr><td>(전서1)</td><td>(전서2)</td><td>(전서3)</td><td>(전서4)</td></tr></table>
	캄캄한 밤에 주인이 ⌐ 있는 궁전 또는 저택의 ⌒ 앞뒤로 시자나 종들이 환히 불을 밝혀 ⋈ 들고 있으므로 ⋒ 그 비치는 불빛이 눈부시게 빛남을 표현
	함자례(含字例) : 換, 煥, 喚, 渙

幻 헛보일 **환**	『헛보이다, 미혹하다, 신기하다, 현혹시키다, 바뀌다, 환상 등』의 뜻을 가진다.
	<table><tr><th>갑골문</th><th colspan="2">금 문</th><th colspan="2">전 문</th></tr><tr><td>(전서1)</td><td>(전서2)</td><td>(전서3)</td><td>(전서4)</td><td>(전서5)</td></tr></table>
	(篆) 실북에서 나오는 가는 명주실처럼 생긴 것이 ⊗ 있기도 하고 없기도 하는 듯하면서 미세 투명하게 나뭇가지에 ⏚ 걸려 (헛)보이는 거미줄을 표현
	(인) 가는 실 ⼁ 같은 것이 갖가지 빛깔을 띠며 둥글게 ⌐ 피워 올라 눈에는 보이나 그 실상을 잡으려고 하면 실체가 없어 헛보이는 것을 표현
	함자례 : 拗

患 근심 **환**	『근심, 걱정, 병, 재앙, 근심하다, 병에 걸리다 등』의 뜻을 가진다.

	병이 나 집에서 누워 앓고 있는 환자를 내부로부터 이어져 있는 ⼂ 가족들이 정성껏 요양하며 ⼩ 근심 걱정함을 표현
	함자례 : 濾

雚 수리부 엉이 **환**	『수리부엉이, 올빼미』의 뜻을 가진다.
	<table><tr><th>소 전</th></tr><tr><td>雚</td></tr></table>
	머리에 귀 모양의 깃털인 귀깃을 ⋏⋏ 가진 새가 ⼩ 수리부엉이임을 표현
	함자례 : 奪

莧	『뿔이 가는 산양』의 뜻을 가진다.
산양 환	소 전 莧

머리에 가는 뿔과 莧 다리와 儿 꼬리를 ㇏ 가진 짐승으로 산에 사는 산양을 표현

※ 짐승의 꼬리는 대체로 '㇏'로 나태낸다.(예: 兎)

함자례(含字例) : 寬

活	『살다, 생존하다, 생기가 있다, 생활 등』의 뜻을 가진다.
살 활	전 문 活　活

1) 흘러가는 물이 氵 막혔다가 舌 넘쳐 흘러나와 다시 살아서 흘러가는 것을 표현(= 湉)

2) 시냇물이 氵 계속해서 콸콸 소리를 내며 舌 쉼없이 흘러가는 것으로 살아 생동하는 것임을 표현(= 瀳)

※ 자형 중 '舌(설)'은 '昏(입 막을 괄)'의 변형자이기도 하고, '昏(괄)'은 '聒(떠들석할 괄)'의 약자이기도 하다.

함자례 : 闊

黃	『누렇다, 누런빛, 황제 등』의 뜻을 가진다.
누를 황	

권력자(황제)가 大 노란 패옥을 달아 만든 둥근 장신구를 허리에 가로로 두르고 ○ 있는 모습을 표현

　누런빛의 장신구를 허리에 두르고 있는 데서 '누렇다'의 뜻을 나타내며, 다른 자와 결합시 '가로'라는
　의미로 자원(字源) 풀이가 된다.

함자례 : 廣, 潢, 璜, 簧, 橫

晃	『밝다, 빛나다, 환하다』의 뜻을 가진다.
밝을 황	전 문 晃　晄

햇빛이 日 강렬(환)하여 光 눈부시게 밝음을 표현(= 晄)

함자례 : 滉, 幌, 榥, 愰

皇 임금 **황**	『임금, 군주, 머뭇거리다, 가다 등』의 뜻을 가진다.

	갑골문		금 문		소전

(甲) 반짝이는 빛을 내며 ⑾ 아름다운 장식으로 치장을 한 왕관을 ♀ 쓰고 있는 사람이 임금임을 표현
(金) 최고의 통솔자로 권위의 상징인 큰도끼를 갖고 ⚊ 머리에는 반짝이는 황금의 관을 ⚊ 쓴 가장 높은
　　사람이 임금임을 표현

함자례(含字例) : 凰, 煌, 惶, 徨, 隍, 遑, 篁, 蝗, 湟, 喤, 堭, 媓

㠩 망할 **황**	『망하다, 물이 넓다』의 뜻을 가진다.

	금 문	소 전

대홍수로 인한 하천의 범람으로 ⫰ 넓은 지역이 물을 담아 사람이 죽고 작물이 해를 입어 ⚊ 망한 것을 표현

함자례 : 荒

荒 거칠 **황**	『거칠다, 흉년이 들다, 덮다, 버리다, 흉년 등』의 뜻을 가진다.

	금 문		소 전

홍수가 범람하여 휩쓸고 지나간 곳으로 ⫰ 집은 파괴되고 사람들이 죽어 ⚊ 살지 않음으로 인해 전원(田園)에는
잡초만 자라나 ⚊ 거칠고 황폐해진 상태로 흉년이 듦을 표현

함자례 : 慌

㞷 무성할 **황·왕**	『무성하다』의 뜻을 가진다.

먼 곳으로 의탁할 곳을 찾아가거나 ⚊ 또는 분봉(分封) 받은 봉지로 떠나가는 군주로 ⚊ 현명한 위인을 표현
본래는 '가다(갑골문 자형이 '往'자 자형과 똑같음 : 㞷)'의 뜻을 가졌으나, 그 뜻이 가차되어 '무성하다'의 의미로 쓰이며,
　　다른 자와 결합시 자형의 일부로 들어가면 대개 '王'으로 바뀌어 표기된다.

함자례 : 匩, 狅(㹳), 汪(㹥), 枉(㭒)

回 돌아올 회	『돌아오다, 돌다, 번, 횟수 등』의 뜻을 가진다.

물의 소용돌이가 빙빙 돌아 ﬤ 다시 제자리로 돌아옴을 표현

   소용돌이의 동그라미를 네모지게 표현하였는데, 그렇게 한 이유는 동그라미보다 네모지게 하면 죽간에 새기기 쉽기 때문에서이다.

함자례(含字例) : 廻, 徊, 洄, 蛔, 茴

會 모일 회	『모이다, 만나다, 맞다, 이해하다, 깨닫다, 모임, 회계 등』의 뜻을 가진다.

물을 끓이는 솥 위에 ⩗ 시루를 건 다음 쌀가루와 콩고물 등을 층층으로 앉힌 뒤 ﬤ 뚜껑을 덮고 ⌒ 김을 올려 쪄서 만든 시루떡이 있는 잔칫집으로 많은 사람이 멀리서 가까이서 모이는 것을 표현

함자례 : 噲, 繪, 膾, 檜, 獪, 澮, 薈

褱 품을 회	『품다, 생각하다, 싸다, 따르다, 위로하다, 편안하다, 마음 등』의 뜻을 가진다.
	(금문 / 소전 이미지)

설움에 받쳐 하염없이 눈물을 흘리고 있는 ⧆ 사람을 옷으로 감싸 안아 ⌃ 위로하며 가슴으로 품어주는 것을 표현

함자례 : 壞, 懷

灰 재 회	『재, 먼지, 회색, 재로 만들다 등』의 뜻을 가진다.

손으로 ⧘ 만질 수 있을 만큼 불씨가 ⧍ 사그라진 잔재물이라는 데서 타고 남은 재를 표현

함자례 : 恢

淮 물이름 회	『물 이름, 회수』의 뜻을 가진다.

소 전
淮

철새들이 많이 모여들어 서식하는 강으로 회수를 표현

함자례(含字例) : 匯

孝 효도 효	『효도, 효도하다, 본받다 등』의 뜻을 가진다.

갑골문	금 문	소 전
孝	孝	孝	孝

자식이 늙으신 어버이를 정성을 다해 잘 모시고 봉양하여 섬기는 것을 효도로 표현
※ 어버이의 뜻을 자식이 아래에서 잘 따르고 받드는 것을 '효'라고 한다.

함자례 : 酵, 哮, 涍

爻 사귈 효	『사귀다, 본받다, 가로 긋다, 엇걸리다, 점괘 등』의 뜻을 가진다.

갑골문	금 문	소 전
爻	爻	爻	爻

1) 산가지를 서로 엇갈리게(사귀게) 놓는 방식으로 조합해서 복잡한 수를 계산하고 추산함을 표현
2) 실을 교차하는(엇걸리게 하는) 방법으로 천을 짜거나 대오리 등을 엮어서 용품을 만드는 것을 표현
다른 자와 결합시 '배우다, 교차하여 만들다, 섞이다 등'의 뜻을 가진다.

함자례 : 駁, 㭤

肴 안주 효	『안주, 고기 안주, 섞이다 등』의 뜻을 가진다.

소 전
肴

푸짐한 고기를 재료로 하여 여러 가지 다양한 양념을 섞어서 요리한 음식으로 안주(按酒)를 표현

함자례 : 淆, 殽

效 본받을 효	『본받다, 배우다, 드리다, 힘쓰다 등』의 뜻을 가진다.

	갑골문	금문	소전
	𣃘	𣃘	𣃘

(甲) 병사가 전투 중에 ⿰ 목숨을 걸고 용맹스럽게 싸워 ⿱ 전공을 세우는 일은 마땅히 본받아야 함을 표현

(인) 서로 간의 친교를 통하여 ⿱ 예의와 풍속을 배우고 전함에 힘씀은 ⿱ 본받을 만한 일임을 표현

함자례(含字例) : 傚

侯 제후 후	『제후, 후작, 과녁, 임금 등』의 뜻을 가진다.

갑골문		금문		소전
𠂤	𠂤	𠂤	𠂤	𠂤

(甲) 봉지(封地)의 동산에서 활과 화살로 무장하고 ⿱ 벼랑 아래서 ⿱ 사냥감을 기다리며 사냥놀이를 하는 제후를 표현

(인) 가죽으로 만든 과녁 등의 표적을 ⿱ 겨냥해 활쏘기를 ⿱ 할 수 있는 사람이 ⿱ 제후임을 표현

함자례 : 候, 喉, 帿, 鍭, 餱

候 기후 후	『기후, 계절, 상황, 조짐, 살피다, 엿봄, 염탐 등』의 뜻을 가진다.

소전
𠊱

제후가 ⿱ 과녁을 ⿱ 향해 화살을 ⿱ 쏘는 공간 사이에 깃발이 서 있는 ⿱ 모양을 표현

활을 쏠 때 바람의 세기와 방향 등을 알 수 있게 꽂아 둔 깃발을 보고 그날의 기후를 알았으므로 '기후'란 뜻이 생겼고, 뒤에 '상황, 조짐, 염탐 등'으로 그 뜻이 확대되었다.

함자례 : 鯸

厚 두터울 후	『두텁다, 두껍다, 지극하다, 친밀하다 등』의 뜻을 가진다.

갑골문	금	문		소전
𠩄	𠩄	𠩄	𠩄	𠩄

거대한 바위 속으로 ⿱ 굴을 파서 만든 제왕의 능침으로 ⿱ 성대하고 장중한 지하 향당(享堂)을 표현

무덤 안에는 제왕의 생전 궁전을 모방한 모양으로 대량의 부장품을 두었는데 이것을 고대에는 두터운 장사라고 한 데서 '두텁다'의 뜻이 생겨난 것이라 한다.

함자례 : 煿

后	『뒤, 뒤지다, 임금, 왕후 등』의 뜻을 가진다.

<table>
<tr><td rowspan="2">后

뒤 후
임금 후</td><td></td></tr>
<tr><td>
갑골문	금 문	소 전
后	后	后
</td></tr>
</table>

생식 숭배의 모계시대에 부족장인 여왕이 권력의 상징인 지휘봉을 ⼴ 들고 명령을 내려 ⼞ 다스리는 것을 표현
부계사회 진입후 최고의 권력은 정복 전쟁을 잘 수행하는 남자 왕의 것이 되었고, '后'의 지위는 뒤로
뒤져서 여왕에서 제1여성인 왕후의 지위로 떨어져 '뒤·임금·왕후'의 뜻으로 바뀌어 가게 되었다고 한다.

함자례(含字例) : 垢, 姤, 逅

後	『뒤, 뒤지다, 뒤떨어지다, 아랫사람 등』의 뜻을 가진다.

뒤 후	갑골문		금 문	소 전
	彔	後	後	後	後

전쟁에서 패한 포로나 죄를 범한 죄수를 줄로 얽어 ⼋ 압송해 거리를 ⼻ 갈 때 마지못해 끌려서 지친 걸음
으로 호송자의 뒤에 뒤져서 걸어감을 ⼂ 표현

함자례 : 鏓

熏	『불길, 연기, 연기가 끼다, 태우다, 불에 말리다, 찌다 등』의 뜻을 가진다.

불길 훈	금 문	소 전
	東	東	裘

향료를 넣은 주머니를 ⽊ 불길(열기)로 가열하여 ⽕ 나오는 연기를 쐬어서 음식을 굽거나 말리는 걸 표현
향주머니를 가열해 나오는 향기를 이용하여 음식을 김으로 찌거나 연기로 훈제하는 것을 나타내었다.

함자례 : 勳, 薰, 獯, 燻, 纁, 鑂

焄	『김을 쐬다, 김이 오르다, 위협하다 등』의 뜻을 가진다.

김 쐴 훈	소 전
	焄

지휘관의 ⼃ 엄정한 명령이 ⼞ 온전히 침투되어 집행되어지듯 시루 안의 내용물을 익히기 위해 솥에 물을
붓고 불을 때어 ⽕ 끓여서 김을 올려 쐼을 표현

함자례 : 薫

訓 가르칠 훈	『가르치다, 타이르다, 이끌다, 인도하다, 훈계하다, 가르침 등』의 뜻을 가진다. 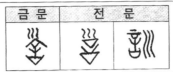

냇물이 〳〵〵 위에서 아래로 흐르듯이 자연스러우면서도 이치와 논리에 맞는 정연한 말로 ⚌ 사람을 가르치는 것을 표현

함자례(舍字例) : 譿

吅 부르짖을 훤	『부르짖다, 지껄이다』의 뜻을 가진다. |	갑골문	금 문	소 전
	吅	–	吅	
---	---

두 사람 이상이 서로 맞대어 말다툼을 하며 吅 소리 내어 부르짖음을 표현(= 誩)

함자례 : 哭, 咢, 囂

卉 풀 훼	『풀, 초목, 많다』의 뜻을 가진다. |	금 문	소 전
	卉	卉	
---	---

많은 풀이 무성하게 자라 우거져 있는 𦬠 모습을 표현

함자례 : 奔, 賁

毇 헐 훼	『헐다, 부수다, 제거하다, 무너지다, 훼손하다 등』의 뜻을 가진다. 

정교하게 만들어진 土 귀중한 도자기를 ⚌ 방망이로 때려 부수어 ⚌ 사용할 수 없게끔 훼손한 걸 표현

함자례 : 毀

460

休 쉴 휴	『쉬다, 그만두다, 멈추다, 말다 등』의 뜻을 가진다.

	갑골문	금문	소전
	(갑골문 그림)	(금문 그림)	(소전 그림)

사람이 ʔ 가던 길이나 하던 일을 멈추고 나무 그늘에서 ☀ 잠시 쉬고 있는 것을 표현

함자례(含字例) : 烋, 咻

烋 아름다울 휴	『아름답다, 경사롭다』의 뜻을 가진다.

	소전
	(소전 그림)

많은 사람들에게 영향을 미칠 수 있는 인품과 자질이 뛰어난 ☀ 사람으로ʔ 아름다운 모습을 표현

함자례 : 咻

雟 제비 휴	『제비, 두견이』의 뜻을 가진다.

	금 문			소 전
	(금문 그림)	(금문 그림)	(금문 그림)	(소전 그림)

머리에는 새싹 같은 귀깃이 ☀ 있고 말을 더듬듯이 ☒ 울 때는 ☰ 구슬프게 우는 새로 ☒ 자형의 모양을
보면 부엉이나 소쩍새 같은 새를 표현(= 雟)
그 지칭하는 대상이 바뀌어 현재는 '제비'나 '두견이'로 훈이 붙여지고 있다.

함자례 : 攜, 巂

凶 흉할 흉	『흉하다, 흉악하다, 해치다, 두려워하다, 흉년 등』의 뜻을 가진다.

	갑골문	금 문	소 전
	(갑골문 그림)	-	(소전 그림)

가슴 속에 ∪ 폭력적인 나쁜 마음을 가지고 남에게 해악질을 ☓ 곧잘 하는 것으로 흉악함을 표현

함자례 : 匈, 兇, 訩

匈

오랑캐 흉

『오랑캐, 가슴 등』의 뜻을 가진다.

소 전

가슴 속에 흉측한 폭력성을 근원적으로 내재하고 있는 민족인 사람으로 오랑캐를 표현
중국 진말한초(秦末漢初)에 중원 이북 지역에 강력한 유목민족을 자처하며, 기마사수(騎馬射手)에 능하고 자주 변방을 침범함으로써 중원 사람들의 눈에는 흉악하고 야만적인 오랑캐로 보인 흉노족을 뜻하는 자이다.

함자례(含字例) : 胸, 洶

兇

흉악할 흉

『흉악하다, 모질고 사납다, 흉악한 사람』의 뜻을 가진다.

갑골문		금 문	소 전

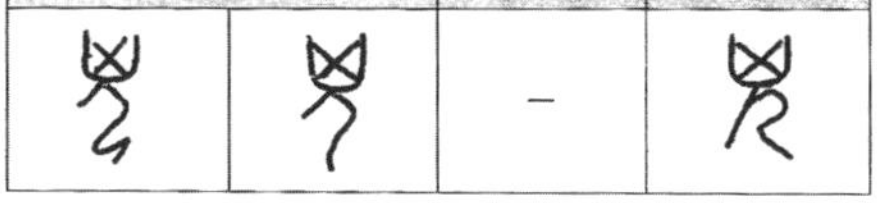

가슴 속에 담고 있는 폭력성을 그대로 드러내며 모질고 사납게 행동하는 흉악한 사람을 표현

함자례 : 嵏, 酗

黑

검을 흑

『검다, 어둡다, 나쁘다, 검은빛 등』의 뜻을 가진다.

갑골문	금		문	소 전

(金) 불을 지펴서 조리 등을 할 때 사람의 얼굴이나 몸에 묻은 검은 검댕(그을음)을 표현
(篆) 아궁이에 지핀 불에서 나는 연기가 굴뚝을 빠져나가면서 생기는 새까만 검댕을 표현

함자례 : 黥, 黔, 黮, 黨, 黷, 黛, 墨, 默, 黯, 黝, 點, 黜

欠

하품 흠

『하품, 입을 벌리다, 흠, 말하다, 부족하다, 모자라다 등』의 뜻을 가진다.

갑골문	금 문	소 전

사람이 입을 크게 벌리고 하품을 하는 모양을 표현

함자례 : 歌, 坎, 歆, 歛, 歉, 款, 歐, 欺, 盜, 歃, 歟, 軟, 欲, 飮, 次, 歠, 吹, 炊, 歎, 歇, 歡, 欣, 欽, 歆

翕 합할 흡	『합하다, 일다』의 뜻을 가진다.

	금 문	소 전
	翕	翕

1) 어린 새들이 모여 서로 날개를 치며 합쳐져 노는 것을 표현
2) 새가 날아가려면 양 깃을 동시에 모아 날개짓을 힘껏 하여 힘을 합함을 표현

함자례(含字例) : 潝

興 일 흥	『일다, 일으키다, 시작하다, 흥겹다 등』의 뜻을 가진다.

	갑골문	금 문	소 전
	興	興	興

사람들이 뜻을 모아 다 같이 손을 맞잡고 공동체의 관심사를 함께 처리해 나가니 일이 잘 추진되어
기운이 일어남을 표현

함자례 : 嬹

希 바랄 희	『바라다, 희망하다, 드물다, 성기다, 칡베』의 뜻을 가진다.

	소 전

옛적 물자가 귀한 시절 수공으로 드문드문 성글게 짠 칡베(葛布: 갈포) 옷감이라 하더라도 누구나 갖고
싶어하고 바라는 물건이었음을 표현

※ '爻'는 한올한올의 가는 실이 교차되어 짜여진 옷감을 나타낸다.
　(원뜻) 드물 희 → (바뀐 뜻) 바랄 희 → (대체자로) 稀 드물 희

함자례 : 絺, 稀, 晞, 豨

喜 기쁠 희	『기쁘다, 기뻐하다, 즐겁다 등』의 뜻을 가진다.

	갑 골 문	금 문	소 전
	喜 喜	喜	喜

북을 치고 노래를 하며 즐기니 더없이 기쁜 상태임을 표현

함자례 : 熹, 禧, 憙, 僖, 嬉, 熺, 憘, 嘻, 饎, 樘, 暿

羲 복희씨 희	『복희씨』의 뜻을 가진다.

	갑골문	금 문	소 전
	🔣	🔣	🔣

1) 제사 때 마련한 제물을 신에게 바치며 🔣 하늘이 내려준 공평한 도리를 찬탄하며 나지막이 노래를 부르는 🔣 수령으로 태호복희씨를 표현

2) 희생물로 마련한 제물을 바쳐서 🔣 하늘로 보내는 일을 🔣 맡은 수령으로 복희씨를 표현

함자례(含字例) : 犧, 曦, 爔

戲 희롱할 희	『희롱하다, 놀다, 놀이, 연극 등』의 뜻을 가진다.

	소 전
	🔣

무대에서 하는 가상극으로 구덩이에 🔣 빠져 있는 호랑이(가면을 쓴 사람)를 🔣 사냥하는 시늉으로 호랑이에게 창질을 하고 🔣 희롱하면서 노는 연극 놀이를 표현

함자례 : 攕

戲 놀이 희	『놀이, 놀다, 희롱하다, 서럽다 등』의 뜻을 가진다.

	금 문	소 전
	🔣	🔣 🔣

무대에서 하는 활극으로 가면을 쓴 호랑이를 🔣 상대로 북소리의 🔣 장단에 맞춰 사냥꾼이 창질로 🔣 호랑이를 희롱하면서 잡는 과정을 재현하며 흥겹게 노는 놀이를 표현

함자례 : 戱

熙 빛날 희	『빛나다, 화락하다, 말리다, 기뻐하다 등』의 뜻을 가진다.

	소 전
	🔣

화톳불 가에 앉아 🔣 젖은 옷을 말리면서 유아에게 🔣 젖을 먹이는 🔣 여인의 모습이 불빛을 받아 빛남을 표현

함자례 : 凞

464

頡 곧은 목 힐	『곧은 목, 사람 이름』의 뜻을 가진다.

금 문	소 전
頡	頡

사람의 얼굴상이 ◎ 반듯하고 좋게 ☷ 보이는 것은 곧은 목이 받쳐 주기 때문에 그러함을 표현
 속뜻은 머리가 ◎ 뛰어난 사람으로 칭송할만한 ☷ 위대한 창조력을 가졌다는 뜻을 나타낸다.

함자례(含字例) : 襭

추가

취악기인 나팔을 불어 소리나는 정도에 따라 달리 표현하는데

- 듕(우) : 나팔을 불어도 기운이 부족하여 어떠한 소리도 내지를 못하는 것을 '듕'라 하고
- 兮(혜) : 나팔을 불 때 힘이 없어 나오는 허한 소리로 '쉬~'하는 정도로 내는 걸 '兮'라 하며
- 乎(호) : 나팔 소리를 크게 해서 부락민을 긴박하게 소집하기 위해 부는 것을 '乎'라 하고
- 平(평) : 나팔 소리의 음조를 길게 하여 안정되고 평탄하게 불어 기복 변화가 없는 걸 '平'이라 했다.

屚 셀 루	『새다, 틈이 나다, 구멍 등』의 뜻을 가진다.
	<table><tr><td colspan="2">전 문</td></tr><tr><td>庯</td><td>屚</td></tr></table>

빗물이 雨 지붕의 广 틈새나 구멍으로 스며들어 집안으로 새는 것을 표현(= 漏)

함자례(含字例) : 漏

昜 다칠 상	『다치다, 상하다 등』의 뜻을 가진다.
	<table><tr><td>소 전</td></tr><tr><td>昜</td></tr></table>

몸에 화살을 ⌒ 맞아 깊은 상처를 입고 심한 오한(惡寒)이 들어 양지쪽에서 따뜻한 햇볕을 昜 쬠을 표현

함자례(含字例) : 傷, 觴, 殤

賣 팔 육	『팔다, 행상하다』의 뜻을 가진다.
	<table><tr><td>금 문</td><td>소 전</td></tr><tr><td>賣</td><td>賣</td></tr></table>

물건을 행낭에 담아 지고 ⊠ 거리 또는 마을로 크게 소리를 내고 다니면서 ◡ 팔아 이윤이 ⊎ 생길 경우 물건을 파는 것을 표현(= 賣)

함자례(含字例) : 讀, 瀆, 憤, 牘, 櫝, 覿, 匵, 竇, 續, 贖, 黷, 覿

衆 무리 중	『무리, 백성, 많다 등』의 뜻을 가진다.

(甲) 푸른 하늘과 붉은 태양 아래에서 ⊖ 무리를 지어 사는 많은 사람으로 州 일반 백성을 표현

※ 자형 상부에 태양을 나타내는 '해 일(日)'이 시대 흐름에 따라 갑골문에서, 소전, 예서로의 변화 추이를 보면 ⊖ → ⊞ → 血 로 바뀌어 원래의 뜻이 모호해졌음을 알 수 있다.

(인) 같은 조상의 혈통을 갖고 血 부족을 이루며 살고 있는 여러 사람들의 州 무리를 표현

함자례(含字例) : 潨

	『뚫다. 파다, 깎다, 쑤다, 정』의 뜻을 가진다.		
𣪊	갑골문	금문	소전
뚫을 착			

돌을 쪼아 방아확을 만들거나 목재 등에 구멍을 내기 위해 정이나 끌의 머리에 ▽ 망치질을 ⚘ 반복하여
구멍을 파서 뚫음을 표현(= 𣪊, 𣪊, 鑿, 鑿, 凿)

함자례(含字例) : 鑿

참고 문헌 및 Internet site 자료

「문자학 해설」, 박차은, 한국한문교사 부산연수원, 2012 ~ 2015

「한중일 공용한자 808자 해설」, 박차은, 한국한문교사 부산연수원, 2014

「한자 부수 해설」, 이충구, 전통문화연구회, 2011

「국역 사략통고」, 이권재, 한국학술정보(주), 2012

「중국어 상용한자 500자 해설」, 송영정·제해성, 신아사, 2017

「한자짱 강의」 강오규, cafe.daum.net. 2015

「상형 자전」, Vividict.com, 2010

基底漢字 字源解釋(기저한자 자원해석)

펴낸날 2024년 7월 26일

지은이 서쾌수
펴낸이 주계수 | **편집책임** 이슬기 | **꾸민이** 이슬기

펴낸곳 밥북 | **출판등록** 제 2014-000085 호
주소 서울시 마포구 양화로 156 LG팰리스빌딩 917호
전화 02-6925-0370 | **팩스** 02-6925-0380
홈페이지 www.bobbook.co.kr | **이메일** bobbook@hanmail.net

© 서쾌수, 2024.
ISBN 979-11-7223-023-4 (03710)